ZHENGDANG MOFANSHENG
TUIDONG CHENGSHI GAOZHILIANG FAZHAN
2020 NINGBO FAZHAN YANJIU BAOGAO

争当"模范生"
推动城市高质量发展

2020宁波发展研究报告

林崇建 ◎ 主编

图书在版编目（CIP）数据

争当"模范生"推动城市高质量发展：2020 宁波发展研究报告/林崇建主编. —北京：中国发展出版社，2021.10
ISBN 978-7-5177-1248-0

Ⅰ.①争… Ⅱ.①林… Ⅲ.①区域经济发展—研究报告—宁波—2020 ②社会发展—研究报告—宁波—2020 Ⅳ.①F127.553

中国版本图书馆 CIP 数据核字（2021）第 185404 号

书　　　名：	争当"模范生"推动城市高质量发展：2020 宁波发展研究报告
主　　　编：	林崇建
出 版 发 行：	中国发展出版社
联 系 地 址：	北京经济技术开发区荣华中路 22 号亦城财富中心 1 号楼 8 层（100176）
标 准 书 号：	ISBN 978-7-5177-1248-0
经 销 者：	各地新华书店
印 刷 者：	北京市密东印刷有限公司
开　　　本：	787mm×1092mm　1/16
印　　　张：	22
字　　　数：	371 千字
版　　　次：	2021 年 10 月第 1 版
印　　　次：	2021 年 10 月第 1 次印刷
定　　　价：	88.00 元
联 系 电 话：	（010）68990625　68990692
购 书 热 线：	（010）68990682　68990686
网 络 订 购：	http://zgfzcbs.tmall.com
网 购 电 话：	（010）68990639　88333349
本 社 网 址：	http://www.develpress.com
电 子 邮 件：	121410231@qq.com

版权所有·翻印必究

本社图书若有缺页、倒页，请向发行部调换

编委会

主　编　林崇建

副主编　周少华　黄建华　金　戈　费孟云　谢莉萍

编　委（以姓氏笔画为序）

　　王明荣　卢　跃　冯　路　任月红　农贵新

　　张　华　吴红艳　陈　浩　鲍盛基

"十四五"若干问题

宁波在"双循环"新发展格局中的定位和突破重点 …………………… 3
区域一体化发展示范项目建设研究 …………………………………… 9
将天一阁·月湖打造成城市人文地标的设想与建议 ………………… 18
提升宁波人口竞争力的政策创新研究 ………………………………… 26
进一步发挥企业人才开发主体作用的对策研究 ……………………… 32
实施服务贸易"补链强基聚气"高质量发展建议 …………………… 38
宁波专业服务业发展重点及政策建议 ………………………………… 45
以抓企业为核心促进产业高质量发展 ………………………………… 54
"十四五"时期创新完善社区治理体制机制研究 …………………… 61
宁波单项冠军企业技术跨越升级对策建议 …………………………… 68
加快提升城市安全治理能力研究 ……………………………………… 74
宁波强化乡村空间统筹开发研究 ……………………………………… 80
加快提升区域治理能力现代化水平 …………………………………… 89

城市发展

杭甬共同唱好"双城记"研究 ………………………………………… 97
抓住区块链这个"风口" 加快创建特色型中国软件名城 ………… 117
宁波 2035 年中长期人口预测与发展趋势分析 ……………………… 123

宁波融入"双循环"发展的五大抓手 …………………………………… 133
宁波积极融入"两个循环"新发展格局的路径思考 …………………… 136
后疫情时代加快转型发展的若干思考 …………………………………… 145
疫情背景下宁波与中东欧国家经贸合作重点突破研究 ……………… 153
依托自由贸易协定充实宁波开放内涵研究 …………………………… 160
宁波加快市域治理现代化的对策建议 ………………………………… 171
宁波实施金融"监管沙盒"对策建议 ……………………………………… 176
抓紧谋划设计宁波航空新城 …………………………………………… 183
2020 宁波百强企业榜单的基本特点 …………………………………… 186
全球疫情发展态势及对宁波影响初步分析 …………………………… 189
疫情防控与复工复产的"宁波贡献" …………………………………… 194

产业经济

培育基本生活物资保供龙头企业的对策建议 ………………………… 205
宁波制造业单项冠军企业的成功启示 ………………………………… 210
单项冠军之城的来时路与新征途 ……………………………………… 215
宁波出口转内销总体情况与对策建议 ………………………………… 218
宁波助推外贸企业出口转内销的主要经验 …………………………… 225
宁波提升企业便利化水平的主要做法与启示 ………………………… 229
宁波通用航空产业突破性发展对策研究 ……………………………… 235
宁波临空产业突破性发展的对策思考 ………………………………… 244
"十四五"时期加快宁波法律服务业发展的建议 ……………………… 248
打造"新能源汽车及零部件"产业 IP 的建议 ………………………… 253
规范发展互联网租赁电动自行车产业 ………………………………… 258
保险创新促进新冠肺炎疫情之后经济社会发展的对策建议 ………… 262
加快推动宁波互联网平台企业发展的对策建议 ……………………… 268

党建民生

加强产业功能区党建的对策建议 ……………………………………… 275

提升商住混合型社区党组织服务能力的建议 …………………… 281

宁波加快推进新基建的对策研究 ……………………………… 285

宁波完善农村公益性基础设施管护长效机制的建议 …………… 298

新型高校智库建设的主要做法及对宁波的启示 ………………… 304

缓解义务教育优质资源供不应求问题的建议 …………………… 309

宁波普惠性民办幼儿园生存困境调查及建议 …………………… 313

关于筹建宁波市健康促进中心的建议 …………………………… 316

全面提升宁波大健康领域发展水平的建议 ……………………… 319

积极探索促进消费升级的新方式 ………………………………… 330

加强宁波志愿服务工作的建议 …………………………………… 334

心理健康服务助力经济社会复序的若干建议 …………………… 339

后　记 ……………………………………………………………… 343

"十四五"若干问题

宁波在"双循环"新发展格局中的定位和突破重点

根据习近平总书记的讲话精神①及中央关于"十四五"规划和 2035 年远景目标的建议,宁波要在"双循环"新发展格局中有重要作为,必须深刻理解"双循环"的内涵要求,必须从自身的基础优势和发展目标出发,找准在新发展格局中的独特定位,以支撑未来的战略布局,提升宁波城市的战略地位。同时要依据宁波的战略定位,选择相应的重点方向,有序地加以推进和突破。

一、"双循环"新发展格局的三重内涵要求

2020 年 5 月 14 日中央政治局常委会首次提出"双循环"这一概念,强调要"充分发挥我国超大规模市场优势和内需潜力,构建国内国际双循环相互促进的新发展格局"。随后,习近平总书记多次在重要场合强调要推动形成"双循环"新发展格局②。中央在关于"十四五"规划建议中,将加快构建以国内大循环为主体、国内国际双循环相互促进的新发展格局作为"十四五"时期指导思想,并专门辟出一章进行重点阐述,是与时俱进提升我国经济发展水平的战略抉择,也是塑造我国国际经济合作和竞争新优势的战略抉择。我们综合分析认为,"双循环"新发展格局要实现三重内涵要求。

第一,确保内需市场的有序与安全。核心是保障粮食、能源、矿产资源等重要战略物资的稳定供应,产业链、供应链关键核心环节的安全可靠,水利、电力、交通、通信、网络等重要基础设施的有序运行,金融不发生系统性风险,

---

①② 王子晖:《看习近平这几次重要讲话,弄懂"大循环""双循环"》,新华网,2020 年 11 月 2 日[2021年 1 月 1 日],http://www.xinhuanet.com/politics/leaders/2020-11/02/c_1126687111.htm。

确保国内市场在极端不利外部条件下也能实现最低限度的自我循环。

第二，实现内需市场的壮大与畅通。内需市场的壮大，一要通过创新驱动，助推产业链价值链向更高端攀升，带动国民整体消费能力提升；二要依托供给侧结构性改革深化推进，以更高质量供给挖掘潜在需求。内需市场的畅通，关键是破除各类市场壁垒和制度障碍，在全国范围内营造开放统一公平的市场环境，确保劳动力、土地、资本、技术等生产要素以及商品服务的有序流动。

第三，促进内外市场的联通与互动。构建"双循环"新发展格局的目的不仅仅着眼于国内发展，更在于通过提升进出口规模强化内外两个市场的联系，通过实施更高质量走出去战略增强利用内外两种资源的能力，通过更深度参与国际经贸治理体系改革促进投资与贸易规则优化完善，以内外循环的交融与互促，实现国家核心竞争力的整体提升。

二、宁波在国家"双循环"新发展格局中的战略定位

"双循环"是国家为应对新形势、新挑战、新问题而提出的宏观战略布局，是整个国家的大循环，不是区域的小循环。对于区域或城市而言，需要根据自身特色、结合自身实际确定科学的自身定位，以共同支撑起整体大循环的实现。不同地区、城市根据自身特点，开始陆续明确各自战略定位，如上海提出要成为国内大循环的中心节点和国内国际双循环的战略链接，广州提出要构建"双循环"战略支点，浙江提出要率先打造国内大循环的战略节点、国内国际双循环的战略枢纽。

根据"双循环"三重内涵要求，结合宁波的现有优势以及国家对宁波落实相关重大战略的要求，宁波在新发展格局中的战略定位为联通外循环的重要门户、保障内循环的重要支点、链接双循环的重要枢纽。

联通外循环的重要门户，是"双循环"格局下宁波首要战略定位，即突出宁波的口岸优势、外向型经济优势，依托各级政府熟悉开放、众多市场主体依赖于开放的特点，在国家"双循环"大格局下，在持续扩大外贸出口规模的基础上，完善多式联运体系和综合交通网络，提升港航服务能级和国际交往能力，打造成为辐射内陆广袤腹地、联通国外广阔市场、出口份额占比更高、国际航运体系话语权更大的对外开放门户。

保障内循环的重要支点，即利用宁波产业基础好、单项冠军多的优势，加快制造业基础能力的优化提升和关键核心环节的攻坚突破，破除"卡脖子"难

点,打造"撒手锏";利用港口资源优、储运条件佳的基础,加强石油、液化天然气、煤炭、粮食等战略物资的进口供应和储备保障,在产业链运行和战略物资保供两个层面,为内循环安全有序运行提供有效支撑,成为国家"双循环"格局中不可或缺的保障支点。

链接双循环的重要枢纽,一方面深挖口岸优势,扩大优质消费品进口规模,吸纳境外中高端消费回流国内市场,建设优质商品进口和消费中心;另一方面充分发挥民营经济优势,在总部、核心部门、高附加值环节留在宁波的前提下,支持民营企业有序走出去,并利用海外资源反哺本土发展,形成跨国民营企业总部基地,构筑链接内外两个市场、两种循环的商品交换、信息交互、人员交流、资源交汇枢纽。

三、宁波在国家"双循环"新发展格局中的突破重点

立足在"双循环"格局中的三大战略定位,宁波应在以下五个方面形成重点突破。

(一) 持续提升外贸出口全国份额

外贸出口是改革开放以来宁波城市竞争力的重要组成,也是新发展格局下承担国家战略的关键保障。宁波要客观冷静地认清国际贸易发展形势,加快外贸出口转型发展、提升发展、创新发展,着力提升出口质量和规模,出口规模占全国份额实现新突破。

一是在深耕传统市场的基础上开拓新兴市场。鼓励企业持续深度开发欧美、日韩等发达国家传统市场。引导企业提高自主品牌意识和自主设计能力,打造出口产品在发达国家市场的独特竞争力。积极开拓中东欧、东南亚、非洲等"一带一路"新兴市场,结合国内产业优势,推出符合当地需求的出口产品。

二是支持企业完善海外营销网络。推动本土企业构建直接面向海外零售商和消费者的国际营销网络,支持企业加大境外营销基地和海外仓建设力度。加快建设跨境电商产业基地,完善综合服务体系,为企业开展跨境电商出口提供便利。鼓励企业参加线上线下、境内境外各类知名展会,探索形成一批境外自办展。

三是大力发展服务贸易。补齐补强服务贸易链条环节,将货物贸易规模优势转化为服务贸易发展动能。积极发展航运物流服务,推动一批经营模式先进、

海外网络健全的物流企业做大做强，鼓励货代企业转型成为国内企业出口和国外企业进口的综合服务商。充分发掘保险创新综合试验区等政策平台优势，支持本土保险机构发展航运保险、责任保险、贸易信用保险、汇率保险等业务。提升发展服务外包，加快人工智能、云计算、大数据等新技术融入，带动信息服务、数据计算、数据挖掘等高附加值服务出口。

（二）持续提升制造业价值链地位

制造业是宁波的立市之基，"单项冠军之城"是宁波的突出标签。新发展格局下，宁波要更加突出这一产业基础优势：既要加大"四基"攻关力度，补齐短板、锻造长板；又要加快数字化转型，推动效率变革、质量变革；还要推进与现代服务业加速融合，提升终端消费品品牌价值，不断向价值链上游攀升。

一是强化制造业基础能力攻关。加大基础研发投入，明确市级科技研发资金中需有一定比例投入新材料、智能制造、工业软件等制造业基础能力领域研究，支持企业及其他社会力量通过设立基金、捐赠等方式投入应用基础研究。建立关键核心技术协同攻关机制，探索民营企业参与关键核心技术攻关的适宜模式，以更大力度和更有效的机制促进国内外知名科研机构或高校参加宁波重大科研项目。加快科技成果转化，推动一批关键核心技术产业化落地。

二是持续推动数字化转型。深入实施新一轮智能化改造三年行动计划，全面推动有条件的规上企业建设数字化车间、智能化工厂。结合宁波产业特点，探索实施"5G+工业互联网"试点工厂项目并适时在多行业推广。不断培育壮大垂直领域的本地智能制造服务商，持续关注改造后企业各类数字化设备的运维保障。

三是加速制造业服务业深度融合。加快"两业"融合的顶层设计，探索适合本地实际的融合模式、路径和业态，在混合供地、数据统计、行业管理等方面开展政策创新。鼓励有实力的制造业企业从生产加工环节向维保服务、品牌营销、物流配送、管理咨询等环节拓展，发展共享生产平台，提升总承包总集成水平，从提供产品向提供系统解决方案转变。

四是加快提升产品品牌价值。开展"宁波制造"品牌专项提升行动，提高宁波品牌在全国范围内的辨识度、认可度和美誉度。顺应新国货潮流趋势，鼓励更多代工厂企业自创品牌，发展更多新兴终端消费品品牌，推动一批"老字号"焕发活力。引导企业提高产品设计意识，不断推出符合年轻人审美需求的新产品。

(三) 持续推进战略物资保障储备

确保内循环有序健康运行的前提是粮食、能源、重要矿产资源等战略物资的稳定保障和供应，宁波坐拥深水良港，理应在新发展格局中承担战略物资的保供和储运重任，不断突破战略资源供应对中国发展速度和发展规模的制约。

一是扩大重要物资进口规模。多渠道引进和培育大宗商品进口企业，推动央企、大型民企、跨国巨头等在宁波设立区域总部和分支机构。针对国家及区域发展需求，准确把握大宗商品价格趋势，适时扩大原油、液化天然气、化工产品、铁矿砂、有色金属以及粮食等进口规模。

二是完善储运等配套设施建设。完善港口码头、加注锚地、货运场站及管道等配套设施，有序扩大仓库、地下洞库、储罐等储备设施规模，加快液化天然气接收中心建设，提高储运一体化能力，将宁波打造成国内重要的能源及大宗商品储运基地。

三是培育建设大宗商品交易平台。不断提升宁波大宗商品交易所管理水平和辐射能级，积极做大现货交易规模，争取在部分大宗商品交易领域建成国际现货交易中心。发挥港口储运优势，与国内上海、大连、郑州等城市以及国外新加坡等地的期货交易所开展深度合作，在甬建设交割仓库。积极向国家申请设立以油品、大宗化工产品等为交易品种的宁波期货交易所。

(四) 持续推进国际消费中心城市建设

消费市场规模不大、消费平台能级不高是宁波当前发展中存在的显著短板，也是制约宁波做大内循环的突出因素。建设国际消费中心城市既有助于宁波补齐消费短板、提升城市能级，也有助于宁波吸纳从境外回流的中高端消费，确立在新发展格局中链接内外循环的重要枢纽地位。

一是加大优质消费品进口。积极参与进博会相关活动，不断增加高端服装皮具、钟表、化妆品、电子产品等优质消费品的进口力度。利用海关特殊监管区域类型多、分布广的优势，不断扩大相关保税商品销售规模和辐射影响范围。培育壮大消费品进口企业队伍，吸引国外知名品牌在宁波设立区域首店、旗舰店。积极向上争取更多免税政策，扩大市内免税店布局。

二是加快培育消费新业态新模式。鼓励引导宁波本土企业和创业团队在直播带货、生鲜配送、跨界零售、无接触消费等消费新业态方面开展探索，并予以政策支持。推动传统百货市场、购物中心转型发展、差异化定位，集成更多元消费业态。鼓励各类本土在线服务、在线消费平台发展,推动线上线下渠道全面融合。

三是营造舒适放心的消费环境。加快"智慧商圈""智慧街区"建设,完善社区商业网点布局。增强国际化服务功能,开展基础设施双语化改造,完善城市涉外服务环境。强化消费者权益保护,深入拓展"无假货城市"建设,完善产品和服务质量监督检查机制,及时响应消费者正当合理诉求,依法从严打击损害消费者权益的行为。

(五)持续实施高质量走出去战略

民营企业众多、民营经济活力十足,是宁波的显著特征和独特优势,在支持企业将总部基地、核心部门、高附加值环节留在宁波的同时,实施高质量走出去战略,开展海外投资和技术并购,将宁波打造成跨国民营企业总部基地,既是打破现有发展空间束缚的重要手段,也是链接内外循环的有效路径。

一是为海外技术收购提供金融支持。充分对接企业融资需求,为企业技术收购搭建便利融资渠道,支持政策性融资担保公司为企业技术收购提供贷款担保。探索金融开放与技术引进联动试点,争取符合条件的机构合作设立人民币海外投贷基金。鼓励企业在宁波实施海外技术资源、创新成果等的转移转化,并提供必要的要素支撑。

二是加强风险提示和权益保护。健全风险预警和防控机制,组织相关企业开展辅导培训,对政局变更、法律制度差异、汇率变动、社会稳定情况等风险点予以明确提示,提高企业风险防范意识和防范能力。协助企业与中国驻相关国家地区的使领馆建立联络管道,确保在遭遇意外情况时能第一时间得到国家力量的快速响应。完善贸易摩擦预警、贸易救济等公共服务,当企业受到不公正待遇时,坚决支持企业用法律方式维护自身合法利益。

三是多主体构建服务体系。加快提升宁波现有境外经贸合作园能级,完善法律咨询、融通资金、商业保险、财税法律等多方面中介服务功能。支持已成功"出海"的本土大型企业拓展境外营销机构功能,为后续中小企业提供信息咨询、风险评估等服务,实现以大带小、共同发展。支持相关国家的宁波商会组织建立中介服务机构,为所在国的宁波企业提供服务。

黄建华　陈　浩　韦风涛　杜铁奇　宋宇宇

区域一体化发展示范项目建设研究

"十四五"时期,长三角一体化发展有望在重大基础设施建设、功能平台整合创新、生产力布局优化、政策协同等领域迎来一系列重大突破。要把握机遇、合作创新,谋划建设一批"宁波标识"的高能级高美誉度示范项目,有力提升宁波中心城市地位、促进跨区域协同发展、争取国家战略支持,为"十四五"发展开好局起好步提供关键性支撑。

一、项目化推进已成为长三角一体化战略实施的主抓手

当前乃至今后较长一段时间,长三角基础设施互联互通、平台整合创新、生产力布局优化、政策协同等工作,都会以项目化形式推进。已经有一批在谋在建的重大项目上升到国家层面;各省市仍在全力以赴谋划建设关键性、引领性项目,争取战略主动和提升城市功能。对于宁波而言,缺少这样的项目已经成为制约城市战略地位提升的突出瓶颈,急需"补短板"。

(一)"双引擎"定义长三角一体化发展主轴线

政策引擎方面,2020年以来国家领导人在长三角城市调研时的重要讲话和几次高层座谈会已基本明确"十四五"时期长三角一体化发展的重大思路和部分引领型支撑型项目。

事关"率先形成新发展格局"的有:扎实推进"六稳""六保";加快产业数字化、智能化转型;联合开展产业链补链固链强链行动;加快推进跨省市轨道交通等重大项目建设;因地制宜实施旧城区改造,确保房地产市场平稳健康发展;增强欠发达区域高质量发展动能;等等。

事关"勇当我国科技和产业创新的开路先锋"的有:共建长三角国家技术创新中心;突破集成电路、生物医药、人工智能等重点领域和关键环节;支持

一批中小微科技型企业创新发展；等等。

事关"加快打造改革开放新高地"的有：充分发挥上海自贸试验区临港新片区试验田作用；深化长三角自贸试验区联动发展，推动海关一体化管理；办好中国国际进口博览会；高标准打造长三角生态绿色一体化发展示范区，建设环太湖地区城乡有机废弃物处理利用示范区；共建长三角重大突发事件应急体系；长三角医保一体化、社会保障"一卡通"、政务服务"一网通办"；等等。

需求引擎方面，三省一市（安徽省、江苏省、浙江省和上海市）协同推进高质量发展、提升全球竞争力的内生需求变得更加紧迫。特别是以下方面：受国际经贸环境复杂多变、中美关系不确定性显著增强、国内经济增长动能转化等多重影响叠加，迫切需要在国际竞争中确立核心优势；因水平分工模式和日益紧密的同城化趋势已经改变了长三角城市群的地缘关系，迫切需要探索新型合作模式；因跨区域深层次的联动发展和利益共享机制有待建立和完善，迫切需要发挥改革创新的先锋作用；面对交通拥挤、环境污染、生态承载力不足等大城市病，迫切需要强化城市群的分工合作。

（二）长三角各省市项目合作与竞争日趋激烈

围绕提升区域竞争力，努力在做强功能、做优服务、做好样板上发挥更积极作用，三省一市还谋定了更多重点协同项目，并不断加大功能性平台和重大项目谋划建设力度，形成你追我赶、合作共赢的激烈竞争态势。

科技创新策源方面，上海加快推进张江综合性国家科学中心和全球技术交易市场建设，聚力突破举国关注的核心技术。苏浙皖对接上海科创中心建设，积极推进本地高能级创新平台建设，如安徽的合肥国家科学中心、合肥滨湖科学城、中科院量子信息与量子科技创新研究院等。多个省市行动计划中都提到共建共享国家科技成果转移转化示范区、长三角双创示范基地联盟、长三角国家技术创新中心、长三角大型科学仪器协作共用网、长三角工业互联网平台等。

高端产业引领方面，上海围绕电子信息、生物医药、航空航天、高端装备、新能源和智能网联汽车、新材料等高新产业，加快打造世界级制造业集群和具有国际竞争力的龙头企业和冠军企业。江浙皖在大力发展先进制造业、数字经济、高端服务、未来产业等新经济的同时，积极对接上海非大都市核心功能疏解和"五个中心"建设，布局建设一批承接制造业溢出、文化产业合作、高校创新转移的合作园区。

基础设施提升方面，共同推进一体化、多层次综合立体交通网络建设，合作实施54项省际互联互通重大交通项目，加快建设主要城市高铁"1小时交通圈"，主要机场均部署了改扩建工程。港航和海铁联运建设进入新阶段，上海围绕提升国际航运枢纽港功能部署实施了一系列重大项目，江浙皖分工合作、错位发展。此外，上海牵头建设世界级信息基础设施标杆城市，浙江在能源领域规划推进了多个重大项目。

生态保护、民生福祉等其他方面，长三角生态绿色一体化发展示范区建设深入推进，建设长江生态廊道、共同防治大气污染等工作得到高度重视。此外，上海率先提出探索建设长三角基本公共服务平台，支持推进优势医疗资源品牌和管理向外输出，研究规划和建设异地康养基地；浙皖合作打造杭黄世界级自然生态和文化旅游廊道。

（三）谋划建设"宁波标识"示范项目，争取战略主动

一方面，通过多年的努力，宁波已经确立了长三角南翼经济中心、五大都市圈中心城市之一的地位，经济社会发展水平位于长三角城市前列。《宁波市推进长江三角洲区域一体化发展行动计划》等规划计划有序推进，一批重大项目扎实推进（详见表1），在沪甬、杭绍甬、甬舟等合作不断深化下，宁波多主体、多领域、多方位、高质量融入一体化发展的新格局正在形成。

表1　　　　　　　　宁波融入长三角一体化的主要项目部署

类型	既有项目
跨区域战略合作	主动融入上海大都市圈，共同编制实施上海大都市圈空间协同规划，深入落实七方面合作协议，加快建设宁波前湾沪浙合作发展区；唱好"双城记"，协同推进杭绍甬一体化发展；深化甬舟一体化，共建甬舟特别合作区、江海联运服务中心、油气全产业链等
先进制造产业集群协同培育	大力推进杭州湾、梅山两大产业集聚区建设，加快发展北仑芯港小镇、鄞州微电子创新产业园等新兴产业平台。大力发展工业互联网，参与打造长三角工业互联网平台
科创资源共建共享	积极探索国家科技成果转移转化示范区协同联动机制，加强与长三角科技资源共享平台的数据对接；推动浙江大学宁波"五位一体"校区落地，支持复旦、同济、华师大等高校在甬共建研究院、教学基地
基础设施互联互通	积极推进沪嘉甬铁路、金甬铁路、甬舟铁路等项目前期和开工建设，谋划沪甬跨海通道、甬台温福高铁、杭甬城际铁路等一批重大项目，高标准建设杭绍甬智慧高速公路；高水平建设临空经济示范区，推进机场四期扩建工程，共建长三角世界级机场群
其他	推进沪杭甬旅游"金三角"，长三角地区国家信用体系建设区域合作示范区、海上安全互助应急网络、异地就医医疗费直接结算等合作项目

资料来源：根据各部门官网资料整理。

但另一方面,从国家明确的引领型支撑型项目和三省一市谋定的其他重点协同项目看,宁波更多扮演着基础设施项目和社会领域项目的参与者角色,由宁波或宁波都市圈承担重要角色的项目还很少,缺少提升宁波创新和产业核心竞争力的项目。在各省市你追我赶、合作共赢的竞争态势下,若不尽快改变这一局面,对宁波巩固城市战略地位、提升要素配置能力、强化创新和产业核心竞争力都非常不利。

对此,必须增强紧迫感、危机感和使命感,顺应项目化支撑长三角一体化发展趋势,全力以赴谋划建设一批"宁波标识"的示范项目,争取战略主动。从宁波已有项目部署看,有不少项目是有条件或者有可能成为示范项目的,要针对性施策,以合作共赢促项目带动力和美誉度提升,争取一批项目成为长三角齐抓共建的高能级示范项目。

二、加快谋划建设"宁波标识"示范项目的总体思路

谋划建设"宁波标识"示范项目,要紧扣一体化、高质量的发展主题,积极为区域统筹和共赢发展搭建新平台、探索新路径,为巩固提升宁波中心城市地位和产业核心竞争力提供关键性支撑,强化主动作为、战略共谋、优势赋能、改革驱动的推进策略,聚焦区域重大功能建设、产业链协同发展等重点领域,在既有项目基础上整合一批、提升一批、新增一批,高水平发挥宁波和宁波都市圈的引领支撑作用,努力展现宁波建设"重要窗口"模范生的使命担当。要通过"宁波标识"示范项目的谋划建设,充分发挥向上争取支持、向外凝聚合力、向内典型引领的积极作用,复制推广可持续发展的体制机制创新,进一步提升宁波和宁波都市圈的凝聚力、影响力和竞争力。

突出主动作为,强化宁波使命。以更加积极主动的姿态融入上海大都市圈,服务长三角一体化、高质量发展。保持参与长三角一体化既定项目的积极性,确保"宁波任务"能按要求完成;增强城市自信力和使命感,主动承担更大责任、做出更大贡献,加快推出一批重大项目概念设计与合作需求。

突出战略共谋,推进共赢发展。深入践行共建共享发展理念,引入战略合作者共同谋划推进项目,抱团参与国内外区域竞争与合作,协作探索更深层次的改革开放。谋划实施过程要确保参与主体能得到充分尊重,矛盾分歧能得到公平公正处置,努力实现整体利益的最大化和参与者成本收益的合理化。

突出优势赋能,推进联动发展。围绕宁波和宁波都市圈具有比较优势、特

色优势的领域选择项目，联合更多城市共同务实推进。强化项目运营，统筹协调多方力量和资源，充分发挥项目的辐射带动作用，着力打造推动宁波和宁波都市圈加速发展的强大引擎，引领带动长三角相关领域的整体提升。

突出改革驱动，推进创新发展。充分发挥市场在区域协调发展新机制建设中的主导作用，让专业力量主导做专业的事。更好发挥政府的引导作用，加快建立健全科学决策、统筹协调、共建共享、可持续发展的体制机制。强化关键难题破解，加快探索跨行政区域项目的成本分摊、收益分配机制。

三、"宁波标识"候选示范项目建议

通过广泛调研，课题组认为，基建赋能、空间赋能、产业（开放）赋能、创新赋能、生活生态赋能等5大领域的12个示范项目设计具备作为"宁波标识"示范项目的发展潜力。建议在"十四五"规划中加以重视和认真谋划，并努力推动这些项目纳入国家"十四五"发展规划或成为国家部委支持重点。

（一）基建赋能领域示范项目

一是合作建设长三角城市群"2小时交通圈"、沪甬"1小时交通圈"。全力以赴抓好苏嘉甬（沪嘉甬）铁路、沪甬跨海通道、金甬铁路、甬舟铁路、甬台温福高铁、杭甬城际铁路、杭甬高速复线、宁波西综合交通枢纽、宁波栎社国际机场四期工程等一批重大交通项目，支持长三角一体化、多层次综合立体交通网络建设。加强与交通运输部和中国铁路总公司的沟通，力争提升宁波在新一轮全国铁路网规划中的定位。

二是共建东亚地区顶级海铁联运临港集疏运系统。以宁波—舟山港为支点，多元合作共同实施海铁联运临港集疏运体系改造工程，建立健全港口群、海铁联运物流园区、铁路路网、沿线产业园的协同发展机制，争取宁波—舟山港在长三角港口联盟的更大话语权，更好提升宁波都市圈资源配置能力。重点包括：深化省市合作，构建宁波—舟山港与宁波市规划协同、政策互通、共建共享的体制机制；加快谋划推进进港铁路网、岸线平行环装干线、临港大型编组站、海铁联运产业园等一批功能性项目；政策支持集货商发展，引导长三角的货源更多通过海铁联运的方式从长三角港口出海；积极扩大与江苏、安徽、江西、四川、重庆等省市关于海铁联运无水港的合作。

三是共同推动通用航空产业合作发展。把握"十四五"国家放开低空航空

行业准入门槛预期，主动融入长三角立体交通体系建设，努力争取在国内通用航空产业链中的更大话语权。重点包括：加快突破通用航空机场建设，尽快开建宁海通用机场，象山、余姚通用航空机场规划布局纳入市"十四五"规划；发挥零配件配套制造优势，大力发展整机制造、机身部件、机载设备、机场设备、内饰配套及其他零部件制造业，牵头组建行业协会；大力引育专业服务企业，发展固定基地运营（FBO）、油料供应、飞机维修保养、飞机托管及租赁、飞行员培训、通航旅游等业态；加大通航运营企业补贴，适时开辟宁波至千岛湖、东阳等地的短途客运航线；带头成立通用航空产业股权投资基金，加大产业链投入，鼓励跨市跨省投资；条件成熟时，加快谋划建设通航产业园和航空小镇。

（二）空间赋能领域示范项目

一是加快推进宁波杭州湾新区浙沪合作示范区建设。通过浙沪合作平台、项目和机制的创新，深度对接上海面向未来的产业体系、科创资源、开放平台和服务功能，承接上海城市功能溢出，努力把示范区建设成为长三角南翼的龙头增长极、同城化水平最高的区域、跨省域战略合作的样板示范，并支撑前湾新区成为产城高度融合的现代化滨海中型城市、国内一流的汽车产业基地。重点包括：创新体制机制，构建浙沪深入合作的领导体制，着力促成浙沪合作协议；进一步加强省市对接，争取一批省级功能型项目和省属企业落户示范区；支持汽车企业开展战略合作，发挥供应链就近配套优势；合作推进中科院宁波材料所杭州湾新区研究院、复旦宁波杭州湾科创园等创新平台建设；加强教育、医疗、文化等民生领域合作，共同打造浙沪居民的"周末度假区"。

二是加快推进三门湾区域合作开发。努力打造都市圈战略合作的示范项目、全省大湾区建设的重点项目，协作培育优势产业集群，共同打造生态友好型、滨海风情型、产城融合型的美丽港湾。重点包括：加快推进宁东新城和象保合作区建设，引领带动三门沿海工业城等协同发展；扎实推进象山港二通道、宁波至象山城际铁路工程、象山港南岸疏港高速等基础设施建设；持续做大做强新材料、新能源、汽车及零部件、塑胶制品等现有产业集群和龙头企业，支持东方日升新能源股份有限公司、戴维医疗器械有限公司等企业转型服务型制造企业，探索跨市域产业协会建设；共同培育海洋经济新增长极，合作引育海洋渔业、海工装备、生物医药等创新型企业，促进产业集群化发展；协同规划建设特色休闲小镇，合作举办或承办马拉松、帆船、沙滩排球等文旅活动。

(三) 产业（开放）赋能领域示范项目

一是共建更高水平的17+1（中东欧17国+中国）经贸合作示范区。打造中国—欧洲国家扩大合作的"桥头堡"和"主力军"。积极引入战略合作者共同建设17+1经贸合作示范区，创新体制机制，提升长三角与中东欧经贸合作的广度和深度，拓展中国与欧洲国家更丰富的经贸合作，把示范区打造成为长三角乃至全国扩大开放的标杆项目、中欧深化合作的一线平台。重点包括：做活做强中国—中东欧投资贸易博览会，邀请更多欧洲国家和长三角优秀企业参与，培育细分领域的专业展会；合作提升双向国别产业园、海外仓、国家展览馆等平台载体的数量和能级，引育专业服务企业；争取更多欧洲国家大使馆、联络站落户；合作共建中欧班列，拓展集货网络；合作共建国际消费中心城市，打造欧洲赴华旅游的首选目的地等。

二是共建新型国际能源贸易中心，打造全球一流的油气全产业链。以甬舟一体化发展和浙江自贸试验区联动发展为契机，系统完善"基础设施+供应链管理+高端服务贸易"三位一体的全球能源贸易生态体系，聚力打造具有全球竞争力的新型国际能源贸易中心和油气全产业链。重点包括：加快推进甬舟政策协同和宁波—舟山国际能源储运贸易基地建设，共建大型能源企业总部基地和中小能源企业全球汇集中心；共同实施油气全产业链的补链强链工程，协同发展研发、仓储、炼化、加注、运输、贸易、交易、金融等环节；大力发展航运海事、金融服务、检验检测、信息咨询等国际化专业服务机构；率先探索能源贸易领域投资贸易便利化改革，力争突破油品、天然气等战略性资源投资贸易的自由化；率先探索符合大宗商品贸易特征的税务管理体系和具有国际竞争力的离岸税制安排，力争外汇监管及金融、保险、保理、仲裁等领域的更多国家支持。

三是共建众车联平台。众车联信息技术（宁波）有限公司（简称众车联）是以汽车零部件供应链整合为切入点，为企业提供云集采、供应链金融、云物流、大数据、智能制造和产业基金等创新服务的产业共享经济平台。2018年6月在慈溪上线，截至2019年年底累计交易量已突破110亿元，在国内具有相当影响力。接下来，要进一步发挥长三角汽车制造庞大产业集群的优势，深化城市间合作和政企合作，共同打造汽车制造业代表性的一站式综合服务平台，使之成为推动长三角汽车制造业产业链集成创新和企业专业化发展的关键支撑，成为提升宁波要素配置力和汽车制造业核心竞争力的强化动力，并为破解长三角产业同质化发展难题提供示范样本。重点包括：坚持企业主导，强化政策引导，组织长三角整车及零部件制造企业、供应链企业和创新资源全面入驻平台；支持众车联建立产品评价、服务监督和新产品推介机制，为入驻企业提供基于大数据和人工智能技术的咨询服务；加入长三角汽车产业创新联盟，帮助众车联在联盟中争取更大话语权；积极推动跨区域政策协同，营造更加公平的竞争环境，激发汽车制造企业整合优化供应链的意愿与动力。

（四）创新赋能领域示范项目

一是共建"上海服务"宁波中心（飞地）。在宁波中心城区选择适合服务业发展的优质空间，如集中安排3～5幢商业楼宇，以飞地模式建设"上海服务"集聚区。按照宁波制定规则、上海主导运营的开发理念，引入上海高端服务业功能组团，实体化、集中化运营，打造支持"上海服务"品牌建设、发挥上海龙头作用的示范项目。重点包括：明确牵头部门，明确项目选址，强化项目对接，尽快完成项目设计，重点商定项目成本分摊和收益分配机制；选择高水平专业服务企业全面负责集聚区项目，完成整体规划、招商、建设/改造、企业服务、园区更新等全生命周期事宜；配套实施现代服务业补短板工程，针对性出台服务业专项政策，支持宁波发展迫切需要的高端服务业企业在集聚区落户或设立分支机构，支持优秀人才创业创新；策划行业论坛、企业参观、比武、培训等一系列活动，为本土企业和人才学习借鉴先进经验搭建平台。

二是合作建设三大科创走廊。以更加开放的姿态推进国家自主创新示范区和甬江科创大走廊建设，积极推动与宁波都市圈其他城市缔结创新共同体，与杭州城西科创大走廊、绍兴科创大走廊等平台形成联动发展，共同打造深入践行创新驱动发展战略，积极探索创新生态共建、人才共享、成果共赢新路径的有益示范。重点包括：加强市级统筹，集中资源办大事；加快建设鲲鹏生态产业园、浙江创新中心等项目，强化创新激励，营造一流创新环境；加快推进以甬江实验室为龙头的实验室体系、新材料产业创新中心等重要创新载体建设，促进产业链联动；积极争取国家工业互联网大数据分中心项目，争创国家工业互联网产业创新中心；大力度引入上海、合肥等城市高能级创新主体，积极创建科创飞地；以研究院集聚区建设为依托，探索跨区域的"政府、企业、大学和科研机构"联合推进技术创新的机制，促进科技成果转移转化和人才流动。

（五）生活生态赋能领域示范项目

一是共建长三角文旅产业联盟，推动东钱湖旅游度假区营销升级和文旅双创产业园建设。近年来，长三角城市发起成立了长三角文旅联盟、长三角国家级旅游度假区（推广）联盟、长三角文旅消费一体化联盟等多个以旅游为第一主题的合作组织，但合作形式还非常松散、合作成果还不多，联动发展的长效机制尚未建立。宁波可以东钱湖旅游度假区为主平台，加入并大力推动长三角文旅产业联盟发展，共同打造长三角深化文旅合作、促进文旅全产业链做大做强的标杆型项目。重点包括：主动成为长三角文旅产业联盟建设的参与城市，积极承办长三角一体化文旅峰会等相关会议和活动，推动长三角文旅产业联盟设立秘书处并落户东钱湖旅游度假区；深化与阿里文娱、携程等龙头平台的合作，率先推动东钱湖旅游度假区知识产权（IP）打造和整体营销，推动长三角休闲旅游目的地的合作发展、错位竞争；规划建设文旅双创产业园，加快引育创新创意型、专业技术型、后台服务型的文旅企业主体，支持创新理念和技术转移转化；率先探索文旅产品的标准化。

二是发起成立长三角休闲康养享老联盟，加快建设环宁波湾休闲康养享老带。休闲康养享老是人民群众美好生活向往的集中体现，要发挥宁波优势，努力把环宁波湾区域建设成为集休闲、康养、享老"三位一体"的高品质健康服务集聚示范区；同时，发起成立长三角休闲康养享老联盟，营销"青年奋斗在城市、老年颐养在胜地"的新理念和新时尚，提高示范区的吸引力和美誉度，促进长三角休闲、康养、养老等产业的联动发展。重点包括：市县统筹，把建设环宁波湾休闲康养享老带作为"十四五"重点项目开展专题研究，制订工作方案；加快推进先导性工程，如奉化区"中交未来城项目＋象山港北沿湾三镇＋溪口旅游度假区"的联动开发；明确牵头部门，积极推动与上海、杭州等城市在职工疗休养、银发旅游、慢性病恢复等领域的深度合作，更多承办休闲康养享老领域的行业峰会，择机发起成立联盟；细化功能性项目建设谋划，前期重点关注引进国家发改委国合大健康研究院分院、中国大健康产业发展基金有限公司及相关保险公司、国家体育总局运动康复中心地方基地、国家中医药局等"国字号""中字头"合作单位。

冯　路　谢京华　杨　阳

将天一阁·月湖打造成城市人文地标的设想与建议

天一阁·月湖区域，地居城市心脏位置、荟萃历代名人遗迹、凝结城市空间风格、承载千年文脉传统，是见证城市历史变迁、彰显宁波人文精神的最佳代表。把天一阁·月湖打造成代表城市人文精神的标志性建筑群，目的是集中展示城市人文个性，打造世人认识宁波的最强IP，建设市民家园认同的情感纽结，成为未来500年不过时的城市建设新杰作，从而进一步提升"东方文明之都"的辨识度和美誉度，增强宁波综合竞争力和区域影响力。这将是综合城建、文化、旅游、商业、教育、水利、园林等多个领域的系统性工程，也是老城区有机更新再度焕发市井活力的示范性工程，应当成为"十四五"宁波城市建设向文化寻根、为城市铸魂、更加注重人文驱动价值的标志性工程。

一、打造宁波城市人文地标是天一阁·月湖的历史使命

（一）打造城市人文地标：当代都市建设的必然要求

打造人文地标是当代都市建设更加注重以人为本的必然要求。当代都市建设必然要求支撑高质量发展与服务高品质生活并重，塑造经济景观向打磨人文景观升级，提供更多生态宜居、品味精细的人文价值空间。打造城市人文地标，就是要依托核心人文资源，塑造个性鲜明、人流集聚、文意盎然、创意体验的人文价值空间，成为凝聚家园认同的城市情感纽带。

打造人文地标是当代都市建设支撑区域经济竞争的重要内容。新经济条件下的区域经济竞争，人文地标成为新人群、新投资评判城市功力、潜力、魅力的重要标准；更是驱动创新和消费的重要活动空间。打造人文地标，正是契合

了"讲故事、塑名片、营环境、搭平台、吸流量、提动能"的城市发展新逻辑，是未来中心城市形象品牌、影响辐射的重要支点，是提供发展新思想、展示生活新理念，塑造人力集聚新场域、提升价值引领能力的重要依托。

打造人文地标是当代都市建设彰显独特个性魅力的客观需要。越全球化越需要区域个性，越中心化越需要核心价值，越区域全面一体化越需要彰显独特魅力，这是在分工中占有一席之地、在竞争中率先突围的重要基础。打造城市人文地标，就是要聚焦特定的人文空间，从历史文化、人文精神、自然资源、区位地理、经济生态等软环境方面，对区域特质进行系统的人格化个性表达，这是提升城市软实力的重要途径。

（二）打造城市人文地标：天一阁·月湖具有突出比较优势

从城市与人文的内部关系看，天一阁·月湖与城市建设的关联度最紧密。天一阁·月湖区域东界镇明路，西临北斗河，南到三支街，北至中山西路，总面积约1平方千米。居中的地理位置影响中心区整体形象，与宁波建城伴随始终的历史渊源影响城区发展的脉络格局，城市中央公园的功能存在影响城市风格底色，小尺度功能空间的开发体量比较适中。

从人文遗存的厚度与代表性看，天一阁·月湖的综合比较优势最突出。天一阁·月湖区域内历史资源荟萃，人文底蕴深厚，有各级文保单位50余处，其中国家级重点文保单位3处。与宁波其他历史人文遗存区域相比，在丰富性、集聚性、融合性、代表性、世俗化等方面，具有不可比拟的综合优势。

从同类城市的城中湖比较看，天一阁·月湖的人文个性最显著。天一阁·月湖能够形象地展示出宁波在整个江南区域中，私家藏书楼历史最久、水利设施独具特色、学术文脉独树一帜、园林风格独具魅力。这些独特人文个性的挖掘展示，足以匹配宁波的区域中心城市地位。

（三）打造城市人文地标：天一阁·月湖具备唯一基因谱系

打造城市人文地标，天一阁·月湖具备文化基因最匹配、人文谱系较完整的基础优势。可重点挖掘的资源禀赋主要表现在以下五个方面。

一是打造水利之湖：江南水乡的独特标本。月湖作为7500年前的海退潟湖，是宁波"海濡之地"自然地貌的"活化石"，是鄞西水利工程末梢潴积的千年遗存，也是以"水则碑"蓄水泄洪而得河海之利的功能设施。

打造水利之湖，可以充分展示宁波"三江六塘河，一湖居城中"城市水乡格局的个性形象；可以精心塑造宁波人民改造自然、自强不息的精神图腾；特别是可以用月湖为枢纽，打通塘河之旅，串联鄞奉平原星罗棋布的"堰埭碶坝"遗存，全力打造"迎淡而用之者，江南尽然；遏咸而留淡者，独宁绍有之也"（徐光启）的江南水乡独一无二的人文地理标本。

二是打造书香之阁：中国私人藏书第一阁。天一阁是中国现存最早的私人藏书楼，是万卷楼、伏跗室、蜗寄庐等历代宁波私家藏书的荟萃之地，也是中国传统藏书楼经典建筑格局的典范，凝结着历代知名藏书楼近50处、浙江现存古藏书楼七居其三的宁波文化荣耀。

打造书香之阁，能够进一步激活天一阁"存古开新，兴贤育才"（薛福成）的书香文化园平台功能；能够集中展示"书藏古今、文献名邦"的城市名片，重现烟雨楼、得月楼、镇亭山房等书楼云集的月湖藏书胜景；特别是能够形象阐释书香文化所哺育的当代宁波人"四知精神"的独特人文品格。

三是打造教育之湖：院士之乡的文脉传承。月湖是宁波书声琅琅、兴学育人的书院盛地，是浙东学派筚路蓝缕、学术兴旺的文脉象征，也是科甲鼎盛、人才辈出的空间符号。

打造教育之湖，必须再现碧沚书院、竹洲书院、鄮山书院（海曙镇明中心小学）、辨志书院（二中）等齐聚月湖的盛况，讲好"书院之盛、浙江第一"的文化故事，阐释"学行笃美，信于士友"（王安石）的诚信基因；必须串起"庆历五先生"、"淳熙四君子"、王阳明、黄宗羲、全祖望们"授业解惑、孜孜于道"的学术历程，揭示知行合一、经世致用的文脉渊薮；必须展示宁波千年来"重学崇教、人才辈出"，基础教育兴盛而成为院士之乡的教育基因。

四是打造园林之湖：雅致和谐的价值品格。月湖是浙东园林雅致意境的精华所在，是文人骚客诗文唱和的风月胜地，也是甬上簪缨世家诗意憩居的精神家园。

打造园林之湖，要再现"十洲胜景"亭台楼榭的浙东建筑风格，展示在逼仄狭小、资源稀少的"海濡之地"打造湖山主人、追求美好生活的雅致意趣；要选辑历代大家留下的美好辞章，讲好风月知己传颂千年的诗韵流播；特别要崇古修旧，再现世家故第与升斗小民傍水共居的生存格局，充分展示"闾阎与缙绅相安，官民得贵贱之中，俗尚居奢俭之半"（王士性）的和谐民俗。

五是打造市井之湖：演绎宁波的"城南旧事"。月湖是祖祖辈辈先民"夏听暮蝉，酒饮冬霜"的栖身之所，是老弄堂、老墙门、老字号、老行当、老家生集聚的烟火之地，是众多宁波人记忆深处一抹浓重的美丽乡愁。

打造市井之湖，要打造"读书声、算盘声、叫卖声"交响的"半商半文"（巴人）城市风格；要恢复桨声欸乃、晨练暮聚、吃茶赏湖、听曲斗棋的市井功能，重聚生生不息的烟火之气；更要结合时代进步的文明需求，营建逗留八方来宾的小憩佳地，再造创意时尚的城市客厅。

除了上述城市人文精神的重点元素，还可以依托天一阁·月湖现存的建筑遗存，挖掘更多积极向上的宁波特色文化基因，共同构成宁波人文根脉的基因谱系。比如，依托佛教居士林，讲好佛教丛林慈悲济众的故事，打造弘法利生的佛学盛地。再比如，依托名人宅第，讲好积善人家的慈善往事，打造爱心城市的永久地标。

二、"十四五"宁波打造天一阁·月湖城市人文地标的基本设想

打造天一阁·月湖城市人文地标，使之成为人文性、美观性、可达性、可留性、可融性、流量性俱佳的宁波城市人文景观集散地，需要形成三大支撑。一是建成宁波人文与月湖风貌自然融汇、历史遗存与当代功能相得益彰、高雅意趣与市井生活和谐共生的人文形象集聚地。二是改变宁波历史人文遗存"多而散、小而弱"的分布格局，聚沙成塔、凝神铸形，建成必到必看、常看常新的人文旅游集散中心。三是既要博采众长，又要彰显个性，永葆宁波文化独特魅力；既要一步成基，又要经年打磨，永续内在运营活力；既要汇聚各行各业之力，又要突出审美价值主线，永誉历史文化名城荣耀；建成500年不过时的城市人文新杰作。

按照这样的目标，打造天一阁·月湖城市人文地标，必然是一个滚动开发、持续运营的长期建设过程。"十四五"期间，重点是加快形成基本框架，主要从四个方面加快升级改造。

（一）智能化浓缩：全景展示宁波人文历史魅力

建成"五馆"。按历史人文主题，在天一阁·月湖区域内分别择地建设人文主题"五馆"，其中水利文化馆可在水则碑附近，书香文化馆可在天一阁南片区，教育文化馆可在二中西侧共青路，园林文化馆可在"十洲胜景"牌坊附近，佛学文化馆可在佛教居士林。同时，通过微缩模型、虚拟现实（VR）技术等智能手段，在各主题馆集中复原展示相关人文历史，并实现人机交互体验。

复原"一景"。在超然阁或择一其他建筑改造，微缩复原月湖十洲胜景的自然风貌。同时按照可考记载，在现有月湖范围内，典型性复原若干代表宋明时期浙东园林风格的实景。

升级"多点"。在区域内各历史遗存点，开展古今叠压遗产地数字化工作。运用现代信息技术手段，全面升级现有的石碑式点状展示方式，生动再现每一寸土地上曾经的历史人文胜景。

拓展"四面"。注重对天一阁·月湖四至范围历史文化遗存的恢复保护和联动开发，如延庆寺、观宗寺、翰香小学、紫香阁、咸通塔等。

(二) 网络式开发：形成覆盖宁波全域的人文主题精品游线

依托天一阁·月湖城市人文地标的开发，按照"听完故事去看看"实景展示的逻辑，逐项推进覆盖宁波全域的人文主题旅游线开发。"十四五"期间，重点可选择"水文化"与"佛文化"两条主线进行开发。

"水文化"线开发，重点是沿西塘河开通西线水上游项目。从月湖登船，打通月湖—马衙漕—北斗河—西塘河水线，疏浚西塘河主航道-3米以上水深，恢复大卿桥码头等沿线水运设施，一路饱览鄞奉平原上复原修葺的古桥、集街、堰埭碶坝、村居、宗祠、庙宇等水乡风光和水利遗存，体验旧时"航埭"过船的实景，连通上游它山堰等著名水利设施。技术条件成熟时，可打通西塘河高桥段与姚江的水上联系，拓展西线水上游的范围。在西线开发积累经验的基础上，可规划开发南线沿奉化江溯流而上的水线。

"佛文化"线开发，重点是整合东线佛学之旅。在佛教居士林看完宁波佛学历史人文集中展示后，以城市小巴贯通延庆寺、观宗寺、七塔寺，重点是展示七塔寺临济宗中兴祖庭的佛学地位；在七塔寺换乘大巴，游阿育王寺、天童寺。整条游线开发的关键是复原佛学的演进嬗变历史，把宁波弘法利生、导人向善的慈悲、爱心文化主线凸显出来。

以人文主题精品游线的开发为依托，分阶段推进天一阁·月湖城市人文休闲游客集散中心的功能建设。

(三) 全景式提升：加快区域整体性景区式改造

打造"一眼"。打造全面呈现天一阁·月湖全景的"宁波眼"。在本区域四至边缘，择一高层建筑，打造一个可俯瞰天一阁·月湖全景实况，对景区进行整体讲解阐释，并虚拟再现历史上的月湖盛景全貌（可超出现在区域范围）的观景台，完善观景台的整体游览功能。按观景台建设的设想，对区域全境的建筑立面进行色彩化改造。

贯通"二线"。按月湖东西两侧分别建成贯通全线的游步长廊，"一节一主题"配以宁波历史故事彩绘。依托游步长廊对各人文主题游线进行相互交错而又独立呈现的串联导引，尽快完善游客休憩点等适游配套设施建设。

展示"多景"。加强对景区建筑物及公共园林的艺术化设计，确定区域整体为"明式"建筑风格。注重建筑小品的镶嵌协调，努力呈现"一物一品，十步一景"的浙东园林风格。

加强"管控"。严格按照"建设服从历史、功能服从运营、配套服从主题"的基本要求，加强区域整体设计管控。按永久式建筑与非永久式建筑，分别建立建设资格准入审查、定期配套养护、多功能用途配套设计等机制。加强建设时序管控和滚动改造升级。

（四）市井化共生：打造人流旺盛的休闲街区

升级原生场景功能。引导市民日常参与，形成旺盛的人气流量，是城市人文地标可持续运营的重要基石。要增强城市中央公园功能，进一步优化市民锻炼、假日休闲等日常生活功能；部分恢复老茶馆、老棋室、大排档等原生俗尚场景，并与景区建设和谐互融；选择迎凤街或毗邻的梅园社区等地块，局部重现世家宅第与闾阎百姓和谐共处的生活场景。

强化商业街区功能。加强景区四至沿线街道的商业化改造。要形成与城市人文地标相匹配的特色商业功能建设，如在升阳泰及其毗邻的镇明路、中山西路，集中宁波老字号、老作坊，建设宁波农产品等地方土特产品牌展示订货中心；要注意与周边商业区块的功能差异设计，引入国际免税店等新商业功能，打造国际游客吸引能力。

增强时尚创意功能。按照生态、文化、智能、精细的空间价值要求，在景区及周边营造开放式憩居街区，注入艺术审美、网红走秀、个性生活等元素，建设小尺度的创意社区、"创客部落"。

加强引流系统等配套建设。打通与周边鼓楼、月湖盛园等的无障碍步行设施系统；加强与孝闻秀水街区、南塘老街、老外滩等历史街区的功能互动与绿色交通体系建设；拓展完善大型公共停车系统。

三、若干建议

天一阁·月湖建设城市人文地标，需要多部门多区块通力协作，也需要克服投资大、周期长、回报慢等各种困难，因此，必须由市委市政府进行统筹决策。决策应当重点对强化整体规划设计、优化运营管理机制、创新开发建设模式等进行深入的前期研究，为长远的可持续开发运营奠定良好基础。前期研究应重点解决以下三方面问题。

（一）编制《天一阁·月湖建设规划》

结合空间规划与发展规划，编制建设周期10~15年的《天一阁·月湖建设规划》。

规划应综合借鉴景德镇陶溪川、上海上生新所、瑞典皇家海港城、挪威奥斯陆海港城等已有经验，结合宁波本土人文特点，充分体现文化带动地区复兴、艺术引领城市有机更新、小尺度（1平方千米）城市空间的合理混合空间配比、历史建筑原真保护、创意式街区开放等规划理念特点，形成一个根植宁波文脉传承、管控有力、充满弹性的全新建设规划。

（二）组建专业化运营公司

按照运营先于建设的理念，在"建设规划"完成、开发建设启动之前，组建专业化商业化运作的天一阁·月湖运营公司。运营公司应由国内有同类开发经验的市场主体为主承担，并结合本地文旅企业、城建企业等共同参与。

运营公司负责在专业的市场调研基础上，组织日常服务系统，承担增值服务开发、整体生态维护管理、主题建筑管家服务等职能。

运营公司负责管控整体建筑生态、商业开发形态，确保各项目按规划高质量实施，包括：组建由业主、建设出资者、市民代表、政府代表、市政建设、社会组织等构成的对话协调机制，对所有项目实施开发监管；组建临时专家小组，对专项工作或特定项目，提出专业建议，开展跟踪监测、评估反馈；按年度编制《天一阁·月湖经济社会环境可持续更新报告》，定期向公众发布征询意见，作为制订下一年度开发建设计划的主要依据。

（三）优化创新现有开发管理体制

由市人大以地方立法形式，制定颁布《天一阁·月湖景区管理条例》，优化创新管理体制并保障"建设规划"权威性。同时，人文地标建设作为城市重大公共空间开发项目，由市人大组织专业力量评审通过年度《天一阁·月湖经济社会环境可持续更新报告》，并组织专项性建设进展评估。

以本地社会资本为主，结合国有投资方、运营公司方、区域内相关业主，共同出资筹建新的统一的天一阁·月湖开发投资公司。在充分保留现有开发体制合理性的前提下，通过资产划拨、重组等形式，逐步改变管理单位多元、开发主体分散的现状。

由运营公司代表结合本地贤达、重要社会出资人、国资代表、地方政府及人大代表、业主代表等共同组成天一阁·月湖管理委员会，作为主要的议事机构。原天一阁·月湖5A级景区管委会，保留政务服务小组，适时撤销机构，其职能整体移交运营公司。

以基金会、志愿者团队、专业小组等形式载体，多方整合资源，引导鼓励市内外社会力量广泛参与城市精神家园的共建共治。

周威锋　吕宜之　张　华

提升宁波人口竞争力的政策创新研究

人口竞争力是指在一定时间、空间和经济社会发展水平下，人口的可持续发展能力及对区域经济社会发展产生正面影响的竞争优势。主要包括人口规模竞争力、人口效能竞争力及人口环境竞争力等三个方面。"十三五"期间，宁波常住人口快速增长，人口竞争力显著提升。"十四五"时期，宁波要紧扣高质量发展要求，主动提升人口竞争力战略地位，坚持人口规模扩张与质量提升并重，推动人口发展与城市转型升级高度契合。

一、"十四五"时期人口竞争力基础作用更为重要

人口竞争力战略地位更加突出。人是生产力中最活跃的因素，是城市发展的最根本动力，人的需求的全面升级倒逼城市转型发展。城市之间的竞争根本上就是人口的竞争，人口吸纳能力的高低是衡量城市竞争力的重要因素。当前城市之间的竞争正逐渐向深层次拓展，由原来的资本、土地等的资源要素竞争，逐渐演变为人才集聚等的创新要素竞争，人口竞争力在城市竞争中的作用全面提升，成为未来城市发展的主导因素。"十四五"时期，宁波要全面提升城市竞争力，必须把人口竞争力摆在更加重要的战略地位。

城市间人口规模扩张竞争持续加剧。提高人口竞争力仅仅依靠规模扩张已不可持续，未来宁波等沿海城市必须从增量扩张为主向增量扩张与质量提升并重转变。"十三五"时期，宁波人口净流入数量逐年增加，2019年宁波人口净流入34万人，居全国第四。2020年发布的中国《人口与劳动绿皮书：中国人口与劳动问题报告》预测，"十四五"时期劳动年龄人口将减少3000万人，流动人口规模会以每年300万人的速度递减，流动人口迁入中心由东部向中西部转移。可见，"十四五"时期城市间人口吸纳的竞争进一步加剧，宁波在增强人口落户

吸引力的同时，更要提高人口素质。

人口竞争力更加依赖于人口质量提升。"十四五"时期，宁波产业将进入全面转型升级新阶段，高素质、高学历人才需求将持续保持高位，存量劳动力中高学历人口占比偏低，人才需求的问题将更加突出。根据相关部门提供数据显示，2018年流动人口中劳动年龄人口（16周岁以上）有近400万人，其中，初中及以下文化程度人口占81.77%，总量近328万人。因此，迫切需要存量素质与引进质量两者并重，提升人口技能学历，才能进一步提升宁波人口竞争力。

二、"十四五"时期宁波提升人口竞争力的基本思路

深入学习贯彻习近平新时代中国特色社会主义思想，抓住"十四五"人口竞争深度转型重要窗口期，以全面提升人口竞争力为统领，以打造人才集聚高地为主线，更加注重人的全面发展，更加注重人口与经济社会高质量发展相适应，更加注重人口工作体制机制创新，着力实施"三优、两联动"策略，实现由调控人口规模为主向由提升人口素质和扩大规模并重转变、由人口管理为主向更加注重人口和家庭服务转变，加快形成规模适度、结构优化、人才涌现、服务均等优质的人口发展格局，支撑城市竞争力不断提升。

坚持人口竞争力优先发展。把人口竞争力提升放在城市发展的优先战略地位。树立人口竞争力是城市创新发展第一要素理念，把培育提升存量人口和引进国内外优秀人才为主体的高素质人口作为提升城市创新竞争优势的战略选择。切实把提升人口竞争力优先纳入经济社会发展中长期规划，在产业转型升级、城乡融合发展、重大平台建设等重要决策部署中，充分考虑人口竞争力因素，着力提高人的素质能力，提升宜居宜业环境品质，优化人口管理与服务，高水平提升人口竞争力，夯实区域可持续发展基础。

促进人口发展与产业升级联动。着力通过产业转型升级带动人口素质、结构优化。深入实施国家级先进制造业集群培育工程、积极培育前沿产业、大力发展数字经济、加快传统制造业改造提升。通过产业的转型升级调整优化就业结构，带动就业人口总量扩展和素质能力提升。着力推进人口发展适应产业转型升级要求。针对产业人才供需结构性矛盾突出问题，深入实施新时期产业人才引育行动，推动实施重点产业人才引育专项，加快完善新材料、工业互联网、关键核心基础件等关键领域人才支持政策，不断提升人口质量，优化人口结构，实现产业与人口联动升级。

促进人才引进与存量人口提升联动。大力推进人才引进量质提升，发挥企业引才主体作用，支持企业结合需求开展以人才、技术为重点的并购重组，建立完善全球引才网络平台，创新更加灵活的"柔性引才"方式，高水平建设浙江创新中心等。大规模开展存量劳动人口技能学历提升行动，积极推进职业院校内涵发展多元办学，紧扣全市产业发展需求，完善职业院校专业动态调整机制，加快专业领域就业人员的知识更新等。

推动人口空间布局优化调整。以新型城镇化建设为抓手，合理布局生产、生活、生态等区域空间，有序推动人口在城乡、区域之间有效配置，促进居住人口与产业人口合理布局。加快提升宁波中心城区能级，增强中心城区的辐射带动力和人口集聚度。加大市级统筹力度，稳妥有序推进全域城区化，促进全市域城市功能整合提升，加快推进重大功能平台建设，着力破解市域发展空间散低问题，促进人口适度集聚。加强小城镇基础设施建设，补齐公共服务短板，提高产业支撑能力，有效提升服务镇区居民和周边农村的能力。

推进城乡公共服务优化配置。继续推进城乡公共服务设施提档升级，加快实施一批战略性、引领性、功能性的重大民生项目，提高城乡公共服务便捷性、可及性和居民满意度。提高公共住房保障规模和水平，完善公共住房周边配套设施。统筹考虑城市空间布局、人口分布特点和学龄人口变化趋势，优化城乡基础教育资源配置。优化整合现有医疗资源，打造品牌医疗机构，全力引进优质医疗资源，进一步深化县域医共体建设，大力推进公共卫生防疫能力现代化建设。建立完善城市公园、森林郊游公园城乡公园体系。大力提高家庭发展能力，建立健全以社区为基础的家庭保健、科学育儿指导、养老照护等家庭发展服务体系。

三、提升宁波人口竞争力的突破重点

综合来看，"十四五"时期宁波人口竞争力发展主要面临人口供需结构性矛盾突出，科技人才、专业技术人才及高技能人才短缺等问题，需要重点突破，实施以下"重点工程"。

（一）实施百万劳动者技能学历提升培训工程

近年来，宁波重视劳动者技能学历培训，不断推进技能学历提升行动，取得显著成效。但是目前劳动年龄流动人口中，初中及以下文化程度人数近328万人，并且培训针对性、有效性不够强等问题依然突出。为全面提升劳动者就业创业能力、缓解技能人才短缺结构性矛盾、提高就业质量，实施百万劳动者技能学历提升培训工程，力争"十四五"期末低学历劳动者技能、学历都提升一个层次。

一是明确培训对象与重点。培训对象范围主要包括16~45周岁有就业创业意愿和培训需求的城乡各类劳动者，尤其是低学历中青年劳动者。农村地区的培训对象可适当放宽年龄限制，主要面向新型职业农民、创业创新青年和从事农业生产、经营、服务的务农农民等。加强学员遴选；推动分层分类分模块培训；强化技能培训与学历培训相结合；提高针对性、精准性、有效性。

二是健全技能培训机制。建立以政府为主导，以中高级职业院校、技工学校、高技能人才公共实训中心、技能大师工作室、培训学校、企业培训中心等为主体，培训机构、培训职业（工种）、培训成果由市场竞争决定的培训机制。实施以学徒培养、以工代训、技能研修、创业培训、新职业培训等为主要培训方式的分类培训计划。鼓励支持农村地区依托全国农业科教云平台和云山智农应用程序（App）开展在线学习、在线服务和在线考核。

三是完善培训补贴政策。强化各地培训项目和资金的统筹管理、资源整合。补贴范围由职业资格目录内的职业（工种）扩展到具有国家职业标准和企业岗位规范的所有技能类职业（工种）。对于实际培训费用支出高于规定的企业，给予一定比例的激励性补贴。推广北仑实施的免费职业技能培训券，劳动者凭培训券可在本地公布的培训机构清单内自主选定培训机构，自愿选学职业（工种）。

（二）实施优质基础教育拓展工程

宁波基础教育总体呈现健康运行、高位发展的良好态势，但是城乡之间、区域之间优质基础教育资源配置不均衡问题依然存在。基础教育经费投入有待进一步提高，2018年全市教育支出223.55亿元，其中各区县（市）共支出176.59亿元，市级教育支出46.96亿元，市级教育支出中用于基础教育的只有4.8亿元，占比不到11%。优质基础教育资源总量不足、分布不均衡。以学前教育为例，2019年全市共有各级各类幼儿园1220所，省一级幼儿园163所，占比不到14%，与杭州近26%的比例相差较大。为推进优质基础教育优质均衡发展，全面提升人口素质，营造引才、留才关键性的优质基础教育环境，建议"十四五"时期实施优质基础教育拓展工程。

一是优化城乡基础教育布局。完善人口规模与学校布局相适应的教育设施专项规划，数量可适度超前配置，并纳入国土空间规划及详细规划，严格刚性执行。加快新建或改扩建一批优质中小学及幼儿园，重点是根据《浙江省教育厅关于加强初中教育的指导意见》（浙教基〔2020〕52号）要求，大力改善宁波薄弱初中办学条件，在城镇建设和更新中，优先保障公建配套初中学校新建或改扩建用地。强化基础教育资金投入，市级财政对基础教育的投入要实现倍增，各区县（市）教育经费支出要保持逐年稳定增长。

二是提升基础教育办学质量。充分挖掘和拓展现有基础教育名校的办学优势，通过集团化办学，新办名校分校，或向薄弱学校输出、代培优秀管理干部、学科教师，推广名校育人模式、教育教学成果等多种形式，扩大优质教育覆盖面，尤其要向教育资源薄弱的农村地区延伸覆盖。积极探索"地方国企出资、集团发展、独立运营"的民办非营利性事业单位办学模式。积极推进普通高中优质特色发展，赋予全市各名优高中学校更大办学自主权，扩大名校创办向上向下延伸的自有民办学校。

三是提高教师总体素质。强化基础教育教师编制的市级统筹，优化教师区域配置。鼓励支持基础教育教师带薪攻读教育硕士学位。高级教师岗位的比例适度向基础教育学科倾斜，适当提高基础教育高级职称比例，促进基础教育教师总体素质提升。适当提高乡村教师特别是偏远山区教师生活补助及交流轮岗教师交通生活补助标准等，促进城乡优秀教师均衡配置。

（三）实施市场主体增进工程

市场主体是吸纳就业人口的主体力量，也是提升就业人口质量的重要力量。截至2019年，宁波市场主体总量首次突破100万户，达到了101.89万户，企业数量占比40.8%。但与杭州129.8万户，企业数量占比超45.1%；南京141.95万户，企业数量占比49.1%相比较，总量和质量还有一定差距。以上市公司为代表的龙头企业总量和总市值差距较大，2019年杭州上市公司总量和总市值是宁波的1.88倍和7.19倍。为充分发挥龙头企业、创业母体和市场主体吸纳就业人口、优化人口结构的作用，建议"十四五"时期实施市场主体增进工程。

一是大力引培创新创业人才。创新创业人才是增进市场主体的关键力量。宁波应加快甬江人才创新中心二期建设，集聚一批科创孵化机构、科创基金等创业创新要素，加强与财务、商标注册、知识产权等领域的服务机构合作，为高层次创新创业人才提供专业化、低成本服务。积极落实赋予高校院所、产业技术研究院等科研机构更大人才引进认定自主权,促进其成为引培创新创业人才的高地。强化人才住房保障,适当提高城市更新项目中人才住房、保障性住房配建比例。

二是精准引育产业大项目。产业大项目是优化市场主体结构的重要举措。宁波应围绕先进制造业集群培育、新兴前沿产业布局和数字经济等重点产业及产业链,持续引育建设一批创新能力强、投资规模大、产业层次高、带动潜力足的旗舰型产业级龙头企业。积极通过资本运营、战略合作和业务重组等方式引进高科技独角兽企业、互联网企业、高成长创新型企业等总部企业。吸引跨国公司、大型央企和实力民企在宁波设立区域性总部,引进跨国企业的销售中心、结算中心、研发中心等功能机构。

三是优化小微企业营商环境。加快改造提升低效用地,积极推进小微企业园建设,促进小微企业集聚发展。适当延长水、电、气价格优惠政策执行期限。深化普惠金融信用信息平台建设,采集更多小微企业的经营、纳税、司法等信息,支持银行拓展小微企业首贷户。深入推进浙江省企业服务综合平台、"企业码"、惠企政策"直通车"、宁波市8718公共服务平台等线上平台的互联互通和服务集成,推动企业诉求和政策兑现协同办理,打造政策查询、推送、宣传和兑现流程闭环。

林崇建　费孟云　农贵新　傅叶挺　朱占峰　唐平原　张小兰

进一步发挥企业人才开发主体作用的对策研究

企业人才开发主体作用是指在人才开发过程中，企业充分发挥在人才引、育、用、留中的主体作用，成为人才集聚主要载体。"十四五"时期，发挥企业人才开发主体作用是强化企业创新主体地位、推动企业集成创新要素资源、提升企业技术创新能力的重要手段。

一、发挥企业人才开发主体作用是引领创新发展的关键环节

一是符合企业作为人才开发主体的客观要求。要发挥企业技术创新主体作用，推动创新要素向企业集聚。实践证明，企业重视人才开发，发展也会比较好，集聚用好人才成为企业发展制胜法宝。"十四五"时期，企业创新发展将处于更加突出的地位，只有充分发挥企业人才开发主体作用，实现人才引领的创新发展，企业才能在激烈的市场竞争中发展壮大。

二是适应海外人才引进新趋势新要求。当前，国际环境日趋复杂，美国为首的西方国家对我国以官方名义开展的引才活动严格防范，对引才对象严格审查，给传统海外引才模式带来新挑战。"十四五"时期，海外人才引进将向"企业走在前台、政府退到后台"转变，必然会更加突出企业人才开发的主体地位，按照国际通行规则和市场规则开发利用人才。

三是有助于构建现代化人才治理体系。"十四五"时期，人才竞争的重点将是人才治理体系的竞争。构建现代化人才治理体系，核心是发挥市场在人才配置中的决定性作用，激发企业人才开发动力。中国人事科学研究院对全国400多位人才工作者的调研显示，市场在人才配置中的决定性作用发挥不足，政府、社会、市场没有形成推动人才发展的合力等是当前人才发展治理中最为突出的问题。宁波企业人才开发有基础优势，可以在构建现代化人才治理体系中率先

推进，在企业人才开发中争取更多探索创新，提升城市人才竞争力。

四是有助于凝聚人才开发合力。当前，宁波引才力度不断加大，但是在调动企业人才开发积极性方面还有所欠缺，企业开发人才还存在"缺动力""不愿育""成本高""留不住"等问题。如宁波中小企业经营管理者对人才开发重视度不够，在人才队伍建设方面不愿投入，缺乏系统的人力资源规划、招聘和培训体系。通过政策引导和机制创新，激发企业人才开发主体作用，有助于破解当前企业人才开发中面临的现实问题，调动企业积极性，凝聚起人才开发合力。

二、宁波进一步发挥企业人才开发主体作用的总体思路

"十四五"时期，发挥企业人才开发主体作用，核心是推动市场在人才资源配置中发挥决定性作用，重点要在壮大引才聚才企业"母体"、激发企业育才动力、推动企业用才模式创新、打造企业留才优质环境等方面，进一步探索创新，让企业在人才"引育用留"各个环节都"唱主角""担主责"，成为人才集聚"主阵地"。

（一）进一步壮大引才聚才企业"母体"

一是培育人才集聚的新兴企业主体。要通过加快传统产业数字化智能化改造，把优势传统产业的更多企业转化成为吸纳人才的新主体。要通过培育新经济新业态和科创型企业主体，扩大人才集聚的新兴主体规模。实施"千名服务业领军人才""千名新经济新业态领军人才"等行动，支持创设一批新经济新业态企业主体。加大科技型中小企业和高新技术企业培育力度。支持企业设立研究院、重点实验室、博士后工作站等内设平台，引进高层次人才。

二是大力引进创造企业"母体"的人才。深化实施"甬江引才计划"等市级重点引才计划，提高创业型人才入选比例，支持高层次人才创办科创企业实体。大力引进创设平台型企业的高层次人才，通过平台型企业整合更多产业链上下游企业，吸引集聚电商直播、在线培训、物流服务等新经济领域人才。

三是支持企业柔性引用人才。改革开放以来，宁波企业就是坚持用市场机制，柔性利用全国乃至全球人才发展起来的。"十四五"时期，在大力引进人才到宁波集聚的同时，仍需要坚持这样的机制优势，以提升企业的竞争力。我们必须建立健全企业在海内外设立研究机构、并购等多种形式柔性用才的支持政策，激励企业引才用才积极性。

（二）进一步激发企业育才内生动力

一是激发企业家育才积极性。企业培育人才力度大小取决于企业家对人才的认识程度。全市"十四五"人才发展规划要将企业经营管理人才纳入其中，将企业家的人才意识提升和企业人才制度体系建设作为重要内容，加强对企业家培训培养的投入力度，实现企业家培训培养经费稳步增长。

二是加大企业育才引导支持力度。在政府重大人才计划中支持龙头企业举荐自主培育人才，扩大企业可举荐的人才范围。优化财政支持机制，用足用好重大产业政策的人才队伍专项经费，帮助企业培育紧缺急需人才。加强对企业培育人才要素保障力度，支持龙头企业办企业大学，在用地、规划、建设经费等方面给予支持。帮助企业对接优质教育培训资源，落实职业院校培训收入可用于教师劳动报酬政策，突破绩效工资限制。

（三）进一步推动企业用才模式创新

一是有效降低企业用才成本。针对新兴产业领域用才成本高的特点，研究制定特定产业人才支持政策，落实产业人才队伍建设经费。对新兴产业企业使用高层次人才给予一定的薪酬补贴和企业支持奖励。支持企业开展灵活用工模式，加大灵活用工试点推进力度，争取新增一批灵活用工试点企业，降低企业用才成本。

二是支持企业用好高层次科技人才。引导高层次科技人才向企业一线流动，完善科研机构和企业、高校和企业科技人员之间流动机制，支持高校院所科技人才到企业兼职创新，成为企业可用之才。规范企业之间人才流动秩序，健全人才诚信档案和建立黑名单制度，支持企业放心大胆使用人才。

（四）进一步打造企业留才优质环境

一是单列指标助力企业留才。以企业地方综合贡献和履行社会责任情况为依据，给予企业一定数量的关键核心人才单列指标。关键核心人才可比照市、区县（市）两级高层次人才服务标准，享受安居、子女教育、个税补贴等支持政策。建立企业关键核心人才清单化管理机制，给予人才持续关注，解决不同阶段的人才需求，帮助企业留才。

二是营造氛围助力企业留才。开展市级层面尊才爱才优秀企业、"人才强企"先进单位等荣誉评选，鼓励企业主动集聚人才。开展企业雇主品牌影响力表彰活动，支持企业打造雇主品牌，形成企业人才文化，助推企业留心留才。

支持在甬龙头企业、行业协会设立行业性人才奖项。

三是用足政策助力企业留才。实施人才政策知晓度专项提升行动，系统梳理市、区县（市）两级人才惠企政策目录，制作企业人才政策申报指南和办理流程。组建人才政策宣讲团，实现人才政策"四进四同步"，即人才政策宣传"进园区、进校区、进院区、进社区"，人才政策推介"与招商引资同步、与企业注册同步、与机构落地同步、与社区服务同步"。

三、创新探索企业人才开发三项重大机制

"十四五"时期，发挥企业人才开发主体作用，要以创新探索企业人才发现、评价和开发激励三项机制为重点，推动宁波企业人才开发取得新突破、跃上新台阶。

（一）创新企业人才发现机制

一是扩大企业人才发现主体。将企业人才发现机制纳入甬江引才工程、市领军拔尖人才培养工程、青年人才工程等市级人才工程，实现政府人才工程全覆盖。支持龙头企业、行业协会、产业联盟、风投机构等成为企业人才发现主体，对于经龙头企业、行业协会、产业联盟、风投机构等举荐的企业人才，可以直接纳入政府相关人才工程评审。

二是扩大企业人才发现范围。当前企业人才发现对象主要集中于科技人才；企业经营管理、新经济新业态、技能等人才，对于企业创新转型发展、技术工艺改进等作用也十分重要，必须予以同等重视。下步要扩大企业人才发现范围，将企业经营管理人才、新经济新业态人才、实用技能人才等更多优秀企业人才发掘出来。如对企业经营管理人才设立专项人才发现计划，按照梯次培养、老中青结合的方式优化企业经营管理人才队伍，给予专项支持奖励。

三是创新企业人才发现方式。支持采取认定制、举荐制、赛事选拔制等多种企业人才发现方式。对于市场化程度高的创业创新人才，要更多采取认定方式发现人才，大力推广"3315资本引才计划"的人才认定方式，由市场化的风投机构认定人才。对于青年人才，要更多采取举荐方式发现人才，成立青年人才举荐委员会，常态化机制化地开展青年人才举荐。对于技能人才，要更多采取赛事选拔方式发现人才，对在各类赛事脱颖而出的技能人才，可以直接认定为高技能人才甚至高级人才。

(二) 创新企业人才评价机制

一是制定以薪酬等为导向的企业人才评价体系。将薪酬收入、缴纳个税、技术成果转化等作为重要认定标准，对符合评价标准的企业人才，可比照现行宁波人才分类相应标准予以支持。如对企业经营管理人才重点考察人才起薪、近年薪酬增长幅度等指标，建立更科学的企业人才评价体系。在政府人才工程评选中，推广实施企业人才评价标准，采取"企业评价＋政府奖励"模式，对企业人才评价变"政府量才"为"企业定才"，赋予企业更大的人才自主评价权。

二是扩大企业职称自主评审覆盖范围。积极争取上级部门授权，对符合条件的市级以上企业研究院，允许开展研发创新人才高级职称自主评价，发挥企业研究院对高层次人才集聚作用。推动龙头企业和单项冠军企业实施职称自主评价，对开展职称自主评价的企业，在政府奖项评选、综合要素保障等方面给予倾斜。推动宁波十大标志性产业链上下游企业开展职称自主评审，对成功获得职称自主评审资格的，给予专项奖励支持。

三是探索开展新经济新业态人才评价。建立新经济新业态人才评价体系，将吸纳就业数量、带动销售量、拥有关注度等作为新产业新业态人才重要评价标准。积极争取上级部门授权，支持宁波率先探索开展职业资格认定，对未纳入现行职业分类目录的新领域人才，明确职业范围、准入条件、评价标准等。

(三) 创新企业人才开发激励机制

一是将企业人才开发指标纳入"亩均论英雄"评价体系。深化完善"亩均论英雄"评价机制，将企业集聚人才密度指标纳入"亩均论英雄"考核体系。将企业集聚研发创新人才、高技能人才密度，作为"亩均论英雄"的评价指标，对人才集聚密度高的，可以予以额外加分，挂钩享受相关产业扶持政策。

二是激励企业加大职工教育培训投入。支持企业超额提取职工教育培训经费，对于超额提取职工教育培训经费，并用于一线职工技能、学历提升的企业，按照超额提取部分给予一定额度的奖励支持。超额提取部分争取纳入税前列支范围。对企业提取的职工教育培训经费，要加强使用合规性监督，必须主要用于企业一线职工的教育培训。

三是对企业集聚人才给予激励。支持企业依托内设创新平台集聚人才，对建设企业大学、企业研究院、博士后工作站、工程技术中心，并吸纳储备企业研发创新人才的,可按照投入建设经费的一定比例给予奖励。成功获评省级、国家级平台的,再给予额外奖励。对企业吸纳储备人才给予奖励,如企业吸纳大学本科及以上学历青年人才超过行业平均水平一定比例的,给予奖励支持。

金 戈 王明荣 廖绍云 徐 毅

实施服务贸易"补链强基聚气"高质量发展建议

党中央关于"十四五"规划和二〇三五年远景目标的建议提出,要推进贸易创新发展,增强对外贸易综合竞争力。当前,服务贸易已成为全球贸易和经济增长的新动力、国际分工和价值分配的新关键、全球经贸规则的新焦点。宁波服务贸易已有一定基础,但存在占比不高、结构不优、竞争力不强等问题。"十四五"期间,要紧抓国家推进服务业深度开放的历史机遇,夯实服务贸易发展基础、深挖服务贸易发展潜力、集聚服务贸易发展能量,加快完善进出口促进体制,创新服务贸易发展模式,推动宁波从外贸大市走向外贸强市。

一、要用抓货物贸易的力度抓服务贸易发展

服务贸易是以服务为产品开展进出口交易的经济行为,根据《服务贸易总协定》的约定,其主要包括跨境提供、境外消费、商业存在、自然人移动四种模式[①]。作为一种高附加值的贸易形态,服务贸易是贸易综合竞争力的重要标志,是贸易战略竞争、规则竞争、利益竞争的核心。必须要像抓货物贸易一样抓服务贸易,加快推进服务贸易突破性发展。

加快发展服务贸易是主动顺应国际经贸格局变化趋势、抢抓黄金机遇期的需要。近年来,全球服务贸易增速明显快于货物贸易。2012—2017 年,全球服

---

① 跨境提供,是指自一成员领土向任何其他成员领土提供服务,如宁波某企业向国外企业购买专利、出口产品中附加品牌费用或安装服务费等形式;境外消费,是指在一成员领土内向任何其他成员的服务消费者提供服务,如出国就医、留学、旅游等;商业存在,是指一成员的服务提供者通过在任何其他成员领土内的商业存在提供服务,如某外资服务业企业在大陆绿地投资;自然人移动,是指一成员的服务提供者通过在任何其他成员领土内的自然人存在提供服务,如产业研究平台聘请外籍专家工作。

务贸易年均增长3.11%，货物贸易增速-0.33%，同期我国服务贸易年均增速近8.5%，高于货物贸易5个百分点。同时，数字信息技术大幅提升服务的可贸易性，服务贸易迎来发展黄金时期。国家高度重视服务贸易创新发展，先后设立上海自贸区临港新片区、海南自贸港、北京自贸区等，出台《全面深化服务贸易创新发展试点总体方案》等政策规范，着力推动服务业自主开放和制度创新。宁波必须与国际贸易格局和国家贸易战略同频同步，抢抓服务贸易发展红利。

加快发展服务贸易是推动宁波经济社会高质量发展、塑造城市竞争新优势的重要环节。服务产品的进出口已成为大型跨国公司和领先型国际化城市竞争力的主要来源。全球500强企业中半数以上为服务业企业，且有两成制造业企业服务收入超总收入的50%。国内杭州、成都的服务贸易占对外贸易总额分别已超30%、50%，在国际分工中的地位不断提升。宁波是工业和外贸大市，但高新技术产品出口比重偏低，外贸单箱货值与深圳等城市差距较大，服务贸易占对外贸易比重仅为9.4%。亟须把创新发展服务贸易提到增强城市竞争力的新高度，加快发展优质生产性服务业，提升出口产品中服务增加值占比。

宁波发展服务贸易已有一定基础，但小而不强、高端服务贸易相对薄弱等问题必须引起关注。增长较快但规模较小。2018年全市服务贸易总额（根据国际收支服务贸易即BOP口径）830亿元、占对外贸易总额的8.8%，两项指标在16个GDP过万亿元城市中均位居14名，近5年年均增速12%，与杭州（24%）等城市相比差距较大。传统服务贸易占比高，新兴、高端服务贸易滞后。运输、旅游、建筑服务仍占53%，金融、保险、通信、教育、文化、娱乐、体育、医疗、健康等高端服务总值占比不足8%，价值链上端的知识流程外包（KPO）比重仅为1/4。机制逐渐完善，但配套政策较少。宁波出台了《关于加快发展服务贸易的实施意见》，成立了服务贸易工作领导小组，入围"国家服务外包示范城市"并居商务部考评第10名，但服务贸易发展的专项配套政策较少。"十四五"时期，必须综合施策，加快补齐服务贸易规模失衡、结构不优的短板。

二、确立以提升核心竞争力为导向的服务贸易发展框架

认真落实中共中央、国务院关于推进服务贸易的各项部署，以改革开放初期抓加工贸易、货物贸易的准度和力度推进宁波服务贸易大发展，增强宁波服务业深度嵌入国内国际"双循环"价值链的能力，提升全市外贸综合竞争力。

（一）明确服务贸易高质量发展的战略目标

围绕打造"新型国际贸易中心"的功能定位，探索、培育、包容服务业开放发展的新业态、新模式、新路径，做大服务贸易规模，优化结构，促进服务贸易四种模式协调发展，打造宁波服务品牌。力争到2025年，全市服务贸易进出口额占对外贸易总额的比重超过15%、知识密集型和高附加值服务贸易占比大幅提升，传统服务贸易优势进一步巩固，培育一批省级以上数字服务贸易和数字平台贸易百强企业，培育一批离岸业务额超千万美元的服务外包骨干企业，服务贸易能级进入全国主要城市第二梯队。

（二）建立服务业深层次开放的制度创新体系

发挥宁波自贸片区改革创新实验田作用，对标国际贸易规则新要求，加大压力测试，引领服务业开放创新。

推进服务业双向投资贸易自由化。落实外商投资准入前国民待遇加负面清单管理制度，积极引进研发、设计、信息、金融、教育、医养等国际先进服务业形态和企业，支持企业出海建设国际服务贸易合作园区。

创新与服务贸易相适应的海关监管制度。提高服务贸易项下货物进出口自由化水平，在支持举办会展、保税租赁、保税期货交割等方面实施更便捷的监管政策。

创新资金、人才、信息跨境便利举措。支持本土金融机构开展跨境投融资业务，提升离岸贸易结售汇便利，为服务贸易高级人才提供签证便利，为科研机构访问国际自然科学网站、跨境电商企业直接访问境外经济网站提供帮助。

（三）完善服务贸易发展的政策支持体系

提升服务贸易领域财政资金统筹层次。适当提高财政支持总额，优化扶持方式，由单一的奖励调整为项目补贴、贷款贴息、土地优惠、奖励配套等多种方式，提高资金利用效益，提高对企业申请国际认证、参加重要会展的费用资助。

细化服务贸易人才激励政策。将服务贸易人才工作纳入甬江引才工程，在市场竞争比较充分的领域，采取薪酬税收标准评价人才，培育和引进一批服务贸易人才。

（四）健全促进服务贸易发展的组织领导机制

加强组织领导。将现行领导小组改为联席会议，由市政府领导任组长，吸收行业协会作为成员单位,增强联席会议及办公室实体化运作能力,牵头制定服务贸易产业发展规划和支持政策,解决有关部门权责不清等问题,减少隐形壁垒。加强党政干部、重点企业等"关键少数"的专题培训,扭转"重货物、轻服务"的传统观念。

搭建服务贸易公共服务平台。优化现有"宁波服务贸易协会"网站的公共服务功能,为企业和相关监管部门提供政策解读、行业标准、行业专家、企业信息、数据分析、企业培训、测评认证、涉外资讯等服务。

加强服务贸易统计研究。完善宁波服务贸易BOP统计指标体系(商务部、国家外管局通行口径,不包括商业存在模式),启动服务贸易外国子公司统计(FATS,商业存在模式,上海试行)路径研究,建立覆盖市、区县(市)两级的服务贸易云统计平台。成立专家咨询委员会,每年形成一批课题成果,定期发布发展报告。

三、实施服务贸易高质量发展三大行动

(一)实施服务贸易补链行动

服务贸易往往衍生于货物贸易,货物贸易中蕴含着服务贸易的巨大潜力。宁波自营货物进出口额已突破9000亿元、口岸进出口额1.7万亿元。伴随着巨量进出口规模,必然产生相应的运输、检测、海事、保险、融资、投资、转口、法律等服务贸易需求。因此,必须把现有的货物贸易体量转化为服务贸易的势能,补齐补强服务贸易链条,使货物贸易衍生出的服务贸易尽可能留在宁波。

围绕采购链,发展一批数字化中介平台。通过对货物的生产、加工、供应、销售、保险、结算等复杂供应链信息的高度集成,实现对货物交易的自动撮合服务,形成"宁波接单+长三角制造"的区域性采购中心。谋划生成一批技术贸易、文化贸易、工程咨询等领域的中介服务组织,通过标准化、法制化手段为供需两端提供信息匹配、合同签订、信用保障、知识产权导航、融资对接、壁垒规避、税务筹划等一站式综合服务,使宁波成为新兴服务贸易的大通道。

围绕代理链,支持货代企业开拓国外市场。解决货代企业以经营国内货物离岸前"短途"市场为主的窘境,推动1~2家货代企业转型为国际贸易综合服务商,增强企业对世界各地产品技术、质量、配额和海关政策的运用能力,提升订单比选水平,为全球贸易客户提供市场调查、产品设计、生产组织、采购

议价、物流分拨等全流程服务，提升企业的全球组织力、控制力，支持更多企业采取 CIF（成本、保险费加运费）议价，增强航运、保险服务留甬能力。

围绕物流链，发展现代物流服务体系。利用自贸区政策，开放国际船舶登记制度，大力引进国内外航运企业总部或区域总部、功能性机构，吸引高端航运服务企业落户。做大做强航空货运，创新海陆空铁一单制多式联运和网络货运方式，加快建成宁波舟山港国家港口型物流枢纽。拓展口岸服务功能，做强一批经营模式先进、海外网络健全的综合物流业大型企业，引导中小物流企业融入全球物流链。

围绕融资链，深度激活大宗商品的融资功能。以供应链金融创新和应用为突破口，为原油、天然气、化工品、阴极铜、铁矿石、塑料聚酯等大宗商品构建更加安全、公平、高效和具有国际影响力的综合性现货商品交易平台，建设国际结算平台。充分运用区块链、物联网技术，实施仓储设施数字化改造工程，解决金融机构担心虚假仓单、重复质押等痛点，培育发展现货数字仓单业务，增强石化、能源等企业融资能力，活跃口岸国际贸易交易生态。

围绕风险链，积极发展宁波国际保险业务。紧抓 2019 年金融业对外开放新 11 条重大政策机遇，用好首个国家保险创新综合试验区、全国普惠金融改革试验区的平台作用，围绕长三角外贸企业出口风险和中国海外利益保障日益迫切的市场空间，在国际保险服务中占据一席之地。争取更具竞争力的离岸保险所得税优惠或返还政策，新引进 2~3 家外资保险机构，发展航运、知识产权等特色保险业务。加入央行金融科技应用试点行列，实施保险科技"沙箱监管"计划，为金融科技企业创设风险规模可控的试验空间。复制货物贸易保险经验，为服务进出口量身定制保险产品。

（二）实施服务贸易强基行动

传统制造业升级蝶变和新兴制造业蓄势崛起，制造环节中的服务含量逐步提高，是宁波服务贸易持续向好发展的基础所在。服务贸易的竞争本质上是服务业的竞争，必须加快发展生产性服务业，大力发展服务型制造，使专业化服务要素深度渗透到制造业价值链的各个环节之中。

支持领军制造企业"裂变"服务部门。依托工业物联网、大数据、人工智能等新一代信息技术，激励大型企业创新业态模式，促进领军制造业企业积极运用供应链管理、定制化服务、信息增值服务、全生命周期管理等模式，面向全行业提供研发设计、总集成总承包和系统控制等服务。

鼓励重点制造业企业发展平台经济。带动和整合上下游产业，引导企业依托现有生产能力、基础设施、市场资源发展分享经济，推动制造业企业与跨境电商平台深度融合，提升制造业企业提供个性化、柔性化、分布式服务能力。支持世贸通等平台企业拓展服务贸易业务。

提升制造业产品的文化价值。宁波现有的服务贸易体量，很大一部分来自蕴含在产品中的文化贸易价值。要拓展文化服务贸易形态，推广"制造＋文化"模式，推进文具、乐器、演艺设备、服装等产品与文化创意融合发展，实现制造业的美学增值和品牌塑造。

加强服务型制造转型示范指导。参考工信部和先进省市关于服务型制造企业遴选标准，制定宁波示范企业认定办法，储备一批遴选项目。积极推广各地典型服务型制造企业转型经验和做法，引导企业从提供"产品"向提供"产品＋服务"转变。举办工业设计大赛、软件设计大赛，鼓励大型装备企业发展辅助设计、系统仿真、智能控制等高端工业软件，支持企业创建国家级工业设计中心、服务设计中心。

推动服务业企业向制造端延伸。支持在国内外市场中具有重要市场份额、重要客户群体的服务业企业，凭借其技术、管理、销售渠道等优势，通过贴牌生产、连锁经营等方式嵌入制造企业共同为消费者提供服务，共同开拓海外市场。

推进"246"①与"3433"②行动计划对接融合。围绕"246"万千亿级产业集群规划，搭建研发设计、知识产权、信息服务、检验检测、文化创意、金融、商贸、物流、会展、跨境电商等公共服务平台，构建集群服务体系，组织制造业与服务业开展产业链对接和重大项目创新联动，促进"246""3433"行动计划政策协同、产业共生、资源共享。

（三）实施服务贸易聚气行动

提升宁波服务贸易发展能级必须把企业作为服务贸易创新的主体。要正确

---

① "246"指"246"万千亿级产业集群。"2"指的是建设绿色石化、汽车2个万亿级产业集群，"4"指的是建设高端装备、电子信息、新材料、软件与新兴服务等4个五千亿级产业集群，"6"是建设关键基础件（元器件）、智能家电、时尚纺织服装、生物医药、文体用品、节能环保等6个千亿级产业集群。

② 第一个"3"是指做强现代贸易、现代物流、现代金融等"3"大五万亿级产业，"4"是指做优文化创意、旅游休闲、科技及软件信息、商务服务等"4"大五千亿级产业，第二个"3"是指做精餐饮服务、健康养老、房地产租赁和物业服务等"3"大五百亿级产业，第三个"3"是指做深运动健身、高端培训、家庭服务等"3"个细分产业。

处理好市场在资源配置中的决定性作用和更好发挥政府的引导服务作用，依靠企业将服务贸易发展机遇转化为成果、转化为实绩，引进和培育一批服务贸易领军企业，形成由头部企业引领支撑、中小微企业配套协同的生态群落。

实施"城市伙伴计划"引进头部企业。树立"城市与企业彼此成就"的合作共赢理念，在全球引进战略合作型企业，通过产业链配套、进出口监管政策创新、帮助补齐短板、支持申请经营牌照、产业基金引导、争取国家财税政策等方式增强优质服务业企业长期落户意愿，对重点项目实施顶格领导、会商、协调和督查，提高市级职能部门配合效率。

支持本土服务业企业加快国际化进程。支持重点企业开展跨国投资合作，通过新设、并购、合作等方式，建设境外研发中心和营销网络。支持服务类企业加强与国内大型制造企业联合，跟随制造业企业到海外设立分支机构。

培育和布局一批数字服务贸易企业。抓住新冠肺炎疫情带来数字贸易的机遇，培育一批面向国际国内开拓在线医疗、教育、展览、娱乐、旅游业务的企业。支持现有服务外包企业数字化转型，扶持其承接软件开发、云计算、区块链、智慧城市、数字设计等外包业务。强化外包方式数字化协同，支持大企业参与国内外重大科技项目招标，鼓励大企业通过展众包、云外包、平台分包等方式向市内中小企业分包。

做响"宁波服务"品牌提升服务半径。顺应从"品牌在外、市场在外"向"品牌走向全球、国内国际市场双循环"的转变，加快出台和落实发展高端专业服务业的政策措施，对标国际一流标准，制定宁波服务质量评价标准，加大标准和品牌宣传推广，高标准引领服务供给创新，对企业获得全球全国性奖项或评级的给予奖励。组建宁波服务外包行业联盟舰队，提高大企业全球承接和交付能力。

推进服务贸易企业集聚发展。制定办法细则，认定一批服务贸易特色园区和项目，强化服务贸易指标考核引导。设立服务贸易创新发展引导基金，按市场化原则带动社会资本加大对服务外包产业投资，帮助本土企业争取国家服务贸易创新发展引导基金的支持。打造服务贸易总部集聚区，在东部新城建设中央商务区，支持头部企业在区内落户。

汪志飞

宁波专业服务业发展重点及政策建议

近年来，国内商业革命加速推进，越来越多的制造企业专注于做好一道或几道工序，无须分心物料采购、产品设计、成品运输等其他环节；商贸企业开个网店就可以"卖全球"，互联网平台企业会提供融资、广告、关检、配送、结算、售后等一揽子服务；酒店物业所有者往往需要聘请专业管理团队才能实现盈利；放卫星已经成为商业活动，北京九天微星科技发展有限公司、长光卫星技术有限公司等企业可以提供全过程服务……这些颠覆式创新案例清晰刻画出服务业专业化、集聚化、现代化发展，专业服务业"主导"推动传统产业转型升级和新经济产业链构建的重大趋势。对宁波而言，加快发展专业服务业是实现服务经济跨越发展的有力抓手，是巩固强化制造业优势、抢抓新经济机遇的有力抓手，还是提升城市功能、争取战略突破的有力抓手，必须予以高度重视和大力推进。

一、充分认识发展专业服务业的重要性和紧迫性

本研究所指的专业服务，是指采用专业知识、技术、人才和专业的资源配置、组织管理方式，以满足客户特定专业需求的服务形态。专业服务业是主要提供商业化专业服务的所有单位的集合。

（一）专业服务业是现代产业体系构建的重要支撑

近年来，专业服务业快速发展，在传统产业转型升级、产业链集成创新、新经济和独角兽企业培育、科技创新转化应用等领域都发挥了积极作用。进入新发展阶段，专业服务业专业性、成长性、创造性优势将更加凸显，加速成长为现代产业体系构建的"先行者"和"主力军"。首先是专业性优势。专业服

业企业能在某些领域,特别是核心经营领域,提供最具效率和效益的专业化服务,从而赢得市场青睐。如京东数字科技、京东物流集团、京东健康有限公司、京东工业品贸易有限公司等4家企业从京东集团独立后,都快速发展成为各自垂直赛道的独角兽企业。其次是成长性优势。专业服务业企业不仅会在优势领域快速成长,而且会以优势领域为核心,不断拓展服务广度和深度,形成更加强大的竞争优势,甚至是"垄断性"的优势。如,一达通企业服务有限公司被阿里巴巴收购后,快速强化了外贸综合服务的主业竞争力,并拓展了通关、退税、外汇、融资、结算等关联服务,构筑起以一达通为核心的外贸生态圈。最后是创造性优势。专业服务业企业会因专业能力或商业模式的升级而快速迭代,即便是龙头企业也需要持续创新并强化新的"技术—经济范式"。这使得专业服务业表现出越来越强的创造性。如,芯片设计已经成为独立产业,冷链配送随着物流行业集中度提升而快速发展,那些陈旧业态和落后企业被逐渐淘汰出局。

(二) 促进专业服务业发展是宁波提升产业竞争力的迫切需求和关键任务

宁波促进制造业转型升级、振兴服务业、抢抓未来产业机遇都越来越离不开专业服务业的有力支撑,一些细分领域的需求尤为强烈。一是服务制造业转型升级的企业。重点关注促进政企联动的中介企业和咨询服务企业;服务制造业生产组织方式创新的企业,如园区专业运营商、分布式制造组织商等;服务制造企业现代化转型的供应链服务商、智能制造诊断服务商等。二是契合服务业细分专业化、一站式、全过程服务等创新趋势的企业。重点关注能巩固强化城市港口、外贸等优势的企业;传统服务业中萌生的新商业模式和新经营业态,如嵌入电商快递的退换货保险、专业老人洗澡服务(日本)等;提供一站式服务的平台商和全过程服务的系统集成商,如可满足全领域灵活用工需求的猪八戒网等。三是抢抓前沿科技成果转移转化机遇的企业。重点关注有能力搭建高水平"政产学研金"合作平台、提升城市抢抓未来产业"风口"的能力的企业。

(三) 促进专业服务业发展是提升宁波城市功能、争取战略突破的有力抓手

对于宁波而言,还要努力把专业服务业的溢出效应转化为城市的强劲发展动力。一是提升城市资源配置力。通过专业服务业企业商业模式的不断复制和创新,培育总部经济形成,吸引要素集聚。以资本集聚为例,2019年期末,余额宝管理基金规模(AUM)达到1.09万亿元,微众银行各项存款2363亿元。

二是提升城市人才吸引力。发挥好金融、科技、文化、教育医疗、休闲康养等领域专业服务业对于引才聚才的积极作用。如上海浦东，已有 2000 余家金融专业服务机构集聚，成功吸引全球前十资产管理公司中的 9 家落户、吸引 10 万余个高端金融人才和不少持有特许金融分析师（CFA）证书的外籍金融人士就业。三是提升城市引领发展的能力。特别是要在新经济领域产业链建链、控链、强链过程中，发挥好专业服务业创新并带头组织的关键性作用。大城市越来越重视科技领域专业服务业发展，如上海张江科学城全力实施"技术转移服务机构培育计划"，创新推进科技服务业对外开放。宁波若能在一个或若干个领域取得关键性突破，则有望大幅度提升城市首位度，帮助宁波在长三角激烈竞争中走出一条错位竞争、合作共赢的可持续发展之路，支撑城市战略地位的突破提升。

二、因时制宜因地制宜发展专业服务业

"十四五"期间，宁波要密切关注发展趋势，特别是重点领域市场变化和龙头企业成长情况，适时对成长性好的领域给予重点推进，努力把开放创新的营商环境、厚实全面的制造基础、诚信务实的城市文化转化为专业服务业发展的强劲动力。

（一）大力发展"服务制造业转型升级"的专业服务业

1. 服务政企联动的专业企业

（1）为企业提供专业化政策解读和跟踪服务的标杆型企业。宁海县企业服务中心提供了建设经验和示范样本，要在市级层面大力培育标杆型企业。

（2）为企业提供专业化审批服务的中介企业。旨在深化"最多跑一次"改革，为企业审批特别是项目审批提供更优服务。可借鉴上海市 2018 年出台的《关于本市推进行政审批中介服务标准化建设的若干意见》。

（3）为政企交换信息提供专业化对接服务的咨询企业。调研显示，企业找政府反映问题、部门掌握企业真实经营情况、提高企业数据采集质量的需求都非常旺盛，但很难得到满足。可借鉴省经信厅实施"工业经济运行企业监测及数据采集项目"的做法，在制造领域加大政府购买力度，培育优秀服务企业、支持商业模式创新。

2. 服务制造业生产组织方式创新的专业企业

（1）园区专业运营商。把握传统园区改造提升和新园区开发建设契机，大

力引进能提供"规划、建设、招商、管理、企业服务、园区更新"等全周期高品质服务的园区专业运营商,如上海市漕河泾新兴技术开发区发展总公司。

(2) 服务型制造裂变形成的整体解决方案服务商。制造业发展已经表现出大规模定制、服务型制造、分布式制造三大趋势。大规模定制主要出现在大型制造企业,一条流水线同时生产多种产品,如犀牛智造工厂(阿里巴巴旗下)。服务型制造主要出现在大中型制造企业,有多种发展方向。宁波可重点培育整体解决方案服务商,支持东方日升新能源股份有限公司、乐惠国际工程装备股份有限公司、宁波水表(集团)股份有限公司、欧琳厨具有限公司等服务型制造企业将相关部门独立运营,使之能够更加专注于发展整体解决方案,不断提升资源配置和个性化服务能力。

(3) 分布式制造组织商。分布式制造的实现有赖于"第三方",即分布式制造组织商将中小型制造企业组织起来,一一转化为生产链上的功能节点,从而将单个企业的一技之长叠加为产业集群的综合优势,提升整体竞争力。对宁波而言,发展分布式制造机遇重大,但也存在不进则退的整体性风险,必须大力发展一批以易联汇高生意帮为代表的企业,引导更多小微型制造企业"抱团竞争",支持商业模式复制推广、培育总部经济。

3. 服务制造企业现代化转型的专业企业

(1) 供应链管理服务商。一方面支持已有的供应链管理平台做大做强,着力把众车联、中国塑料城等打造成为各自领域最具代表性的一站式综合服务平台;另一方面支持行业龙头企业或产业联盟向供应链上游发展,打造出更多的众车联。

(2) 智能制造诊断服务商。大力发展智能制造咨询服务机构和系统解决方案供应商,为制造业企业开展智能制造诊断服务,并提供智能化改造规划设计、系统集成全过程咨询和总承包业务。

(3) 工业互联网服务商。以家电、纺织服装、汽车、塑机等行业平台建设为导向,以工业互联网开发服务平台(PaaS平台)突破为支撑,借鉴青岛海尔互联网工业平台(COSMOPlat)建设经验,支持奥克斯集团有限公司、吉利汽车集团、雅戈尔集团股份有限公司、博洋控股集团有限公司、海天集团股份有限公司、柯力传感科技股份有限公司等龙头企业打造各自领域的工业互联网平台。

(4) 化工园区安全管理综合服务商。努力将宁波石化开发区、大榭开发区先进的安全监管与服务,转化为"整体解决方案+可复制的商业模式",向全国石化园区输出。

（5）工业软件开发和安全服务商。大力补齐软件业突出短板，针对性引进龙头企业和高端人才，优化产业生态。

（6）猎头平台公司。大力发展猎头众包平台，聚力壮大职业经理人队伍，化解民营企业代际传承难题。

（二）大力发展"契合服务业创新趋势"的专业服务业

1. 服务港口和外贸功能提升的专业企业

（1）航运龙头企业。争取全球班轮公司在甬区域总部数量实现零的突破，做大做强宁波海运、宁波远洋本地港航物流总部企业。

（2）外贸综合服务商和跨境电商综合服务商。大力发展中基宁波等龙头服务商，深度整合全产业链资源，提升综合服务能力。在跨境电商领域率先探索小批量货物快速通关、提高容错率等举措，化解平台企业发展堵点。

（3）海铁联运综合服务商。加快谋划推进进港铁路网、岸线平行环装干线、临港大型编组站、海铁联运产业园等一批功能性项目，创新"港口—集货商—铁路"的信息对称和议价机制，有力支持"铁大大"等龙头企业向综合服务商升级，培育壮大更多集货商。

（4）海外仓专业运营企业。当前宁波企业多以单打独斗的方式建设海外仓，难度大、成本高、运营效率有待提升。可借鉴海外仓集团经验做法，引导龙头企业共同组建海外仓专业运营企业，规模化推进海外仓建设，降低成本，提升运营效率。

（5）涉外法律服务业。或以"飞地"形式引入"上海服务"功能组团，补齐高端法律服务短板，提升城市对总部经济的吸引力，并助力宁波企业拓展"一带一路"市场。

（6）大宗商品交易实体市场及网络市场的运营商和做市商。在能源贸易领域加快突破。

2. 服务细分领域或一站式需求的专业企业

这两个方向的专业服务业企业往往是共生的，如民营医院会越来越像平台商，科室功能建设需要依靠专业化机构和团队，互为依存，共进共退。优先选择宁波有迫切需求或有比较优势的领域，加快推进。

（1）规划建设数字化发展的专业服务商。在城市数字化发展趋势下，相关企业应用建筑信息模型（BIM）、城市信息模型（CIM）的能力不足，已经成为非常突出的短板，亟待培育专业服务商。

（2）城市更新领域的专业服务商。未来城市更新中，电梯加装、停车位建设、屋顶改造等细分领域的专业服务商会越来越受欢迎，商业模式会随之不断创新。如，上海积极推动加装电梯的"建设—经营—转让"（BOT）模式，房家美加装电梯服务中心应运而生。宁波亟待跟进，鼓励创新。

（3）大健康领域的专业服务商。加快在家庭医生、慢性病恢复、用药管理等细分领域培育专业服务商，加快推进云医院建设运营的体制机制创新，全力抢抓总部经济发展机遇。

（4）生活领域的专业服务商。宁波81890服务网下属的81890家政服务网络中心的家政服务功能已非常成熟、多次得到国家部委表扬，可拆分成独立运营的平台企业，并通过不断输出商业模式和牵头制定服务标准来壮大总部经济、确立龙头地位。同时，还要关注宁波海上鲜信息技术服务有限公司等优势企业。

3. 服务全过程需求的专业企业

选择市场前景好、有一定比较优势的领域，加快突破。

（1）"养老+医疗+关怀+理财"的专业服务商。从一线城市探索经验看，提供专业养老、医疗、临终关怀等综合服务和优质金融解决方案的新型养老业态很受市场青睐，应作为宁波发展养老产业的主攻方向。为此，要加大基本养老服务采购力度，深入推进养老事业改革和医疗多点执业改革，努力构建养老事业和养老产业协同发展、错位竞争的养老服务体系。

（2）"休闲+康养+文化"的专业服务商。高品质的休闲康养活动已经成为越来越多中青年的主要消费内容，海钓、定制旅游、高端民宿、养生地产、文化地产等新兴业态快速发展。可依托环宁波湾、环三门湾、四明山等区块的保护性开发，加快引育专业服务商，组织形成一批业态丰富、各具特色的功能组团，共同打造长三角和闽赣地区居民休闲康养活动的首选目的地。

（三）大力发展"促进前沿科技成果转移转化"的专业服务业

1. 服务创业创新的专业企业

（1）科技孵化器。强化以综合孵化器为支撑，专业和新型孵化器为重点的创业孵化体系。大力引进国内外有实力的孵化器，组建孵化器联盟，共建共享金融、管理、会计、审计、营销、法律等服务体系。

（2）科技金融的专业服务商。依托国投宁波科技成果转化基金、宁波天使投资引导基金，集聚更多市场化科创风投资金，打造科创生态共同体。支持银行设立科技支行，大力发展科技小额贷款、知识产权质押贷款等金融服务，促进投贷联动。支持保险机构发展科技保险。支持更多类型的金融机构发展，更好地支持科技成果转化的企业利用多层次资本市场直接融资和发行公司债融资。

（3）知识产权、科技中介、科技咨询、检验检测等领域的专业服务商。着力培育技术能力强、服务水平高、规模效益好的龙头企业。

2. 服务军民融合转化的专业机构

绍兴以购买服务的形式引进军民融合（北京）装备技术研究院、飞天众智等专业机构共同成立绍兴军民深度融合服务中心，为民企参军提供信息发布、认证咨询、供需对接等帮助，为军工单位成果转化、项目落地等提供专业服务。宁波可借鉴绍兴经验，依托中物科技园等园区组建专业机构，支持在甬军工研究机构提升军民融合技术供给能力，促进创新成果转移转化。

3. 服务未来产业发展的专业机构

力争在新能源、新材料、石油化工、海洋生物医药、基因技术等重点发展领域，引育若干对外能有效对接一流科研院所和领军人才、对内能精准掌握宁波行业龙头企业需求和能力的咨询服务（中介）机构，参照"招强商引大资"加大对市外重要研发技术来甬转化和产业化奖励力度，充分发挥这类机构促进创新转移转化的积极作用。

三、若干建议

充分认识发展专业服务业的必要性和紧迫性，将"加快发展专业服务业"写入"十四五"规划并制订专项突破计划，创新政企联动的体制机制，推出增强专业服务业发展动能的系列重大举措，在细分领域实施更具针对性的促进政策。

（一）编制专业服务业专项突破计划

强化工作统筹。由市职能部门牵头编制全市专业服务业专项突破计划，明确部门分工，建立联席会议制度，增强实体化运行能力，制定配套政策，统筹整合财政资金支持专业服务业加快发展。

创新发展策略。专业服务业大概率会形成"赢者通吃"的发展局面，必须采取有别于一般服务业的发展策略。坚持错位发展，与上海、杭州等先发城市形成功能互补、特色各异的专业服务业发展格局。坚持引领发展，优化配置资源，集中攻关重点领域，全力以赴争取重点领域的率先突破，确立发展主导权。

明确突破重点。根据强特色优势、补基础短板、抢发展机遇的指导思想，确定一批重点突破领域，把培育龙头型企业、创新型企业和产业集群作为首要任务，优化发展环境，创新激励举措，常态化开展企业服务。

（二）建立专业服务业发展促进机制

建立专业服务业的统计制度。根据专业服务业发展特点，建立并不断完善行业目录和统计指标体系，建立配套统计制度和调查方法。

率先建立重点突破领域企业和其他领域高成长企业的常态化监测制度。配套建立"重点突破领域企业库"和"其他领域高成长企业库"，库内企业实施应统尽统、每季度一报告，客观评价这些领域和企业的发展速度、质量、效益。根据实际情况，动态调整调查范围和企业。

建立专业服务业政策激励机制。建立专业服务业企业普惠政策。凡是纳入专业服务业行业目录的企业，给予一次性奖励。建立重点突破领域的"再激励"政策。加强企业跟踪服务，或可参照高新技术企业相关政策。建立龙头企业和高成长型企业的"加速激励"政策。对带动力强、经济社会贡献突出、发展潜力大的优秀企业实行"一企一策"。

建立专业服务业新兴企业发现培育机制。常态化受理企业自主申报，审核通过的，及时纳入对应企业库，落实政策激励。提高园区走访频率，深入开展针对龙头企业和高成长型企业的"三服务"工作，发掘并积极跟进新的专业服务业企业和新商业模式、新经营业态。

（三）实施专业服务业培育"九大行动"

一是政府服务购买"三年倍增"行动。即 2023 年市级部门购买社会服务的总金额，要达到 2020 年的 2 倍。重点加大基本公共服务、社会管理性服务、行业管理与协调性服务和技术性服务的政府购买力度，以此为专业服务业发展创造巨大空间。

二是专业服务业"总部经济培育"行动。将其作为"3433"服务业总部经济集聚专项行动的重点来抓，集中力量支持龙头企业和优秀企业快速做大，形成更为成熟的商业模式，在不断复制推广过程中形成核心竞争力。

三是专业服务业"标准化＋"行动。支持龙头企业牵头制定专业服务的标准规范，以标准化促进服务质量提升，进一步提升龙头企业的核心竞争力。

四是专业服务业"补短板"行动。向全球发布专业服务业紧缺企业和人才公告，如班轮公司、高端法律服务业、建筑信息模型（BIM）高端人才等，加快补齐产业链发展短板。

五是专业服务业"金融赋能"行动。积极引入国内外风投、创投、私募等金融机构，助力本土专业服务业企业发展。大力发展科技金融，政策支持科技保险发展，做强做活宁波股权交易中心。

六是专业服务业"创业创新"行动。连续举办高水平、高影响力的创业创新大赛，邀请国内优秀专业服务业企业和创新团队参赛，为引进优秀企业和人才、本土企业学习借鉴先进经验、扩大合作创造有利条件。

七是专业服务业"三服务"行动。有选择地组织优秀专业服务业企业进园区、进企业、进市场，共同开展"三服务"活动，在帮助服务企业解决实际困难的同时，也帮助专业服务业企业拓展思路与市场。

八是专业服务业"行业对话"行动。以一系列"行业对话"活动，帮助行业间增进了解、促进互信，也帮助政府更多掌握发展瓶颈，政企合作深化体制机制改革。

九是专业服务业"全国征集令"行动。通过本地官微、官博、电视、报纸等媒介，并邀请全国知名媒体、自媒体前来参观，通过各种渠道、各种形态展示宁波优秀专业服务业企业的风采，借此扩大宁波专业服务业影响力，助力企业市场开拓和信用升级。

黄建华　冯　路　何介强　张　磊

以抓企业为核心促进产业高质量发展

"十四五"时期，是宁波高水平全面建设社会主义现代化、当好浙江建设"重要窗口"模范生的关键起步期，如何促进产业高质量发展是其中一项亟待破解的课题。由于区域产业发展中存在产业形成具有随机性、市域构建全产业链有难度、产业边界日益模糊等现象和情况，本研究认为抓企业促产业更具精准性、实效性和可操作性。在此基础上，结合企业在不同成长周期和不同经营环节的现实需求，设计更聚焦的抓企业政策，并针对宁波企业高质量发展中存在的突出问题，提出应实施特殊行业公共环境治理、本土品牌培育、管理咨询平台开发等三大基础性工程。

一、以抓企业为核心能更好促进产业高质量发展

城市内的产业无论大小，都是由上下游不同环节的企业集聚构成的，产业的高质量发展离不开企业的高质量发展，根据对产业发展形成方式、市域资源禀赋条件和未来发展态势的分析，相比于产业政策，直接抓企业、出台面向企业的扶持政策更精准、更高效、更具可操作性。

（一）从产业发展方式看，产业形成具有一定随机性

区域产业的形成有三种方式：一是通过招商引资引进的重大项目，并围绕重大项目布局产生的生产要素配套、平台建设和金融服务，如宁波的石化产业就依托镇海炼化、台塑、万华化学等重大项目的引进而逐步壮大。二是由本地企业成长壮大形成。如宁波的纺织服装产业就依托改革开放后雅戈尔集团股份有限公司、申洲国际集团控股有限公司、太平鸟集团股份有限公司、博洋控股集团有限公司、罗蒙集团股份有限公司等一大批本土纺织服装企业的诞生而逐

步发展壮大，进而通过向产业链上下游延伸扩展，形成较具规模的产业链集群，再比如宁波的光学电子产业也是由舜宇光电公司、永新光学股份有限公司等本土企业壮大后逐步形成。三是由其他区域产业转移而来。由于企业在不同成长阶段对劳动力、资本、技术等生产要素具有不同需求，同一地区在劳动力数量成本、需求市场规模、原材料产出等方面也会发生变化，因此，产业或产业中的某些环节在区域间发生转移是常见现象，如中国大陆的电子信息制造产业就由欧美、日本、韩国、中国台湾等国家及地区梯次转移而来，再比如某段时期宁波的服装企业也大量将设计和销售环节迁往上海。

由上述三种产业成因可见，某个特定区域一定规模的产业诞生具有较大随机性，政府产业政策难以精准聚焦，而产业是由企业成长、壮大、集聚而成的，因此，抓企业促产业会产生更为显著的效果。

（二）从区域禀赋条件看，单个城市难以构建完整产业链

由于市域间资源禀赋不同，单个城市在某些产业或者产业的某些环节具有比较优势的同时，也必然在产业链的其他环节存在不同程度的比较劣势。而且，市域空间体量有限，短时期内不可能实现集聚产业链上下游所有环节的目标。如宁波在石化、汽车及零配件、小家电、纺织服装等产业领域优势较为显著，但仍存在不少环节包括部分关键环节，如控制软件、关键原材料、加工生产设备、检验检测设备等对外依存度较高，难以实现全产业链的本地化。因此，对于宁波这样一个城市区域而言，不应在不具备比较优势的情况下，盲目追求全产业链，而应聚焦关键企业，紧抓产业的核心环节，促其发挥更大辐射带动作用，进而促进所在产业实现高质量发展。

（三）从未来发展态势看，新业态新模式的出现让产业边界更加模糊

从生产端来看，由于移动通信、人工智能、大数据、云计算等新技术的广泛应用，传统制造业企业向"微笑曲线"两端拓展越发便利，工业互联网、柔性化定制、全生命周期管理、服务衍生制造等"两业融合"形态被更多企业认可和采用；从需求端来看，由于消费习惯、消费心理、消费能力的改变，带动直播带货、体验消费、共享经济、粉丝经济等新模式蓬勃发展。供需两端的变化都促使新产业快速成长、原有产业的边界更加模糊，从政府管理层面已经难以对产业进行精准界定和管理，出台的产业政策也已经很难切合发展实际。企业是产业融合变化过程中不变的主体，制定直接面向企业的扶持政策更加精准

高效，可避免产业政策中对象界定不清晰、难以及时聚焦等问题。

二、以抓企业为核心的政策设计思路

"十四五"期间应以抓企业为核心，通过强化全生命周期的普惠政策和优化全经营环节的支持政策，将传统产业转型升级与新兴产业培育壮大有机结合，促进制度创新、科技创新、产业创新和管理创新，提升企业发展水平和核心竞争力，构建龙头企业顶天立地、快速成长企业翻天覆地、中小企业铺天盖地的格局，进而加快实现产业高质量发展目标。

（一）强化全生命周期的普惠政策

1. 小微企业、初创型小企业：降低地方税费

考虑到小微企业规模较小，降低税费对其正常经营和发展有着巨大作用，可采用"放水养鱼"原则，对相关企业实施大力度降低地方税费的政策。

小微企业：对应纳税所得额低于 300 万元的小微企业，不折不扣地执行国家现行普惠性减税政策（企业所得税不超过 100 万元的部分，减按 25% 计入应纳税所得额，100 万元到 300 万元的部分，减按 50% 计入应纳税所得额）；国家政策到期后（实施期限暂定至 2021 年 12 月 31 日），地方留成部分按相同比例减征，以保持政策连续性。对增值税小规模纳税人的资源税、城市维护建设税、印花税、城镇土地使用税、耕地占用税等地方税种和教育费附加、地方教育附加按现有 50% 的减征幅度长期执行。

初创型小企业：对于成立在 3 年以内的初创型小企业，在享受小微企业普惠性减税政策的基础上，企业所得税地方留成部分予以较大比例返还。其中，对有关键核心技术攻关项目、开展重大创新成果产业化以及研发费用占营业收入总额比例在 10% 以上的初创科技型企业，实行企业所得税地方留成部分全额返还或更大比例的返还。

2. 高增长企业：超额贡献奖励 + 融资信用担保

对于高增长企业，政策设计的核心思路是激励其继续快速成长从而对地方税收作出更大贡献，因此，主要手段是奖励超额税收贡献，并对其所急需的关键融资需求给予信用担保支持。

超额贡献奖励：建立高增长企业培育清单，对主营收入超 2000 万元且年实缴税额增速超 15% 的工业企业，超出 15% 的部分返还一定比例的企业所得税地

方留成，实缴税额增速越高，返还比例越大。农业、服务业等其他行业企业可按照不同增长速度及营业收入门槛予以税收返还奖励。

信用担保支持：建立高增长企业信用担保体系，支持政府性融资担保公司加强对高增长企业的融资担保，降低担保费率，鼓励金融机构扩大授信、降低利率水平、放大担保倍数。设立高增长企业再担保风险代偿基金，为政府性融资担保机构在担保中的实际代偿损失给予分担补偿，为高增长企业快速扩大市场规模、强化技术创新提供兜底担保支持。鼓励各类商业性担保公司为高增长企业提供融资担保。

3. 龙头企业：要素供给支持＋融资支持

对于带动效应明显、在产业发展中起关键作用的龙头企业，政策设计的核心思路是保障其做大做强所需的土地等要素供给，同时对其兼并重组、技术收购等给予融资支持。

要素供给支持：加强用地供给保障，在工业集聚区规划编制中预留相关龙头企业发展所需空间。支持企业建设多层标准化厂房，积极开展地上和地下空间综合利用，在符合国家法规的前提下，加快规划调整和审批流程。充分发挥土地二级市场作用，支持龙头企业利用二级市场获取国有建设用地使用权。充分保障企业用水、用电、用气需求，在相关基础设施建设中适度预留未来发展所需容量。

融资支持：支持和引导上市龙头企业以定向增发、资产收购、资产剥离等形式开展并购重组。搭建重点项目便利化融资渠道，鼓励企业针对高端品牌、先进技术以及产业链关键缺失环节开展并购，鼓励本土银行机构开发并购贷款、银团贷款等特色产品，充分满足企业融资需求。

（二）优化全经营环节的支持政策

1. 研发环节：研发准备金提取＋人才减税

企业研发环节的重点投入是设备购买费用以及科研人才的引育费用，相关扶持政策应聚焦这两方面。

研发准备金提取：探索推广研发准备金制度，允许企业将收入总额的一定比例计入研发准备金，在投资发生前作为损耗计算。对参与宁波市关键核心技术攻关、产业链补链强链延链、工业强基等项目的企业，允许其提取研发准备金，用于购买科研设备、开发软件、检验检测仪器等，鼓励企业加大研发投入。

人才减税：在甬江引才工程等现行人才政策的基础上，参照实施粤港澳大湾区对高端紧缺人才的税收优惠。可考虑对宁波引进或本土培育的高端紧缺人才，予以个人所得税地方留成部分一定比例的返回，总体降至15%税率标准。

2. 生产环节：数字化改造补助

推动企业生产环节的自动化、数字化、智能化改造是宁波促进产业高质量发展、实现效率变革的重要抓手，应继续深入实施新一轮智能化改造行动，对开展数字化车间（智能工厂）建设、工业互联网推广应用、自动化成套装备改造等技术改造的企业以及参与企业智能化改造的智能制造服务平台（机构），按照《关于加快推进制造业高质量发展的实施意见》予以补助和奖励。

3. 营销环节：品牌推广补助＋展会参展支持

在营销环节重点对企业品牌推广和展会参展进行支持，以加快宁波本土企业品牌形象的提升和内外市场的拓展。

品牌推广补助：鼓励企业加大品牌推广力度，对企业当年品牌推广实际投资达到一定额度的，市级财政给予一定比例补助。对获评中国质量奖、浙江制造"品字标"及"浙江制造精品"的企业及其产品，在市级各类媒体上加大宣传推广力度，对其在中央及外地媒体上开展宣传推广的，予以更高比例的费用补贴。

展会参展支持：通过举办宁波名品大型展会、设立宁波品牌网上展示平台等手段，分区域、分行业展示推广宁波品牌，对参加平台展示的企业免收推广费用。鼓励企业参加境内外重点展会，提高对参会企业展位费的补助标准。深化与头部电商平台的战略合作，推动开设宁波品牌专馆或专区。

三、"十四五"期间应着力推进三大基础性工程

针对宁波企业在高质量发展中普遍面临的环境治理、品牌建设、管理能力等难题，"十四五"期间应发挥政府在基础环境营造和公共平台打造方面的主导作用，推动实施特殊行业公共环境治理、本土品牌培育、管理咨询平台开发三大基础性工程。

（一）特殊行业公共环境治理工程

当前，电镀、铸造、印染等众多在产业链中发挥关键基础作用的传统产业正面临环境治理难题，由于单个企业治理成本较高，应充分发挥政府"看得见的手"的作用，对上述处于产业链基础环节、污染程度较高但对其他产业意义

重大的基础性行业进行统一规划和集中治污，以维持相关企业的正常生产和有序运营，同时降低全社会的生产成本和治污成本。

一是提升发展现有园区。对鄞州电镀城等特殊行业企业集中园区，出台支持政策，鼓励其加大建设投入，完善固废处理、污水处理、循环利用等公共环境处理设施。从多方面充实园区管理力量，提高整体管理运营水平。

二是新建一批专业化园区。除现有园区外，可根据行业发展需求和现有企业空间布局，新建若干个电镀、铸造等专业化园区。加快推动企业入园，对入园企业给予搬迁补贴，对限定期限内未搬迁的园区外企业开展集中整治。

三是建立入园企业环境信用评价机制。参考"亩均论英雄"的奖惩机制，对进入园区的特殊行业企业，建立企业环境污染和排放信用评价体系，对超额排放、超承诺排放的予以降级，对减排、减污有实效的提升评价等级，根据不同信用评价等级配以土地、资金等要素奖惩，以经济杠杆来提升污染治理效率。

（二）本土品牌培育工程

生产代工能力强而品牌附加值低、传统品牌多而新兴品牌少是当前宁波企业在向产业链高端攀升过程中面临的一个突出问题，应集中全力支持企业品牌建设，扶持宁波本土品牌做大做强。

一是引育一批品牌培育公司及团队。大力引进一批国内外知名的品牌孵化和培育服务公司，鼓励本土龙头企业、广告公司、传媒公司等组建独立的品牌培育企业。组建品牌培育智库专家团队，充分整合和优化各类品牌建设资源，吸纳国内外各行业、各领域、具有丰富实操经验的品牌培育专家参与，为相关行业的宁波企业提供便利化、专业化、长期化的品牌营销辅导。对中小企业可酌情补贴咨询费用，加速提升本土企业特别是中小企业的品牌意识。

二是健全品牌保护制度。将知识产权保护特别是知名品牌保护提升到关乎宁波产业发展前途的战略高度，持续强化知识产权执法队伍建设，深入开展商标、发明专利、外观专利等专项执法行动，从严打击侵权行为，对典型案例进行公示宣传，提高全社会品牌保护意识，切实维护品牌所有者权益。

三是推动地方优势产业联合品牌建设。地方政府牵头，对生产分散、单个企业规模较小的行业，如慈溪家电，联合研发和营销实力较强的主要企业组建股份集团，共建共享同一品牌，完善营销与服务网络；并对集团内企业在土地、厂房和设备购置上予以适当的政策倾斜，加快培育能充分体现地方产业特色、能与国内外同行业品牌同台竞技的本土当家品牌。

（三）管理咨询平台开发工程

管理水平低、运作制度不完善也是当前制约宁波中小企业进一步实现高质量发展的突出障碍。"十四五"期间应着眼提升中小企业管理能力水平，由相关部门牵头，会同相关领域国有企业、本土民营龙头企业、互联网平台公司等，引进国内外知名的咨询管理专家和机构，共同打造国有参股、民间运营的中小企业管理咨询公共服务平台。

一是完善平台运营架构。会同宁波本土企业、互联网平台公司等共同组建平台运营公司，负责平台建设的前期开发，并引入科研技术组织、管理咨询机构等参与平台的具体功能模块建设与日常运营。平台运营步入正轨并形成规模效应后，可通过相关的增值服务维持日常运营成本。

二是建立平台工作机制。参照宁波现行规上工业企业智能化诊断方式，由平台对有管理咨询需求的中小企业进行免费诊断。在此基础上对有意进一步获取管理咨询建议的企业进行有偿咨询服务，为企业提供优化生产流程、完善管理体系的全套详尽方案。

三是精准聚焦企业需求。重点关注宁波本土最具成长潜力的潜在目标企业，如准上市公司、快速成长企业和高新技术企业。积极协调平台对相关企业的管理和运营难题予以重点支持和辅导，并建立"一企一档"知识库，为相关企业的快速成长助力。

黄建华　陈　浩　韦风涛　杜铁奇　宋宇宇　杨立娜

"十四五"时期创新完善社区治理体制机制研究

抓城乡社区治理,就是通过建构合理的治理体制机制,精准有效地回应社区居民管理和服务需求的目的。近年来,宁波积极探索社区治理创新,已经构建起以社区党组织为核心的区域化党建、以居委会为主导的协商共治、以社区服务中心为平台的综合服务管理"三位一体"的新型城乡社区治理基本架构,但体制机制不顺问题尚未得到根本解决。"十四五"时期,社区承载的功能越来越多,社区情况日益复杂多样,创新完善社区治理体制机制尚需进一步加大力度、加速推进和加快集成。

一、体制机制不顺是当前制约社区治理效能最突出的问题

社区治理的基本目标是促进公共服务、公共管理和公共安全在社区的高质量覆盖和传递,满足人民群众更美好生活的需求。这就需要政府、居民、企业、社会组织等多元主体形成良性、高效互动的治理共同体。当前,多元协同治理仍存在三个突出的体制机制问题。

一是社区职能事权不清晰、资源需求错配,人少事多责任大。社区是社会治理的基本单元,很多工作任务最终都要落地到社区来抓落实。目前街道、部门、社区之间的职能事权划分尚不清晰,往往事权下沉而相应的人员和财力保障却没有跟上。一些"社区协助抓落实"的工作事实上成了"社区负责抓落实",导致社区实际承担的职责与其人员、资源不相匹配。虽然国家《关于加强和完善城乡社区治理的意见》明确提出要建立社区工作事项准入制度、推进社区减负增效,宁波也出台了落实意见,并针对社区减负开展了多轮清理整顿工作,但在"属地管理""重心下沉""首问责任制""签订责任状"等名义和形式下,这些制度规定落实执行情况并不理想,一些已经清理的事项往往变换形

式重新恢复，社区负担过重的问题依然突出。

二是居委会统筹协调不够、职能作用弱化，治理合力尚未形成。在社区协同治理的多元主体中，居委会无论从法定职能、人员经费保障，还是从群众认知、社区治理需求来看，都应该充当"领头羊"角色，既负责社区党组织决定的具体督促落实和执行，又依法组织居民开展自治和社会组织等多元主体参与社区治理。但实践中居委会开展统筹协调的依据不足、手段有限，"领头羊"作用难以发挥。例如，居委会作为群众自治组织，对业委会只有指导职能并无监督职能，而物业公司则是由业委会选聘、住建部门主管，居委会、业委会、物业公司等社区"三驾马车"更多的是"各行其道"而不是"同向发力"。另外，社区便民服务中心成立后，大部分的管理服务职能和社工均转隶社区服务中心，居委会有边缘化倾向，其统筹协调功能进一步弱化。

三是居民、企业和社会组织参与社区治理的动力不强、途径和渠道有限，共建共治机制尚不健全。居民自治意识不强，业委会组建难、运转难，居民协商机制不健全、难以有效达成一致意见，居民自治工作仍处于起步摸索阶段。比如，物业管理普遍存在收费标准低、收缴率低和管理水平低等"三低"问题，不仅没有发挥在社区治理中的应有作用，有的反而成为社区矛盾的主要来源。又如，由于政府购买社区服务、志愿服务激励等制度尚不完善，企业和社会组织参与社区治理仍停留在临时性、简单性的志愿公益服务阶段，以专业化服务参与社区治理的占比较小，也没有形成常态化、长效化机制。

二、完善社区治理体制机制的基本思路

"十四五"时期，围绕十九届五中全会提出的加快治理体系和治理能力建设、明显提高基层治理水平的要求，针对上述突出问题，要以"瘦身健体赋能"为导向深化社区体制机制创新，努力构建形成权责清晰、居委会关键作用突出、多元主体深度参与、法治体系健全的新时代社区治理新格局，推进政府治理、群众自治和社会调节各归其位。

（一）瘦身：按照精简效能、权责一致的原则，进一步厘清社区职责边界

一是深化清单管理。在2019年出台的村（社区）90项职责事项清单的基础上，进一步提出"三个明确"：明确落地在社区的工作事项不能都以社区作为承担主体，没有上位法依据和不适宜由社区承担的事项一律不得进入清单；明确

可以通过市场机制提供的社区服务，原则上通过政府购买社区服务实现；明确基层政府需要社区协助的事项不以社区作为实施主体，社区只负责联系居民、协助入户、组织动员、诉求反映等。

二是严格落实社区事项准入制度。完善准入事项的申请、审批、进入、监督、退出程序，清单外拟下派到社区的工作均实行准入审批，并每年就准入事项进行评估和动态调整。经准入审批由社区承担的工作事项，要按照"权随责走、费随事转"的原则，由职能部门为社区提供必要的人力物力、专业培训等工作保障。未经审批准入的工作事项，社区有权拒绝执行，且职能部门不得单独对社区完成准入工作事项情况考核、检查、评比。

三是统筹设立便民服务中心。坚持资源集约利用和方便居民原则，整合相邻社区资源设立统一的社区便民服务中心，承办这些社区居民的社会保障、社会救助、劳动就业等行政性事务，破解各代办点人手不足、忙闲不均等问题。

（二）健体：强化党建引领和居委会基础关键作用，完善社区治理架构

一是强化党建引领。发挥社区党组织的领导作用，把党的政治优势、组织优势、群众优势转化为社区治理优势。深化社区"大党委"建设，建立完善社区党组织领导下的工作例会、议事决策、联系会商等制度，统筹、整合、协调社区居民、各类组织、驻区单位、物业服务企业等各方力量和资源，引导各方参与社区自治共治，有效释放基层治理活力，不断完善社区治理格局。

二是强化居委会基础关键地位作用。重点发挥两方面作用。其一，统筹协调作用。要通过地方立法明确和强化居委会对业委会、物业公司、社会组织等多元主体的指导、监督和统筹协调的职能作用，加强协调联动、形成治理合力。其二，托底补位作用。在当前群众自治基础和社会组织比较薄弱的情况下，要积极发挥居委会补位作用，弥补群众自治和社会调节的不足。如对于老旧小区物业管理难题，居委会可以探索按照"社区自治、市场运作、业主联动"原则，牵头组建管理社区物业公司等。

三是压实部门责任。推动各职能部门、镇乡（街道）管理和服务力量下沉，建立完善城管、住建、公安等综合执法进小区机制，加大对小区内各类违法现象的执法力度。住建等行业主管部门要加强对业委会、物业公司监督管理和指导培训。借鉴"社区吹哨，部门报到"经验做法，针对社区治理中的急难险重问题建立部门快速响应机制。各职能部门要建立社区联系人制度和定期下社区制度，加强对社区的业务指导和政策支持。

（三）赋能：依托政策、立法和科技手段，提高社区治理效能

一是完善促进社会组织、居民等多元主体深度参与社会治理政策。加大政府购买社区服务规模和力度，清理整合各类社会组织补贴资金，变直接补贴为竞争性购买，建立专业社会组织常态化、长效化开展社区服务机制。支持物业公司多元化经营，在提高物业管理水平的同时，通过引进专业社工积极承接社区托幼、养老、物资配送等服务事项，在社区服务中承担更多职能、发挥更大作用。整合市、区县（市）两级志愿服务激励举措，对于参加志愿义工服务的个人，根据志愿服务时长给予贷款、升学、招录、落户积分、评优等方面优惠；对于参加志愿义工服务的企业和组织，给予年审、注册、贷款、融资、资格等级评定、项目资助、政府购买服务等方面的扶持政策或优惠措施，提高居民、企业参与社区治理的主动性和积极性。

二是加快社区治理地方立法。通过地方立法完善社区治理体制机制是先进城市的普遍经验，成都、太原、杭州等多个城市已经或正在制定社区治理方面的地方法规规章。建议尽快制定出台宁波社区治理条例，对社区治理的组织架构、各主体的职责定位、治理机制等方面进行系统规范，明确中长期宁波社区治理的总体目标、原则和重点任务，设立社区服务、社区管理、社区安全、社区信息化建设等方面基础通用标准、管理服务标准和设施设备配置标准，增强执行刚性，为社区治理体制机制完善和社区治理创新提供法治化保障。

三是加快智慧社区建设。完善提升基层治理"一中心四平台一网格"，以数字化治理和整体智治转型推进社区治理体制机制再优化、协同效能再提升。要加强市级统筹，整合各级各部门延伸到社区的信息系统和工作应用程序（App），推动条线职能和数据在基层社区的综合共享，减少重复建设和标准不统一、信息不共享。要依托大数据分析，推动社区治理和社区服务从经验判断型向数据分析型、被动型向主动型转变，实现精准智治。要统筹推进智慧门禁、智慧停车、智能安防等建设，依托现代科技手段破解社区管理中的顽疾和新型难题。

三、完善社区治理体制机制的若干重点工作

完善社区治理体制机制是一项系统工程，需要加强顶层设计、整体谋划，并在积极探索、稳步推进中实现重点工作突破。

（一）创新完善居委会运作机制

一是建立完善居委会全面指导、监督业委会和物业公司机制。把组建、指

导业委会,管理、监督业委会和物业公司运作作为居委会的一项重要工作。新建小区由居委会负责筹备业主大会,在难以组建业委会的小区,居委会要及时补位,通过法定程序代替行使业委会职权。探索符合条件的社区居委会成员通过法定程序兼任业委会委员,全面推行居委会、物业服务企业、业委会的"双向进入、交叉任职"。居委会加强对业委会及成员在财务收支、印章管理、会务公开等重要工作事项的监督。探索通过业委会托管等形式,加强对物业公司经费使用、物业服务水平等方面的监管。

二是规范居委会社工配置。将社工分为事务性社工和服务性社工,前者在便民服务中心负责各类行政性事务,后者在居委会从事社区服务工作,并在薪资待遇方面适当向服务性社工倾斜。

三是完善以社区居民满意度为主要衡量标准的社区治理评价考核体系。以居民是否满意作为社区治理的核心考核指标,从注重"向上对口"转为强调"向内服务",引导社区治理工作更加关注居民需求。考核突出目标管理而不是过程管理,鼓励社区实事求是、因地制宜和创造性地开展工作,最大限度地减少台账、留痕等形式主义做法,减少隐形负担。

(二)探索建立完善社区养老、托幼服务机制

"一老一小"服务是社区居民最基本需求,也是"十四五"时期提升社区治理效能的重要方面,要探索建立符合宁波实际和居民需求的社区养老、托幼服务机制。

一是做好相关设施规划布局。结合宁波人口变化和分布趋势,详细开展居民养老、托幼服务需求调查,并根据实际需求整合街道、相邻社区闲置用房,统筹布局养老、托幼设施,有效对接需求和资源。新建小区要一体规划养老、托幼和其他公共服务设施,提高社区公共用房复合使用效率。

二是探索多种模式的社区养老、托幼服务供给。以满足居民家门口养老、托幼日常需求为主要目标,探索多样化服务供给,推进政府机制、市场机制和社会机制有效结合。包括:通过社区公共用房租赁、公建民营等方式引入专业机构,为居民提供普惠型的全托、日托、康复护理等服务;通过政府购买服务、志愿者公益服务等形式,为居民提供临时性、应急性的养老托幼服务;积极探索社区居民参股、社会资本共同举办社区养老、托幼服务实体等。

三是完善推进机制。出台具体扶持政策,引进培育各类专业化养老、托幼专业机构和服务实体,支持规模化经营;落实供暖、水电、燃气价格优惠政策;

明确嵌入式社区养老、托幼设施建设以及服务、收费标准等。区县（市）要将相关工作纳入本区域国民经济和社会发展规划和政府年度工作计划，将嵌入式养老、托幼设施建设纳入民生实事项目，并安排好专项财政资金和规划、建设有关服务设施。

（三）推进社区分类治理

随着城市建设越来越注重职住平衡和土地复合利用，当前城市社区类型日益多样，除住宅社区外，工业型、商住型等混合社区也日益增多。不同社区居住人群的职业、年龄、服务需求和自治能力不同，基础设施、小区环境、物业管理等方面也存在着较大差异，单一治理模式已难以适用。建议全面总结宁波鄞州日丽社区、海曙新街社区等商住混合型社区以及北仑灵峰社区等工业型社区的治理模式经验，借鉴上海、南京、成都等城市推进社区分类治理有效举措，将宁波城市社区分为住宅社区和混合型社区两大类，积极探索开展分类治理。其中，住宅社区又分为封闭型、非封闭型，混合型社区又分为工业型、商住型。要全面细致地梳理不同类型社区的群众需求、存在问题和社会资源，有针对性地提出契合不同类型社区实际的治理策略、模式，实施不同的治理路径、手段和方式，实施差异化的考核评价体系。重点推动非封闭性管理社区、工业型社区、商住型社区的治理创新。

非封闭型管理社区。主要是城中村、老旧小区等。要加大财政投入，完善基础设施配套以及治安工作人防、物防、技防建设，系统集成提升人居环境品质。要创新治理机制，针对业委会、物业公司缺失问题，积极探索通过业主大会授权代管、居委会兴办服务实体等形式来弥补不足，更多发挥社区党组织、居委会作用。

工业型社区。要以"产城融合"为导向，创新升级社区服务配套体系，加强公共设施布局及建设。创新社区运营模式，打破传统的园区管委会、社区居委会职能划分，根据社区企业、居民实际情况因地制宜确立社区职能、机构和人员配备，一体化提供社区服务、企业服务和园区服务。创新社区服务项目，联合职能部门在工业社区设立专门机构、平台，一站式、精准化、全周期为企业提供服务；针对企业员工职业规划、技能提升、子女托管、情绪管理、青年联谊等突出需求，对接专业社工资源提供全方位服务。要高效整合对接社区的企业资源，积极引导企业职工参与到社区治理和社会服务中来，实现同频共振，联动共赢，不断提升工业社区治理水平。

商住型社区。要加强社区党组织建设，发挥居民、企业中党员作用，通过党建引领积极吸引能人贤士和热心人士共同参与社区治理。创新业委会、物业管理制度，搭建多方主体有效沟通平台和协商解决机制，着力破解经营扰民等各种顽疾。整合社区商企资源，在实现共建共享的同时，为居民提供更多优质社区服务，营造和谐邻里关系。要根据商户、企业需求，联合区县（市）和街道有关部门下沉社区，建立定期驻点办公制度和社区联络员制度，送服务上门。

林崇建　金　戈　吴红艳

宁波单项冠军企业技术跨越升级对策建议

单项冠军企业向技术冠军企业跨越升级，是指单项冠军企业在现有生产技术或工艺国际相对领先基础上，进一步巩固夯实技术领先优势，在特定细分市场持续保持产品市场占有率居全球前列，成为国际顶尖创新型企业。目前，宁波国家级制造业单项冠军企业数量居全国第一，但单项冠军企业整体技术创新能力还不够强，尤其是关键核心技术突破还存在一定短板。为此，"十四五"期间要围绕打好产业基础高级化、产业链现代化攻坚战，提升重点领域应用基础研究能力，加强关键核心技术攻坚，培育数量更多、技术创新能力更强的制造业单项冠军企业，着力打造全国制造业单项冠军之城，为宁波争创国家级制造业高质量发展试验区奠定坚实基础。

一、单项冠军企业向技术冠军企业跨越升级具有战略意义

向技术冠军企业跨越升级是单项冠军企业持续保持国内外领先优势的必然要求。当前，创新已经成为推动制造业持续发展的主要动力。单项冠军企业作为制造业的中坚力量，要持续保持现有领先地位，必须紧紧依靠技术创新，提高产品附加值，开拓新的市场，不断巩固市场份额及地位，尤其在劳动力、资源、土地等各种要素成本普遍上升趋势下，技术创新更为迫切。宁波打造全国制造业单项冠军之城，不仅要持续保持单项冠军企业数量领先地位，更要牢牢把握技术升级主攻方向，大力推动单项冠军企业突破关键核心技术，抢占技术创新制高点，提升单项冠军培育企业的技术创新能力，确保单项冠军之城成色更足。

向技术冠军企业跨越升级是引领支撑宁波制造业高质量发展的必然要求。单项冠军企业是引领宁波制造业发展的主力军。2019年，宁波308家单项冠军

企业及培育企业共实现利润总额 438 亿元，以全市规上工业企业 3.8% 的数量，创造 33.8% 的企业利润；企业研究与开发（R&D）经费支出总额达到 138.1 亿元，占全市规上工业企业 R&D 经费支出总额的 41%。2020 年上半年，39 家国家级制造业单项冠军企业更是实现逆势增长，总产值同比增长 5%，高出全市规上工业总产值增速 11.9 个百分点。由此可见，单项冠军企业在宁波制造业发展中起着举足轻重的地位，是宁波制造业利润的重要来源，是宁波制造业技术创新的中坚力量。促进单项冠军企业向技术冠军企业跨越升级，就是引领宁波制造业高质量发展的关键举措。

向技术冠军企业跨越升级需要政策创新的有力支撑。单项冠军企业向技术冠军企业跨越升级面临的主要问题包括持续创新的动力不足、企业内部治理机制不够完善、外部服务保障不够有效等，急需精准有力的政策"扶一把"。当务之急，一是要创新单项冠军企业跨行业应用拓展的扶持政策，促进企业单项产品向相关领域的多项产品拓展，从单个零件向组件、部件集成，向产业链上下游延伸等；二是要创新单项冠军企业人才引进、资金保障等扶持政策，增强单项冠军企业技术创新的智力支撑和技术研发风险承受能力，为企业技术跨越升级保驾护航。

二、单项冠军企业向技术冠军企业跨越升级的基本思路

宁波单项冠军企业向技术冠军企业跨越升级，要围绕"246"万千亿级产业集群建设，聚焦关键核心技术，以市场导向的产品升级为主要路径，坚持政府引导、企业主导的基本原则，着力推进"两提升、两转型"，整合创新资源要素，聚焦重点行业领域，促进跨领域跨行业技术交叉融合，全面提升企业技术创新能力，推动宁波制造业高质量发展。力争到 2025 年，一半以上单项冠军企业升级为技术冠军企业，技术创新能力显著提升，行业领先地位更加巩固。

提升自主创新能力。坚持走科技自主创新之路，支持单项冠军企业加大技术研发投入，充分发挥产业基金引导作用，鼓励创投资本、社会资本加大对单项冠军企业技术创新的支持力度。大力支持单项冠军企业围绕关键核心技术突破，推动高层次人才等创新资源集聚，加快提升自主创新能力，引领带动行业技术进步。切实推进产学研深度融合，特别是在关键共性技术和基础共性技术研发方面，支持单项冠军企业在重点优势领域打造一批重大科技成果转化和工程化示范项目。加大对单项冠军企业创新成果产业化的扶持力度，落实完善新

技术新产品先试先用政策等。

提升企业管理能力。大力弘扬企业家精神，增强企业家技术创新的战略管理能力，系统开展企业家创新管理能力提升计划。鼓励支持企业进行技术创新的组织管理革新，加强技术创新的风险管理，建立健全风险识别、衡量、预测和分析机制。发挥企业产学研主体作用，完善企业产学研管理制度，建立健全产学研合作管理制度和激励约束机制，促进企业与行业骨干企业、高等院校和科研院所等深入开展长期技术合作。健全企业人才激励机制，引导企业建立完善科技成果转化受益分配制度，拓宽研发人员晋升通道。

推进单项冠军向综合冠军转型。推进单项冠军企业积极利用技术领先优势推动产品升级和新产品开发，打造基于关键共性技术跨越多个领域或行业的产品集群。围绕高端装备、汽车制造、新材料、电子信息等重点优势领域，鼓励支持有关键共性技术、有强大技术创新能力的单项冠军企业由单项产品向跨相关领域的多项产品拓展，从单个零件向组件、部件集成，向产业链上下游延伸。加大企业进行新技术、新产品研发投入的支持力度，全面拓宽关键共性技术应用领域和范围，有效促进技术融合和迭代升级。强化单项冠军向技术冠军转型的技术创新平台支撑，引导支持企业加强与产业技术研究院、行业骨干企业研究院对接合作，打造贯穿产业链上下游、融合产学研各领域的创新技术联盟，引导"科技创新2025"重点攻关单项冠军企业的关键共性技术，加强产业创新公共服务平台建设。

促进单项冠军企业数字化转型。企业数字化转型是技术跨越升级的重要基础和必要途径。要深入推进新一轮技术改造三年行动计划，推进单项冠军企业实施智能化基础设施改造、数字车间和智能工厂建设等项目。引导和鼓励企业开展5G、人工智能、区块链等新技术与智能制造融合集成创新。特别是要大力推进企业技术创新管理体系的数字化转型，推动技术研发与产品开发的数字化融合，支持企业建立完善技术研发与产品开发的数据平台，引导支持企业对产品设计、样品测试、生产工艺改进等研发创新活动实行数字化管理，大幅缩短产品开发周期、提高技术研发效率和质量，驱动企业整体数字化转型。

三、单项冠军企业向技术冠军企业跨越升级的突破重点

"十四五"时期，单项冠军企业向技术冠军企业跨越升级必须着力解决技术研发平台功能不够强、企业组织管理效能不足、技术创新服务相对滞后等问题，

紧紧抓住主要矛盾，实施重点突破，以点带面，促进单项冠军企业转型升级。

(一) 实施技术研发平台升级计划

近年来，宁波大力推进科技研发平台建设，已有 71 家产业技术研究院、30 家国家级企业技术中心、116 家企业研究院等技术研发平台。但是整体上技术研发平台产学研合作有待强化，科研院所、产业技术研究院与企业之间对接还不够紧密，需要进一步发挥技术研发平台的协同创新引领作用。

一是支持企业异地建设研发中心。支持单项冠军企业及培育企业在国内科研机构集中、高端人才集聚、研发能力较强的地区设立域外研发中心，充分利用当地人才等创新资源，提升母公司研发创新能力。对符合一定条件的域外研发中心，地方政府可根据不同类型和等级给予不同额度的一次性奖励。建议相关部门在企业研发费用加计扣除相关审核中，将域外研发中心的房租、人员经费等实际投入列入加计扣除范畴，进一步激励企业创新积极性。

二是鼓励企业共建联合研发中心。发挥单项冠军企业技术和市场优势，鼓励企业拓展技术应用领域和范围，支持单项冠军企业与国内外相关行业龙头企业共建联合研发中心或实验室，加强优势互补，开展联合技术攻关。政府对企业联合研发中心或实验室建设的设施设备投入、高层人才引进等给予相应政策扶持，促进单项冠军企业单项产品向跨领域多项产品发展。

三是促进产业技术研究院与企业对接合作。以企业技术需求为导向，加快建立完善单项冠军企业及培育企业等优势企业主导、产业技术研究院等创新主体协同的重大技术研发组织机制。鼓励引导产业技术研究院面向单项冠军企业及培育企业委托培养硕士、博士研究生，给予企业用人单位一定的委托培养补贴等，促进产学研深度融合。

(二) 实施企业管理提升计划

宁波单项冠军企业及培育企业大多成长于家族民营企业。虽然逐步建立了现代企业制度，大部分实施了职业经理人制度，但是整体上组织机构、治理机制等与技术创新的发展要求有一定差距。为全面提升企业技术创新管理能力，着力实施企业管理提升计划。

一是提升企业家管理能力。宁波单项冠军企业大多是研发人员或老一辈创立，企业负责人技术研发能力或行业经验较强，但现代企业管理能力相对不足。因此，要实施企业家技术创新管理能力提升工程，由市级相关部门组织，以单项冠军企业及培育企业在内的科技型、成长型企业为重点，以传承企业家精神、增强企业自主创新能力和技术创新管理能力为目标，通过集中专题培训、学习交流与考察等方式，开展个性化、专业化、系统化培训，加快培养造就一支具有全球战略眼光、高水平创新管理能力的优秀企业家及后备人才队伍。

二是推进企业数字化协同研发。积极发展"研发设计产业＋互联网"新业态，进一步支持宁波工业互联网研究院发展，强化与国内领先工业产品协同研发平台的联合，打造符合宁波单项冠军企业需求的研发设计互联网平台，为企业提供新产品研发、产品升级优化及产线技术改造等服务。鼓励支持有条件的单项冠军企业依托企业研发中心，建立基于互联网的开放式研发平台，集聚国内外研发资源，推广用户参与式的研发设计模式，推动协同研发的网络化。

三是鼓励企业开展管理咨询服务。研究制定支持单项冠军企业及培育企业接受管理咨询服务的专项扶持政策，择优遴选国内外优秀咨询机构或企业作为合作对象，以研究开发与技术创新的组织管理咨询为重点，对符合一定条件的单项冠军企业及培育企业接受管理咨询服务，按服务合同金额给予一定比例的补助。通过管理咨询服务，有效促进组织管理更加适应企业创新发展。

（三）实施技术创新服务升级行动计划

技术创新服务是科技创新活动的重要一环。近年来宁波积极推进创新服务体系建设，已有12家技术创新公共服务机构、23家创客服务中心，及宁波科技大脑等线上平台，但是技术创新服务质量不高、专业性不强等问题依然存在。为加快补齐技术创新服务短板，应着力实施技术创新服务升级行动计划。

1. 布局一批科技成果产业化服务平台

科技成果产业化服务平台是破解单项冠军企业科技成果产业化"最后一公里"的有效载体。"十四五"期间，围绕单项冠军企业最为集中的关键基础件、高端装备、汽车制造、新材料、电子信息等领域，借鉴上海微技术工业研究院等产业化平台建设经验，以中试基地建设为重点，集聚相关技术研发中心、产业孵化器等机构，建设专家公寓、研究生公寓等居住配套设施，打造集研发、验证、中试、孵化的全创新链产业化功能服务平台，加快集聚创新要素，提升科技成果转化率。

2. 完善宁波科技大脑服务平台

宁波单项冠军企业拥有较多技术专利，308家单项冠军培育库企业平均每家企业拥有有效发明专利22项。宁波科技大脑服务平台要积极为专利的拓展应用搭建服务平台，建设单项冠军企业技术专利库，并支持网上技术市场与其对接，积极开展技术专利推介与交易服务，促进专利的有效转化。推进宁波科技大脑服务平台与长三角同类平台及高校研发公共服务平台的对接合作，补齐宁波单项冠军企业应用基础研究成果相对不足短板，促进单项冠军企业在长三角一体化中的协同创新。

3. 促进科技金融服务支撑

鼓励产学研联合设立产业创投基金，由各级财政按照支持创业投资相关政策，给予一定比例风险补贴资金支持，引导商业银行协同开展投贷联动业务。加大包括制造业单项冠军企业在内的直接融资服务力度，支持企业发行债券调整债务结构。鼓励支持科研设备仪器融资租赁服务，按融资租赁合同金额给予相关企业一定比例补贴。

费孟云　农贵新　傅叶挺　闫　森　唐平原　张小兰

加快提升城市安全治理能力研究

党的十九届五中全会提出,要"统筹发展和安全,建设更高水平的平安中国"。城市安全治理内涵丰富、领域广泛。本研究主要涉及与人民生命财产密切相关的城市运行安全、生产安全和应对自然灾害风险等三个领域。当前,要从强化安全治理意识、构建多主体协同安全治理格局、形成全过程安全治理机制、推动实现安全治理专业智控、发挥保险安全保障作用等五个方面,推动宁波城市安全治理能力取得新突破,努力建设更高水平的"平安宁波"。

一、把城市安全治理能力提升放在更加重要位置

一直以来,宁波高度重视提升城市安全治理能力,构建了相对完善的城市安全治理机制。但是宁波安全风险具有特殊性,面对统筹城市发展与安全、推进市域治理现代化、创建国家安全发展示范城市等现实要求,必须将城市安全治理能力放在更加重要位置。

一是提升城市安全治理能力是适应市域治理现代化的根本要求。城市安全治理是市域治理体系的重要组成部分。随着我国城市人口、功能和规模持续扩大,新技术新产业不断涌现,城市运行系统日益复杂,企业生产安全维护难度加大,城市安全风险不断增加,亟须统筹城市发展与安全,大力提升城市安全治理能力。一方面,安全是城市发展的底线保障,没有安全支撑,城市经济社会发展就难以为继。另一方面,维护城市安全要依托于发展,善于运用发展成果夯实城市安全的实力基础,提升安全保障能力。

二是宁波安全风险的特殊性要求必须加快提升安全治理能力。首先是城市运行安全风险有特殊性。城市运行安全风险包括交通安全事故、城市老旧房屋坍塌等方方面面。作为沿海港口城市,宁波城市运行安全风险有其特殊性,如

近海捕捞、运输等作业频繁,海上交通安全事故常有发生。其次是中小企业、重点行业安全风险较大。中小微企业量大面广,安全意识普遍薄弱,安全保障能力不强。宁波是全国七大石化产业基地之一,石化产业安全风险高,治理难度大。最后是自然灾害易发多发,城市防灾减灾救灾压力较大。宁波气候复杂多变,台风、暴雨、雷电、洪涝等自然灾害常有发生,同时,地质灾害隐患较多。随着城市建设加速推进、人口密度逐年增加,自然灾害风险影响因素更加复杂,防灾减灾救灾难度增大,需要加快提升安全治理能力。

三是提升安全治理能力是应对当前宁波城市安全治理突出问题的必然要求。中国安科院2020年6月对宁波创建安全发展示范城市进行了模拟测评,结果显示宁波创建工作存在不少短板。测评扣分项54个,总扣分28分,测评综合评价得分72分,离90分的创建工作达标线还有较大差距。问题主要集中在城市安全源头治理、风险防控、应急救援等方面,如城市运行安全智控化平台建设滞后、气象灾害预警信息公众覆盖率不足、应急救援能力短板较为明显等。为此,要树立底线思维,坚持问题导向、目标导向,抓重点、补短板、强弱项,切实提升城市安全治理能力。

二、构建多主体协同发力的城市安全治理格局

城市安全治理主体包括政府、企业、社会机构、公众等。近年来,宁波通过制度建设、培育引导等手段,在明确安全治理职责边界、调动安全治理相关主体积极性、助力城市安全治理方面已经有了较好基础。但是在各主体之间的工作协同性方面还有待强化,要着力推动形成"政府主导、企业主体、社会支撑、公众参与"的协同联动、同向发力安全治理格局。

一是政府要发挥安全治理主导作用。城市安全具有公共产品属性,必须强化政府在城市安全治理中的主导作用。市安全生产委员会要进一步加强安全治理顶层设计,加快制定完善成员单位安全监管权力清单和责任清单,厘清职责边界,严格落实各方安全责任,构建严密的城市安全责任制度。市应急管理部门要善于统筹各方力量和各类资源,重点要提升安全治理专业化能力,通过加强业务指导、组织安全监管培训、联合开展安全执法检查等方式,弥补行业牵头管理部门安全专业监管力量不够等问题。行业主管部门要按照"三个必须"和"谁主管谁负责"的原则,严格落实行业安全监管职责,选优配强行业安全监管力量,加强行业安全治理。

二是严格落实企业主体责任。要进一步强化企业安全主体责任意识,严格落实《宁波市生产经营单位安全生产主体责任规定》要求,开展企业全员安全责任意识培训,健全从主要负责人到一线管理岗位员工,覆盖所有管理和操作岗位的安全责任制,提升企业员工处置突发应急事件能力。加大企业安全生产投入,完善落实企业安全生产费用提取管理使用制度,合理运用安全产生奖惩机制,切实落实全员安全生产责任制。加强企业安全生产制度化规范化建设,做到企业安全责任、投入、培训、管理和应急救援"五个到位"。

三是发挥社会化安全服务机构支撑作用。首先,要着力培育一批高水平社会化安全服务机构。支持社会化安全服务机构开展安全治理技术和管理模式创新,集聚高素质安全治理专业人才。加强与市外安全服务龙头机构合作,支持其在甬设立分支机构,提升安全服务能级。发挥高水平安全服务机构作用,做好政府、企业"想不到""不想做""做不好"的事情,为城市安全治理提供更有力支撑。其次,要支持更多社会化安全服务机构开展技术服务和理论研究。通过政府购买服务、发布咨询课题、提供研究经费等多种形式,积极鼓励社会化安全服务机构开展技术服务和理论研究。最后,要推动社会化安全服务机构规范发展。严格执行《宁波市安全生产技术管理服务机构管理办法》,开展社会化安全服务机构信用等级评定,健全信用体系。在推广应用现代信息技术、保险金融机构购买服务等方面,向高信用等级的专业服务机构倾斜。

四是推动公众广泛参与城市安全治理。公众既是城市安全发展的受益人,也是城市安全治理的参与者,要提升公众安全风险"第一发现者""第一响应人"意识。动员公众积极参与城市安全治理,及时发现并报告城市安全风险隐患,提升自救避险意识和防灾减灾能力。要大力发展城市安全各类志愿者队伍,通过政策支持、专业培训、舆论引导等举措,大幅提升专业志愿者在城市安全保障队伍体系中的比例。

三、推动形成全过程城市安全治理机制

近年来,宁波围绕城市安全源头治理、风险防控、监督管理、保障能力、应急救援等五方面,加强安全治理核心能力建设,打造了较为健全的安全治理机制。但是在城市安全源头治理投入建设、预警监测网络健全完善、事故灾害应急救援快速响应等方面还存在一些薄弱环节,亟须加快提升,形成体系更加完善,覆盖风险源头治理、预警监测、应急保障全过程的安全治理闭环。

一是在源头治理方面，要在安全规划编制、设施建设、标准制定、设备维护等方面着力引导、重点突破。首先，要强化规划引领。加快编制形成防震减灾、防洪、道路交通安全管理等防灾减灾专项规划。根据城市安全风险承载能力，及时制定发布禁止、限制和控制类产业目录。其次，要强化安全设施建设。进一步加大城市市政安全设施、企业生产安全设施和自然灾害应对设施的投入建设力度。支持重点行业、企业开展安全设施建设和改造，如对危化品生产运输企业建设高安全性能危化品停车场所，加大财政补助力度。再次，要强化安全标准化规范化建设。对各类安全基础设施加强达标检查，支持社会化安全服务机构开展安全标准研究。如明确宁波新建道路综合管廊建设率、市政道路综合管廊配建率等要达到安全示范城市创建标准。最后，要强化安全设施维护。重点要突出城市特种设备、排水防涝设施、地质灾害监测设备、高危行业生产设备等日常维护，确保各项安全设施装备功能完好、正常运转。

二是在预警监测方面，要形成涵盖城市运行、企业安全生产和自然灾害应对的预警监测网络。首先，要加强城市运行安全预警监测。重点加快建设城市应急管理综合信息平台，利用物联网、视频识别、航空遥感等感知技术，在桥梁、燃气、消防、排水、电梯、轨道、交通、林火等领域，布设各类前端传感器，构建自然灾害、事故灾难立体化感知网络，全程实时分析城市安全运行状态。其次，要加强安全生产领域预警监测。对重点行业、高危企业进行全覆盖全过程预警监测。重点加快危化品监测预警系统建设，确保危化品重大危险源的企业视频和安全监控系统安装率达到100%。对油气长输管道途经人员密集场所高后果区域监测监控安装实现全覆盖。最后，要加强自然灾害预警监测。根据宁波气象灾害特征和经济密度、人口密度等综合指标，完善天气气候条件致灾风险预警系统，分区域新建海洋、流域和山地气象预警分中心。加大地质灾害、气象灾害等预警模型研究的算力支撑力度。

三是在应急救援方面，要以降低事故灾害影响为核心，形成事前储备足、事中处置快、事后保障全的应急救援机制。首先，要加强应急物资储备和应急中心建设。重点要加快编制应急物资储备规划和需求计划，开展城市应急准备能力评估，建立应急物资储备信息管理系统。加快推进镇乡（街道）级综合应急管理中心建设，复制推广下应街道应急管理中心建设运作经验，争取"十四五"末实现重点镇乡（街道）全覆盖。其次，要提升应急救援快速处置能力。重点完善突发安全事件和自然灾害的应急响应体系，建立精准高效、协同联动的响应机制。提升城市航空应急救援能力，争取国家航空应急救援先行先试。最后，要加强事故灾后保障。重点要强化事故灾后社会舆情引导和群众安置安抚工作，切实做好灾后恢复重建工作，更好发挥保险在灾害事故理赔的保障作用。

四、加快实现专业智控的城市安全治理

宁波在城市安全治理专业智控方面已经开展不少实践探索，如启动建设城市应急管理综合信息平台一期项目，培育建设了一批专业化应急救援队伍。但要适应今后城市安全风险耦合性复杂性特点、安全治理专业化数字化程度更强的要求，必须进一步提升城市安全治理的专业智控水平。

一是加快专业应急救援队伍建设。首先，要进一步加强政府应急救援队伍建设。重点建设防汛抗旱、森林草原消防、气象灾害、地质灾害、公用事业保障等专业应急救援队伍。实施政府专业应急救援队伍"核心队员—预备队员—志愿者"三级管理模式。其次，要加快企业应急救援队伍建设。建立健全企业（园区）专职救援队伍参与社会公共救援补偿机制。加快重点企业专职应急救援力量建设，确保符合条件的高危企业、小微企业园区实现专职消防队全覆盖。最后，要加强社会应急救援力量建设。对城市救援、水域救援、医疗救援、山地救援等重点领域，加大财政资金补助力度，强化应急装备物资、设备维护保养、人员意外保险和出警施救等保障。支持镇海海天户外应急救援队、余姚战狼户外公益救援队、象山雄鹰应急救援队3支市级社会应急救援队伍申报省级社会救援队伍，拓展品牌效应。

二是提升城市安全治理智控化水平。首先，要推动城市安全数据互联互通。围绕"整体智治""精密智控"要求，充分发挥市大数据局职能，依托浙江政府政务服务网2.0版，明确城市安全运行相关部门负有公共数据资源开放共享职责。其次，要加快系统集成融合。运用大数据、云计算等现代数字技术，推动环保、应急、公安、市场监管、能源、规划、交通、综合执法等安全监管部门专项信息系统建成贯通。最后，要加快智控平台建设。将城市应急管理综合信息平台作为宁波城市大脑项目一期重点建设内容。加快推进建设进度，争取早建成、早投用、早见效。

三是大力发展安全产业。梳理排摸安全相关的专业制造和服务企业，选取一批有潜力的企业重点培育，支持其研发高水平安全产品，开展重大关键技术

攻关，提供城市安全治理系统化解决方案。探索创建国家级安全产业示范园区，促进安全产业规模化、集群化发展。

五、推进实施安责险提质扩面工程

2020年7月，宁波全面推进一般工贸行业安责险，成立了国内首个实体化运营的安责险风控服务中心。截至12月上旬，全市投保企业5331家，保障人数近16万人，开展风控服务612家次，累计发现290多家企业的近2000个安全隐患，取得了较大成效。但在保险产品设计、投保方式创新、风控服务质量等方面仍有提升空间，需要进一步推动安责险提质扩面。

一是优化安责险产品设计。一方面，要推动与相关险种融合。宁波部分建筑施工企业、运输企业、渔业经营户已分别投保建筑工程意外险、承运人责任险、渔业互助险等险种，与安责险性质功能类似，要推动上述险种无缝融入安责险范畴，避免重复投保。另一方面，要提升安责险服务品质。加快开发个性化服务事项，制定符合规上企业个性化需求的保险方案。加大投保企业事故预防服务选择权，由企业择优选取服务机构和专家。加快推进保险合同内容格式标准化建设，落实服务承诺书面合同格式条款，简化理赔申报程序和证明材料。

二是扩大安责险投保企业范围。创新投保方式，进一步激发企业投保意愿，扩大安责险覆盖面。积极探索片区式安责险投保方式，重点推动小微园区企业采取集中联合方式投保。探索单元化投保方式，对企业局部高风险设施装备、作业活动等进行投保。到2022年末，全市参保生产经营单位争取达到2万家以上。

三是提升安责险风控服务中心能级。首先，要加快数据系统协同对接。加快风控服务中心与保险机构、政府监管部门的数据对接，集成融合平台数据与全市工伤参保、工商注册登记等数据。打通投保服务、服务调度、业务数据分析等业务模块，实现所有在保数据纳入风控服务中心管理。其次，要拓展服务管理领域。加强市级部门沟通协调，逐步将建筑施工、交通运输、海洋渔业等行业安责险纳入风控服务中心统一管理。最后，要强化专家服务质量管控。组建风控服务监督委员会，出台安责险第三方服务机构管理评价考核办法，在现已签约的21家社会化服务机构和64名专家中，综合考虑服务评价、等级资质、出险赔付等因素，推行服务机构和专家团队品牌化管理。

金 戈　王明荣　廖绍云　徐 毅

宁波强化乡村空间统筹开发研究

空间繁荣是实施乡村振兴战略的重要内容，是乡村产业兴旺、生活富裕的重要基础。强化宁波乡村空间统筹开发，重点是进一步加快乡村空间的规划统筹管控、功能统筹设计、政策统筹推进、重大基础设施统筹建设。其目的是更好地落实党的十九届五中全会前后密集出台的多项涉农土地新政新规，高效提升乡村空间开发价值，为宁波优化实施乡村振兴战略注入新活力，为宁波都市建设打开田园特色新空间，为宁波城乡均衡发展继续走在全国前列开辟新路径。

一、强化乡村空间统筹开发是实现宁波城乡建设2035年远景目标的必然要求

中共宁波市委关于制定"十四五"规划和2035年远景目标的建议提出，到2035年，要"实现全域城区化同城化，城乡区域发展均衡协调……的高品质都市区"，并对"理顺全域全要素国土空间规划管理体制""完善全域统筹发展体制机制"提出了重要建议。强化乡村空间统筹开发，是深化实施乡村振兴战略的重要内容，是实现全域城区化高品质都市区建设目标的重要基础，也是落实市委十三届九次全会精神的必然要求。

（一）强化乡村空间统筹开发是深化实施乡村振兴战略的重要内容

统筹乡村空间开发是深化实施乡村振兴战略的本质要求。把广袤田园山水之间的乡村，重新建设成为与人口产业高度集聚的都市具有同等重要地位、而又功能特性差异互补的生产生活生态空间，这是乡村振兴的本质要求。统筹乡村空间开发，就是要从空间开发的视角来完善统筹发展的体制机制，进而在空间规划、功能开发、基础设施建设、公共服务配套、要素资源承载、人口结构

素质、社会治理方式、空间价值增长等方面,形成与都市更加协调融合的开发体系,为推进布局相对疏离、充分追求闲趣、更加尊重传统、追求多元发展的乡村空间振兴新格局,奠定更加坚实的基础。

统筹乡村空间开发符合世界乡村重建的普遍做法。乡村重建是工业文明催生的世界共性课题,无论是日本的农村活性化建设、韩国的新村运动等,都十分注重对乡村空间开发的统一指导。以《英国城乡规划(第14版)》为例,其将"乡村重建"单列一章,对乡村空间的统筹开发进行理论探讨,提出共性的法规、技术与政策指导。进一步加强乡村空间开发的统筹,无疑符合世界乡村重建的一般规律。

强化乡村空间统筹开发将为宁波乡村振兴注入新的活力。城乡融合发展最均衡,是宁波乡村振兴走在全国前列的显著特点。但乡村自我发展能力薄弱的问题依然不同程度地存在。从三农问题的视角看,其主要矛盾表现在农村人口素质弱质化(年龄结构老化、生产技能退化、知识更新弱化等)、乡村产业资本投入增长比较缓慢(宁波2011—2019年农业年均固定资产投入约为30亿元,历年固定资产投入占比均在1%左右)、乡村空间发展总体缺乏特色活力(创建模式"千村一面"、空间联系碎片化、同质竞争现象普遍、自我可持续发展能力弱等)。强化乡村空间统筹开发,就是要加强规划、政策、功能、公建等关键要素的统筹,通过提升全域全要素国土空间开发能力,挖掘乡村潜在的无限空间价值,彰显山水田园魅力和传统文化底蕴,全面拓展乡村空间的特色承载能力,吸引战略资本、新兴业态等进入乡村开发新兴产业,吸引更多新兴人口进入乡村生活和从业,从而为乡村振兴战略的实施注入新的活力。

(二)强化乡村空间统筹开发是拓展都市建设新空间的重要支撑

进一步强化宁波乡村空间的统筹开发,是实现全域城区化高品质都市区远景目标的客观需要和重要基础。主要表现在以下三点。

一是拓展都市建设新空间的客观需要。城镇可开发利用空间日益紧缺,基本农田和生态红线约束更加趋紧,迫切要求我们更加合理地统筹利用广袤的乡村空间,改变以转移土地指标为主的乡村空间利用方式,推动乡村空间要素的就地化发展。通过统筹开发,提高精细集约利用能力,向乡村转移更多的都市化承载功能。

二是建设田园都市的重要内容。县域经济发达、县镇城镇化水平较高,是宁波区域发展特色和城市建设比较优势。强化乡村空间统筹开发,就是要发挥好这一优势,以县镇城市化区域为基点,依托交通轴线、生态廊道、山水脉络,形成组团式网络化的空间开发格局,提升乡村空间年轻化、高活力、强引力、可持续的发展局面,使田园山水成为宁波都市的有机组成部分。

三是宁波融入上海大都市圈发挥空间功能优势的重要支撑。都市空间开阔、地形地貌丰富多样,是宁波融入上海大都市圈的重要空间特色。强化乡村空间统筹开发,就是要通过特色空间的大片区功能设计和统筹开发,把广袤乡村中枕山面海、襟江带湖的特色发挥出来,开发建设长三角客居休闲的滨海空间,建设长三角健康养老的山水田园,建设江南水乡独特的古镇(村)遗产文娱休闲群落。

(三)强化乡村空间统筹开发是"十四五"抢抓涉农土地新政新规政策红利的重要保障

党的十九届五中全会前后密集出台了多项涉农土地新政新规,"十四五"期间乡村空间开发的政策红利期已经形成。2020年11月习近平总书记对推进农村土地制度改革、做好农村承包地管理工作做出重要指示[①];2020年9月中办、国办印发《关于调整完善土地出让收入使用范围优先支持乡村振兴的意见》,明确要求到"十四五"末土地出让收益用于农业农村比例达到50%以上;《深化农村宅基地制度改革试点方案》深入实施;农村房屋继承新规出台;2020年7月《全国乡村产业发展规划》印发,为乡村空间的产业承载指明了新的方向;加上此前《中华人民共和国城乡规划法》发布2019年修正版。强化乡村空间统筹开发,加强乡村全域全要素规划管控、政策统筹、要素保障、公建配套,建立起更加科学、高效、集约、有序的乡村开发新体系,是将涉农土地新政新规政策效应最大化的必然要求。

二、建立健全乡村空间全域全要素规划管控体系

加强规划统筹是实现乡村空间统筹开发的基础保障。"十四五"期间,应以乡村空间的功能重塑为主线,加快建立健全宁波乡村全域全要素规划管控体系。

一是抓紧制定新的"宁波市城乡统筹发展规划纲要"。对城乡空间一体、体

---

① 《习近平对推进农村土地制度改革、做好农村承包地管理工作作出重要指示》,新华网,2020年11月2日[2020年4月1日],http://www.xinhuanet.com/politics/2020-11/02/c_1126687111.htm。

制接轨、产业协调、设施联网、社会同步等擘画实施蓝图，为城乡空间规划最终融为一体描绘路线，以此作为乡村空间规划统筹的指导思想。

二是抓紧编制"宁波市乡村空间总体规划"。在现有规划基础上，对乡村空间发展的整体布局、发展要素统筹、主要实施路径、重大共性基础设施、规划技术要求等提出总体思路。突出乡村空间发展的功能布局，强调乡村功能与城市功能的空间互补，注重按服务半径规划设置基础设施与公共服务设施，细化规划实施路径，增强规划可操作性。

三是优化乡村空间规划及其实施的职能分工。市级以总体规划和全要素保障的规划管控，以及重点管控区域的规划及实施为主；区县（市）级以功能片区规划及其统筹实施为主；镇乡（街道）级一般以社会服务规划为主；村（社区）级以建设规划和特色设计为主。进一步加强对乡村空间开发要素的集中调配和统筹实施。

四是加强乡村生态规划统筹。好山好水是乡村开放空间的优势特征，应单独研究制定"宁波市乡村生态文明建设实施意见"，整体谋划环湾、环湖、沿江、沿山、主要景观廊道、特色生态资源等生态文明建设实施方案。提升全市乡村区域在生态文明建设中的实际地位，增加乡村在重要生态保障设施、系统性生态治理工程中的规划实施比重，加强生态建设的转移支付、考核机制等政策创新。

五是加强历史文化规划统筹。充分展示对传统文化习俗的尊崇与传承，是挖掘乡村空间价值的重要基石，应抓紧制定"宁波市乡村历史文化遗存保护利用条例"，深度挖掘整理全市乡村区域历史名村、名人故居、非遗、名门望族、传统风俗、历史建筑等各类文化遗存，形成空间分布图与开发路线图，为统筹保护与网络式开发利用奠定基础。同时，应加强公共文化服务体系和重大资源向乡村区域的倾斜。

六是加强产业规划统筹。将乡村空间作为都市新兴产业新兴业态发展布局的重要空间，统筹布局适配于新农村建设的康养产业、文体产业、旅游休闲产业等，推动文化创意业态、田园综合体业态等向乡村区域延伸转移。注重发挥市场机制对资源配置的决定性作用，注重引导跨界资源在乡村空间的整合，注重"互联网+"带来的新兴业态在乡村的发展，注重生态产业发展样板的示范引领。

七是加强空间分类规划设计。加强对不同类型乡村空间开发的规划指导，形成城中型、近郊型、边远型、生态敏感型、景区型、山区型、滨海型等各类乡村的规划导则,并逐步试点完善。

三、加强重点特色乡村空间的大片区功能设计

根据空间分类、功能目标、区位关系、资源类型、辐射半径等发展条件的特性,加强重点特色乡村空间的大片区功能设计、规划管控、统筹实施,实现规划共画、项目共建、设施共用、营销共推、收益共享的"功能片区"式发展。这是推进乡村空间统筹开发的重要路径,是承载田园都市功能的重点区域,是宁波在长三角一体化发展中展示都市独特魅力的重要支撑。应将此类功能空间列为市级重点规划管控开发区域,实施市、区县(市)联动开发,集中布局适配的都市新兴功能项目,加强要素"引流",加快形成特色功能。"十四五"期间,除已有的东钱湖、四明山等功能区域外,重点可加强三大片区的功能设计和统筹开发。

一是将鄞奉平原水乡遗产群,作为江南水乡的独特标本,列入"上海大都市圈空间协同规划"的江南水乡古镇遗产群南片区。以鄞奉平原28处直街遗存为重点,以三江六塘和"亭铺桥渡"遗存为脉络,以阻咸蓄淡的"堰埭碶坝"水利设施独特遗存为节点,以200个宗祠、50个重点庙宇、65个历史寺庵及广大村落历史建筑为载体,整体打造水乡聚落活化石和江南水乡独特地标。通过功能统筹开发,打造都市轻奢栖居地、近郊周末漫游地和长三角水乡文化休闲目的地。

二是以象山半岛东侧百里黄金海湾为轴线,联动南北毗邻港湾及周边岛屿,打造唯美浪漫的客居天堂。以港湾自然地理特征为主线,依托现有景区、民宿等资源,加快村镇空间统筹,形塑人工丽景,贯通观光线路,配套综合服务,叠加时尚元素,营销美丽故事,瞄准流量经济,集聚财富智慧,不断注入分时度假、时尚运动、航天航空、财富论坛、智库峰会等新兴功能项目,持续提升长三角滨海休闲目的地的美誉度,成为宁波市民亲海生活的"新外滩"和展示宁波滨海都市形象的标志性空间。

三是以象山港(湾)北侧黄贤、莼湖、松岙三镇为主体,打造宁波都市健康养生聚居地。充分发挥枕山面海、上风上水而又毗邻都市的独特地理位置,全面升级国家森林公园生态优势,精耕"一村一品"的原生态村落空间,讲好"长寿村(镇)"故事,加快布局快速公共交通接轨都市,强化医疗、护理、康

复等主题服务配套,适度开发滨湾低坡疏离式民居,成为宁波都市适龄人群健康养老的首选目的地。

四、加快乡村空间统筹开发三大平台建设

科学建立整体开发秩序,高效提升乡村空间价值,有序推进乡村空间可持续开发利用,必须加快建立完善市级统筹的乡村空间要素交易平台、统筹开发平台、政策管理服务平台。积极实践国家涉农土地新政新规,不断探索完善规范化的交易、开发、服务规则。

(一)建立健全市级统筹的乡村空间要素交易平台(市级农村产权交易中心)

加强交易统筹管理。将农户承包土地经营权、林权、"四荒"使用权、农村集体经营性资产、农业生产设施设备、小型水利设施使用权、农村宅基地经营权、农村集体经营性建设用地、历史文化遗存保护利用、无人岛等各类空间要素的开发利用活动纳入市级统筹管理。

激活乡村空间要素。加强农村土地使用制度和政策的创新,制定切实可行的交易规则,活跃农村建设用地、商业留用地、宅基地、农用地等空间资源使用权(经营权及附着物权)的市场交易,加强交易市场分级管理网络体系建设。

加强政策试点。对政策敏感问题应加强试点探索并逐步形成统一的新政新规实施规范,推动金融衍生产品等配套创新跟进,不断为吸引社会力量和市场资源参与乡村空间开发创造良好市场氛围。

(二)建立健全市级乡村空间开发投资主体平台

市农业发展集团有限公司应着力强化乡村空间开发职能,成为乡村重点管控区域、重大设施项目的市级投资开发主体及引导社会资本参与乡村空间开发的主体平台;区县(市)应加强乡村空间统筹开发投资引领职能,有条件的地方,应积极探索设立独立的农村建设投资有限公司。

强化资金统筹保障。对国家《关于调整完善土地出让收入使用范围优先支持乡村振兴的意见》中的土地出让收益用于农村部分,应以项目资金的形式优先予以保障;同时应制定切实可行的办法和机制,对各部门涉农专项资金加强统筹使用,在不改变资金管理、考核主体的前提下,有序地集中用于重点空间的功能开发。

制定引导和鼓励社会力量参与乡村空间开发的政策意见。在加强生态保护等规范性要求的基础上，形成各类优惠政策，重点扶持符合新农村建设产业规划导向的战略性开发主体，特别是要重点培育能够依托农村现有发展条件对土地、金融、旅游、文化、体育、医疗、教育等不同领域要素进行跨（多）界资源整合、网络化运营的平台性机构。

加强市、区县（市）两级投资主体平台对社会资本的引导功能建设，鼓励社会资本参股政府性乡村开发项目，注重对政府性项目进行PPP模式包装。投资主体平台应设立具有政府背景的社会化营销组织，整合政府宣传、主流媒体、艺术创作、赛事演艺、会展活动等资源，加强宁波乡村空间开发的国际化营销。

（三）建立健全市级统筹的乡村空间开发管理服务平台

规范开发管理。在试点探索的基础上，制定统一的"农村土地开发利用实施意见"，对农地开发利用的基本原则、开发主体、主要形式、必要程序、价格协商、开发期限、扶持政策、管理服务等，作出明确详尽的规定；对开发合同制度、交易登记制度、公证制度、纠纷仲裁制度、价格评估制度、补偿制度等形成一系列相互配套的操作规程，确保农民（集体）和开发主体的合法权益。

加强乡村空间开发主体培育服务。按照"政府引导、法人投资、企业经营、产业化开发"的总体要求，加强对开发主体的农业政策体系、市场体系、科技体系、政务服务体系、财政金融体系、质量标准体系、信息体系及基础设施体系等八大方面的综合服务，引导开发主体向"要素复合"型平台企业升级，不断提高乡村空间开发水平。

建立健全市县乡（镇）村四级农地交易指导服务网络。加强交易中介协调与签证指导、交易委托代理、合同规范与登记管理、交易估价、土地储备和可交易开发信息透明化、项目推介、开发跟踪、纠纷调处等指导服务，形成管理、信息、技术、信贷、内部调解、司法调解等综合性服务网络；建立市、县两级农地交易信息专用网站。

五、强化重大共性公建设施的统筹建设与运营

强化重大共性公建设施建设与运营，是乡村空间统筹开发的重要基础条件，是进一步优化宁波乡村空间整体开发环境的重要保障，应列为市级政府统筹乡村空间开发的重要职能。

一是加强港湾岸线、水体河道、丘陵山地等乡村空间生态本底的环境保护和景观改造。从市级层面加强全市乡村生态空间的整体保护、修复、利用规划；按照生态本底的自然属性，加强跨区域的整体保护利用开发，谋划一批全市统筹、与乡村重大功能区域开发相匹配、各种项目分类结合的生态景观、健身休闲廊道、精品游线项目。

二是统筹加强乡村物流（基础设施）体系建设。统筹布局、盘活整合交通运输、农村农业、供销、邮政等部门的乡村存量资源，促进资源优化配置和整合利用，并推进新增资源与存量资源的衔接融合，实现多站合一、资源共享。深化实施"村村通"工程，充分发挥政府主导和政策引导作用，建立"国家投、地方筹、群众自愿出、社会冠名助"的多元化筹资机制，形成建设乡村康庄公路的强大合力。协调交通运输部门、物流企业、通信公司、农渔产品场站和农户，加大海产品、鲜果和其他农牧渔产品仓储物流信息设施建设力度，构建跨区域冷链物流的信息体系。

三是形成以空间功能开发为导向的公共配套设施建设机制。加强重大管控区域按功能配置重大公建项目的布局建设规划，逐个规划各乡村重大功能片区主体公建项目建设内容、时间表和路线图，明确公共服务和基础设施配套优化的时间顺序，分步有序推进。打破按行政区划配置基础设施和公共服务配套建设的机制，形成按服务半径、规模效应、可持续运营为导向的建设机制，协调部门资源，加强统筹布点配置，提高运营效率。

四是探索建立乡村基础设施长效运营机制。统筹相关条线工作经费，建立乡村基础设施运维专项资金，并由各区县（市）按一定比例配套。推行管护责任清单制度，将乡村基础设施纳入政府管护范围，明确管护对象、主体、资金来源和标准等内容，并张榜公示。创新推广社会力量参与管护模式，强化"门前三包"、党员责任区、志愿活动等做法，引导村民共治共享。建立健全以激励为导向、低成本运行、高效便捷的绩效奖惩评估机制，评估结果纳入地方乡村振兴实绩考核目标责任范围。在探索完善的基础上，制定出台包括管理经费、管理主体、管理模式和管理评价在内的关于乡村基础设施管理政策性文件。

六、加强乡村空间统筹开发的分类试点示范

按照区位特征、现状特点、开发模式，对乡村空间利用开发进行分类试点。针对城郊（中）融合型、工贸带动型、农业主导型、区域中心型、人口集聚型、

特色保护型、生态涵养型、空心撤并型等不同特点的乡村空间,制定空间开发导则,鼓励综合性开发主体进行整体保护利用开发,鼓励支持探索多样化开发模式。对新的规划实施、政策试点、开发模式等,以 2~3 年时间为限,进行试点,并成立跨部门工作小组,进驻试点乡村,找出问题,完善政策,形成经验,加以推广。

王　巍　张　华

加快提升区域治理能力现代化水平[①]

这次抗击新冠肺炎疫情，是对国家治理体系和治理能力的一次大考。在这次大考中，宁波全面落实党中央、国务院决策部署和省委、省政府工作要求，统筹推进疫情防控和经济社会发展工作，确保"两手硬、两战赢"，经受住了考验，但也暴露出一些不足和短板。对此，我们要深刻总结这次抗击疫情的经验教训，抓紧固经验、补短板、堵漏洞、强弱项，转化固化打赢疫情防控阻击战和经济发展总体战（简称"两战"）中形成的五大经验，提升风险应对五种能力，建立强化急常兼备五支力量，推进区域治理能力现代化水平迈上新台阶。

一、转化固化打赢"两战"中形成的五大经验

疫情发生以来，宁波紧紧依靠群众，采取非常之策，坚决打赢"两战"，期间涌现出不少行之有效的好经验好做法。及时转化固化这些好经验好做法，既是抓紧抓实抓细疫情防控工作的迫切要求，也是提升区域治理能力现代化水平的必然选择。

一是从治理主体看，要把党的领导作为提升基层社会治理能力的最根本保证。要把加强基层党的建设、巩固党的执政基础作为贯穿社会治理和基层建设的红线。在推进基层社会治理中，坚持和加强党的全面领导就是要把党的政治优势、组织优势、制度优势转化为治理优势，充分发挥基层党组织战斗堡垒作用和广大党员先锋模范作用。疫情发生以来，市委市政府统一工作部署，乡镇街道党委一线领导，基层党组织和广大党员干部带头联系物业、志愿者、社会组织和居民等多方力量，构筑起防疫复工的严密防线，体现了作为治理共同体

[①] 终稿写于 2020 年 4 月 14 日，数据均截至该日期。

核心的强大凝聚力。下一阶段,要始终坚持把党的领导贯穿基层社会治理的全过程和各方面,继续推动社会治理和服务重心向基层下移,把更多资源、服务下沉到基层,畅通社会治理的"末梢神经";继续推动基层党建和社会治理深度融合,最大限度地发挥党建在基层社会治理中的引领作用。

二是从治理效率看,要把大数据应用作为科学决策的最主要支撑。大数据的广泛应用可以帮助提升政府工作效率和水平,为科学决策提供新的手段。疫情发生以来,宁波不断加大数据采集、整合和开发力度,通过交通、医疗、出行、通信等多个维度大数据的融合汇聚,新开发上线了宁波新冠肺炎地图、甬行码等多个应用,实现了对疫情动态、个人健康状况和行动轨迹的精准把握,为疫情态势研判、传播路径分析、实现精密智控提供了重要支撑。下一阶段,要推进数据资源归集共享,深化大数据建设,加快人工智能、区块链等先进技术在公共服务、社会治理、政府管理等领域的数字化应用,探索新型治理模式,提升治理效率。

三是从治理手段看,要把"需求侧"政务服务建设作为深化"最多跑一次"改革的最关键环节。"最多跑一次"在供给侧不断改革突破的同时,也需要从企业、群众需求出发,深入推进"互联网+政务服务",增强政务服务的主动性、精确性、便民性。疫情期间为防止人群集聚,全市行政审批窗口开启"绿色通道",全面推行网上办、掌上办、自助办、咨询办、邮寄办、预约办等"不见面"审批模式。同时,新建惠企政策"一网通"平台,实现各项政策网上可查、可办、可咨询,得到企业、群众的一致好评。下一阶段,要把"需求侧"政务服务建设作为"最多跑一次"改革的关键,拓展"互联网+政务服务"内容,提升"不见面"审批效率,完善惠企"一网通"平台功能,让企业、群众更有获得感。

四是从治理方式看,要把协同共享作为提升资源配置效率的最有效手段。大力推进协同共享,有利于健全市场化资源配置体系,实现资源整合、信息共享、优势互补,推动经济更高质量发展。复工以来,政企合作通过链式协同复工、共享员工、组建防疫物资生产联盟和技术联盟等方式,较好化解了供应链不畅、员工不足、防疫物资紧缺等难题,促进了跨行业跨部门间的资源共享和协同发展。要加快搭建政企资源共享和协同创新平台,优化配置人才、资本、技术等资源要素,着重提升资源供给水平和对接效率;加快完善核心技术协同攻关机制,集中力量攻克绿色石化、智能汽车等领域关键核心技术"卡脖子"

问题，提升产业基础能力和产业链现代化水平。

五是从治理合力看，要把社会组织作为凝聚社会治理合力的最基础力量。社会组织作为联系政府、群众的桥梁和纽带，对凝聚全社会治理合力具有重要作用。疫情发生以来，一些社会组织充分发挥自身优势，主动承担社会责任，在疫情宣传、组织防控、志愿服务、慈善捐赠、复工复产等方面作出了重要贡献。据不完全统计，全市共有1351家社会组织参与疫情防控宣传动员，1602家参与排查管控，4003家参与志愿服务，798家助力企业复工复产，累计为疫情防控捐赠近2亿元的款物。下一阶段，要更广泛更深入激发社会组织的发展动力与活力，引导支持各类社会组织有序参与社会治理，让社会组织成为凝聚人人支持、人人参与、人人尽责的社会治理合力的最基础力量。

二、重点提升风险应对五种能力

此次疫情防控过程中，应急响应、政策制定、物资保障、联防联控等环节还存在一些问题与不足，我们要汲取经验教训，坚持问题导向，着力提升突发公共事件应对能力，推进区域治理能力现代化水平向更高层面发展。

一是提升科学决策能力。科学决策是处置突发公共事件的关键，是对各级政府治理能力和党员干部领导能力的重大考验。①强化风险意识。把公共危机管理等纳入党校和行政学院的必修课程，提高全体党员干部的风险判断力和处置能力。②完善数据支撑。大力整合城市运营数据，加强重点领域、关键环节的数据采集、跨部门推送与信息共享，为科学处置突发公共事件提供有力支撑。③加强监测预警。对城市运营数据实施全面、动态监测，构建基于大数据的智慧预警机制，及时发现风险、准确发出预警。④提高决策效率。完善应急决策机制，简化工作流程，确保科学准确快速作出决策。

二是提升应急响应能力。快速准确响应是处置突发公共事件的基本要求，是将灾害损失和影响降到最低水平的重要前提。①建立预案动态更新机制。及时调整优化宁波市突发公共事件的总体应急预案以及自然灾害、事故灾难、公共卫生、社会安全等细分领域的应急预案，提高可操作性，做好培训、演练工作。②构建集中统一高效的领导指挥机制。打破部门、层级壁垒，建立扁平化的组织结构，确保决策指令能快速下达一线。③完善基层紧急信息快速报处机制。健全一线人员预警预报机制，优化主管部门信息快速处理与反馈机制，保障信息通畅。

三是提升城市智慧运行能力。提升城市智慧运行能力，是应急状态下保障城市有效运行的迫切需要，也是日常状态下城市高效运营的重要依托。①加快建设城市大脑。依托市大数据中心，构建城市智能联运系统，充分调动民营企业和城市居民的参与积极性。②建立城市应急大平台。打通部门信息壁垒，精准连接场景应用，摸清底数、完善功能，确保在应急状态下仍能实现全面互联互通。③完善应急储备运行体系。做好城市物资流通保障，加强物联网等先进信息技术应用，确保在应急状态下指挥调度、应急生产、物流配送等环节都能高效运转。

四是提升及时纠错能力。构建科学有效的容错纠错和纠错监督机制是建设法治政府的必然要求，也有助于消除党员干部改革创新、干事创业的思想包袱。①健全容错纠错机制。重点强化处置突发公共事件的容错纠错机制，对苗头性、倾向性问题早发现早纠正，对失误错误及时采取补救措施，对不担当不作为的干部强化问责追责，对有热情干实事的干部予以鼓励保护。②加强社会监督。鼓励社会各界和广大群众积极举报不作为乱作为，甚至侵犯群众合法权益的部门和工作人员，与纪检监察部门形成监督合力。③强化信息公开。提高信息发布的权威性和准确性，及时回应社会关切，规范公民行为，严厉打击网络谣言。

五是提升互助自救能力。在突发公共事件处置过程中，社会力量的参与不可或缺，社会力量互助自救的能力亟待提升。①强化统筹。对社会组织和志愿者实施统一分类管理，完善政府购买服务制度，确保社会组织健康发展，确保在应急状态下能有效调度人力、物力和财力。②激发社会力量参与热情。广泛宣传社会力量参与互助自救的典型事迹，大力表彰优秀组织和先进个人，营造崇尚好人、学习好人、争做好人的良好氛围。③加强专业能力培训。优化政府主导的培训课程，推出"菜单式"服务，提高技能培训的实用性。支持居委会、村委会、业委会开展应急教育，增强基层群众自救互救能力；支持高校和中小学将应急教育和互助自救知识纳入课程体系；支持专业社会组织强化技能培训和演练。④完善家庭防灾减灾物资储备体系。鼓励每个居民家庭都储备一些必要的应急物品，以备不时之需。

三、建立强化急常兼备五支力量

推进区域治理能力现代化是一项系统工程，既要立足当前，科学打赢"两战"，更要放眼长远，健全平时和战时相结合的应急管理体系，建立平时与应急状态都能充分发挥作用的急常兼备工作力量，重点在五支力量上进行突破。

一是打造一支信息共享、快速反应、联勤联动、高效灵敏的应急指挥力量。一方面，要筹建宁波城市运行智慧指挥中心。逐步整合公安、自然资源、交通、水利、卫健、城管、气象、消防等全市涉及常态社会管理和非常态应急部门单位的有效资源和信息系统，打造集应急指挥、城市管理、便民服务、辅助决策四大功能于一体的城市运行智慧指挥中心，形成指挥中心、市直部门及区县（市）、街道（乡镇）、社区（村）四级网络指挥体系。另一方面，要统筹管理三大服务热线。整合各类公开服务热线，重点推介12345、81890、110三个号码，分别打造成政务服务热线、生活服务热线、应急服务热线。逐步拓展12345、81890热线服务功能，确保在应急状态下能承担部分应急响应功能。

二是打造一支信息化、集成化、专业化的社区综合管理服务力量。①构建社区综合管理服务平台。加强社区人口、法人、自然资源和空间地理等基础数据的融合共享，打造集社区管理、公共服务、便民服务、居民自治、民意诉求、志愿服务等功能于一体的综合管理服务平台，满足社区群众的多元化需求。②加强社区志愿者队伍的建设管理。整合雷锋志愿服务工作站和新时代文明实践基地的力量，建立统一的社区志愿者信息库和微信群等。加强社区志愿者平台与宁波志愿者网的合作互动，在平时能够帮助志愿者更多了解和参加志愿服务活动，在应急状态下能够及时准确组织志愿者参加互助自救行动。③提升社区力量的专业能力。定期开展培训活动，适时组织应急演练。准确掌握志愿者专业特长，组建一批细分领域的专业化志愿者队伍，针对性提升专业服务能力。

三是打造一支"召之即来、来之能战"的机关志愿力量。①完善招募注册登记机制。鼓励更多机关干部主动加入志愿者队伍。强化机关志愿者信息库建设，完善志愿者专业、特长、休息时间等信息，实施分类管理。②健全培训演练机制。围绕风险预防、救援流程、灾害应对等内容，通过资格认证、继续教育等多种方式，对机关志愿者进行专业能力培训。定期开展应急预案演练，突出抗击疫情、抗击台风、重大安全事故救援等场景，强化专业队伍的实战化训练。③完善激励机制。根据服务项目内容、服务时长、服务态度、服务质量等条件，及时评选、表彰优秀志愿服务组织和先进个人。

四是打造一支体系完备、快速响应的应急物资储备生产力量。①夯实应急物资储备的安全底线。坚持储备应急物资来源渠道、区域分布、参与主体的多元化，提升国有企业的核心作用，形成充分的供应能力。突出动态管理，实时掌握需要列入战略储备的物资品类,及时实现收储;合理储备基本生活必需品,确保应急状态下能第一时间供应到位。②筹备一批能够即时转产应急物资的生产点。针对战略储备物资品类和基本生活必需品,要全面排摸正在生产或具有即时转产能力的制造企业,平时用于正常产品生产,应急时确保按要求即时转产。③加强应急物资供应链体系建设。健全供应链体系,完善供应商、生产设施、物流、集散中心、经销商、批发商等信息,确保出现应急需求时原材料、上下游保持畅通。

五是打造一支平战两用、专常兼备的公共卫生力量。①设立宁波市公共卫生临床中心。依托国科大华美医院现有基础,增加床位数,扩建成500张床位规模的宁波市公共卫生临床中心。各主要医院床位及相关资源,应划出一定数量,改造成常规和应急兼容模式,需要时可集中统一配置使用。②成立宁波健康医疗大数据中心。该中心集数据采集、智能预警、资源调配、居民咨询、疾控协作五大功能于一体,整合全市医院、疾控中心、病理中心、社区卫生中心、卫生健康管理部门和相关政府机构数据,实现动态实测、主动抓取、智能分析,为城市卫生健康管理决策提供支撑,以及服务宁波大健康各领域发展。③建立一批应急集结点。选择广场、绿地、体育场、学校、公园、人防工程以及疏散基地等适宜场所,确定为应急集结点,并公示具体位置。遇到重大突发事件时,市民可前往寻求帮助。

黄建华　何介强　冯　路　陈　浩

城市发展

杭甬共同唱好"双城记"研究

进一步深化推进杭甬全面战略合作,为共同唱好"双城记"谋新篇开新局,这是杭州与宁波共同的使命担当,是贯彻中央重要会议精神、主动服务国家战略、坚决落实省委决策、努力建好"重要窗口"的重大实践,也是协同建设现代化经济体系、塑造区域协调发展新格局、共同支撑浙江高质量现代化发展的全新探索,具有十分重大的战略意义。

一、发展背景

(一)现实基础

引擎作用强劲。杭甬两市经济总量大、主要指标优,2019年两市经济总量占全省43.9%,常住人口人均GDP均突破2万美元大关,2015—2019年财政总收入、本外币存贷款余额、限额以上消费品零售总额稳居全省前2位,合计占全省50%以上;开放水平高、支撑功能强,2019年两市自营进出口总额和实际利用外资额占全省的比重分别超过46%和60%,开放型经济发展走在全国前列;市场主体活、创新后劲足,2019年两地境内上市企业和国家级高新技术企业数量分别占全省的49%、47%以上,人才净流入率位居全国前2位,研发经费支出和发明专利授权总量常年占据全省50%左右。平台能级高、辐射带动强,杭甬两市高能级开发区密集,支柱性产业平台绵延分布,城西科创大走廊、甬江科创大走廊汇聚高端科创平台和研发机构势头强劲,对周边区域辐射带动力强(见附件)。

特色优势突出。杭州作为全省经济文化科教中心城市的综合地位突出。都市型经济加速发展,2019年第三产业增加值占比超过66%;数字经济发展迅猛,数字经济核心产业增加值占比达到24.7%;金融服务优势突出,2019年金融业增加值1789亿元，占GDP的11.6%，互联网金融增加值占GDP比重达1.5%，钱塘江金融港湾、国际金融科技中心等金融改革创新发展平台快速推进；龙头企业集聚度高，"中国民营企业500强"入选企业数连续十七次蝉联全国大中城市首位。宁波专能化优势突出，口岸开放功能强大，2019年港口货物吞吐量11.2亿吨，连续11年蝉联世界首位，集装箱吞吐量2753.5万标箱，位列全球第三，自营进出口总额连续3年占全省的30%，2019年外贸出口占全国比重达3.46%；制造业发展迅猛，2019年第二产业增加值5782.9亿元，占浙江的21.8%，连续多年位居全省首位；2019年末全市制造业单项冠军总数已达39家，数量蝉联全国各城市首位；规模以上工业企业利润达1298.5亿元，占全省的27.3%。

协同态势初显。杭甬一湾相连、一河贯通，"浙西贵博雅，浙东贵专家"的地域文化基因鲜明互补，具有深厚的合作交流历史基础；以"杭州都市圈"和"浙东经济合作区"为代表的跨区域合作起步较早，两市在数字经济、综合交通、服务共享、旅游品牌共推等领域签订了多项合作协议，区域合作工作基础好；基础设施相向对接和公共服务共享接轨具有一定同城基础，杭甬中心城镇"1小时交通圈"初步形成，居民异地购房、跨市就业、居住通勤活跃度高。与此同时，两市经济社会发展优势互补性强，在空间协同、板块联动、产业分工协作、创新要素流动、开放优势贯通、新型基建对接、优质服务共享等方面，仍有较大的战略合作空间。

（二）重大意义

战略合作意义重大。深化杭甬战略合作，共同唱好"双城记"，其主题是勇于担当建好"重要窗口"的光荣使命，全面践行推进高质量发展、提升治理效能、展示发达生态文明、推动全面发展等具体要求，是加快形成重大标志性成果的重要实践。其核心是加快建设现代化经济体系的创新探索，始终聚焦制度优越性，推动治理全面协同，转变发展方式、优化经济结构、转换增长动力，加快全面实现现代化步伐。其基础是塑造彰显优势的区域协调发展新格局，是2个万亿级经济规模的特大城市在更大空间尺度推进全面协同发展、错位发展的全新探索，将努力探索形成全国相邻大城市协作的示范样板。

战略合作层次丰富。深化杭甬战略合作，共同唱好"双城记"，既是杭州与宁波两座城市之间各扬所长、各美其美，优势互补、互利共赢，加速形成同城化发展效应的全面合作；也是以中心城市为核心，驱动杭州都市区与宁波都市区联动发展，进而引领省域一体化发展的全面合作；更是浙江打造长三角"金南翼",深度融入支撑长三角一体化国家战略的全面合作。

战略合作空间广阔。深化杭甬战略合作,共同唱好"双城记",是以构筑全方位、宽领域、深层次的一体化融合发展格局为导向,全面推进空间协同、产业协同、创新协同、开放协同、治理协同,加速提升优势互补、资源共享、设施互通、生态共建、服务接轨的合作水平,共同打造全国最具标志性、引领性都市连绵示范带,具有十分丰富的战略合作内容。

二、总体目标

(一)指导思想

以习近平新时代中国特色社会主义思想为指导,全面贯彻党的十九大和十九届二中、三中、四中全会精神,深入贯彻习近平总书记考察浙江重要讲话精神①,统筹推进"五位一体"总体布局、协调推进"四个全面"战略布局,深化协同发展、错位发展,共同唱好"双城记",全力支撑长三角一体化发展,协同引领浙江高质量发展,努力担负建好"重要窗口"重托。进一步强化杭甬"发展共同体"意识,坚持以一体化促协同,以协同促共赢,秉持彰显优势、互惠互利原则,加强战略共谋、资源共享、开放共促、设施共建、生态共保、治理共优,促进杭甬实现全方位、深层次、宽领域的一体化发展。

(二)主要目标

到2025年,杭甬协同发展取得实质性进展,在战略协同、资源协同、开放协同、设施协同、生态协同、治理协同等重点领域率先实现高水平协同发展,引领浙江高质量一体化发展的引擎作用和全国大城市协同发展的示范窗口效应不断显现。

——以协同提升产业链韧性、供应链弹性、创新链完整性为主攻方向,优势互补的组合效应不断放大,引领省域经济发展的引擎作用更加凸显,两市经济总量占全省比重超过48%,研发投入强度平均达到3.5%以上,主要经济要素跨市域高效配置的市场体系初步形成。

——以自由贸易政策全覆盖为导向的主要开放平台政策贯通、功能联动,

---

① 车俊:《深入学习贯彻习近平总书记考察浙江重要讲话精神 努力建设新时代全面展示中国特色社会主义制度优越性重要窗口》,求是网,http://www.qstheory.cn/llqikan/2020-07/20/c_1126261393.htm,2020年7月20日。

两市外贸进出口总额和实际利用外资额占全省比重分别超过 50% 和 65%。法治化国际化一流营商环境更加优越，联结国际国内两个市场的双向开放功能进退裕如，国际花园城市与国际港口名城的文化魅力交相辉映。协同支撑国家"一带一路"、长江经济带、长三角一体化的战略作用更加突出，我国对外开放新高地的地位不断提升。

——以杭甬为中心城市的两大都市区相向融合，立体化智能化设施网络便捷互通，主要节点城镇 1 小时通勤圈连绵覆盖无缝衔接，同城化效应初步显现。区域性生态环境整体改善，城镇集聚与田园疏离、都市时尚与山水闲趣共生共荣，和谐宜居环境更加幸福优渥，空间综合承载力协同放大，两市人口年均净流入 80 万人以上。

——以治理协同为方向的重大改革试点取得实质性突破，在产业优化布局、创新协同整合、要素共享机制、设施共建模式、政策互惠互通、利益协调共赢等方面，不断探索形成市场机制有效、政府协同有力的一体化发展体制机制新样板。社会治理互鉴共促，优质服务接轨共享，推动两市"一网办""一卡通"覆盖更多领域，同城化治理协同率先惠及民生。应急管理联动保障、公共安全联防联控、生态环境共建共治的一体化治理机制不断完善，大都市区协同治理的主要框架基本形成。

到 2035 年，杭甬全方位、宽领域、深层次一体化发展格局全面形成，产业协同创新、市场统筹有序、开放双向贯通、区域融合协调、民生优质均衡、生态和谐美丽、体制充满活力的现代化经济体系更加完善，长三角世界级城市群"金南翼"与全国性现代化都市连绵示范带全面建成，在全国率先全面实现现代化。

三、主要任务

唱好"双城记"将贯穿杭甬率先全面实现现代化的全过程，近期重点是按照努力建设好"重要窗口"的总要求，选择协同基础优、优势互补强、民生惠及多、示范效应好的领域，加快取得一批标志性早期成果，为继续唱好"双城记"谋新篇开新局。

为此，我们建议选择同心同向的战略协同、优势互补的资源协同、互促共进的开放协同、融合互通的基础设施协同、共保联治的生态协同、互惠互利的治理协同等六个方面为前期突破的主要抓手，细化杭甬战略合作的主要任务，并在已有项目谋划的基础上，研究提出一批早期重点示范项目建议清单（见表1）。

表 1　　推进杭甬协同发展早期重点示范项目建议清单

同心同向的 战略协同	1. 制定"杭甬一体化协同发展实施方案",加强协同发展顶层设计; 2. 制定"杭甬一体化规划设计导则",保障规划协调衔接; 3. 探索设立"杭甬协同发展指数",支撑协同发展决策; 4. 建立两市高层领导定期互访会晤制度; 5. 共同创设"杭甬战略合作智库"; 6. 探索组建"杭甬战略合作市场促进联盟"
优势互补的 资源协同	1. 推进宁波阿里中心建设,合力提升宁波数字化发展水平; 2. 建设杭州宁波综合性产业创新中心,共同争取成为国家级产业创新中心; 3. 建设环杭州湾检验检测高技术服务业集聚区; 4. 建设杭甬科技资源信息综合服务平台; 5. 建设大湾区人才管理改革试验区,在人才互认、平台互联、服务互通等方面形成典型示范
互促共进的 开放协同	1. 推动浙江自贸区新片区向杭州、宁波扩区赋权; 2. 支持宁波保税区率先开展人民币结算以货易货贸易试点,形成可复制推广至杭州相关区域的示范样本
融合互通的 基础设施协同	1. 共同推进杭甬城际铁路前期研究与规划立项; 2. 加快推进杭绍甬智慧高速公路,争取"十四五"开工建设; 3. 开展杭州湾沿湾大通道前期谋划,成为链接大湾区的重要通道; 4. 协同推进杭甬运河三级航道工程,协同提升杭甬运河运力和关键地段过闸能力
共保联治的 生态协同	1. 开展杭州湾蓝色港湾水污染联合防治,打造海湾河口联防联治机制样板; 2. 协同推进中国大运河(浙东段)整体开发,同步相向推进沿线生态保护、文化保护、特色小镇开发和航运功能提升; 3. 制定杭州湾南岸整体建设世界一流绿色石化基地的统一规划; 4. 协同开发浙东唐诗之路等全域旅游品牌产品; 5. 共建省碳排放权交易市场,深化用能、排放权的市场化配置探索; 6. 加快推动长三角PASS卡与杭甬都市区旅游资源对接,合力打造沪杭甬旅游"金三角"
互惠互利的 治理协同	1. 协同深化"最多跑一次"改革,共同打造"移动办事之城"; 2. 协同深化杭甬质检协作,推出一批标准互认、检测结果互认的试点项目; 3. 深化杭甬大数据治理协作,推出一批大数据治理合作项目; 4. 深化杭甬优质医疗资源合作,支持杭州建设区域性医疗中心,争取宁波挂牌分中心; 5. 协同推进一批公共服务同城化项目,推动"一卡通""一网办"覆盖更多民生领域

资料来源:根据相关部门官网资料整理。

（一）同心同向的战略协同

坚持改革引领，探索城市功能错位发展的顶层设计落实机制，建立多规融合的规划对接协调机制，在重大生产力布局、重大项目安排、重大改革试点等方面形成战略协同的保障体系，不断推进区域协调发展的制度体系建设，成为浙江努力建设展示中国特色社会主义制度下加强党的全面领导、集中力量办大事"重要窗口"的示范样本。

加强功能协同。完善"杭甬发展共同体"顶层设计机制，在城市功能定位上形成错位发展和强强联合，协同提升核心城市首位度和互补性，共同引领带动两大都市区及省域一体化发展。当前，应抓紧制定一批专题性功能协同顶层设计，重点如下：聚焦湾区空间协同，加强各板块之间平台错位、产业补链、通道连接、生态保护等方面整体设计；聚焦产业功能整合，谋划整合提升产业基础能力和产业链现代化水平的共同行动方案；聚焦创新资源共享，按照更好服务高水平创新型省份建设的总体要求，制定平台共建、要素共享、成果转化的创新合作技术路线图；聚焦开放功能升级，谋划高能级开放平台一体申报、高水平开放政策相互覆盖、重大开放创新专项试点共建等总体项目清单；聚焦治理效能互促，先期推出一批同城化联治、同城化应用、同城化待遇的试点项目清单。

加强规划协同。建立完善空间规划对接机制，加强空间规划前期衔接，共同制定指导各自国土总规、城市总规的"杭甬一体化规划设计导则"，强化规划整体协调性，并与长三角一体化、杭甬都市区规划、杭绍甬一体化、甬舟一体化方案相互衔接。深化两市"多规合一"的相互对接，推动人口、产业、土地、交通、生态环境规划举措形成合力、落到实处。以两市"十四五"发展规划制定为契机，加强重大生产力布局、重大项目安排、重大改革试点的协同发展、错位发展，同时分别形成一批杭州主导协同项目与宁波主导协同项目，列入各自"十四五"发展规划纲要。

（二）优势互补的资源协同

加强产业、技术、人才等资源要素在两地之间的合理流动配置，深化资源要素市场化配置改革，高效发挥政府有力有度调控作用，共同支撑优化环杭州湾产业带布局，推动两地产业、技术、人才等优势互补，成为浙江努力建设展示坚持和完善社会主义市场经济体制、不断推动高质量发展"重要窗口"的示范样本。

产业协同发展。按照构建国内国际双循环相互促进的新发展格局和保产业链供应链稳定的要求，进一步发挥两地数字经济和制造业的优势，共同打造数字经济和制造业双引擎发展，推动产业基础高级化和产业链现代化。重点围绕物联网、云计算、大数据、人工智能、高端软件、智能网联车、新能源汽车、新材料、高端装备、生物医药等数字经济和制造业核心产业，加强两地产业联盟对接，定期开展技术、产品、产业等方面交流。

构建两地汽车产业协同发展生态体系，强化两地整车和零部件产业优势互补，建立新型整零配套关系，构建智能网联企业和新能源企业优势产业链。

协同推动两地产业数字化和数字产业化发展，定期组织制造业企业与智能制造系统集成服务商等专题对接活动，鼓励两地智能工程服务商加强合作，联合创建系统解决方案总集成商，赋能中小企业数字化、网络化、智能化改造。合力培育数字经济新产业、新业态、新模式，共同探索农业、工业、交通、教育、安防、城市管理、公共资源交易等领域规范化数据开发利用的场景，推动人工智能、可穿戴设备、车联网、物联网等领域数据采集标准化。

共同打造世界级优势制造业集群。对标国际先进水平，共同培育数字安防、汽车及零部件、绿色化工、现代纺织和服装等世界级先进制造业集群和年产值超千亿元的优势制造业集群，打造集群创新生态，塑造集群核心优势。

技术协同创新。加强杭州城西科创大走廊和宁波甬江科创大走廊的平台协作、项目合作、要素流通、生态共建，构建协同创新大平台。

共同争取国家实验室、大科学装置等重大创新平台落地，建好之江实验室、甬江实验室、甬江先进技术研究院。

打造杭州宁波综合性产业创新中心。围绕新一代信息技术、高端装备制造、汽车与新能源汽车、节能环保与新材料、生物医药等产业，加强与国内外创新主体合作，攻关核心关键和前沿技术，推动技术创新成果转移转化。

协同组建新型研发机构。加快建设浙江大学宁波研究院，面向高端装备、新一代信息技术、新能源等领域推动研发创新和成果转化，推进浙江大学机器人研究院（余姚）建设。推动国科大宁波材料工程学院与国科大杭州高等研究院的互动，深化在人才培养、项目研发、技术攻关、管理体制等领域合作探索。

加强技术转移转化合作。加强杭州科技大市场与宁波科技大市场的合作互动，聚焦两地产业优势领域和双方高校、科研院所成果供给，探索企业需求联合发布机制和双方财政支持的科技成果公开共享机制。

推动科技服务互通共享。高水平共建国家环杭州湾检验检测高技术服务业集聚区，联合承接外包检验检测任务；以"科技资源＋数字地图＋情报研究＋平台服务"为模式，搭建杭甬科技资源信息综合服务平台；推动两地创新券服务机构互认，支持建立统一的创新券服务标准、内容和服务平台，提供线上注册、合同备案、创新券申领兑付等一体化服务。

人才协同开发。联动招引高层次人才。定期举办两地联合引才活动，共享海外引才网络平台资源，加快人才高端化、国际化发展，打造服务全省的人才双高地。

推动高端人才共享共用。深化两地人才信息对接，推进杭州数字经济人才和宁波制造业人才的资源共享，推动双方在科技、教育、文化、卫生、金融等多领域开展人才专家交流互访，鼓励两地柔性引用各类专家，加快建设院士之家。

加强青年人才协作培养。共建青年友好型"双城记"，定期组织开展青年人才学术论坛、技术研讨等高端交流活动。

共建共享重大人才发展平台。加强浙江人才大厦和浙江创新中心的合作，鼓励互设和吸引全省其他城市前来设立研发孵化和产业化飞地，推动区域高端人才、前沿技术和创新成果共享。

深化人才发展体制机制改革。推进人才创业创新全生命周期一件事改革，联合推动大湾区人才管理改革试验区建设。继续保持两地人才净流入的良好态势，畅通人才流入渠道，优化人才生态环境，共同发布两地人才生态指数报告，支撑人才生态最优省份建设。

（三）互促共进的开放协同

推动两地深度融入国家"一带一路"建设、长江经济带发展、长三角更高质量一体化发展、自贸区建设等国家战略布局，形成相互支撑、互促共进的协同开放格局，大幅提升全球资源配置能力，在服务国家战略、推动高水平开放合作方面，协力当好浙江建设"重要窗口"模范生。

宁波赋能杭州。充分发挥宁波港口和开放优势，支持杭州建设具有全球影响力的"互联网＋"创新创业中心、国际会议目的地城市、国际重要的旅游休闲中心、东方文化国际交流重要城市。

发挥宁波港口物流运输链和跨境电商供应链完善优势，加快宁波与杭州在进口商品分拨、物流仓储基地建设等方面协同合作，完善进口商品物流体系。强化两地海关互认协作，推动两地进出口货物便利化，压缩宁波舟山港进出口通关时间、降低通关成本、简化通关程序。

协同推进21世纪海上丝绸之路和"网上丝绸之路"建设，为两地产品"出海"提供更加多元便捷的通道。

支持杭州办好2022年亚运会、云栖大会、茶博会、西博会、国际动漫节等活动，为杭州国际化大都市建设增光添彩。

杭州赋能宁波。充分发挥杭州互联网国际化优势，为宁波开放发展赋能，支持宁波打造国际一流强港和新型国际消费中心城市建设。

推动宁波舟山港提升集疏运能力、管理运营效率、综合服务功能和辐射带动功能。

发挥杭州跨境电子商务平台集聚优势，积极对接全球电子商务新模式新规则新标准，加强宁波数字化贸易平台建设，构建跨境电商枢纽，合力打造全国数字贸易高地。

充分借鉴电子世界贸易平台（e-WTP）杭州试验区建设经验，加快宁波在数字口岸、数字认证、数字贸易等适应e-WTP发展的政策体系和制度环境领域精进完善。

共同争取国家政策支持，推动宁波转口贸易、离岸贸易发展，探索在宁波保税区开展以人民币结算的以货易货贸易。

支持宁波17+1经贸合作示范区建设，合作引进一批国际组织总部机构（办事处）。

支持宁波办好浙洽会、中东欧博览会、"宁波帮·帮宁波"发展大会等活动，为宁波现代化国际港口城市建设添砖加瓦。

协同提升开放能级。高水平建设中国（浙江）自由贸易试验区，共同争取浙江自由贸易试验区向杭州、宁波扩区，加强与舟山片区的联动协同，共同争创自由贸易港。争取浙江自贸试验区新片区在境外投资经营便利、货物自由进出、资金流动便利、运输高度开放、人员自由执业、信息快捷联通等方面取得突破。

协同创建综合保税区。支持杭州保税物流中心（B型）申报综合保税区，支持杭州临空经济示范区创建杭州空港自贸区，深入推进宁波三大综合保税区建设，合力打造优惠政策最多、功能最齐全、手续最简化、开放层次最高的开放平台。

协同推进临空经济示范区建设。聚焦总部经济、生物医药、航空运输、临空智造等临空产业,推进杭州、宁波国家级临空经济示范区在临空产业链构建、产业招商引资、开放体制机制改革等方面实现协同合作,协力推进杭甬高水平建设国际化临空产业体系。

(四) 融合互通的基础设施协同

推进两地新老基建协同建设,不断增强铁路网、公路网、水路网、航空网、信息网的通畅性便捷性,提升同城化效应;注重打通基础设施向外连接辐射通道,相互支撑中心城市枢纽地位作用发挥,为在建设长三角一体化发展先行区,做强长三角"金南翼"方面,取得"重要窗口"标志性成果,提供扎实坚强的基础保障。

畅通两地铁路网络。加快建设杭州西、宁波西铁路枢纽,共同谋划推进杭甬城际铁路、杭州湾南岸铁路二通道研究;积极审慎开展杭甬超级高铁(磁悬浮)研究,做好与区域铁路网的衔接融合。

提升两地铁路网络枢纽作用,支持杭州建设湖州至杭州西至杭黄铁路连接线、杭温铁路二期、杭武铁路、沪乍杭铁路等线路,支持宁波建设沪嘉甬铁路、沪甬跨海通道、甬台温福沿海高铁、金甬铁路宁波段升级为高铁等线路。

畅通两地公路网络。加快推进杭甬智慧高速项目建设,推动建设杭州湾沿湾大通道。联合实施以打通断头路、盲肠路,改造扩容"瓶颈路"为重点的公路畅通工程,推进G329国道、规划S306省道等项目规划与建设。

提升两地公路网络枢纽地位。增强杭绍、甬绍通道联系,实现公路无缝对接。重点推进杭州中环绍兴段、钱滨线接彩虹快速路等杭绍快速路建设,积极推进杭绍台高速西线、绕城高速西复线杭州至绍兴段项目。积极推进甬金高速复线嵊新段和宁波段,四明山高速、527国道宁海段、61省道西延、329国道复线西延(余姚—上虞)、北仑至上虞公路等项目建设。

畅通两地水运网络。加强与长江经济带战略对接,构建主、干、支多层次、多梯度、多功能的江海转运体系。加快推进杭甬运河通航能力提升建设,重点推进曹娥江"两闸一航道"(上浦船闸、清风船闸和曹娥江航道)建设,谋划研究钱塘新区至曹娥江运河通道,优化沿线内河港口布局。加快推进杭甬运河宁波段三期、新坝船闸二线项目建设,协力解决宁波姚江船闸、杭州新坝船闸过闸能力不足问题,畅通曹娥江萧甬铁路桥、新三江闸等瓶颈点。

协同推进空港建设。提升杭州萧山国际机场、宁波栎社国际机场服务能力，参与共建长三角世界级机场群。加快萧山机场三期扩建工程建设和宁波栎社机场三期、四期建设。

加快推进宁波宁海、宁波杭州湾新区和杭州淳安等地通航机场建设，共同争取通航低空航线资源，打造"半小时"空中交通圈。

协同建设信息基础设施。推进杭州国家新型互联网交换中心建设，优化提升杭州、宁波互联网国际专用通道，协同布局区域5G网络，率先实现5G商用，共享5G应用场景。支持宁波建设工业大脑，推进工业互联网平台建设，支持宁波大数据中心平台、宁波超算中心等信息网络基础设施建设。加强信息基础设施的建设协同和资源共享，提高算力、数据存储等资源使用效率。

（五）共保联治的生态协同

坚持绿色发展，把保护和修复生态环境摆在协同发展的重要位置，深化生态环境共保共治和环境污染联防联治机制建设，共同探索绿水青山就是金山银山的转化机制，成为浙江努力建设展示人与自然和谐共生、生态文明高度发达"重要窗口"的示范样本。

共同保护重要生态系统。强化市际统筹，深化山地林田湖草系统治理和空间协同保护，显著提升重要生态系统功能。

加强杭州湾蓝色港湾联合整治，扎实推进水污染防治、水生态修复，三省一市海湾河口联防联治率先探索样板模式。

加强区域生态屏障建设，协同推进天目山脉、龙门山脉、会稽山脉、四明山脉保护，协同实施水源地保护、天然林保护、退耕还林、尾矿库复绿等工程，深化美丽乡村建设。

加强大运河功能修复和流域环境整治，共建内河高等级航道和大运河文化带，优化沿河防护林体系和湿地景观。

建立健全都市区生态协同监管体系。加大区域环境联合执法力度，深入探索标准、监测、监管"三统一"，推出一批可示范推广的创新制度。

联合开展大气污染综合防治，实施细颗粒物（PM2.5）和臭氧浓度"双控双减"，建立固定源、移动源、面源精细化排放清单管理制度。

联合开展化工生产企业整治，整体建设世界一流的绿色石化基地，淘汰退出落后低端化工产能。

联合开展固废、危废污染综合防治，完善危险废物产生申报、安全储存、转移处置的一体化标准和管理制度，严厉打击危险废物非法跨界转移、倾倒等违法犯罪活动。

联合开展绿色建筑推广行动，围绕建筑信息模型、装配式建筑、海绵城市、第五立面绿化等协同发展新兴产业。

积极探索绿水青山就是金山银山的转化机制。共同建设低碳发展先行区，推广生态健康农业示范区和生态工业园区建设，研究建立绿色GEP核算和跟踪评价机制，创新绿色金融等投融资机制。

合作建设省碳排放权交易市场，建立健全配额管理机制、交易监管体系、监测报告和核查体系，深化用能、排放权的市场化配置探索，积极培育碳产业。

合作深化跨流域跨区域生态补偿机制探索，推广湿地生态效益补偿制度、生态产品价值实现机制试点。

合作发掘生态产品文旅价值，积极推动长三角PASS卡与杭甬都市区旅游资源对接，推动客源共享、品牌共建、市场共拓，合力打造沪杭甬旅游"金三角"。

（六）互惠互利的治理协同

坚持以人民为中心，围绕宜居宜业宜商的一流环境打造，推进政策协同、治理联动、服务共享，让协同发展成果更多更早普惠全体人民，成为浙江努力建设展示推进国家治理体系和治理能力现代化、把制度优势更好转化为治理效能"重要窗口"的示范样本。

共创一流营商环境。深化"最多跑一次"改革，加快"一网通办"，共同打造"移动办事之城"。协同做好国家和省营商环境评价工作，出台建设一流营商环境攻坚行动实施方案。

协同探索要素自由流动制度，实行企业登记无差别办理，统一企业全生命周期服务标准，创新财税分享机制。

协同对接国际高标准市场规则体系，加大区域标准共建力度，深化标准互认和检测结果互认。

协同推进生态环境、旅游、食品药品等领域跨区域信用监管，拓展其他领域跨区域信用联合监管。

共享城市治理方案。推动两地城市大脑深度互联，拓展数字化治理应用场景广度和深度，共同提升城市治理水平。

强化城市大数据合作，健全数据资源开放共享机制，加快医疗、教育、政务等数据资源共享共用，深化云计算、边缘计算、区块链等方面的开发合作。

强化城市政策制定协同，建立健全重点领域制度规则和重大政策沟通协调机制，优化调整一批既有政策。

强化金融监管和金融风险防控协作联动，建立金融风险信息共享机制和跨区域重大金融案件协调处理机制、联合维稳机制。

强化应急管理合作，健全预警通报机制、资源互助机制，建立重大公共安全事件协同应急处置预案。

共建优质生活圈。深化杭甬都市区医疗、教育、文化、卫生、养老、社保等公共服务的跨区合作，共同打造国际化医疗、文化、教育高地，深化社会服务均等化、一体化和社会协同治理。

推动医疗卫生资源合作，错位建设优势学科、配强大型设备，建立完善医联体、重大疾病联防联控和应对突发公共卫生事件联动机制。

推动优质教育资源合作，深入推进教育综合改革，共同探索立德树人、"双一流"大学建设、基础教育优质均衡发展、职业教育和培训体系等领域的创新举措。

推动金融保险跨区域合作，共建全国数字健康保险交易平台，推广巨灾险、电梯险等创新项目。

推动杭甬市民卡统一标准和互通使用，拓展公共交通、异地就医费用即时结算、景区旅游等"一卡通"功能和优惠互享。

四、保障措施

（一）聚焦制度协同创新

一是加强决策协同。完善决策协同机制，建立两市高层领导定期互访会晤制度，协调决策重大规划、重大政策、重大项目和重大改革试点项目，评估指导战略合作进度。

二是加强政策协同。协调产业政策导向，实施差异化引导政策，编制产业结构优化调整指导目录，协同制定区域产业准入负面清单；协调招商引资政策，互通招商信息，共享招商资源，协调招商利益，形成两市共同招商引资目录清单；协调政策共享，积极推动各类国家级平台政策相互辐射覆盖。

三是加强利益协同。建立健全成本共担、利益共享机制，开展跨区域利税分成、要素指标互济、节能减排统筹、生态补偿转移支付等方面的机制创新；推动跨区域要素流动、设施共建、环境共治等共建共享机制；加快公共服务同城化共享，探索社保账户统筹互认。

四是加强工作协同。加快推进杭甬战略合作框架协议及专项协议的制订签约，尽快形成杭甬共同唱好"双城记"的行动实施计划；加强杭甬各区县、各平台、各部门协调衔接，共同明确发展重点、目标任务和重大项目安排，尽快细化形成年度推进计划；尽快形成一批具有一体化示范性的重大项目，梳理一批具有同城化标志性的公共服务事项清单，探索形成重点工作协同推进机制；支持两市互派挂职干部。

（二）强化常态平台建设

一是组建"杭甬协同发展投资基金"。重点投资跨行政区划的重大平台和重大项目建设，支持组建跨行政区域的一体化建设公司。

二是探索建立样板示范项目库。积极探索"企业化主体、市场化主导、专业化运作、平台化推进"合作项目和合作主体建设，在总结完善、扶持提升的基础上，形成若干可复制、可推广的示范项目和样板模式，为进一步加速全面合作提供微观"母本"。

三是设立"杭甬协同发展指数"。研究建构反映中国特色的指标分析体系，实时跟踪监测反映两市流量交互活跃度、产业创新协同度、发展结构差异度等协同进展状况，定期公开发布，作为谋划推进两市战略合作的重要依据，并为全国各地"双城记"提供借鉴参考。

四是创办"杭甬合作信息要情"。由杭甬两市综合研究机构承办，分类委托社会专业机构，就杭甬合作的舆情热点、工作进度、领导讲话、相关背景要情等，每周汇总出一期"杭甬合作信息要情"，呈送两地领导定期参阅，形成体制内信息沟通平台。

（三）引导社会力量共建

一是充分整合现有智库平台。广泛吸纳海内外知名专家和"宁波帮""浙大系""阿里系"著名人士，共同创设"杭甬战略合作智库"，重点推动两地战略对接、开展前期谋划、拓展合作领域、发挥人脉优势协调项目落地等。

二是调动市场主体参与战略合作的积极性。依托杭州宁波商会、宁波杭州商会、重要企业研发机构等，组建"杭甬战略合作市场促进联盟"，引导参与承办重大合作项目，鼓励催生新的合作项目。

三是创设"杭甬合作突出贡献奖"。每年表彰若干在深化杭甬战略合作中，作出突出贡献、取得优异成绩的社会人士和企业家，给予荣誉市民等荣誉表彰。

五、几点建议

一是设立省杭甬战略合作工作领导小组，由省发改委、杭甬两地政府联合成立工作专班，加强省级层面对唱好杭甬"双城记"的统筹协调指导，健全工作协调机制，协调决策两市重大规划、重大政策和重大项目。

二是在杭甬两市充分协商取得共识的基础上，由省发改委会同两市政府，制定"杭甬一体化协同发展实施方案"，并细化分年度实施计划。

三是发挥"双城记"带动省域一体化发展的引领作用，制定"杭州都市区与宁波都市区融合发展行动方案"，推动绍兴、舟山等域内城市共同参与现代化都市连绵示范带建设，并就空间协同、板块联动、项目实施平台等签订跨区域专项合作协议。

四是建立健全省市联动的行动实施方案、重大平台和项目推进情况的工作考核、进展评估、联合督查等落实机制。

林崇建　张　华　王明荣　冯　路

附件

宁波与杭州 2015—2019 年主要经济社会发展指标比较

表1　　　　　　　　　　　宁波与杭州基本市情比较

项　目	宁　波	杭　州
市域面积 （平方千米）	9817	16850
市区建成区面积 （平方千米，2018年）	344	615
行政辖区	6区2县2县级市	10区2县1县级市
常住人口 （万人，2019年）	854.2	1036
户籍人口 （万人，2019年）	608.5	795.4
城市定位 （城市总体规划）	我国东南沿海重要的港口城市、长江三角洲南翼经济中心、国家历史文化名城	浙江省省会和全省经济、文化、科教中心，长江三角洲中心城市之一
城镇化率 （2019年）	73.6%	78.5%

资料来源：浙江省统计局、宁波市统计局、杭州市统计局网站，本节下同。

表2　　　　　　　宁波与杭州 2015—2019 年 GDP 总额比较

年份	总额（亿元）			占比（%）		
	宁波	杭州	浙江	宁波/浙江	杭州/浙江	杭甬/浙江
2015	8003.6	10050.2	42886.5	18.7	23.4	42.1
2016	8541.1	11050.5	46485	18.4	23.8	42.2
2017	9846.9	12556.2	51768.3	19.0	24.3	43.3
2018	10745.5	13509.2	56197.2	19.1	24	43.1
2019	11985.1	15373	62352.3	19.2	24.7	43.9

表3　　　　　宁波与杭州2015—2019年常住人口人均GDP比较

年份	宁波（元）	杭州（元）	浙江（元）	宁波/浙江	杭州/浙江
2015	102374	112230	77644	1.32	1.45
2016	110656	124286	84916	1.30	1.46
2017	123955	135113	92057	1.35	1.47
2018	132603	140180	98643	1.34	1.42
2019	143157	152465	107624	1.33	1.42

表4　　　　　宁波与杭州2015—2019年财政收入比较　　　　　单位：亿元

	年份	宁波	杭州	浙江	宁波/浙江	杭州/浙江
财政总收入	2015	2072.7	2238.7	8549.5	24.2%	26.2%
	2016	2145.8	2558.4	9225.1	23.3%	27.7%
	2017	2415.8	2921.3	10301.2	23.5%	28.4%
	2018	2655.3	3457.5	11705.8	22.7%	29.5%
	2019	2784.9	3650	12268	22.7%	29.8%
一般公共预算收入	2015	1006.4	1233.9	4809.9	20.9%	25.7%
	2016	1114.5	1402.4	5302	21.0%	26.5%
	2017	1245.3	1567.4	5804.4	21.5%	27.0%
	2018	1379.7	1825.1	6598.1	20.9%	27.7%
	2019	1468.5	1966	7048	20.8%	27.9%

表5　　　　　宁波与杭州2015—2019年全社会固定资产投资比较

年份	绝对值（亿元）			占比（%）	增速（%）		
	宁波	杭州	浙江	杭甬/浙江	宁波	杭州	浙江
2015	4506.6	5556.3	26664.7	37.7	13	12.2	13.2
2016	4961.4	5842.4	29571	36.5	10.1	5.1	10.9
2017	5009.6	5856.6	31126	34.9	3.5	1.4	8.6
2018	—	—	—	—	3.6	10.8	7.1
2019	—	—	—	—	8.1	11.6	10.1

表6　宁波与杭州2015—2019年第三产业增加值比较

年份	第三产业增加值（亿元）					在GDP中占比（%）	
	宁波	杭州	浙江	宁波/浙江	杭州/浙江	宁波	杭州
2015	3620.7	5853.3	21346.6	17%	27.4%	45.2	58.2
2016	3929.1	6888.6	24091.6	16.3%	28.6%	45.2	61.2
2017	4416.8	7929.8	27602.3	16.0%	28.7%	44.9	62.9
2018	4932	8631.7	30724.3	16.1%	28.1%	45.9	63.9
2019	5880	10172	33688	17.5%	30.2%	49.1	66.2

表7　宁波与杭州2015—2019年实际利用外资比较

年份	总额（亿美元）			占比（%）
	宁波	杭州	浙江	杭甬/浙江
2015	42.3	71.1	169.6	66.9
2016	45.1	72.1	175.8	66.7
2017	40.3	66.1	179.0	59.4
2018	43.2	68.3	186.4	59.8
2019	23.6	61.3	135.6	62.6

表8　宁波与杭州2015—2019年自营进出口总额比较

年份	总额（亿美元）			占比（%）
	宁波	杭州	浙江	杭甬/浙江
2015	6239.9	4132.4	21562.2	48.1
2016	6262.1	4486.0	22202.1	48.4
2017	7600.1	5085.1	25605.3	49.5
2018	8576.3	5245.3	28511.6	48.5
2019	9170.3	5192.2	30831.9	46.6

表9　宁波与杭州2015—2019年本外币存贷款余额比较

年份	存款余额（亿元）			占比（%）	贷款余额（亿元）			占比（%）
	宁波	杭州	浙江	杭甬/浙江	宁波	杭州	浙江	杭甬/浙江
2015	16175.3	29863.8	90301.6	51.0	15754.7	23328	76466.3	51.1
2016	16989.3	33386	99530.3	50.6	16622.9	26169	81804.5	52.3
2017	18149.1	36483.2	107320.5	50.9	17762.5	29270.9	90233.3	52.1

续表

年份	存款余额（亿元）			占比（%）	贷款余额（亿元）			占比（%）
	宁波	杭州	浙江	杭甬/浙江	宁波	杭州	浙江	杭甬/浙江
2018	19150	39810.5	116512.7	50.6	19935.9	36598.2	105774.9	53.4
2019	20857.8	45287	131299	50.4	22187.2	42245.2	121751.0	52.9

表10　宁波与杭州2015—2019年社会消费品、限额以上消费品零售总额

年份	社会消费品零售总额（亿元）			占比（%）	限额以上消费品零售总额（亿元）			占比（%）
	宁波	杭州	浙江	杭甬/浙江	宁波	杭州	浙江	杭甬/浙江
2015	3349.6	4697.2	19784.7	40.7	1695	2938.4	8922.6	51.9
2016	3667.6	5176.2	21970.8	40.3	1844.4	3159.9	9689.5	51.6
2017	4047.8	5717.4	24308.5	40.2	1660.3	3404.8	9596.5	52.8
2018	4154.9	5715.3	25007.9	39.5	1527.3	3179.9	9097.7	51.7
2019	4473.7	6215.0	27176.4	39.3	1563.7	3656.0	9910.6	52.7

表11　宁波与杭州境内上市企业和国家级高新技术企业数

年份	境内上市企业数（家）				国家级高新技术企业数（家）			
	宁波	杭州	浙江	杭甬/浙江	宁波	杭州	浙江	杭甬/浙江
2015	51	88	299	46.5%	1212	1883	7905	39.2%
2016	56	102	329	48.0%	1364	2413	9474	39.9%
2017	73	128	415	48.4%	1479	2844	11462	37.7%
2018	75	132	432	47.9%	1741	3785	14649	37.7%
2019	80	146	458	49.3%	2149	5528	16316	47.1%

表12　宁波与杭州2015—2019年科技支出

年份	研究与试验发展经费支出（亿元）			占比（%）	研究与试验发展经费支出占GDP比重（%）		
	宁波	杭州	浙江	杭甬/浙江	宁波	杭州	浙江
2015	193.2	302.2	1011.2	49.0	2.4	3.0	2.3
2016	206.8	346.4	1130.6	48.9	2.4	3.1	2.4
2017	241.9	396.8	1266.3	50.4	2.5	3.2	2.4
2018	276.2	464.3	1445.7	51.2	2.6	3.4	2.5
2019	—	—	—	—	2.8	3.4	2.6

表 13　　宁波与杭州 2015—2019 年专利授权量

年份	专利授权量（个）				发明专利授权量（个）			
	宁波	杭州	浙江	杭甬/浙江	宁波	杭州	浙江	杭甬/浙江
2015	46088	46245	234983	39.3%	5412	8296	23345	58.7%
2016	40792	41052	221456	37.0%	5669	8647	26576	53.9%
2017	36993	42227	213805	37.1%	5382	9872	28742	53.1%
2018	44777	55379	284592	35.2%	5302	10267	32550	47.8%
2019	47220	61568	285325	38.1%	5075	11748	34000	49.5%

表 14　　宁波与杭州 2015—2019 年机场客货运量

年份	货邮吞吐量（万吨）				旅客吞吐量（万人）				起降航班架次（万次）			
	宁波	杭州	浙江	杭州/浙江	宁波	杭州	浙江	杭州/浙江	宁波	杭州	浙江	杭州/浙江
2015	7.7	42.5	58.7	72.4%	685.5	2835.4	4520.9	62.7%	5.6	23.2	38.8	59.8%
2016	10.7	48.8	68.6	71.1%	779.2	3159.5	5050.4	62.6%	6.4	25.1	42.3	59.3%
2017	12.0	58.9	80.0	73.6%	939.1	3557.0	5758.9	61.8%	7.3	27.1	46.0	58.9%
2018	10.6	64.1	84.4	75.9%	1171.8	3824.2	6538.7	58.5%	8.5	28.5	50.4	56.5%
2019	10.6	69.0	90.0	76.7%	1241.4	4010.8	7015.1	57.2%	8.9	29.1	52.6	55.3%

抓住区块链这个"风口"
加快创建特色型中国软件名城

区块链技术以去中心化、防篡改、可溯源的特性,与大数据、人工智能、云计算等成为全球新兴科技。我国区块链技术和产业总体处于全球前列。2019年10月24日,习近平总书记在主持中共中央政治局第十八次集体学习时强调,要把区块链作为核心技术自主创新的重要突破口,明确主攻方向,加大投入力度,着力攻克一批关键核心技术,加快推动区块链技术和产业创新发展[①]。为此,我们对宁波区块链产业发展状况做了调研,总结比较了其他城市发展区块链产业的经验做法,提出了宁波加快区块链产业发展的建议。

一、创建特色型中国软件名城需要抓住区块链的"风口"

区块链是数字经济发展的下一个"风口"。从技术发展看,区块链开创了低成本建立信任的新型计算范式和协作模式,区块链即服务(BaaS)逐渐成熟。凭借其独有的信任建立机制,区块链可实现穿透式监管和信任逐级传递,具有重塑中心化金融基础设施的潜力,有望赋能数字经济模式创新和改变诸多行业的发展图景。从产业现状看,2016年12月,《"十三五"国家信息化规划》将区块链技术列为需超前布局的战略性前沿技术,我国区块链产业进入快速发展期。初创企业由2015年的649家增长到2019年的超过3万家,初创企业融资额由2014年的20亿元增加到2018年的76亿元,融资额度和融资事件屡创新高,企业估值不断攀升,营业收入状况持续改善,专利申请数量激增,研发人员需

---

① 胡程远、杨翘楚:《习近平:把区块链作为核心技术自主创新重要突破口》,《人民日报》,2019年10月26日第1版。

求量大幅增长，各互联网科技巨头、大金融机构、上市公司纷纷抢滩区块链领域。从应用前景看，区块链应用虽处于初级阶段，但应用场景不断扩展加深，截至 2019 年，工信部备案管理的区块链应用项目达到 506 个。金融服务领域成效显著，供应链协同领域渐落地，产品溯源领域优先起步，政务民生、电子存证、数字身份、能源、医疗、知识产权、司法、网络安全等行业应用逐步展开，正成为驱动各行业技术产品创新和社会治理优化的重要力量。

宁波区块链产业有一定基础，但与领先城市差距较大。目前，宁波保税区和高新区明确提出谋划发展区块链产业，两地累计落户企业近百家（包括东华软件、众享比特、旺链等国内知名区块链企业），设有区块链产业园，与高校、企业联合设立了研发机构，保税区出台了专门政策，成立了首期 1 亿元的金融科技专项产业基金，并提出一个中心、三大领域、四大载体的发展规划。宁波在司法、公证、金融、供应链等领域已产生比较丰富的应用场景案例。总体上看，宁波区块链企业和研发机构数量少、规模小、实力弱，相关专利少、应用案例少、融资规模小，尚未出台市级专项政策，与北上深杭广等领先城市差距较大。据工信部赛迪区块链研究院发布的《中国城市区块链发展水平评估报告（2019）》，在 45 个城市区块链发展总体评估中，宁波排名第 24 位，分项指标中仅政策环境排名进入前 20（第 17 位），人才培养、产业基础、资本支持等均未进入前 20 位。

加快发展区块链产业是宁波创建特色型中国软件名城的迫切要求。2018 年宁波做出创建特色型中国软件名城的重大部署，重点发展工业软件、嵌入式软件、工业互联网操作系统软件等。区块链作为新兴产业技术，增长快、潜力大、前景广、影响深、细分门类多，是数字经济发展的下一个"风口"，其技术仍处于快速演进阶段，应用尚处于初步阶段，北、上、深、杭等领先城市尚未形成完全"技术锁定"，其他城市仍然有快速发展、努力赶超的可能和空间。宁波区块链产业发展也已具有一定基础。宁波市委书记郑栅洁强调，要充分认识区块链技术的重要战略意义，把推进区块链技术提升和产业发展放到更加重要位置，结合"数字宁波"建设，提高站位、超前谋划，聚焦前沿、加快布局，确立产业竞争优势，争取后来居上，努力打造区块链产业发展高地，争当区块链发展的排头兵。因此，无论是宁波创建特色型中国软件名城，实现软件和信息服务业高质量发展，还是把握产业技术前沿，加快培育数字经济新的增长点，推动产业转型升级和市域治理现代化，都需要把加快发展区块链产业作为重点方向。

二、国内诸多城市多策并举大力发展区块链产业

一是制定出台专项产业政策。截至2019年年底，全国超过30个省市发布了区块链相关的产业政策，其中10个城市出台了专项政策。各城市专项政策的内容较为类同，基本思路是"筑巢引凤"、培育生态、强化扶持等。如通过租金补贴、营业收入奖励等方式支持区块链企业（机构）落地，通过补贴重点示范项目、专利奖励等方式支持创新示范应用，支持区块链技术重点实验室、产业园、高水平研讨会等产业平台建设，补贴行业协会、产业联盟的活动经费，支持引进领军和专业人才，以及上市补贴、融资支持等。

二是设立区块链产业园。截至2019年年底，全国已有区块链产业园20余家，主要集中在沿海城市。其中，杭州、广州、上海三地占比近半。80%的园区成立于近两年，以政府主导或参与推进为主，园区规模集中在3万平方米以下，投资金额近半数低于1亿元。企业入驻率较高的园区主要有广州蚁米区块链众创空间、青岛链湾和中国杭州区块链产业园等，入驻企业数均在40家以上。

三是设立区块链产业基金。全国区块链产业基金（政府出资或者参与出资）总规模近270亿元，其中近九成来自长三角和珠三角地区。如杭州市余杭区政府、未来科技城管委会及出资30%成立了规模为100亿元的雄岸全球区块链创新基金，南京市江北新区管委会出资30%成立了规模为100亿元的南京公链共同体创新投资基金，长沙市政府出资20%成立了规模为30亿元的长沙经济技术开发区区块链产业基金，上海杨浦区、苏州高铁新城管委会、广州开发区均成立了规模为10亿元的区块链产业基金。

四是以示范应用推动区块链技术和产业发展。目前，国内区块链应用主要以政务民生类项目为主，司法存证、税务、电子票据、产品溯源等稳步发展。2019年2月，国家互联网信息办公室发布实施《区块链信息服务管理规定》，对区块链信息服务实施备案管理，并分别于同年3月和10月公布了两批共506个境内区块链信息服务名称及备案编号。其中，北京、深圳、上海、杭州、广州项目数量占76.3%。如上海等城市支持一批示范性应用项目，广州每年财政支持建设10个以上的区块链应用场景。

五是聚焦重点领域开展科技研发。目前，全国共有各类区块链研究机构近百家。其中，北京、上海最多，分别有20家和10家，杭州和贵阳各有7家。如上海依托同济大学、复旦大学成立了上海区块链技术研究中心、上海区块链技

术测评服务中心等,杭州设立了浙江大学区块链研究中心、浙江省区块链技术研究院等。各地区块链发展重点集中在底层关键技术和重点领域应用两个方面。如上海连续三年将区块链技术纳入"科技创新行动计划",在底层关键技术上聚焦基于区块链技术的自主开源平台、新型加密算法和共识机制等,在应用上重点关注区块链金融、能源区块链等;广东省2020年度"重点领域研发计划"设立"区块链与金融科技"重点专项,设置了区块链和金融科技两个关键技术专题。

六是积极支持成立产业联盟和行业协会。为营造产业发展生态,各地多成立区块链产业联盟和行业协会。上海有4家区块链联盟,均由科研机构、金融机构、应用主体等多方共同发起,连续两年发布《上海区块链技术与应用白皮书》,于2018年12月在全国率先发布《区块链技术安全通用规范(T/SSIA 0002—2018)》,确立了行业发展的地方标准。深圳于2018年成立由腾讯为理事长单位的区块链产业联盟。浙江先后成立了省区块链技术应用协会、杭州区块链技术应用产业联盟等。

七是加强区块链人才培养。人才缺乏是各地区块链产业发展的普遍痛点。上海依托同济大学等编制了国内首个《区块链技术人才培养标准》,嘉定区启动实施上海区块链产业人才培养计划。重庆联合重庆工商大学、重庆邮电大学、工信部赛迪区块链研究院等共建区块链人才培训中心。广州黄埔区启动了区块链"十百千"人才工程,每年培训20名区块链高级总裁、30名区块链首席运营官、100名区块链首席技术官、1000名区块链从业者。北京市教委要求推进基于人工智能和区块链技术的教育示范应用。

三、加快宁波区块链产业发展的建议

宁波区块链产业发展要紧紧围绕中国特色软件名城建设这一目标,依托高新区和保税区两大载体,聚焦关键核心技术和重点领域应用两个方向,着力抓好招引龙头企业、建设核心平台、专项政策扶持和培育良好生态四方面重点,努力使区块链产业成为宁波打造特色型中国软件名城的重要部分、数字经济新的增长点、产业升级和市域治理的助推器。

一是建立完善区块链产业发展政策。在当前区块链技术不成熟、基础设施不完善、产业资源割裂、人才匮乏的情况下,出台专项扶持政策对城市区块链产业发展具有重要意义,也是多数城市的共同做法。建议将区块链产业发展纳入相关政策的覆盖范围。人才政策方面，把区块链领域引进培养的各级各类人才，纳入"3315""泛3315""海外工程师"等相关人才政策。创新政策方面，借鉴上海、广东等地做法，在"科技创新2025"专项资金中新设立区块链专题，围绕重点领域每年提出一批重大攻关课题。招商引资和企业发展政策方面，加大区块链龙头企业、研发机构的引企引资引智，把《关于创建特色型中国软件名城的实施意见》及《实施细则》的适用范围扩大到区块链产业。在此基础上，适时出台专门的区块链产业发展政策。

二是成立区块链产业研究院。打造以区块链为重点之一的中国特色软件名城，需要在区块链底层关键技术或其若干重点方向占领技术制高点、成为应用发源地。建议加强与国内区块链领域的领先企业和高端机构、领军专家等合作，以宁波软件园等为载体，通过引进、合作，或依托现有工业互联网研究院等方式，设立区块链产业研究院，作为宁波区块链产业发展的核心平台，聚焦关键领域，加强技术研发，推进产业应用，抓好企业孵化，培育集聚人才。

三是设立市级区块链产业园。宁波保税区于2017年谋划建设金融科技（区块链）产业园，高新区也集聚了一批区块链企业。建议以此为基础，在保税区和高新区设立市级区块链产业园，作为宁波软件园的重要组成部分，着力抓好园区规划和基础设施建设，大力促进企业集聚和孵化，加强检测认证等公共平台建设，强化专项政策扶持，使产业园成为宁波区块链产业发展和企业集聚的主要空间载体。

四是市、区县（市）两级联动设立区块链产业基金。建议市、区县（市）两级政府和社会资金合作，联动设立区块链产业专项基金，或在相关产业引导基金中增加区块链方向，为区块链技术研发和应用企业提供资金支持，促进区块链应用试点示范业务系统逐步成熟，扶持相关企业、项目孵化。优化区块链产业基金运营机制，以多方合作、跟投等方式激活基金效率，激发基金运营方积极性。

五是推进区块链产业发展和示范应用。加强区块链技术的应用是推进技术加快迭代、场景持续扩展、产业快速壮大的根本途径。区块链产业及细分行业门类众多，主要包括硬件、操作系统等基础产业，区块链+金融等特色产业和区块链+物联网前瞻产业。建议把握技术和产业前沿，突出区域特色，加快区块链产业发展和示范应用。首先，政策扶持扩展应用场景。借鉴上海、广州等地做法，在政务数据开放、医药品溯源、税务、普惠金融等领域积极扩展示范应用场景，每年组织开展若干先导示范应用项目，支持企业参与示范项目建设，发布示范应用企业，奖励示范应用项目。其次，促进区块链技术与实体经济融合。结合宁波制造业优势基础和现实需求，以"246"万千亿级产业为重点，以应用项目示范带动，推进发展"区块链+供应链""区块链+物联网""区块链+智能制造"等产业区块链，有效解决企业征信、溯源、融资、降本、数字化等痛点难点。最后，推进发展区块链硬件。技术"硬化"是区块链产业发展的重要趋势和重要领域。区块链产业硬件主要包括矿机、存储服务器、硬件线包等。依托宁波较强的集成电路和智能制造产业基础，推动集成电路企业与区块链技术企业合作，加强硬件开发，前瞻布局区块链硬件产业。

六是支持成立产业联盟和行业协会。建议以区块链研发机构、示范应用企业，银行、物流等行业机构为主体，发起成立宁波区块链行业协会或产业联盟。其主要任务是加强会员在技术与应用方面的交流协作，参与检测平台等项目建设，牵头制定行业标准、规范，培养培训区块链人才，开展行业统计监测，加强与政府管理部门的沟通协作、咨询，加强行业自律和规范，开展与国内外有关企业与机构的合作。

七是适时举办区块链领域的论坛、会议。依托行业协会或有关企业、研发机构，或依托机器人峰会、智博会等现有论坛，适时举办国内国际性区块链行业论坛、学术会议，扩大宁波区块链领域的影响力，加强与同行业信息交流，为招商引资、引智、引机构、引企业提供平台。

金　戈　吴红艳

宁波2035年中长期人口预测与发展趋势分析

2020年和2021年是各地紧跟社会发展趋势、抢抓国家战略机遇，超前谋划"十四五"规划、科学编制2035年国土空间规划体系、展望2049年发展远景的热潮期，做好城市人口预测是编制各类规划的重要依据，直接关系到城市发展目标、用地规模、空间布局、能源布局、基础设施和公共服务配置等。本文基于近年来宁波经济社会发展特征和人口变迁规律，以保守立场尝试对宁波人口发展趋势做中长期预测，以供相关部门决策参考。

一、人口预测的主要方法及其选择

区域人口预测的方法繁多，大致可以分为三种类型，即趋势推导法、关联分析法和约束因子分析法。人口预测面向中长期，可能在某个特定的年份人口实际数据与预测不符，但从一段时期看，会有相当的吻合性。每种预测方法的原理不同、模型不同，典型验证的案例不同，往往需要根据城市发展阶段、人口预测用途等多种因素加以选择。趋势推导法主要是基于历史人口发展变化特征、规律，建立自变量和因变量函数表达式进而预测人口变化，本质是在城市发展面基本可预期的情况下按照综合增长指数推测未来人口规模的方法，主要适用于发展较为成熟的地区，不适宜于未来变化剧烈或者新建城市、城区。关联分析法寻求人口规模与经济发展、交通发展、公共服务设施、就业岗位、城市和周边的联系度等因子之间的系数关系预测人口，适用于城市发展预期比较平稳的城市。约束因子分析法主要适用于土地、水资源约束较强的地区。

改革开放以来，宁波经济社会发展较快，呈现平稳增长的特点，城市人口变化在趋势上也呈现总体平稳增长的态势，具有一定的规律性，可以采用趋势推导法开展一般性预测。同时，宁波经济社会发展已经步入高质量发展的新阶段，正在抢抓长三角一体化发展的历史机遇，城市产业、休闲和生态功能同时凸显，可以根据国内外类似城市的人口发展规律，采取关联分析法预测城市人口规模。当前，人民群众对美好生活的向往愿望更加强烈，各地人口预测还应对管理总人口进行合理预测。一个城市在一段时间内，管理的总人口规模是相对恒定的。常住人口以外的管理人口，虽然其具体个体是随时变化的，但总规模具有常数的性质，可以称之为常在人口。常住人口和常在人口共同影响城市的产业发展层次和布局、空间分布和利用，是新时代城市战略规划必须厘清的基础性课题，本文拟采用两类方法对两类人口进行预测。本文采用的相关数据均来自宁波市统计年鉴。

二、按照趋势推导法预测

（一）关于常住人口的趋势推导预测

2001—2018年宁波常住人口的变化特征主要有：（1）总体呈现逐年增长态势。从2001年的619万人持续增长到2018年的820.2万人（见图1），其间，综合增长率为1.67%。（2）增长速度总体上以2010年为分水岭分为两个时期。2001—2010年的综合增长率为2.32%，2010年达到增幅峰值4.62%。2011年出现增幅拐点，连续3年维持0.31%以下的增速，主要原因是2008年后世界金融危机对宁波外贸企业产生冲击的延迟性反应，加之2010年前宁波对城市人口、人才资源的重要性主要停留在认识层面，落实到具体人口政策上，主要是限制或拦截人口流入，城市入户门槛较高。总体来看，2011—2018年呈现低速增长阶段，其间，综合增长率仅为0.94%。（3）2016年开始宁波人口增长进入"复苏"阶段。随着各地抢人才、抢人口行动逐渐进入炽热化，宁波人口增速呈现企稳上升的态势，2016—2018年的综合增长率为1.58%，2018年的增长速度为2.46%，基本恢复到2010年前水平。

采取趋势推导法预测人口的关键是确定合理的综合增长率。本文认为2019—2025年可以采用2001—2010年2.32%的综合增长率、2025—2035年可以采用2001—2018年1.67%的综合增长率预测。2025年宁波常住人口约为963.0万人；2035年宁波常住人口将达到峰值约1150万人；2019—2035年的综合增长率为1.99%（见图2）。

采用该增长率的主要理由有5个。①人口流动总趋势未变。我国人口流动

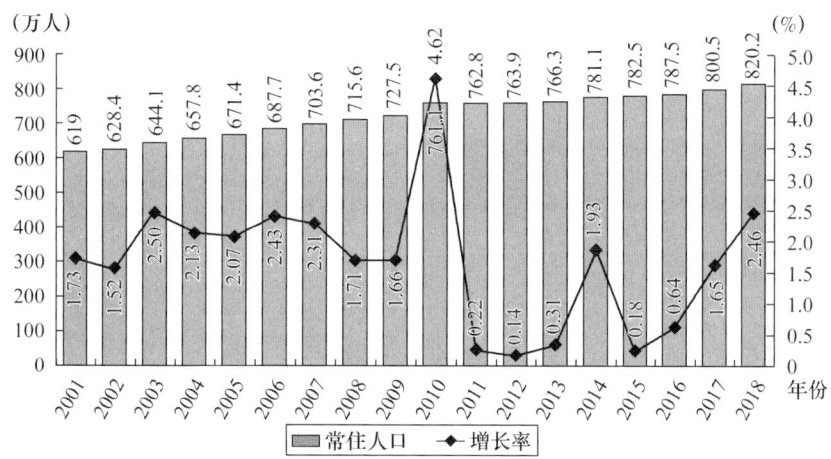

图1 2001—2018年宁波常住人口变化趋势

资料来源：宁波市统计局在宁波民生一点通上的公开答复。

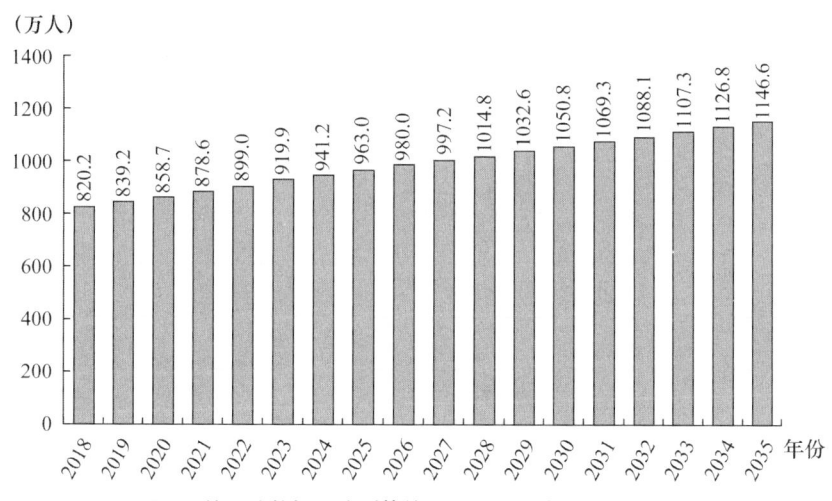

图2 按照趋势推导法测算的2019—2035年宁波人口变化

资料来源：作者计算得出。

逐渐从由西向东转变为由北往南、由周边城市向中心城市集聚。宁波作为长三角区域都市圈中心城市，以人口流入为主的总态势仍可预期。②宁波对人口问题已有相当觉醒。近年来采取较多吸引人才、吸引年轻人口的举措，产生较好效果。③短期内各地人口政策应激效应仍较明显。当前，各地吸引人口的竞争十分激烈，"十四五"期间是我国产业发展和分化的关键窗口期，宁波作为国家制造业重地和高质量发展先行地区，仍具有较强的人口吸引力，故2019—2025年采用2.32%的综合增长率。④中长期后各地发展格局基本定型。"十四五"

后，我国科技创新和产业革命有望进入爆发期，各地经济社会发展格局基本定型，各地人口政策的边际效应趋低，宁波常住人口将达到峰值。宁波近年来大力开展城市品质提升工作，国土生态空间优化较好，在我国进入后工业化时期仍具有较高的比较优势，有望保持人口平稳增长态势，故 2025—2035 年采用 1.67% 的综合增长率。⑤从城市比较度看该增速与宁波城市潜力匹配。成都、深圳、广州、郑州、长沙、南通等城市的 2035 年常住人口规模分别为 2300 万人、2000 万人、2000 万人、1350 万人、1200 万人、1000 万人，宁波的综合增长率略低于 6 市 2.14% 的平均值（见图 3）。

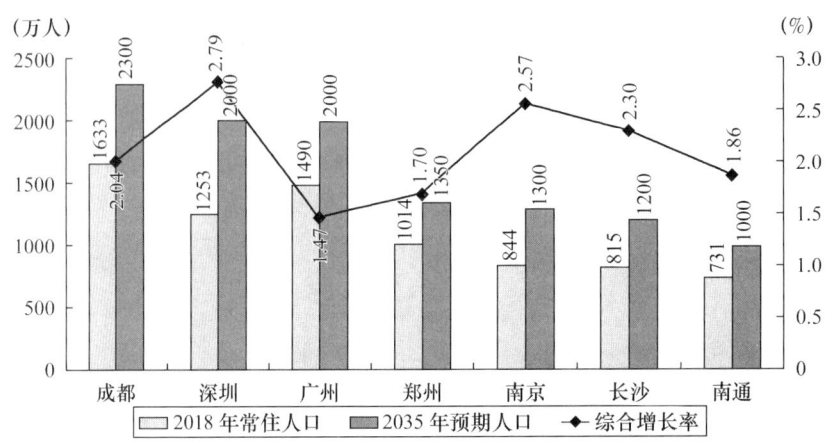

图 3 国内部分城市 2035 年人口规模目标

资料来源：各地 2035 年城市总体规划。

（二）关于人口结构的趋势推导

1. 人口自然出生率

尽管自 2016 年以来，我国已全面实行"二孩政策"，但因抚养成本逐年攀高和养育观念的变化，新的生育政策刺激效果不太明显。2016—2018 年，宁波人口自然增长率分别为 2.85‰、3.04‰、1.83‰，平均为 2.57‰，年均净增人口 1.53 万人，低于 2013—2015 年的平均自然增长率 2.6‰。据鄞州妇幼保健院袁素波等人调查反映，48.9% 的被调查育龄妇女明确表示无二孩生育意愿，19.5% 的被调查者尚不明确二孩生育意愿。2018 年，全市户籍出生人口同比减少 1.02 万人，生育小高峰已过去。从目前来看，刺激生育的政策、环境和技术都不会有明显改变，未来宁波将长期维持低水平的人口自然增长率。

2. 户籍人口预测

2016 年以前，宁波执行严格的入户门槛政策，2000 年以来宁波户籍人口的增速非常缓慢，2001—2018 年的年均增长率仅为 0.62%，远低于同期总人口 1.67% 的平均增速，户籍人口占总人口的比例从 88.9% 降到 73.6%。2016 年以后随着二孩政策的执行、落户和随迁门槛的放低，宁波户籍人口增速才进入 1% 时代。但随着我国城镇化进入后半场，城市化和逆城市化并行，加之各地常住人口公共服务水平提高，户籍吸引力弱化，宁波的户籍人口将不会出现大幅增长，将维持近 3 年的趋势（见图 4）。按照近 3 年 1.04% 的均速推测，到 2025 年、2035 年户籍人口约为 648 万人、718 万人。

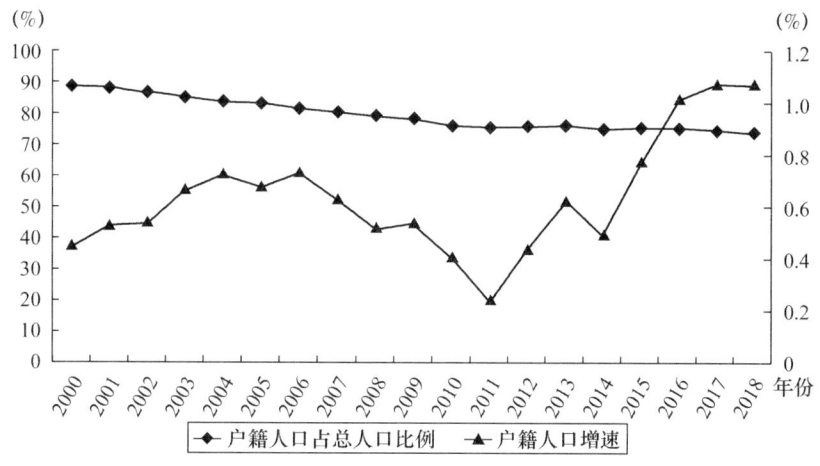

图 4　2000—2018 年宁波户籍人口变化图

资料来源：历年《宁波统计年鉴》。

3. 老龄人口预测

一个地区 60 岁及以上老年人口达到总人口的 10% 或 65 岁及以上老年人口占总人口的 7% 即进入老龄化社会。宁波市进入人口老龄化时间早、程度深，于 1987 年就步入老龄化社会。《健康宁波 2030 行动纲要》指出，2030 年宁波居民人均预期寿命可从 2015 年的 81.24 岁达到 82.5 岁，人均健康期望寿命从 2015 年的 71.46 岁提高到 73 岁以上。考虑到一个地区人均预期寿命和健康期望寿命不可能无限期增加，目前宁波老龄化率已超 25%，迈入深度老龄化阶段，影响 2035 年宁波老龄人口规模的主要是当前 65 周岁左右人口因健康期望寿命的延长而造成的老龄人口累加。据此，以 2017 年年末占户籍人口 2.51% 的 65~67 周岁人口作为平移累加因子，将 2035 年宁波老龄化率设为 26.81%（2017 年的 24.3% + 累加因子 2.51%），届时预计户籍老年人口约为 192 万人（见图 5）。

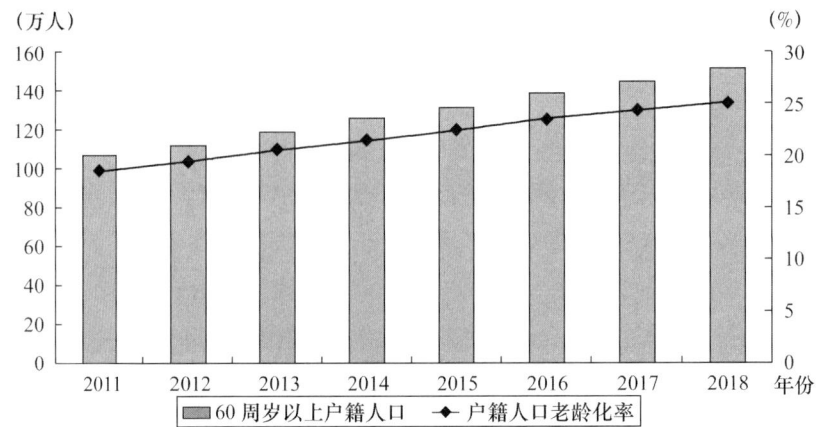

图 5　2011—2018 年宁波户籍人口老龄率变化图

资料来源：宁波市老龄办。

4. 劳动年龄人口预测

近年来，宁波人口增加主要来自基于市场和产业驱动的外来人口流入。2018 年，宁波市总人口 820.2 万人，户籍外人口占 26.4%，户籍外人口主要以青壮年劳动力为主，总体而言当前宁波的劳动力资源数量充沛。根据 2010 年宁波市第六次全国人口普查数据显示，全市 15～59 岁人口约为常住人口的 75.06%。未来流入的常住人口仍将以 60 周岁以下为主，可冲淡全市总人口的老龄化程度。按保守估计，以 70% 的劳动年龄人口比例预测，到 2035 年全市 15～59 岁人口将达 805 万人。

(三) 关于常在人口的趋势推导预测

常在人口主要是常住人口以外，来城市观光游览、度假、探亲访友、就医疗养、购物、参加会议或从事商务、文化、体育、宗教活动的人口。这些人口与城市经济社会发展同样联系紧密，是未来高能级城市实际管理人口的重要构成。如深圳和长沙提出到 2035 年城市常住人口规模分别为 2000 万人、1200 万人，但管理人口规模都为 2500 万人，超出常住人口的主要是常在人口。近年来，随着宁波城市建设品质的提升、全域旅游体系的初步建立、综合交通枢纽地位的确立，全市日均接待国内外游客数总体态势趋好，2005—2018 年年均增长 13.2%，2015—2018 年年均增长 14.5%，2018 年日均接待 34.2 万人（见图 6）。随着国民生活水平的持续提高和旅游文化市场的成熟，中长期后接待游客数有望高速增长。2018 年，宁波市登记流动人口约 460.84 万人，如果按照每人暂住

180 日计算，则日均实时流动人口约 226 万人（包括常住无户籍人口 203 万人），纯常在性人口每日约 13 万人。

如以每日接待游客数的 40% 约 13.68 万人作为 2018 年常在人口的初始估值，按照 2019—2028 年保持近期 14.5% 的增速、2028—2035 年实现 20% 的展望增速测算，则 2028 年宁波常在人口有望达 53 万人，2035 年有望达 190 万人，全市管理人口可达 1340 万人。

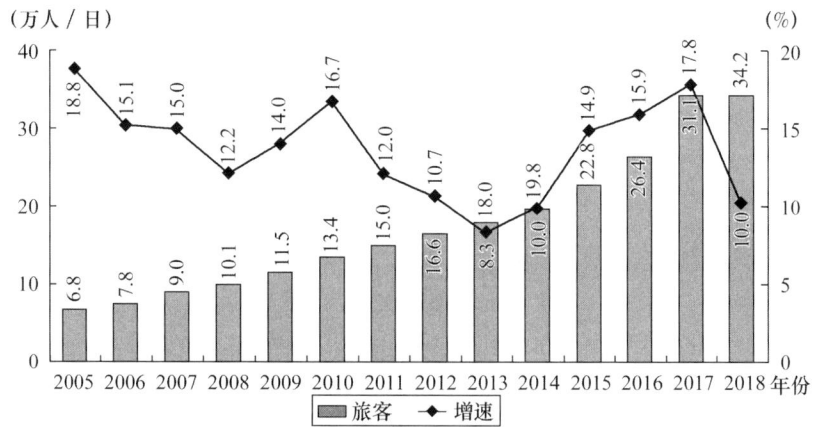

图 6 2005—2018 年宁波日均接待国内外游客数

资料来源：历年《宁波统计年鉴》。

三、按照关联分析法预测

1. GDP 增速关联预测

不少学者研究认为，GDP 增长与城市总人口增长呈现某种正相关关系。2001—2018 年宁波 GDP 增速的峰谷走向与人口增速趋势基本呈现同向关系（见图 7）。宁波经济社会已步入高质量发展阶段，发展动力和发展模式正在切换，考虑到劳动力和资本投入的变动趋势，未来 5~15 年 GDP 增长率很可能会降至 5%~6% 的区间内。中国社会科学院人口与劳动经济研究所王智勇根据全国抽样定量分析，得出流动人口每增加 1% 可以促进地区 GDP 增长约 0.54%；地区 GDP 每增长 1% 可以带动人口增加 0.52%。如果仍按此种关联关系测算，假设未来 16 年宁波 GDP 年均增速 5.8%，则 2035 年宁波人口总规模将达到 1360 万人（包括常在人口）。

从常住人口增长与 GDP 关系的角度看，以杭州、青岛、宁波、合肥、成都

5个不同类型城市2013—2018年的GDP总和年均增速10.75%、常住人口总和年均增速2.89%测算，GDP每增加1%可以带动人口增加0.27%。如果仍保持此种关联，设2019—2035年GDP保持5.8%的均速，则2035年宁波常住人口将达到1070万人。

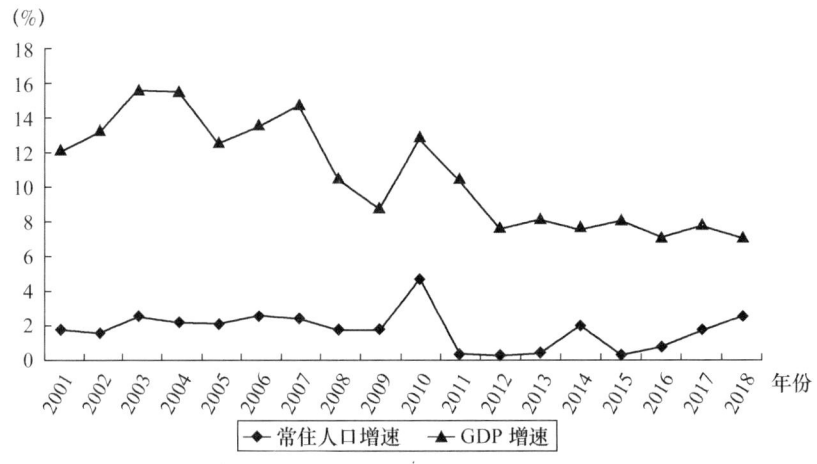

图7　2001—2018年宁波常住人口增速与GDP增速走势图

资料来源：历年《宁波统计年鉴》。

2. 城市首位度关联预测

2016年国家发改委《长江三角洲城市群发展规划》指出，推动南京都市圈、杭州都市圈、合肥都市圈、苏锡常都市圈、宁波都市圈同城化发展。该规划预测的2030年上海、杭州、南京、合肥、苏州、宁波的常住人口分别为2500万人、950万人、1060万人、1000万人、1150万人、900万人过于保守，近期可能会被实际人口规模突破。

从国际国内经验来看，都市圈中心城市在人口分布上具有较高的首位度。如日本东京都市圈由东京都、崎玉县、千叶县、神奈川县组成，2015年东京都市圈人口近3700万人，2015年东京都的人口为1349.1万人（日本总务省《国情调查》），东京都的人口约占东京都市圈总人口的36%。伦敦都市圈由大伦敦、伯明翰、曼彻斯特、谢菲尔德、利物浦等城市和周边众多小城镇组成，2016年人口约2260万人，2011年伦敦市区常住人口约817万人，粗略估计市区人口占都市圈的36%。国内武汉都市圈覆盖武汉、黄石、鄂州、黄冈、孝感、咸宁、仙桃、天门、潜江等9个城市，2018年9市常住人口3190万人，武汉市人口占都市圈的34.7%。青岛都市圈由青岛、潍坊两市及烟台莱阳市、海阳市构成，

2018年常住人口约2028万人，青岛市人口占46%。[①]

宁波都市圈由宁波、台州、舟山组成，2018年3地常住人口1538万人，宁波市人口占53%。但2018年宁波都市圈的人口密度仅为744人/平方千米，而苏锡常都市圈、南京都市圈分别为1255人/平方千米、944人/平方千米。如果2035年宁波都市圈人口密度可达苏锡常都市圈、南京都市圈2018年的均值（1100人/平方千米），则还有736万人口增长空间。如届时宁波市人口占都市圈的比例按45%计，则宁波市常住人口有望达到1150万人。[②]

四、人口预测结论

上述，按趋势推导法，2035年宁波常住人口约为1150万人、户籍人口约718万人、60岁及以上户籍人口约192万人、15~59岁常住人口约805万人，另可争取常在人口约190万人，全市管理人口约1340万人。按GDP增速关联法预测，设未来GDP年均增速保持在5.8%，2035年常住人口达1070万人，全市管理人口约1360万人。按城市首位度关联法预测，2035年常住人口约1150万人，不同的预测方法数值接近（见表1）。

表1　　　　按照本文三种测算法2035年宁波预期人口数　　　　单位：人

预测方法	2035年常住人口			常在人口	管理人口
趋势推导法	1150万			190万	1340万
	户籍人口	60岁及以上户籍	15~59岁		
	718万	192万	805万		
GDP增速关联法	1070万				1360万
城市首位度关联法	1150万				

资料来源：根据网络数据计算得出。

五、加强宁波人口发展工作的建议

创新是第一动力，人才是第一资源，人口是城市实现自驱动和自增长发展的重要保障。宁波要加快人口发展工作，必须要适应新常态、立足新方位，准确把握人口发展的新形势、新要求，切实增强统筹解决人口发展问题的紧迫感

---

①② 资料来源：各地统计年鉴。

和使命感，具体包括以下几点。

一是加强人口工作的组织领导。市、区县（市）两级政府要把解决人口发展问题纳入经济社会发展全局，把人口增长作为城市发展的重要支撑，确立人口定居友好型的公共政策导向，加强公共政策制定的纵横统筹力度。

二是优化人口空间布局推动人口适度集聚。尽管国内外都市圈都存在核心城区—卫星城区的组团结构，但目前宁波的人口布局短板在于核心城区人口过于分散，制约现代服务业培育、城市活力提升。市、区县（市）两级政府要花大力气引导资金、项目、土地等要素向人口集中的区域倾斜，做大做强中心城区极核功能。

三是打造美好生活目的地集聚年轻人口。对于年轻人群而言，美好生活目的地必备适合"栖息"和"孵化"两个前提条件，前者的重点在于能够方便获得公共住房保障，后者的重点在于城市能够提供周到的幼儿照护服务和子女优质教育服务。与降低落户门槛、提供落户补贴相比较，提升公共住房、基础教育、医疗和老年人公共服务水平更具含金量，更能促使年轻人来该地就业、创业。因此，必须把构筑美好生活目的地摆在吸聚人才人口工作的首要任务上。

四是开展常住人口劳动技能提升行动。宁波的劳动力资源总量充沛，但存在较为严重的结构性矛盾。2010年每10万人中具有大学文化程度的仅为1.03万人，与杭州的1.89万人差距明显，亟须出台适应先进制造业发展趋势的在职培训计划，提升人口质量，避免因人口结构低端造成产业低端锁定。

五是谋划建设导向的宜居之地。2035年，我国将实现基本建成社会主义现代化目标，届时社会生产力得到极大解放，人们生活方式将呈现候鸟式的特征。宁波要积极利用山水自然优势，塑造宜居城市形象魅力，开发具有地域特色的旅游资源和休养资源，打造人口迁徙流动的必经之处，通过大幅增加常在人口实现人口中长期规划预期。

汪志飞

宁波融入"双循环"发展的五大抓手

在新冠肺炎疫情全球蔓延、全球经济陷入衰退等大背景中,宁波如何融入以国内大循环为主体、国内国际双循环相互促进的新发展格局,抢占发展新机遇,关键是要有新抓手。具体而言,要立足市情、抓住主要矛盾,主打基建联建、市场对标、双循环畅通、安全补链、省市联动等五张牌。

一、打基建联建牌

促成跨市铁路、高速公路、城市轨道等传统基建与智能路杆、物联网、大数据中心等新基建的统筹协调、多头并进、联动建设。

总体而言,我国还是发展中国家,补足基础设施短板仍是今后一段时期增强国内经济大循环的重要抓手。宁波应紧紧抢抓这个新机遇,从服务长三角一体化和浙江省建设大湾区、大花园、大通道、大都市等的战略高度,加强顶层设计,无缝对接区域内的城际高铁、高速公路、智能路杆等重要基础设施建设规划,将宁波打造成为长三角区域和浙江省传统基建与新基建的重要节点和枢纽。同时,应着眼于中长期宁波全域都市化发展,统筹谋划传统基建与新基建项目联建,如城市轨道不仅打通中心城区与余慈地区、南部滨海地区的紧密联系,而且建设好沿线5G设备、智能路杆、物联网等新基建,实现城市轨道通向哪里,智能社会就带到哪里。

二、打市场对标牌

查找宁波与发达国家和地区以及国内先进城市市场发育的差距,对标先进,发力培育,做大宁波市场,加强示范引领,为增强国内大循环、促进"双循环"

发展做出宁波贡献。

促成国内大循环的基本要义是做强国内市场，这也是"双循环"发展的基础。从宁波多年对外贸易实践看，许多企业乐于从事外贸生产销售，主要原因在于，同样的产品销售，欧美等地区市场价格较高，比较信守合约，知识产权保护较好，大多商品还有出口退税。相比之下，国内市场假冒产品较多，价格竞争激烈，知识产权保护成本高、效率低。因此，宁波应借鉴开拓国外市场的经验，对标发达国家和地区市场，重点建立企业低成本、高效率的知识产权保护机制，以及企业和个人信守合同约定的保护机制，为做大国内市场营造良好环境。如"信用宁波"中纳入企业与个人履行合同的信用记录制度，对不守信用者建立黑名单制度；宁波知识产权法庭建立中小企业知识产权保护简化处理和援助机制等。此外，在诸多专业市场领域，宁波应对标先进，培育和扩大本地专业市场。比如，宁波已进入老龄化社会，养老市场潜力巨大，宁波应对标日本、韩国等先进国家和地区，并借鉴参考这些国家经验，高水平培育养老市场，壮大宁波养老产业。

三、打双循环畅通牌

发挥宁波港口通天下、口岸通关高效、跨境电商及外贸优势，畅通国内市场与国外市场对接渠道，优化两种资源要素的合理配置，促进两个市场的良性互动。

实现国内国际双循环相互促进，必须打通三个基本环节：价格传导、商品互通和物流畅通，每个环节不可或缺，其中价格传导主要依靠内贸与外贸来实现，商品互通依靠口岸通关来实现，物流畅通则通过港口运输来推进。打通这三个环节，宁波有独到优势，下一步应强化这些优势，如价格传导优势上，国内与国际贸易两手抓、两手都要硬，既要深入实施"225"外贸双万亿行动，加大机电产品等优势产品出口，加大能源、原材料和高技术产品等必需品进口，又要实施出口转内销或宁波商品展等内贸行动，积极拓展国内市场；在商品互通优势上，加快口岸通关改革，以上海、新加坡等城市通关效率为标杆，强化进出口商品有效监管，提高通关效率，打造一流的国内外商品互通高地；在物流畅通优势上，继续发挥宁波舟山港的港通天下和年吞吐量名列世界前茅优势，将宁波打造成为国内外商品互市、资源要素互换的重要物流枢纽，打造成为原油、铁矿石、化工产品、粮食等国际大宗资源配置中心。

四、打安全补链牌

以配合维护国家经济安全为目的,对事关国家经济安全和宁波产业安全的重要产业链做好补短板,加快进口替代工作,对事关国计民生重要产品加大储备,发挥宁波应有作用。

当前,一些发达国家对我国高科技企业等进行封锁与打压,这给我国经济安全敲起了警钟,必须自力更生,补足高科技产业链和高依赖进口商品的短板。宁波可在以下领域打安全补链牌:在粮食安全领域,加大宁波种业发展,完善甬优水稻育种、海水稻育种等产业链。在石油能源领域,加大原油储备建设,提升原油储备和原油加工能力。在芯片制造领域,应重点扶持中芯宁波公司技术创新和产品创新。在稀土加工领域,宁波稀土磁性材料产业处于全国领先地位,今后应加强磁性材料应用技术创新中心等建设,在稀土产业链安全方面做出重大贡献。同时,宁波应鼓励企业通过技术创新加快制造领域的进口替代,如高端薄膜、零配件等的进口替代,力促"246"万千亿级产业集群重点产品的产业链国产化。

五、打省市联动牌

既要发挥计划单列和副省级城市优势,奋发有为,又要积极主动配合全省工作大局,立足宁波、服务全省、面向全国,促成省市联动,共同融入"双循环"发展新格局。

从我国40多年改革开放的经济运行看,地方政府在促进区域经济发展中举足轻重,省级政府在省级重大工程、重大项目和能源指标等资源配置上作用明显,可以预判,"双循环"发展中的重大资源配置,省级政府仍将扮演重要角色。宁波全面融入"双循环"发展新格局,必须正视自身,摆好位置,主动配合全省工作,在省委省政府领导下统筹谋划,通力合作,强调省市互动,这样才能达到事半功倍的作用。具体在顶层规划设计上,主动融入全省一盘棋规划,在全省"双循环"发展中勇挑重担,主动承担省级重大工程、重大项目、重大活动,尤其是新老基建、科教卫生、文化体育等项目,力争成为全省推进"双循环"发展的排头兵。

农贵新

宁波积极融入"两个循环"新发展格局的路径思考

一、"两个循环"新发展格局的内涵要求

（一）"两个循环"的提出背景

改革开放以来，我国通过设立经济特区、扩大沿海开放范围、深化外贸体制改革、扩大外资规模和引用水平，融入"国际大循环"，获得了低廉要素成本的比较优势、新技术和管理水平的提升以及广阔的全球市场和庞大的资源供给，解决了我国当时发展现代化面临的资本不足、农村剩余劳动力出路少、产业结构转换难等问题，东部地区率先起步，成为对外对内辐射"两个扇面"的枢纽，促进我国深度融入国际分工。与日、韩等国以最终产品的国际分工作为融入国际大循环的基础不同，我国依赖的是生产要素的国际分工，这种分工极大地遏制了中国参与国际循环时发展高端创新体系的要求。我们在发挥比较优势的同时，也深陷"劈柴担水"产业低端锁定的发展风险，进而引发遭受美元霸权掠夺、城乡二元对立、民族企业崛起难等诸多重大挑战。国际市场开拓空间有限、初级产品价格上升、国内成本优势变化、资源环境压力加大、关键核心技术受制于人等因素导致过去重点依托国际大循环的发展路径走到了死胡同。我国经济体量已居世界第二，成为对世界经济具有明显外溢效应的大国经济体，简单依靠参与国际经济循环，也不足以支持长期可持续发展。以美国为代表的贸易保护主义势力逆流而行，加剧中国外部发展环境的不确定性；新冠肺炎疫情冲击全球经济，各国供应链趋于本土化，这些都催促着我国必须把畅通国内经济循环摆在紧迫位置。同时，我国具有社会主义集中力量办大事的体制机制优势，国内经济潜力足、韧性强、回旋空间大、政策工具多，具备转向"两个循环"

的稳定基础。

（二）"两个循环"的内涵意义

一是"两个循环"的目的是满足人民群众对美好生活向往的国内需求。我国经济已步入高质量发展阶段，党和政府推动经济发展的根本目的是提升群众福祉，必须通过"两个循环"战略提升我国在国际分工中的地位，形成与我国群众奋斗美好前程相适应的价值分配体系，同时我国超大规模市场优势也是支撑"两个循环"的底盘。

二是"两个循环"的核心是产业链和供应链的安全稳定。两者是链接"两个循环"的纽带，要通过创新驱动、转型升级、内需挖潜等努力应对我国产业链、供应链面临收缩、阻隔、切断、延滞等现实问题，保障我国这样一个大国长期可持续发展。

三是"两个循环"的体系是国内国际相互促进的循环。"两个循环"秉持内需和外需兼容并蓄，以内循环支撑外循环，以外循环带动内循环。对标两个一百年的奋斗目标，我们已经到了唯有打通国内大循环才能更好统筹利用两种市场、两种资源的发展阶段，通过构建开放、稳定、安全的供应链来共同维护全球产业链供应链稳定。

（三）"两个循环"的原则指向

一是"两个循环"是以内循环为主的循环。就是要发挥好本土疫情防控取得重大战略成果、经济率先复苏的优势，更好发挥国内产业门类齐全、市场潜力广阔的优势，稳住企业和就业基本盘，稳定市场预期，提高社会资本投资积极性，降低外部冲击带来的挑战。

二是"两个循环"的关键是畅通供需两端。在供给端，大力推进科技和其他各方面创新，在关键核心技术上逐步实现国产替代，推动产业从下游逐渐向中上游发展，实现价值链从低端向高端转型，把中国建成世界的创新中心。在需求端，加快释放消费潜力，改革完善收入分配、社会保障和城乡区域协调发展体系，利用新技术、新模式鼓励新型消费。

三是"两个循环"要以我为主。以内循环为主，并不是闭关锁国、主动脱钩，而是要打破美国主导的单一循环模式，通过培育新形势下我国参与国际合作和竞争新优势，提高中国企业全球服务能力和服务半径，形成有效的市场需求和行业供给。"两个循环"下，中国的开放大门将会更大，但这种开放更多地体现了经济的自主能力,我国将以巨大的市场潜力和优越的营商环境,吸引更多外商外资"在中国为中国"。

四是"两个循环"是持久战。我们面临的发展问题是中长期的,"两个循环"不是疫情冲击下的权宜之计,也不是应对美国围堵的被迫收缩。集中精力办好自己的事,是应对外部巨大冲击、实现民族复兴的根本之道。

二、"两个循环"新发展格局的形势机遇

（一）内循环上,重点畅通阻碍生产力发展的体制机制弊端

一是优化重大生产力布局。重大生产力布局是我国制度优势的有机组成部分,是解决经济社会发展不平衡、不充分的重要政策工具。"两个循环"战略将更加突出经济发展的安全稳定和可持续性,国家层面将会形成更符合自主、完备、安全、富有竞争力产业体系要求的区域经济布局。随着"一带一路"倡议深入实施,国际贸易结构和交通体系升级,东部地区将不再作为唯一重要的对外贸易门户。未来东部沿海将更加突出参与国际前沿技术竞争,西部沿边和丝路沿线突出扩大双向贸易,中西部腹地及东北突出支撑国家安全的战略功能。

二是深化要素市场化改革。"十四五"期间,我国将从要素确权、确立交易单位、定价机制、交易方式以及市场监管等基本环节入手,完善土地、产权、劳动力、资本、技术、数据等方面的配置机制改革,缓解企业普遍面临经营成本高企的难题,特别是为成长型企业和高科技公司畅通融资渠道。用地指标跨省交易机制将更加完善,地方政府征地等审批改革更加成熟,集体建设用地入市更加顺畅,土地收益分配机制逐渐确立。国家还将改革物流运输体制,充分运用我国铁路发达优势,增加铁路货运比重,降低物流成本。

三是着力推进新型城镇化。维持经济中高速增长是促进"两个循环"的重要前提,加快推进新型城镇化建设仍然是我国发挥好全球经济增长引擎作用、加快高端要素集聚的最大结构性潜能。按照发达国家78%的城镇化率计算,我国常住人口城镇化率还有17%的提升空间,将带来数十万亿元的发展红利。城市群和都市圈将是新型城镇化的主要形态,国家层面将会进一步科学合理规划城市群和都市圈的基础设施,形成以超级大城市、都市圈、城市群多重嵌套、分工协作的新格局,降低城市的物流、人流综合成本。推动用地指标与常住人口规模相适应,提升城市公共服务能力,提高资源优化配置效率。

（二）外循环上，重点构建东西流向为主的新型国际循环模式

一是持续构建"一带一路"为核心的对外循环窗口。2020年5月，《关于新时代推进西部大开发形成新格局的指导意见》，提出以共建"一带一路"为引领，加大西部开发力度。我国将进一步巩固"一带一路"建设成果，完善投资与贸易争端解决机制，强化企业走出去综合服务，推进企业与沿线国家开展产业链和供应链合作。全力支持中欧班列陆海联运畅通国际物流通道。抓住双边贸易增长、国际去美元化意愿趋强、中国数字货币技术更加完善的机遇，加强离岸人民币市场建设，丰富人民币回流机制，巩固和扩大人民币国际循环能力。

二是持续推进自贸试验区（港）的国际合作大平台建设。充分发挥自贸试验区（港）改革创新试验田作用，进一步扩容自贸区阵地，完善自贸区改革授权方式，围绕贸易、投资、资金流动、运输、人员进出境、数据跨境等方面的自由和便利开展先行先试，吸引更多高端要素在自贸区集聚，形成高质量利用外资的高地。顺应货物贸易增长放缓趋势，聚焦我国服务业引进来、走出去短板，完善服务贸易企业在区内离岸注册和税收支持政策，推动我国服务贸易与货物贸易结构相匹配，壮大我国企业的国际资源配置能力。

三是加快适应以自由贸易协定（FTA）为主的轮轴辐条式经贸治理体系。以世界贸易组织（WTO）为代表的多边贸易体系弊端日益增多，WTO机制改革进展缓慢，以签订双边自由贸易协定为代表的多重叠加、嵌套的国际经贸治理体系日渐成为主流。我国将在已签订的18个自贸协定基础上，持续推进RCEP、中欧投资协定、中日韩自贸协定的谈判签订，以双边协定打破美国将我国排挤出全球供应链体系的企图。加大对"三零原则"和竞争中立、劳工保护、碳排放等后边境经贸规则趋势的压力测试，提升我国在优势领域经贸规则主导权。

（三）供给端上，重点推进产业链现代化和保障供应链安全

一是增强现代化产业链的韧性。新冠肺炎疫情和西方阵营对我国产业创新发展频施行政和政治干预，我国部分产业面临断链、卡链风险。增强产业链的完整、安全性是"两个循环"的核心任务。国家将会从管理体制、财政税收、投融资、研究开发、土地规划、进出口、人才培养、知识产权、市场应用、国际合作等方面加快补齐产业链自主可控的短板，逐条梳理产业链闭环，加快培育重点产业链集群。尤其是支持北斗、5G等优势产业，芯片、光刻机、光刻胶在内的集成电路产业，超高精度机床、顶尖精密仪器、PE挤压机等高端装备制

造业,航空发动机、适航标准等航空产业,操作系统、数据管理系统、设计软件等数字基础产业,碳纤维、特殊钢材等新材料产业,抗癌药、精准治疗等医药健康产业,海水淡化、加氢反应器等新能源产业,废物处理与回收利用等循环经济产业,核聚变、脑机互动、量子通信等未来产业加快壮大、突围。

二是优化产业创新发展的基础。充分发挥宏观政策逆周期调节作用,加大5G、大数据中心、人工智能、工业互联网、特高压、新能源汽车充电充气、城际高铁和轨道交通等新基建的投资力度。适当扩大新基建范畴,将共性技术研发平台、医药研发、防洪防涝等具有公共性、为经济社会长期发展拓展空间、储备势能的领域纳入支持清单。面向国家产业链安全改革高等教育人才培养模式,出台吸引国外高层次人才回流的激励举措。发挥新型举国体制优势,加强科技原始创新和攻关,强化政企研紧密合作,深化军民融合,健全技术市场化应用生态,释放科技成果转化的创新动能,为现代化产业高质量发展提供富有活力的制度供给。支持模式创新,鼓励发展科研、中试设备和工业基础设备共享,降低全社会研发、制造成本。

三是强化国民经济发展的安全保障。尽管全球能源供给主体更加多元、可再生能源成本大幅下降,但我国仍然是重要的能源进口国。国际能源署预测,到2040年美国将下降0.5亿吨标准油需求,中国将增长10亿吨标准油需求。中国原油安全库存距离发达国家90天库存标准还有很大差距。中国将强力推进能源革命,引领新能源发展,研发煤炭清洁利用技术。推动与"一带一路"国家能源和粮食项目合作,加强能源和粮食储备能力建设,研究推出石油天然气人民币定价结算体系,稳定大宗物资的价格预期。国家或将调整转基因等生物政策,鼓励发展开发盐碱地、旱地作物栽培技术。强化军事科学技术研发,增强军事防御能力。完善生物安全与公共卫生体系建设,支持建设公共卫生防疫设施、研发防疫药物。将大力实施乡村振兴战略,引导优质人才和资本要素流向乡村,强化农村的内生发展和吸纳就业能力,增强全社会改革创新的回旋空间。

(四)需求端上,重点在于改善社会分配提振消费大市场

一是千方百计地提升居民消费能力。国家将实施就业优先政策,加强财政、货币、就业等政策协同和传导,充分发挥数字经济带来新产业、新业态、新模式的就业吸纳功能,加强农民、职工新技能培训,建立与新经济相适应的社保制度。完善收入分配制度改革,提高劳动报酬比重,缩小行业差距,健全国家资本收益分享机制。完善所得税制度改革,实行与发达国家相近的个税税率和

负担水平，回流部分出境避税的高收入群体，解决我国个税累进税率高、实际占比低的结构性矛盾，将特殊时期支持中小企业发展的所得税优惠政策常态化，稳定社会预期。坚持房住不炒，稳定房价预期，抑制房价过快上涨，切实解决居民居住成本畸高、消费持续疲软的问题。

二是增加民生、社会事业投资支出。下大力气解决住房、教育、医疗领域矛盾，加大民生基础设施投资，增加社会事业支出，切实解决中等收入群体不敢消费、不愿消费的症结。将学前教育纳入公共服务范围，鼓励企事业单位自办托育、暑托机构。建立以常住人口为对象的公共服务体系、财政统筹和转移支付机制。鼓励各地加大学校和青少年宫等教育发展设施投入，加大师资配备力量，建立与教育规律、职工劳动制度相衔接的教学安排制度，减轻教育额外负担。大幅增加医护人员，解决老龄化加剧产生的医护服务短缺问题。

三是始终保持国内国际市场联通。利用国际大市场比较优势，主动扩大进口，充分依托海南自贸港原产地制度创新、离岛免税等政策，提升居民消费品质，降低我国初级产品的资源消耗和环境消耗。鼓励外贸企业向内开拓市场，消除出口转内销阻梗，引导外贸企业精准对接国内市场消费升级需求。制定符合绿色、安全、健康、国际要求的高质量产品、服务标准，培育创建中国制造、服务品牌，以品质内涵的高质量推动企业走向海外开拓更大市场。顺应数字贸易快速发展趋势，大力推进数字贸易公共服务平台建设，鼓励各地和企业赴海外建立公共仓、自有仓。支持跨境电商发展，加快推进内外贸监管一体化，打破零售与贸易批发界线，允许自主选择业态，探索以商务信用为核心的现代流通治理模式，为企业开展国际供应链整合创造条件。

三、宁波融入"两个循环"新发展格局的路径

（一）找准在"两个循环"中的定位

精准寻求宁波在"两个循环"中的战略坐标，把宁波定位为链接国内大循环、内外双循环的重要枢纽。深度对接长三角一体化高质量发展战略，依托宁波制造业基础扎实、发展潜力足的优势，运用宁波市场体制机制成熟的有利条件，创新要素市场改革，弥补宁波高教资源不足的短板，打造国内国际科技成果转化高地，代表国家参与重要领域国际竞争，增强国产替代能力，服务保障内循环的产业链安全。建设中国中东欧17+1经贸合作示范区，推进与友好国家

的港航物流、投资贸易、产业科技、人文交流、能源资源等方面的合作，打造"一带一路"建设综合试验区，建成外循环战略门户。推进宁波舟山港建设国际一流强港，开拓能源化工等大宗商品交易市场，紧抓国家扩大进口机遇，完善进口分销体系，改善对外贸易结构，提升资源配置能力，打造新型国际贸易中心，连接内外"两个循环"。要把服务保障内循环，确立内循环中的硬核地位作为新阶段的立市之本，失去这一条，就算外循环规模再大，仍然是低层次的外循环。

（二）畅通在"两个循环"中的通道

加快完善宁波与腹地的交通联系，加快开工通苏嘉甬高铁项目，力争将沪甬跨海通道、甬台温福高铁等项目纳入国家铁路"十四五"规划，加快金义甬舟铁路进度，力争优化运行时速设计，推进货运铁路进码头、进园区，通过铁路网线提升宁波与腹地资源和产品流通便捷度。加快推进机场四期和空铁综合枢纽项目，力争开辟更多航线，落地第五航权，谋划第七航权。加快落地通用航空项目，重点提升全市货运航空吞吐能力，为新型国际国内贸易业态提供物流保障。谋划建设油气、化工管道和沿海廊道，增强宁波大宗商品服务保障长三角和腹地市场的能力。加快发展新型智慧冷链物流设施，增强供应链的调节能力。

（三）增强在"两个循环"中的韧性

聚焦国家自主研发生产短板，打造高端精密制造基地和新材料科创中心。在全市梳理汽车制造、石油炼化、集成电路、高分子材料、高端金属材料、生物制药、家电、服装、光学制品等50条重点产业链，从资源、研发、设计、生产、组装、配套、维修、仓储、分拨、物流、销售、结算、转化等环节逐条找出断链风险点，制定防范预案和攻克措施，并打造10条左右在国内市场具有重要影响的标志性链条，培育更多制造业单项冠军。依托浙江"上云行动"，发挥大数据集成作用，推进企业网上"上链"，提高宁波企业本地组链能力。实施"未来工厂"计划，推动更多企业上云、上链，推出未来工厂标准，优选种子项目，制订年度计划，提升企业资源配置效率，增强企业敏捷性，依托数字技术，推进产业链集群。更好地发挥政府在核心技术攻关中的组织、引导、支持作用，抢抓国产替代新机遇，向全社会公布十大宁波创新需求和场景应用清单，简化突出城市创新重点，着力布局和培育诸如工业互联网等数个具有硬核影响，甚至引发归零效应的软硬件产品,重塑宁波在全国创新方阵中的位次。

（四）提升在"两个循环"中的效率

抢抓国家支持中心城市做大做强机遇,加快行政区划调整,以全省开发区整合为契机,理顺行政管理统筹体制,加快完成县域经济体制向城市经济体制转变,合理布局重大生产力和公共服务设施,提高全市要素配置效率。加强宁波都市圈城市间合作,研究谋划都市圈发展规划,先行推进宁波与都市圈腹地的基础设施和公共服务互联互通。积极融入上海都市圈,创新前湾新区行政管理或产业开发模式,承接上海高端要素溢出效应。积极探索土地市场改革,加快完善土地收益增值分配机制,推动集体建设用地入市,争取国家部委支持宁波开展土地指标跨省域平衡试点,创新土地回购模式,增强土地复合利用程度,破解全市重大项目落户普遍面临的土地制约。加快新技术应用,积极发展共享经济,将共享理念从零售、出行等生活性服务领域,扩展到共享食堂、共享楼宇、共享车间、共享模具、共享机床等生产性服务领域,培育1~2家共享经济领域的独角兽企业,打造具有区域影响力的智慧化供应链平台。

（五）提高在"两个循环"中的影响

加快落地浙江自贸区宁波片区,发挥自贸区与国家级开发、海关特殊监管区等政策叠加联动优势,实行高水平的贸易和投资自由化便利化制度创新,深化国际贸易制度改革,试点以企业为单元的监管创新,促进综保区制成品内销便利,探索内外贸一体化监管服务。扩大服务业国际合作,提高外贸外资质量。发挥自贸区、联动创新区创新集成总平台作用,释放宁波能源化工产业优势,做大做强国际能源贸易,增强原油、成品油、天然气、化工、铜等产品的储备能力。争取大宗商品交易资质,加强与国内外期交所合作,争取落户数个能源化工期货产品,稳定能源化工产品市场价格预期,更好地服务本地乃至全国实体经济。聚焦国家要素市场改革机遇,支持企业设立民营银行、申请互联网金融牌照,规范企业合法经营,打造服务中小企业的特色金融中心。运用市场优势,提升行政合作水平,深挖军民融合红利,力争每年能取得5~10项技术的市场化。健全科技服务生态,加强共性技术平台建设,增强研究机构在甬转化科技成果吸引力。深化与中东欧和"一带一路"沿线国家合作,打造民营企业进入沿线国家、欧洲市场的首选通道。

（六）深挖在"两个循环"中的潜力

用好建设国际消费中心城市、国家级步行街改造项目等机遇,发挥宁波

"买全球、卖全球"优势,建设符合国际标准的商业街区和商圈,集聚国际国内优质消费品和品牌,支持消费新业态和新模式发展,打造长三角重要的购物中心城市。加强城市整体形象设计和营销,推进城市复兴,打造 1~2 个"朋友来了有去处、朋友来了一定去"的城市会客厅,增强城市的可逗留性。依托文创港、老外滩、南塘老街等特色街区,集聚一批时尚设计产业、产品,打造时尚宁波。牢固树立抢青年人口就是抢未来、抢市场的战略意识,推进青年友好城市建设。构建集中力量办大事的财政统筹体系,优化财政补贴方式,把提升公共服务水平和营商环境水平作为集聚创新要素的根本举措。重点提升以常住人口为对象的住房保障和优质教育供给水平,增强常住人口消费能力。

汪志飞

后疫情时代加快转型发展的若干思考

在这次前所未有的新冠肺炎疫情应对考验中,社会各界对于城市、产业、社会加快转型发展进一步凝聚了新共识。各种新技术、新手段、新模式的应用探索,经济社会领域新需求、新场景和新热点的培育发展,以及痛点、短板问题的集中暴露,从正反两面强烈显示了加快转型发展的可行性和紧迫性。如果宁波能以此为契机,加快推动转型、率先实现转型,不仅将为全国转型发展提供宁波经验和样本,也可以真正做到化危为机,生动展现"重要窗口"模范生的使命担当。

一、三个维度加快推进城市品质化转型

近年来大力推进的智慧城市、多中心组团式城市空间布局和城市防灾应急体系建设在宁波疫情防控阻击战中发挥了重要作用,但同时也暴露出一些明显短板。下一步,要围绕打造更加智能安全的现代城市,以这些领域为突破口进一步优化提升城市品质。

(一)加快智慧城市建设步伐

现代信息技术手段在宁波抗疫中应用广泛、作用突出。比如,依托全市基层社会治理系统"一中心四平台一网格"、大数据、手机信令等开展了人口大排查、小周期滚动排查,实现了防控重点目标的快速筛查、精准定位;依托政务服务网宁波平台、云医院、甬上云校等,满足了疫情期间办理各类业务、在线诊疗、在线教育等民生需求的正常开展;利用视频监控、无人机、送餐机器人、5G热力成像体温检测系统等执行各类无接触防控任务和服务管理;依托新冠肺炎可疑线索自报系统、"甬行码"等提高防控工作效率,推进复工复产和人员正

常流动；等等。但应用过程中也暴露出宁波智慧城市建设在精细化、精准化、集成化、便捷化以及紧急突发情况管理方面还有较大提升空间，如全域协调联动和统一指挥调度功能不足，各应用系统数据仍存在不共享、不对接等问题。

针对这次疫情应对中暴露出的问题，要推动城市管理从数字化到智能化再到智慧化，让城市更聪明一些、更智慧一些。一是加快推进5G等新基建。抓住当前国家加大新基建投资的机遇，深入实施新型基础设施建设行动方案，按照适度超前原则，加快推进宁波5G网络、物联网、城市大脑、大数据中心等通信网络基础设施建设，加快人工智能、云计算、区块链等新技术基础设施建设，加快数字技术与交通、城管、能源、供水等传统基础设施深度融合，实现人与人、人与物、物与物信息连接网络化、泛在化，加速建立城市物联网感知体系，形成集约化、多功能监测体系，不断提升城市智能感知和互联互通能力。二是完善智慧城市建设顶层设计。要突出多元主体参与，打通信息双向和多向沟通反馈渠道，开放应用生态，为公众介入城市治理提供新途径，把智慧城市建设成为促进政府与公众之间有效合作、促进公众参与决策的重要平台载体，而不仅仅是政府治理的平台载体；要突出集成，以"一网统管"为目标，加快推动各类数字平台、业务数据整合，切实做到各类数据归集共享、对接交互，真正发挥大数据效能，实现跨层级、跨地域、跨系统、跨部门、跨业务的公共治理协同；要突出数据分析、挖掘，成立城市数据实验室、城市数据研究院等专门机构，对空间、人口、交通等多源海量数据进行比对分析，不断提升通过大数据评价、预测和辅助决策的功能；要突出平战结合，在主要考虑城市日常运行的同时，也要健全完善在极端、突发情况下快速反应、联勤联动的指挥体系，实现高效协同处置"一件事"，推动城市安全和可持续发展。三是重点推进公共服务、社区管理和政务服务领域的智慧化应用。公共服务以促进公平普惠为目标，重点推进在线医疗、在线教育、在线文化服务等普惠应用，丰富在线服务功能和资源，持续提升群众获得感；社区管理以精细化、精准化为导向，重点推进各类信息系统归集，建设数字化社区便民服务中心，全面打造社区治理O2O模式；政务服务以便捷化、一体化为目标，深化"最多跑一次改革"，重点健全跨部门跨地区业务协同机制，推动政务服务从以政府部门管理为中心向以用户服务为中心转变。

（二）优化多中心组团式城市空间布局

在这次疫情防控工作中，宁波多中心、组团式城市空间布局在有效减少人员流动、控制疫情传播方面发挥了重要作用。比如，在疫情防控阶段，"十五分钟社区生活圈"、社区商业邻里中心设施等使得居民可以就近就医、采购生活必需品等，减少了人员流动距离和集聚规模；复工复产后，城市快速路在减少公共交通使用、提高私家车通勤效率方面发挥了重要作用，确保了统筹疫情防控和复工复产的需要，等等。下一步，要围绕建设安全韧性城市、提高城市防灾减灾能力，进一步优化多中心组团式城市空间布局。一是优化组团规划建设。把"安全""韧性"作为城市空间规划的重要原则，结合新一轮城市国土空间规划调整，在地铁等大容量公共交通廊道节点周边优先安排住宅用地，在城市核心区和就业岗位集聚地区规划布局混合性居住空间，推进产城融合、职住均衡，减少远距离通勤；在组团间建设生态廊道，作为各个组团间的生态隔离带和保护屏障，为城市应对紧急突发的自然灾害和突发公共卫生事件等提供必要的物理隔离空间和应急救援疏散通道。二是完善组团公共服务设施。在全市域全面推进"十五分钟社区生活圈"和社区商业邻里中心规划建设，优化医疗卫生设施、应急避难场所布局，培育完善组团功能，确保每个组团内都有生产、生活和公共服务设施，各项功能相对完整。完善相关标准和要求，把消防设施升级以及应急备用空间、救援疏散通道、物流配送设施建设等作为老旧小区重点改造项目，打造统一的全市城市生命线系统和应急救援系统。三是强化组团连接。针对城市发展的多维度需求，打破交通系统建设的惯性思维，既强调高效便捷，也注重安全灵活，除地铁、公交等公共交通外，要加快组团间城市快速路和组团内部慢行交通系统建设，建设集约化的公共交通与灵活分散的个体交通有机结合的城市交通体系，以多元化提升灵活性和包容性。

（三）完善城市防灾防疫应急保障体系

宁波台风、暴雨等自然灾害多发，长期以来一直非常重视防灾防疫应急保障体系建设，应急管理体制机制和避灾场所、储备物资等软硬件建设方面都相对完备，但在这次疫情大考中，也突显出需要以更广阔的视野进一步完善城市防灾防疫应急保障体系。一是结合光伏、风电等新能源发展，大力推进分布式能源系统建设，并作为城市能源应急管理体系的组成部分。传统以煤炭、油气为基础的能源体系，对运输物流体系有较强依赖，在防灾应急情况下其供应往往受到影响，与此相比，光伏、风电等分布式新能源可以实现就地产能、就地供能，优势明显，在确保能源应急供应保障中具有特殊作用。要继续推进光伏补贴等政策，鼓励小区住宅、办公楼宇、大型展馆建立分布式储能系统，培育一大批能源的"产消者"（既是消费者又是生产者），增强园区、企事业单位、小区、家庭的应急自我供能能力。要积极推进分布式能源建设，发展分布式、独立运行的智能微网，并同步开展配套的分布式应急储能系统建设，在灾害和紧急情况下，发挥能源微网运行灵活、响应迅速的特点，与集中供能大网络相互补充，从而保证重要用户不间断供能。二是把电商平台的仓储、物流、供应链等市场化设施纳入应急物资保障体系，建立政府与企业相结合的城市物资保供体系。在这次疫情中，各大电商平台的仓储、物流体系发挥了关键而重要的作用，在搭建采、购通路，筹集各类物资，点对点高效配送方面具有政府应急物资保障体系不可替代的优势。在城市应急保供体系中，政府在发挥主导作用的同时，也要积极借助发挥企业、社会组织、专业机构等的功能作用。要探索建立灵活有效的体制机制，尤其是要建立及时响应机制和信息共享机制，按照"平时服务、灾时应急"的要求，将市场力量、社会力量纳入城市整体应急保供体系，有效弥补政府应急保供体系的不足。三是结合全国自然灾害综合风险普查和城市体检，查找防灾防疫应急薄弱环节。认真组织开展全域自然灾害综合风险普查，摸清宁波防灾底数；对照住建部的城市体检指标开展全面自查，重点查找城市建设中不符合、不适应防灾防疫应急保障要求的突出短板和问题，及时进行整改，进一步提升城市抗灾防疫能力。

二、三个维度加快推进产业数字化转型

疫情期间，智能化程度高的企业更快复工复产、更少受到疫情影响的现实使得广大企业纷纷主动拥抱数字化转型。同时，一些数字化应用的场景和习惯也在疫情期间进一步培养、丰富。考虑到我国人口红利逐渐消失、城市之间对人口和人才争夺日趋激烈等实际情况，宁波产业要把握未来发展制高点，就必须主动顺应趋势，抓住当前有利契机，加快实现产业数字化转型。

（一）加快企业数字化升级

疫情之前，宁波积极推进企业智能化改造，但主要集中在部分领域、部分环节层面。下一步，要加快推进企业从局部领域的数字化应用走向全面数字化升级。一是加快对传统生产设备的数字化、网络化、智能化改造。深入推进制造业企业智能化技术大改造行动计划，出台扶持中小制造企业数字化改造政策，推广"机器换人"，实施企业内外网升级改造，建设智能生产线、智能车间和智

能工厂，努力实现从部分环节应用数字化设备向全生产环节自动化智能化改造发展，从生产线自动化向车间数字化提升，从数字化车间向智能工厂升级。二是加快推进企业上云。加快宁波工业互联网建设，探索推行普惠型的云服务支持政策，鼓励企业将基础设施、业务系统逐步进行云化改造，实现全流程、全价值链环节向线上转移，努力形成产业链上下游和跨行业融合的数字化供应链，培育数字化生态。三是加快推进企业运营管理数字化。鼓励企业运用线上办公、远程协作、协同开发等新经营方式，加快大数据分析等现代信息技术在生产经营中的深度应用，建立适应数字化发展的商业模式、管理模式、运营模式和工作模式，从生产制造数字化向设计研发、物流仓储、营销管理等全环节数字化智能化发展。

（二）加快产业业态的数字化融合

疫情期间大量消费、服务行为从线下转到线上，深化拓展了数字经济的应用场景，并催生了一批新产品、新服务，电子商务、在线教育、远程办公、互联网医疗、云娱乐等数字经济业态发展全面提速。国家统计局数据显示，2020年1—7月，实物商品网上零售额同比增长15.7%，比社会消费品零售总额增速高25.6个百分点，其中，3D打印设备、智能手表、集成电路圆片、充电桩等智能化、科技型产品增长较快。新冠肺炎疫情之后，成长期的数字经济新业态有望加速爆发，成熟期的数字经济业态规模有望进一步扩张。据国际数据公司（IDC）预测，2020年，全球将有超过25%的GDP产出依赖于数字驱动，到2023年这一占比将进一步提高到50%以上。为此，宁波要加快改造提升传统产业，促进数字经济和实体经济深度融合，培育提升数字经济的新产业、新业态，壮大数字经济产业链。工业领域，宁波要抓住制造业数字化转型的机遇，大力推进智能化关键技术和装备产业发展，积极攻关智能化驱动控制、在线视觉检测、机器人协同装配、眼脑驱动一体化等智能制造关键技术，重点发展智能测控装备、工业机器人与专用机器人、高档数控机床、智能检测与装配装备等细分领域具有自感知、自决策、自执行功能的智能制造装备，形成一批特色优势产品和产业。服务业领域，要积极推进行业级工业互联网平台建设，打造成为行业智能化改造的系统解决方案供应商；推进新零售、远程医疗、在线教育、VR房地产、智慧农业等新业态发展，形成数字经济条件下的新型实体经济形态，培育壮大发展新动能。

（三）加快培育提升劳动者的数字化素质

人才是数字经济发展的关键。要主动适应数字经济发展趋势，在基础教育、职业教育、高等教育中普遍开展数字化知识和技能教育，逐步建立健全多层次、多类型数字人才培养体系，提升全民"数字化"素养。基础教育要积极嵌入数字化基础知识，提升学习兴趣；职业院校要深化校企合作，根据市场需求开设相应的培训课程，建设适应数字经济发展的职业教育相关专业教学标准体系，积极培育掌握数字技术应用和融合技能的"融合型"人才；高等院校要加快设置物联网、大数据、人工智能等数字领域新兴学科，扩大数字人才培养规模。同时，还要建立数字职业技能培训公共服务平台，针对在职人员开展线上、线下等多样化方式大规模数字化技能培训，为企业尤其是中小企业产业转型升级提供技能人才支撑。

三、三个维度加快推进社会共建共治共享转型

我国社会治理体系和治理水平经受住了这次疫情的考验，交出了令世界瞩目的满意答卷，但也深刻折射出城乡二元社会结构、社会组织发育不足等突出问题。后疫情时期要重点从三个维度加快推动社会转型，着力提升共建共治共享水平。

（一）加快推动劳动力市民化

这次疫情适逢春节假期，大规模、长距离的人口流动给疫情防控和复工复产带来了巨大挑战，如何推动劳动力市民化再次引起广泛反思。国家近期出台的《关于新时代加快完善社会主义市场经济体制的意见》明确提出，要放开放宽除个别超大城市外的城市落户限制，探索实行城市群内户口通迁、居住证互认制度；推动公共资源按实际服务管理人口规模配置。宁波近期也出台政策，再次放宽落户门槛。总的来看，制约劳动力市民化的落户放开、凭居住证平等享有公共服务等市民权益、社保异地转移接续等体制机制方面障碍正逐步消除，目前制约劳动力市民化最突出的障碍是就业地房价过高导致外来人口无法实现住有所居、安居乐业。从宁波情况来看，据《2019年度宁波市流动人口年报数据质量分析报告》，截至2019年6月30日，全市登记在册流动人口480.4万人，约占全市从业人数的85.7%，全市登记流动人口中80.8%的人（388.3万）租房居住。如果能推动这些人口在宁波落户定居，不仅可以为宁波经济社会发展

提供稳定的劳动人口，还可以形成巨大的消费人群和消费市场，从生产和消费两端拉动经济增长，并在人口争夺战中赢得先机。围绕加快推动劳动力市民化，既要深入推进户籍制度改革、凭居住证平等享有教育等公共服务、社保应保尽保等工作，又要创新探索住房保障和住房供给制度，研究提出未落户新市民住有所居的切实举措。要把解决未落户新市民住房问题纳入城镇住房发展规划和住房保障体系筹推动解决，坚持租购并举，加快构建以公租房、政策性租赁租房、共有产权房、人才公寓为主体的住房保障体系；要继续规范发展公租房，加大对环卫、公交等农民工较多行业困难职工保障力度，鼓励大中型企业和产业园区投资建设主要面向职工的宿舍住房；要积极推进国家住房租赁市场发展试点建设，发展主要面向未落户新市民的小户型、低租金的政策性租赁住房；要加快用地结构的调整，充分考虑新市民的现实需求和实际选择，建设面向未落户新市民的小面积商品房、共有产权房、人才公寓等，加大多层次、多样化的住房供给。

（二）加快推进城乡融合发展

宁波城乡融合发展一直走在全省全国前列，但疫情中也暴露出城乡融合在信息、商贸、物流等方面仍然存在"最后一公里"的问题。比如，由于各类防疫物资下拨运送到乡村相对滞后，各种购买渠道较为匮乏，农村医疗防疫物资短缺相对城市更为突出；又如，各类农产品与城市菜场、商超缺乏直接对接渠道，疫情期间，城市中蔬菜等生活物资紧缺与乡村农产品滞销情况并存；等等。为此，要加快推进全域城区化，并以此带动城乡交通、物流、商贸、信息化等基础设施一体布局、联动发展，尤其是要大力推进城乡教育联合体和县域医共体建设，推进城乡一体的冷链物流、道路客运、供水供气供热、公共信息平台等项目建设，切实提升城乡融合发展实效和水平；同时，要大力支持引导各类工商、金融资本入乡发展，培育打造一批城乡融合有效载体、典型项目，发挥示范带动效应。

（三）加快促进社会多元主体协同治理

群防群控是全国疫情防控阻击战取得胜利的重要经验，广大社会组织、志愿者是疫情防控中不可或缺的辅助和支撑力量，这充分说明社会治理仅仅依靠政府行政力量远远不够，必须建立起政府、企业、社会组织、市民等多元主体协同治理的制度体系。一是加强社会组织发展和培育。确保应急状态下能依托各类社会组织迅速动员多元主体紧密协同、协调有序地参与各项社会事务，与政府治理力量形成功能互补、互联互通的治理体系。尤其要发挥专业社会组织、专业志愿者在心理疏导、应急救援、法律服务等专业领域方面的作用。同时，要完善社区治理，充实街道社区力量，健全业委会、物业等组织，进一步夯实社会治理的基础单元。二是完善志愿服务积分和纳入信用体系等机制。完善以记录服务时间为主的积分机制，并纳入个人信用体系，强化正面激励导向，引导更多群众认同和参与志愿活动，进一步调动企业、社会组织、市民等多元主体参与志愿服务的积极性。三是拓展企业和社会组织参与社会治理空间。疫情初期，武汉红十字会对捐赠物资管理混乱与电商的专业、高效形成了鲜明对比，深受诟病。要探索通过市场化的机制和手段解决应急物资组织、供应、配送等问题，通过专业化机构解决捐赠物资接收、存储、管理和配送等问题，发挥市场机制和专业化机构优势，积极拓展企业和社会组织参与社会治理的空间。

吴红艳

疫情背景下宁波与中东欧国家经贸合作重点突破研究

当前全球新冠肺炎疫情持续蔓延对国际贸易投资带来巨大冲击，受此影响，宁波与中东欧经贸合作形势发生重大变化。2020年2月，宁波启动新一轮中国—中东欧国家经贸合作示范区建设，编制实施《关于建设宁波中国—中东欧国家经贸合作示范区的总体方案》。在这样的背景下，宁波与中东欧国家经贸合作面临新的机遇和挑战，我们认为应抓住全面落实构建国内国际双循环发展格局的契机，努力化危为机，在整体推进中谋求重点突破，促进宁波与中东欧国家经贸合作更上一层楼。

一、中东欧经贸合作背景发生重大变化

中东欧进入疫情防控与恢复经济的关键阶段。截至2020年8月2日，中东欧17国当天新增确诊3065人，累计确诊210322人，累计治愈130523人，治愈率62.06%，大部分国家疫情得到基本控制。据权威专家预测，全世界疫情可能要持续一到两年。受此影响，中东欧国家疫情防控仍将面临散发病例、境外输入以及聚集性疫情风险，尤其是来自俄罗斯的疫情蔓延风险，防范疫情反弹压力持续存在，疫情防控呈常态化趋势。同时，在常态化防控条件下，中东欧国家逐步启动经济社会恢复计划，大部分中东欧国家提出了恢复经济社会发展的具体要求和措施。

中东欧独特优势面临疫情较大冲击。中东欧国家在中欧合作交往中具有独特的区位优势和资源禀赋、产业基础优势（见表1）。疫情发展过程中，中东欧国家较早采取边境封锁、严格限制人员流动等防控措施，同时受到欧盟乃至全球经济疲软的影响，中东欧国家旅游、酒店、港口、航空、汽车等优势产业遭

到重创。如 2020 年一季度捷克乘用车产量 32.3 万辆，同比下降 11%，其中 3 月当月产量降幅达 36%。据相关报道，斯洛文尼亚 2020 年旅游业的收入预计将收缩 25%~70%。

表1　　　　　　　　　　　中东欧 17 国独特优势主要领域

领　　域	具体描述
港口领域	波兰的格但斯克港吞吐量占全国港口一半，是波罗的海沿岸第四大港口。拉脱维亚的里加自由港地理位置十分重要，被称为"波罗的海跳动的心脏"和"北方巴黎"。立陶宛的克莱佩达港是全国最大海港，也是波罗的海地区唯一不冻港，与世界 200 多个港口通航。罗马尼亚的康斯坦察港承担全国超过一半的进出口货物，是通往各大洲的重要门户和全国造船业中心之一，素有"黑海明珠"之称。希腊拥有各类港口 150 个，是世界级的航运枢纽，在船队规模和船舶交易等方面闻名全球，长期以来被希腊船东控制的船队约占全球商船队的 1/4
资源能源	波兰是欧洲第二大产铜国、欧洲第一大白银生产国，琥珀储量丰富。克罗地亚沿岸的亚得里亚海里有丰富的石油储藏，并通过国际石油运输管网，通往克罗地亚、波黑、斯洛文尼亚、捷克等国炼油厂。罗马尼亚石油储量在欧洲（不包括俄罗斯）排第四位。阿尔巴尼亚铬矿资源比较丰富，铬矿储量在欧洲居第二位，铬矿生产量居全球前十，拥有欧洲陆上最大的油田，石油年产量超过 140 万吨
汽车等传统产业	捷克是世界上汽车制造、设计和研发集中程度最高的国家之一，风冷发动机技术和全轮独立悬架技术世界先进。波兰的矿山机械制造业是其支柱产业，HSW 公司是中欧最大的工程机械制造商之一，生产高质量推土机而闻名，同时又是变速箱设计的专家。卡托维兹焊接研究所是一个研究焊接设备和焊条的专业所，其铜焊条水平比较高，还生产焊接机器人。罗马尼亚是东欧国家中传统的纺织服装业强国
高新技术产业	捷克是欧洲仅次于德国的最大的超轻型飞机生产国，莫托莱特航空发动机公司生产的 Walter M601、Walter M602 两款航空发动机位居全球十大航空发动机之列。匈牙利的生物技术行业在中东欧地区欧盟成员国中实力最强。立陶宛在分子生物方面取得的成就和开发的不同生物技术应用在国际市场拥有相当高评价，在激光学领域处于先进水平。罗马尼亚计算机技术尤为发达，拥有世界第一的防病毒企业——bit defender（它拥有世界最大的病毒库）。爱沙尼亚的电信和 IT 业发达，在欧盟处于领先地位，EestiTelekom 是爱沙尼亚最大的电信公司
高等教育及音乐资源	罗马尼亚的巴比什—波雅依大学是罗马尼亚乃至欧洲最大最古老的大学，至今已经有四百多年历史。匈牙利的罗兰大学培养出了 5 名诺贝尔奖获得者以及众多世界著名科学家。捷克的查理大学是中欧最古老的大学之一，拥有大量艺术学院如布拉格音乐学院、克利夫兰音乐学院、布拉格艺术建筑与设计学院等。波兰的华沙大学是世界著名研究型大学，拥有艺术学院高达 18 所，其中有肖邦音乐学院、克拉科夫音乐学院、罗兹音乐学院等

资料来源：根据网络资料整理。

二、宁波的新机遇与新挑战

（一）新机遇

1. 防疫物资领域经贸合作成为新增长点

一是扩大防疫物资进口，维持外贸基本稳定。疫情之初，宁波防疫物资稀缺，除接受境外捐赠、积极扩大产能之外，宁波凭借进出口贸易优势，通过商会、侨联等机构广泛动员本地企业全球采购急需防疫物资，有效维持进出口贸易基本稳定。2020年3月宁波医药产品、防疫物资等进口额大幅增长，进口额达272.1亿元，增长20%。二是积极推动防疫物资出口，支撑外贸企稳回升。3月中下旬开始，境外全球疫情加速蔓延，防疫物资成为世界范围内"刚需"，宁波利用前阶段形成的产能优势，加快开拓海外市场。数据显示，2020年前4个月，宁波市企业累计出口防疫物资高达48.5亿元（见表2），2020年4月，防疫物资对全市外贸的贡献率近30%。

表2　宁波2020年前4个月防疫物资出口基本情况

	口罩	化纤制防护服	消毒剂	红外测温仪	呼吸机及其零部件
数量	19.5亿个	845.7万件	3153.4吨	30.1万个	—
金额	44亿元	2.6亿元	0.7亿元	0.6亿元	0.6亿元

资料来源：宁波市商务局官网。

2. 跨境电商新兴业态快速发展

从需求方面来看，受疫情影响，国内外居民线上购物、贸易成为新趋势。如中东欧国家居民购物方式发生变化，居民对食品、家电、游戏、服装和个人护理等产品线上需求集中爆发，电商企业快速发展。宁波作为国家首批跨境贸易电子商务服务试点城市，疫情期间跨境电商贸易逆势增长，成为进出口贸易新的增长点。如2020年上半年，宁波空港跨境电商业务实现了快速增长，累计验放进出口跨境电商148.93万票，价值1.62亿元，同比分别增长8.93倍和3.16倍。从供给方面来看，跨境电商创新模式不断涌现。疫情期间，宁波跨境电商推出"无接触配送"模式，极大提升消费者跨境购物体验。部分企业积极推进跨境电商供应链的数字化改造，实现物流端的智能仓配。相关部门上线宁波跨境电商综试区综合直播平台，为跨境电商企业提供更加灵活多样的服务等。

3. 兼并收购跨国战略布局迎来良好时机

全球疫情持续深入蔓延，将对全球产业链重构带来长期影响。其中中东欧地区相比欧洲其他地区产业相对薄弱，港口、航空、汽车、旅游等优势产业受到较大冲击，部分优质中小企业面临经营恶化的风险，这给宁波企业跨国兼并收购带来更多机遇。如希腊政府正推进四个区域港口的私有化，将出售亚历山德鲁波利斯（Alexandroupolis）、伊古迈尼察（lgoumenitsa）、伊拉克利翁（Heraklion）和沃洛斯（Volos）等港口的多数股权，尤其是西北部的伊古迈尼察港是希腊出口商进入欧洲其他地区的门户，具有较大的投资价值。

（二）新挑战

1. 经贸人员跨境流动受限

从短期来看，境外疫情防控措施仍比较严格，直接影响经贸人员往来。宁波严格落实入境人员14天集中隔离医学观察措施，部分国家仍采取比较严格的入境措施，尤其是中东欧部分国家近期疫情出现反弹，局部疫情防控措施有进一步收紧的趋势。从长期来看，全球疫情防控将趋于常态化，对经贸人员往来将会带来较大不便，尤其是国际展会、投资贸易洽谈会等短期内经贸人员的大规模跨境流动会推迟或取消，国际航空公司也会因疫情带来的经营风险减少国际航班，将对宁波与包括中东欧国家在内的国际经贸人员往来产生长期负面影响。

2. 外商投资出现疲软态势

从前一个影响阶段看，疫情短期内对国内供需产生较大冲击，给投资环境带来不利影响。宁波作为国内外向度较高城市，外商直接投资也受到一定程度影响，来自中东欧的外商投资也受到一定影响。从后一个影响阶段来看，虽然中国疫情防控持续向好，外商在华投资加快恢复，但是由于全球疫情蔓延、传播不断深化，有较大可能导致全球经济进入衰退，会较大程度影响到跨国投资者的预期从而缩减投资。而且出入境疫情防控趋于常态化，人员和资金往来受到较大限制，利用外资受到疫情防控的长期制约，对宁波维持外商投资基本面带来较大挑战。

3. 外部市场需求整体萎缩

一是国际市场短期急剧萎缩。国内疫情发展阶段，外贸企业主要受到停工停产、供应链不稳、交通不畅的影响，出口受到较大影响。随着海外疫情快速蔓延，尤其是部分欧美国家疫情急剧恶化，国际市场需求急剧萎缩，部分外贸企业的不少出口订单被长时间延迟或直接取消。如2020年上半年，宁波与中东欧17国贸易额132.7亿元，下降1.8%。二是国际市场复苏仍面临较大困难。从当前发展态势看，中国以外疫情尤其是宁波传统出口市场的西欧、北美等主要国家疫情发展还未得到有效控制，中东欧等欧洲新兴市场国家正处于巩固疫情防控成果的关键阶段，这些国家何时取得突破性防控成效，目前仍面临较大不确定性，宁波进出口贸易仍将面临较大压力。

三、近期需要突破的几个重点

1. 强化医疗卫生领域合作

鼓励支持宁波市级医院加入中国—中东欧国家医院合作联盟，加强与中东欧高水平医院在预防医学教育和科研以及相关学科人才培养等领域合作交流。加强对医疗行业整体布局，开展医疗产业基地研究，鼓励支持宁波医药龙头企业在中东欧地区建设中医药产业园，在捷克、罗马尼亚等中草药资源丰富地区建立种植基地。

2. 搭建线上贸易服务新平台

积极推进宁波对中东欧国家跨境电商出口平台建设。鼓励支持行业龙头企业联合天易通跨境出口综合服务企业、阿里巴巴等，组建市场化运营的中东欧跨境出口综合服务公司，实施跨国本地化运营，逐步建立并强化跨境电商在当地市场的品牌知名度和美誉度。

完善中东欧出口市场跨境电商配套设施。鼓励支持跨境电商出口综合服务平台、龙头外贸出口企业等，在中东欧国家的节点城市建立完善海外仓、物流中转基地等配套设施体系，为出口产品提供仓储、流通加工、本地配送以及售后服务等，进一步推动跨境电商业务渗透。

3. 加快引进中东欧高端人才

成立驻中东欧引进海外高层次人才工作联络处。建立完善中东欧及沿线"一带一路"国家引才引智平台，搭建用人单位与外国人才沟通交流的桥梁。对包括中东欧国家在内来甬投资或创新创业的海外高层次人才，在企业依法设立后，首次办理外国人来华工作许可时可适当放宽年龄、学历和工作经历的限制。在中国（宁波）中东欧青年创业创新中心建立中东欧人才服务港湾，为其提供内容丰富、精准精细服务。此外，加快完善中东欧人才生活配套设施。

4. 支持骨干企业跨国兼并收购

建立中东欧国家政策、法律法规、行业等信息数据库，梳理中东欧国家独特优势与宁波投资合作主要领域和方向（见表3）；设计合理的境外投资保险制度；支持贸促会和行业组织在中东欧重点地区搭建贸易促进机构、商会之间常态化联系机制，通过设立分支或办事机构，为宁波企业跨国战略布局提供服务；鼓励引导龙头骨干企业联合国内外优质投资机构组建中东欧国家投资专项基金，重点推进港口、资源类及战略新兴产业等领域的兼并收购，建议有关企业积极开展收购希腊相关港口前期可行性分析。

表3　　　　　　　中东欧17国独特优势与宁波全方面合作对接建议

国别	对接建议
波兰	港口合作、矿产资源开发、农产品贸易、汽车工业领域合作、矿山机械制造（吊挂列车、液压和控制系统、钻探、矿山救护专用设备、高质量推土机）、高等教育合作、旅游合作等
捷克	矿产资源开发、旅游合作、汽车工业领域合作（重型卡车、起重机、风冷发动机技术、全轮独立悬架技术）、航空工业领域（超轻型飞机、喷气教练机、轻型战斗机、运动飞机、滑翔机和飞机零配件、雷达设备和机场空管系统）、军事工业领域（轻轨、铁路机车、机床尤其是镗床）、激光技术、高等教育合作等
匈牙利	港口合作、矿产资源（铝矾土）、农产品合作、汽车工业合作、生物技术领域合作、电子产业合作、高等教育合作（与清华大学、北京大学齐名的匈牙利罗兰大学）
斯洛伐克	港口合作、矿产资源（陶瓷矿）、汽车工业领域合作、旅游合作（城堡数量巨多，温泉疗养）
爱沙尼亚	林木、旅游、电信和IT产业方面开展合作，还可开展生态旅游合作
拉脱维亚	独特优势不明显，可在港口、旅游等方面开展相关合作
立陶宛	交通物流、生物技术、激光技术为立陶宛的优势产业
斯洛文尼亚	可在港口、汽车、金属加工、医药与化工等方面进行贸易与合作
克罗地亚	可投资产业：港口运输、造船、码头、铁路等基础设施建设；可合作产业：食品加工、艺术、音乐和体育、旅游（千岛之国之称）等方面
塞尔维亚	可在农副产品、信息通信技术等方面开展合作
罗马尼亚	港口、物流运输合作前景广阔；葡萄酒贸易，防病毒软件开发，纺织服装业，农副产品、粮食、肉类等食品的出口加工，基础设施，能源等多领域，可进行投资和合作
北马其顿	可在矿产、食品和饮料加工业开展合作。土木工程和水利建设方面可以进行合作（北马其顿的技术人员和在现代技术的使用方面为业界公认，在北马其顿设立的外国建筑公司在北马其顿市场不受任何限制）

续表

国别	对接建议
保加利亚	可在国际市场上享有盛名的产品玫瑰、精油化妆品、酸奶、葡萄酒方面进行贸易合作；艺术体育、IT方面开发与合作
波黑	林业和木材加工业、农业、矿产资源（食用盐、地下煤）开展合作
黑山	宁波的制造业、农产品加工可进军黑山；在港口、旅游和矿产等方面开展合作
阿尔巴尼亚	在港口、矿产资源（铬矿）、旅游（欧洲最好的海滩）、鞋业制造（意大利进口鞋类的第二大来源国）等方面开展合作
希腊	航运、港口管理、船舶制造与维修、农业节水技术、文物修复与保护、旅游、艺术体育（西方文明的摇篮、神话的国度和奥运会的发祥地）等方面开展合作

资料来源：根据网络资料整理。

农贵新　傅叶挺　徐侠民

依托自由贸易协定充实宁波开放内涵研究

近年来，国际贸易结构和贸易格局发生巨大变化，国际生产组织方式和价值分配秩序不断更新，WTO决策机制和争端解决机制漏洞凸显，引发区域性经贸谈判活动如火如荼。至2018年12月，向WTO通报的区域贸易协定累计达到467个，其中仍然有效的达291个。区域贸易协定一方面排斥着、冲击着多边贸易协定，使国际贸易规则更加零散碎片；另一方面又补充着、促进着多边贸易协定，使国际贸易规则趋于自由便利。但当前以美国为代表的西方国家坚持遏制中国的意图，单边主义势力加强。面对全球化前景受阻的严峻形势，我国在坚持多边主义立场的同时，将更加注重双边贸易协定谈判，把建设自由贸易区作为打破国际贸易围堵的突破口。

一、我国签订自由贸易协定基本情况

按照组织性质与区域经济一体化发展程度的高低不同，区域经贸安排可以分为优惠贸易、自由贸易区、关税同盟、共同市场和经济同盟。与国内常说的自由贸易试验区不同，这里的自由贸易区是指两个或两个以上的国家、地区或关税区之间，为了消除成员间的各种贸易壁垒，规范彼此之间贸易合作关系，通过缔结国际条约而形成适用特殊优惠贸易规则的区域。党的十八大以来，我国以周边为基础加快实施自由贸易区战略，初步形成了面向全球的高标准自由贸易协定区网络。截至2020年1月，我国已经与东盟、巴基斯坦、智利、新西兰、新加坡、秘鲁、哥斯达黎加、冰岛、瑞士、澳大利亚、韩国、格鲁吉亚、马尔代夫、毛里求斯签订自由贸易协定，与东盟、巴基斯坦、新加坡升级了自由贸易协定（简称自贸协定），中国大陆还与中国香港、澳门签订关于建立更紧密经贸关系的安排，共计18个自贸协定，涉及25个国家和地区，形成15个自贸协定区。此外，我国还加入亚太贸易协定，正在谈判《区域全面经济伙伴关系协定》（RCEP），建立中日韩自贸区等13个自贸协定，正在研究中国与哥伦比亚、蒙古国等8个自贸协定。

二、我国已签自贸协定的主要内容

（一）大幅减让货物贸易关税壁垒

自贸协定关税减让主要有当年零实施关税产品、分阶段实施零关税产品、优惠关税产品、例外产品四种类型。如中韩自贸协定实施后，6108个税号项下的中国原产货物、1649个税号项下的韩国原产货物立即在对方享受零关税；中澳自贸协定实施后，5662个税号项下的中国原产货物、2402个税号项下的澳原产货物立即在对方享受零关税；中国—东盟自贸区零关税已经覆盖双方90%~95%税目产品；2020年，中国、巴西两国间相互实施零关税产品的税目数比例将从此前的35%逐步增加到75%；中国智利双方总体零关税产品比例将达到约98%；中国与新西兰、新加坡双边几近全部取消对方进口产品关税；冰岛、瑞士对99.7%以上自华进口产品取消关税；中国与秘鲁、哥斯达黎加、格鲁吉亚、马尔代夫、毛里求斯等双方对各自90%以上产品分阶段实施零关税，中国自贸协定区的货物贸易自由化水平大为提高。

（二）加快提升通关便利待遇水平

原产地制度是确保自由贸易协定切实发挥特殊贸易促进作用的阀门，我国自贸协定通过采取单条、单章、单件等形式明晰、简化原产地规则，方便企业享受协定红利。如中国—东盟自贸协定载明，一张证书不再受20个产品项数量限定，生产商可直接申请原产地证。中国新加坡自贸协定以区域价值含量增值40%为优惠原产地的基本标准，特别修订了石化产品原产地规则，并实施原产地电子联网核查制度，企业可免于提交原产地证书等。中瑞和中澳自贸协定，还接受原产地证书自主声明方式。多数自贸协定载明，各方通过官方渠道公开通关费用，确定海关风险管理原则，承诺建立单一窗口，实行海关审价预裁定，允许担保放行，加快海关通关和货物放行。如中韩自贸协定规定对于合法贸易须尽可能在货物达到后48小时内放行，并对快件通关作出特别约定。

（三）服务贸易领域开放提速破局

近年来，我国通过实施自贸区战略优先发展服务贸易，扩大世界优质服供给，推动先进服务产业进军海外市场。中国自贸区服务贸易承诺涉及 GATS 的 12 大类，涵盖采矿、会计、法律、广告、翻译、分销、咨询、会展、研发、设计、租赁、数字、物流、结算、保险、证券、建筑、电信、环保、文娱、旅游、教育等部门。如中国已向东盟作出超过 30 个部门的服务开放承诺，东盟各国在 8 大类 70 个分部门向中国作出开放承诺。中国向新西兰作出 15 个分部门、新西兰向中国作出 16 个分部门的高水平服务开放承诺。新加坡允许中方在新开办独资医院，承认部分中国中医大学学历，给予中国银行、工商银行等特许全面银行牌照，双方启动人民币跨境结算业务。澳大利亚是世界上首个对我国以"负面清单/不附清单措施"方式作出服务贸易承诺的国家，仅在法律、房地产等少数部门保留限制。中韩自贸协定承诺双方企业在对方开展班轮运输、散货、不定期等船运不受限制，允许开展海运代理服务。

（四）积极促进双向产业投资合作

自贸协定成为中国参与国际投资规则谈判与制定的重要依托。自贸协定关于投资合作的内容主要涉及投资准入、投资待遇、投资保护以及投资争端解决四方面。我国主要采用投资准入管制模式，对外资引进采取核准制、审批制。在投资待遇上主要采取除准入阶段外的国民待遇模式，即在管理、经营、运营、维护、使用、销售、清算、处置等投资相关阶段尽可能为外资提供国民待遇。承诺按照公平市场价值补偿国有征收，允许投资和利润自由转移。承诺政治、协商、仲裁等方式解决投资争端，中澳、中国新加坡还协定了投资者—东道国争端解决机制。各国高度重视中国对外投资合作，在投资合作方面作出诸多高水平开放承诺。如澳大利亚对中国投资者设置免审标准，为中方投资项下技术人员签证和工作许可开通绿色通道；中国瑞士设立钟表领域合作工作组；中秘相互加强对方的地理标志保护；格鲁吉亚鼓励中国投资交通基础设施；等等。

三、自贸协定给地方开放发展带来的机遇

（一）自贸协定带来贸易创造效应

由于关税大幅减让，成员国的进出口产品较之于协定区外将产生明显的价格优势，同时低价进口商品将替代成员国本国昂贵产品，进而促进自贸协定区内创造新的贸易。例如宁波地区出口到自贸协定区的机电产品、服装及衣着附件、塑料制成品、汽车零配件等商品大多已经实现对方进口环节零关税（见表

1），在本文查询得到的 52 个自贸协定区进口税率中，有 47 个实现零关税，有 23 个系因自贸协定实现了零关税或低关税，例如韩国对服装类产品进口普通水平为 13.0% CIF，而中韩协定税率仅为 5.2% CIF。而此 4 大类产品出口到美国、欧盟、日本、印度 16 个税率中能享受进口零关税的仅有 2 个，特别是美国对机电产品进口实行 31.7% 的高关税，必将削弱宁波出口产品的竞争力。由于全球贸易的供需状况在一定时期会相对稳定，自贸协定带来的价格洼地效应将促进地方产品"拐弯"出口。如果价格洼地长期存在，也将增强我国国际中转贸易发展动力。

表 1　　宁波优势产品出口至各市场的关税税率比较（2019 年 3 月）

	贸易区	机电产品	服装及衣着附件	塑料制品	汽车零配件
	海关编码前 4 位	8501	6102	3901	8708
主要自贸协定区从低税率	东盟（马来西亚）	0	0	0*	0*
	中国香港	0	0	0	0
	巴基斯坦	0	20%	11%	0*
	智利	0*	0*	0*	0*
	新西兰	0*	0*	0	0
	新加坡	0	0	0	0
	秘鲁	0	11% CIF	0	0
	哥斯达黎加	0	0*	0	0*
	冰岛	0	0	0	0
	瑞士	0*	0*	0	0
	澳大利亚	0*	0	0*	0*
	韩国	4.8% CIF*	5.2% CIF*	0*	0*
	格鲁吉亚	0	0	0	0
其他市场	美国	31.7%**	27%	27.1%	27.5%
	欧盟（德国）	4.7% CIF	12% CIF	6.5% CIF	3% CIF
	日本	0	10.9% CIF	6.5% CIF	0
	印度	7.5% CIF	25% CIF	7.5% CIF	15% CIF

注：因各国在海关归类上存在差异，无法根据完全相同编号横向比较，仅选择基本大类下最相似的典型产品为代表。带 * 的项目表示存在协定税率低于普通税率的情况。** 举例，根据美国国际贸易委员官网指引，机电产品 8501.10.20 的普通进口关税税率为 6.7%，另临时归入 9903.88.02 项加征 25% 关税；6102 项下由普通税率 19.5% + 临时 7.5% 构成。

资料来源：数据逐项整理自中国自由贸易区服务网、外贸实务查询服务网、美国国际贸易委员官网等。

（二）自贸协定促进贸易结构改善

近 20 年来，世界服务业增加值占 GDP 的比重增加了 3.4 个百分点，德勤报告显示 2018 年服务业增加值占世界 GDP 比重已达 68.9%，成为绝对的第一大产业。2019 年中国服务业占 GDP 比重也达 53.9%。2010 年以来，国际服务贸易以 15%~20% 的增速快速发展。但由于服务具有异质性、定制化与供给消费关系的统一性等特性，其规模效应难以与制造业相比，服务市场的开放涉及国家主权与安全、政治与文化差异等敏感问题，因此对该领域的保护程度远超其他。而我国签订的自贸协定都涉及服务业开放（见表 2），目前与我国签订自贸协定的，既有韩国、新加坡、澳大利亚等部分服务产业优势突出的国家，也有研发、科技、金融、电信等领域力量薄弱的国家地区，随着对方服务业开放承诺逐步落地，将给我国企业开拓国际服务贸易市场提供重大机遇。

表 2　　　　　　　　中国与主要自贸协定国家银行业服务开放承诺

国　别	中方承诺开放要点	对方承诺开放要点
新加坡	允许提供和转让金融信息、金融数据处理以及有关软件；提供资信调查和分析、投资和证券的研究和建议、关于收购的建议和关于公司重组和战略制定的建议等咨询、中介活动。新加坡金融机构提出申请前一年年末总资产需超过 100 亿美元；从事本币业务的新加坡金融机构需在中国营业 3 年，且在申请前连续 2 年盈利。允许向中国企业提供本币服务	允许新加坡境外银行在新加坡设立全资子行。只有获得牌照或批准为银行、商人银行及金融公司的机构可以接受存款。不允许设立新加坡的全面银行和批发银行。新加坡的外国银行只能以海外支行或代表处的形式设立。代表处不能开展业务或担当代理机构。获得新加坡金融管理局的许可后，银行只能从事针对非本地居民的外币现金存款账户业务。除特批外，不论是本地的还是外国所属的金融机构，都只能开展新加坡元业务
澳大利亚	可在满足申请前一年年末总资产超过 100 亿美元等条件基础上，允许澳大利亚金融机构在中国设立独资银行，允许在中国开展外汇业务和本币业务，无地域限制。对于外汇业务，无客户限制。对于本币业务，允许澳大利亚金融机构向中国企业提供服务。取消在华设立外资银行营业性机构须事先设立代表处的规定。在符合规定时，经许可批准，可参与信贷资产证券化业务	尚无法查询具体开放承诺清单

续表

国 别	中方承诺开放要点	对方承诺开放要点
瑞士	可在满足申请前一年年末总资产超过100亿美元等条件基础上,允许瑞士金融机构在中国设立独资银行,允许在中国开展外汇业务和本币业务,无地域限制	金融服务承诺(保险、银行以及其他金融服务)需同《GATS关于金融服务承诺的谅解》保持一致。外国投资基金只能通过居住在瑞士的授权代理人进行销售或者分销
韩国	可在满足申请前一年年末总资产超过100亿美元等条件基础上,允许韩国金融机构在中国设立独资银行,允许在中国开展外汇业务和本币业务,无地域限制	只允许在本国提供相同金融服务的外国金融机构(除融资租赁外)设立商业存在。未经有关部门特别批准,允许最多持有10%的银行股份(非金融服务实体最多为4%)和15%的省级银行股份。经有关部门特别批准,允许持有银行和省级银行100%股权。诸如房屋认购定金在内的特别存款只能由指定机构处理。证券储蓄和信贷发放受到上限和运行的限制。信用卡贷款受到限制
越南	无特别承诺	允许设立100%外商独资的银行;100%外商独资的金融公司和金融租赁公司,该外国信用机构的总资产需超过100亿美元;允许外国的信用机构在国民待遇基础上在越南发行信用卡;外国机构或个人在越合资银行中的出资比例不能超过30%

资料来源:中国自由贸易区服务网。

(三) 自贸协定倒逼营商环境优化

当前,我国经济社会发展已迈向高质量发展阶段,急需人才和技术等创新要素的支撑。而营商环境就是生产力,日益成为全球资源配置和高端产业布局的决定性因素。我国签订的自贸协定最基础的要点就是三零原则,即零关税、零壁垒、零补贴,表现为允许负面清单外经营,保护知识产权、环境、劳工权益,遵循企业竞争政策中性、取消直接补贴等具体条款。这将对地方政府的管理服务正确处理好政府与市场的关系提出更高标准,要求全方位转变产业政策理念和手段。随着与更多国家签订双边协议,我国将通过持续破除更多贸易壁垒引领国际贸易新规则制定,也将倒逼地方政府加快打造更公平公正的营商环境。

(四) 自贸协定推动两种资源统筹

我国与东盟、智利、新西兰、秘鲁、冰岛、马尔代夫、毛里求斯等国家地区签订的自贸协定广泛涉及农产品、矿产品关税减让和农业、采矿投资开放等内容，如我国对秘鲁的鱼粉、矿产品、水果、鱼类；对智利的冻鱼、葡萄酒、苹果、橡胶；对格鲁吉亚的铜等产品实施零关税，将有利于我国在更广范围内利用农业和工业原材料资源。同时，成员地区对我国高水平开放投资市场，便利商务和技术人员出入境，为投资所得自由汇出境提供通道，有利于国内企业低成本运用投资地土地、人工、材料资源，更大力度开拓海外市场。如中韩自贸协定生效后，中方对韩投资快速增长，2018年中国人在韩投资规模达27.4亿美元，同比增长238.9%，主要聚焦电气电子、机械装备、精密仪器、医疗器械、金属加工等韩国优势领域，中国人在韩投资额占全体外商10.2%。

(五) 自贸协定充实开放平台内涵

近年来，我国积极实施"一带一路"倡议、上合示范区、中国中东欧合作等机制，大力建设自由贸易试验区，为国际贸易和投资搭建新平台。65个"一带一路"沿线国家地区中已与我国签订自贸协定的有14个。自贸协定有利于我国深度嵌入全球供应链和价值链，推动我国贸易投资进入欧美等大市场，为地方政府参与全球供应链和区域生产网络创造条件。同时，自贸协定本身就围绕"自由贸易"而成，有些规则已然超越国内自贸试验区的开放程度。自贸协定和自贸试验区都具有创新适应、引领国际贸易新规则的功能，两者之间可以相互呼应补充。如中方在自贸协定中将法律、建筑和海运等上海自贸试验区自主开放措施对新加坡作出约束性承诺，并进一步拓展了建筑、海运领域开放措施的适用范围，为自贸试验区开展压力风险测试提供了约束条件。

四、宁波与自贸协定区的经济联系情况

(一) 货物贸易方面，自贸协定区进出口占比居首位

除中国大陆外，15个自贸协定区涉及国土面积约1566万平方公里、人口9.45亿。2019年全市与自贸协定区共发生进出口总额2352.9亿元（见表3），同比增长16.0%，占全市货物进出口总额的25.7%，占比上升2个百分点，比重超过欧盟、美国（美国937万平方公里、人口3.3亿）占比的20.5%、15.5%，成为全市重要的贸易国别区；其中出口1128.6亿元，占比18.9%；进

口 1224.3 亿元，占比 38.3%；与东盟、韩国、澳大利亚等主要贸易地区增长势头较好。如 2016—2019 年，宁波与韩国发生货物贸易增速分别达 4.2%、29.3%、7.1%、8.5%。

表3　　　　2018—2019 年宁波与自贸协定区货物进出口总额　　　　单位：亿元

国别（地区）	2019年进出口	2018年进出口	同比	2019年进口	2018年进口	同比	2019年出口	2018年出口	同比
东盟	976.9	792.8	23.2%	435.3	356.9	22.0%	541.6	435.9	24.2%
韩国	460.4	424.3	8.5%	291.5	274.6	6.2%	168.9	149.7	12.8%
巴基斯坦	45.2	46.0	-1.7%	13.6	10.9	24.8%	31.6	35.1	-10.0%
马尔代夫	2.6	0.4	550.0%	2.1	0	—	0.5	0.4	25.0%
格鲁吉亚	3.6	3.3	9.1%	0.2	0.8	-75.0%	3.4	2.5	36.0%
智利	147.4	142.6	3.4%	91.2	82.2	10.9%	56.2	60.4	-7.0%
秘鲁	45.7	45.2	1.1%	20.9	21.2	-1.4%	24.8	24.0	3.3%
哥斯达黎加	5.6	5.1	9.8%	0.1	0.4	-75.0%	5.5	4.7	17.0%
澳大利亚	481.3	397.0	21.2%	301.2	234.0	28.7%	180.1	163.0	10.5%
新西兰	43.0	34.8	23.6%	20.2	13.0	55.4%	22.8	21.8	4.6%
冰岛	0.7	0.5	40.0%	0.4	0.3	33.3%	0.3	0.2	50.0%
瑞士	19.6	43.9	-55.4%	7.7	27.8	-72.3%	11.9	16.1	-26.1%
毛里求斯	2.2	1.8	22.2%	0.4	0.4	0.0%	1.8	1.4	28.6%
中国香港	117.2	90.1	30.1%	39.4	11.1	255.0%	77.8	79.0	-1.5%
中国澳门	1.5	0.7	114.3%	0.1	0.1	0.0%	1.4	0.6	133.3%
总计	2352.9	2028.5	16.0%	1224.3	1033.7	18.4%	1128.6	994.8	13.4%
全市总额	9170.3	8576.3	6.9%	3200.6	3025.6	5.8%	5969.7	5550.7	7.5%

资料来源：2018 年、2019 年《宁波商务发展报告》。

（二）协定利用方面，利用率居全省前列但仍需提升

2018 年宁波海关、宁波贸促会分别签发各类原产地证书 49.83 万份、17.68 万份，其中区域性优惠原产地证书分别为 22.74 万份、2.61 万份，共计 25.35 万份，其中海关签发的优惠原产地证书涉及金额 67.58 亿美元，可为企业减免国外进口关税约 3.38 亿美元。按每份货值约 3 万美元计，全年优惠原产地证涉及金额约 76 亿美元，占自贸协定区出口总额 171 亿美元的 44.4%。如果仅以海关签发为基数，宁波企业出口优惠关税利用率约为 39.5%，居全省首位（见图

1)。但与当前零关税覆盖率相比,优惠关税的利用率仍有很大提升空间。

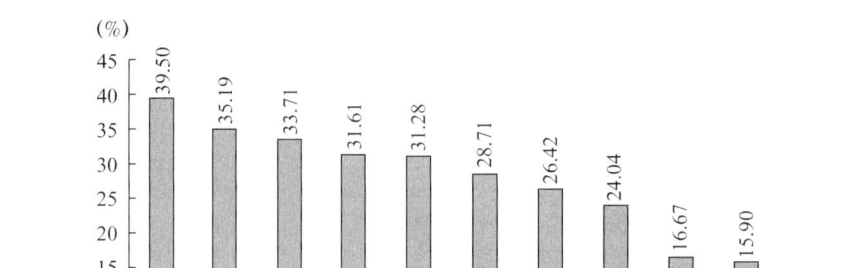

图1 2018年全省各市海关口径自贸协定出口利用率

资料来源:宁波、杭州海关。

(三)服务贸易方面,自贸协定区与发达国家发包规模相当

2019年,宁波全市国际服务贸易进出口总额为951.9亿元,其中出口625.2亿元,进口326.7亿元,比上年各项分别增长14.7%、12.7%和18.7%,全年承接服务外包执行额373.7亿元,比上年增长11%。承接离岸服务贸易体现了一个地方参与国际供应链和价值链的深度。2019年宁波承接离岸服务外包执行额37.1亿美元,比上年增长23.6%(数据来自宁波市商务局),自贸协定区发包11.08亿美元,占全市总额的29.87%,主要为中国香港、东盟、澳大利亚、韩国,分别为8.14亿美元、1.4亿美元、0.54亿美元、0.38亿美元,共计10.46亿美元,与来自美、德、俄、英四国总规模相当,占自贸协定区发包的94.4%。单个看,除中国香港外,与美国的6.14亿美元、德国的2.13亿美元、俄罗斯的1.97亿美元、英国的1.07亿美元相比规模上还存在较大差距。

(四)双向投资方面,投资合作功能发挥严重不均衡

2019年,全市合同利用自贸协定区外资58.66亿美元,同比增加12.5%,占全市总额的75.77%;实际利用自贸协定区外资17.67亿美元,同比减少41.4%,占全市总额的74.78%。尽管利用自贸协定区外资整体占全市总额的3/4,但主要资金均来自中国香港地区,24个自贸协定区中实际利用外资额2000万美元以下的有22个。除中国香港外,全市合同利用、实际利用自贸协定区外资的占比分别仅为6.2%、4.2%。同时,实际利用新加坡外资6628万美元,占东盟总额的97%。而同期合同、实际利用美国外资占比分别为17.1%、1.1%。

2018年宁波实际投资自贸区5.48亿美元、累计60.6亿美元,分别占全市总额的26.9%、46.8%,但主要集中在中国香港地区和越南,两区累计占全市总额权重分别为34.6%、6.2%,其他地区仅为6%。同期累计实投美国、日本占比分别为26.3%、4.2%。

五、建议依托自贸协定充实宁波开放内涵

一是推动自贸协定叠加嵌入开放平台。宁波已获批国家跨境电商综试区、国家保险创新综试区、浙江"一带一路"综试区、浙江自贸区宁波联动创新区等平台,正在积极创建宁波中国—中东欧国家经贸合作示范区、浙江自贸区宁波新片区,这类平台的核心都是围绕提升国际国内贸易质量和科技创新水平,在通关、流通、投资、金融、服务、科研、政务、人文等领域开展制度创新试点,应该与自贸协定已经确定的贸易投资规则标准互认、端口互通、载体叠加。要按照优势互补原则,以重点自贸区为对象,率先打造宁波与自贸协定区的合作产业园,利用自贸协定打造宁波乃至中国拓展进入南亚、东北亚、欧洲、美洲、澳洲等板块的中转枢纽。

二是完善地方政府自贸协定实施机制。加快建立"政府主导、部门联动、社会参与、市场运作"的工作机制。提高决策支撑能力,考虑成立专门的自贸协定实施研究中心,由商务、发改、海关等主管部门,政府性智库机构,高校,贸促会等社会组织联合共建,实时关注国家自贸协定规划进展,开展前瞻研究,加强自贸领域人才培养,为高质量利用自贸协定条款提供政策建议。完善责任落实路径,考虑由商务部门牵头,海关、口岸等部门参与,系统梳理货物贸易便利化条款,加强政策宣传,改进通关监管模式,运用信息化手段开展原产地证管理服务,探索原产地"经核准声明人"制度,促进企业充分运用优惠政策;考虑由发改部门牵头,商务、经信、农业、科技、市场监管、金融、文旅、卫健、教育等部门参与,系统梳理服务贸易、投资合作领域开放性条款,通过政务模式改革、布局新基建等方式优化营商环境,争取国家政策支持,加强项目生成、储备、实施。

三是建立自贸协定区域进口集散中心。充分发挥宁波的港口开放优势,顺应我国生产、消费迈向高质量阶段的规律趋势,积极建设国际供应链创新策源中心,在巩固外贸出口地位的同时,更加注重壮大进口贸易,推动以优进优出为核心的贸易转型升级。依托自贸协定的税率优势,做大进口市场规模和能级,

特别是扩大铁矿砂、铜材等资源性产品进口,争取国家在部分战略性物资上的税费优惠。加快建设冷链物流中心,增加乳制品、冷链食品、酒类、肉类、食糖、花木、果蔬等优质特色消费品进口。加强自贸协定地区间"经认证的经营者"互认合作,确定鲜活农副产品目录清单,创新班轮卫生检疫"电讯申报、无疫通行"等监管模式,加快开通通关绿色通道。建设全国主要区域直销中心,完善自贸协定区商品进口基地线上线下营销渠道,形成立足长三角、服务全国的进口贸易枢纽。

四是争取服务产业领域先行深度开放。服务贸易是宁波对外贸易的短板,2018年全市国际服务贸易总额为830亿元,占全市对外贸易总额的8.8%;同期,杭州、深圳服务贸易总额分别为2713亿元、708.45亿美元,占比分别为34%、13.5%。要充分利用自贸协定服务产业双向开放承诺和宁波制造业、服务产业比较优势,借鉴日本在海外"再造一个日本"的战略经验,推动服务性产业走出宁波,通过扩大宁波国民生产总值提高宁波财富总值。一方面争取国家服务业扩大开放新试点,另一方面用足自贸协定既有政策,加强与韩国、新加坡、澳大利亚、瑞士等国在金融、航运、物流、影视等方面的合作,特别是要抓住国外资金因新冠肺炎疫情影响来华寻求安全避险的机遇,结合自贸新片区申报行动,依托大宗商品交易中心建设,争取更宽松的离岸金融外汇试点,实施金融创新"沙箱"计划,打造外资来华的产金对接中心和人民币结算中心;同时推动宁波科技服务、中医药、物流、工程、通信等产业走向欠发达地区寻求机遇,探索易货贸易方式在欠发达地区的运用。

五是支持企业参与国际经贸规则谈判。加强企业调研,深入掌握企业对自贸协定政策的认知、运用情况,通过党政信息和专门汇报等渠道,及时反映企业面临的外贸困难、帮扶诉求和创新诉求。积极争取宁波企业作为样本企业参与国家自贸协定谈判,代表中国企业对经贸规则提出建议,维护国家整体利益。及时掌握国际经贸谈判动态资讯,健全贸易摩擦和预警机制,引导企业形成合理预期。

汪志飞

宁波加快市域治理现代化的对策建议

城市治理是推进国家治理体系和治理能力现代化的重要内容。市域治理现代化是实践国家治理现代化的具体单元和重要突破口。市域治理成效，事关人民安居乐业、社会安定有序和国家长治久安。高水平推进市域治理现代化，将为宁波当好浙江建设"重要窗口"模范生奠定扎实基础。

一、现实基础

（一）市域治理基本面指标全面向好

近年来，宁波积极推进市域社会治理工作，聚焦关键处、打开突破口，坚持系统性、整体性、协同性发展，走出了一条具有时代特征、符合宁波实际的市域治理现代化路子，各项社会面指标全面向好。

一是社会治安、生产安全态势稳中向好。2019年全市刑事案件立案数和道路交通事故全口径死亡人数分别同比下降7.9%、29.6%，各类生产安全事故起数、死亡人数分别同比下降43.5%、40.4%。

二是信访形势平稳有序。2019年，全市信访来访总批次、人次分别同比下降4.7%和17.3%，非访数量同比下降95%，进京非访保持"零记录"，人民群众安全感和对社会治安满意度分别同比提升1.38和1.76个百分点。

三是市域治理实践成果、制度成果同步推进。宁波连续11年入选"中国最具幸福感城市"，实现省平安市创建"十四连冠"，夺得省"平安金鼎"，全国法治乡村建设工作会议和全国加强乡村治理体系建设工作会议相继在宁波召开，推广宁波社会治理经验。

(二) 市域治理基层基础基本能力建设不断加强

近年来，宁波坚持共建共治共享方向，聚焦影响国家安全、社会安定、人民安宁的突出问题，加强基层组织、基础工作、基本能力建设。

一是构建基层治理协同平台。率先在全省建成"宁波市基层社会服务管理综合信息系统"，纵向形成市、区县（市）、镇街、村社、网格五级流转处理机制，横向实现"警务通""流管通""平安通"等系统集成融合，2019年通过系统共处置社会治理事件390余万件，事件处置率达99.5%。2020年"战疫"期间，全市网格员累计走访排查1461万户次，排查化解突出矛盾纠纷涉稳信息2.7万条，协助排查境外输入类事件2652起。

二是强化社会治理基础工作。培育社会组织参与治理，每万人拥有法人社会组织数量达到11个，是全国平均水平的两倍多。涌现出公益街"善集"、慈善综合体"善园"、江北区"北鸣轩"、北仑区"红领之家"和"社区司法矫正"等一批示范性、特色化的组织和项目。加快推进乡村治理，探索形成"村民说事""小微权力清单""四个平台"等多项制度和做法，逐步构建起自治、法治、德治"三治融合"的基层治理体系。

三是推进社会矛盾纠纷调解基本能力建设。在全国率先探索推行医患纠纷、交通事故、劳动争议等专业化调解模式，出台全国首个医疗纠纷预防处置地方性法规，交通事故纠纷、医疗纠纷和劳动争议人民调解工作模式探索出一套"宁波解法"。县级矛调中心全面完成组建，积极引入各类调解组织和社会力量，强化品牌调解工作室和调解员队伍建设。

(三) 市域治理智能化发展态势逐步显现

近年来，宁波依托数据整合和网络平台，打破行政壁垒和信息孤岛，推进政府数字化转型，深化社会治理领域"最多跑一次"改革。

一是加快基层治理创新。余姚首创的"移动微法院"使诉讼案件办理从"让当事人跑"向"让数据跑"转变，已正式升级为中国"移动微法院"，在全国推广应用。

二是推进预测预警预防。市级社会治理工作中心联通整合31个部门数据，统一建立标准化共享平台和信息采集终端并延伸到村（社区），全面掌握基础数据、处置情况和热点问题发展态势，并进行数据分析、形势研判。

三是强化治理科技赋能。围绕风险隐患防范化解，加快总结精密智控平台建设应用经验,加速推进新型智慧城市和"城市大脑"建设,努力实现"一网智控、一网通办、一网统管",让城市更智慧、治理更有效。

二、存在问题

(一)社区治理体系现代化面临较大挑战

一是社区基层力量不足。全市社区共有专职工作人员约6000人,平均每个社区不足10人,如鄞州区日丽社区有住户930户2000余人,仅有居委会工作人员6人。社区行政化倾向日益严重,平时要承担治安、计生管理、特殊人群服务及网格管理等工作,人员安排捉襟见肘,包片联户工作难以真正有效落实,导致一些治理风险隐患、群众矛盾纠纷无法预知、提前介入。

二是社区"人户分离"现象严重。受拆迁、子女教育、外来人口等因素影响,城区社区人户分离现象较为普遍,人户一致率不足40%,社区对辖区人口底数不清、情况不明,易造成管理服务混乱,甚至出现双重管理或无人管理的情况。"人户分离"不但削弱户籍管理的服务功能,而且不利于维护社会治安稳定,不利于预防、控制、发现、打击违法犯罪活动。

(二)社会矛盾纠纷调处化解能力短板较为明显

一是矛盾纠纷发现能力不足。主要表现在工作覆盖有盲区,触角不敏感,各条线、各层级平台信息不互通、碎片化。特别是一些矛盾纠纷产生后,当事人不愿公之于众,各地各部门也未有效发现或未引起警觉,小纠纷易酿成大冲突甚至是极端事件。

二是矛盾纠纷化解资源整合不够。目前各级各部门都有矛盾纠纷化解职责,条与条、条与块之间存在配合不紧密、工作交叉现象,参与各方的衔接、沟通和协同还不够,如警务通、城管通、民生e点通、12345等平台信息资源分布零散,化解途径和调解方式的多元化导致不同程度存在调处重大矛盾时力量资源不够集中问题。

三是矛盾调解专业力量有待加强。目前基层调解员总体数量不够、素质还不高、经验不足。无论是人民调解还是行业调解,都缺乏专业化人才,调解员工作积极性没有充分调动。

(三)市域社会治理体制要素保障亟待加强

一是区域部门协同治理有待强化。少数地区和部门工作理念、工作方法与社会治理新的形势要求不相适应，习惯于以老观念评价问题、老方法处理问题，各地工作推进过程成效不一。部门之间、部门与属地政府之间统筹衔接机制亟待完备，力量资源有待进一步整合，信息化建设需要继续打通卡口。

二是人才保障机制有待加强。社会治理人才还有一定的缺口，社会治理工作者的薪资报酬、职业激励、培训考核等制度还需健全完善。社会力量参与社会治理的深度不足，培育、引导、推动社会组织、社会力量参与治理的办法和措施仍然不足，群众自治队伍相对缺乏。

三是治理平台化标准化建设有待提升。如农村社会矛盾纠纷多元化解平台机制尚未成型、农村公共法律服务盲区明显、"小微权力清单""村民说事"等制度标准化建设有待加强等。

三、提升市域治理现代化水平的重点举措

（一）加快提升社区治理体系和治理能力现代化水平

一要加快引育人才，建设高素质社区工作者队伍。要更加关心关爱基层社区工作者，在待遇和负担上做好"加减法"。待遇上做加法，加大财政投入力度，建立等级绩效薪酬制度，提高薪酬待遇；基层负担上做减法，在社区治理中引入竞争机制，制定完善政府购买社区治理专业化服务指导目录，让更多专业的人来做专业的事。

二要构建协同机制，动员各方力量参与社区治理。要加紧推进"三社联动"机制，加快培育专业化社会组织，鼓励各类社会力量积极参与，实现"1+1>2""1+1+1>3"的效果。

三要强化科技支撑，着力打造"现代智慧社区"。人工智能、物联网、区块链、5G、大数据等现代科学技术的快速发展，为社区交通管理、物流供应、应急灾备、信息溯源、人员健康等全面数字化管理提供了可能，下一步要结合"未来社区"创建工作，加强前瞻性思考、全局性谋划、战略性布局、整体性推进，加快推进社区治理与服务创新融合发展。

四要完善法规体系，为社区治理提供法治保障。此次新冠肺炎疫情暴露出我国现行相关法规中针对突发重大公共卫生事件的因应机制短板，亟待完善。要探索健全完善符合宁波实际的社区治理法规规章制度等。

（二）加快推进乡村治理体系和治理能力现代化

一要打造"村民说事"和小微权力清单制度升级版，拓展"说、议、办、

评"深度广度，形成民事民议、民事民办、民事民管、民事民评的多层次基层协商格局，完善村级小微权力运行规范。积极推动象山县"村民说事"和宁海县"36条"经验省级标准化试点建设。

二要推进"最多跑一次"改革向农村基层延伸，全面梳理村、乡镇（街道）、县三级办理事项，完善服务事项清单制度，优化办事流程，实现村级事项办理100%"最多跑一次"。加强农村公共法律服务，推广"公证E通"服务模式，打通群众办理公证的"最后一公里"。

三要推进数字乡村建设，实施"乡村治理+互联网"行动，加快大数据、人工智能等新科技应用，加速推进乡村"雪亮工程"建设，探索"智慧村庄"建设，加快乡村治理数字化转型。四要加强乡镇（街道）行政服务中心、村级便民服务中心（站）规范化建设，优化功能布局，创新服务方式，探索移动端远程视频服务方式，使原线下办理高频办事事项实现"网上办""掌上办"。

（三）加强市域社会治理专业化能力建设

一要深化保险治理模式探索。把"保险+治理"作为国家保险创新综合试验区建设的重要内容，在创新推出医疗责任保险、巨灾保险、电梯保险、食品安全责任保险等险种基础上，进一步加强保险产品和服务模式创新，推动保险更好服务于市域社会治理、化解社会矛盾纠纷等领域，提高社会风险隐患防范能力，降低政府社会治理成本。

二要探索建立市域社会治理一体化指挥分析平台。以社会服务管理综合信息系统为骨干，以各区县（市）矛调中心数据平台为支点，逐步整合警务通、城管通、民生E点通、12345等专项平台群众的投诉、举报信息，实现信息互通、数据共享。打破区域、层级、职能的界限，提升跨区域、跨部门、跨领域的协同处置能力，提高突发事件响应速度和处置效率。加强社会治理信息库建设，充分运用大数据、物联网等新技术智能化手段，提升风险隐患监测预警研判能力。

三要加大社会治理专业力量保障。在矛盾纠纷调解方面，加强专、兼职调解队伍建设，增加人民调解工作指导经费，发挥"两代表一委员"、老同志、老专家的社会影响力、群众工作经验和专业优势。发展专业性行业性调解组织，强化主管部门行业引导，在商品房装修、汽车消费等矛盾易发领域成立专业调解委员会。

徐　毅

宁波实施金融"监管沙盒"对策建议

国发〔2020〕10号文件印发了《中国（浙江）自由贸易试验区扩展区域方案》（以下简称《方案》），明确浙江自贸区宁波片区将重点承担建设国际航运枢纽、国际油气资源配置中心、国际供应链创新中心、全球新材料科创中心、智能制造高质量发展示范区的功能定位。贯穿这五大功能定位的主线是全面深化贸易和投融资领域的制度创新，形成有利于国际国内资本、人才、技术等创新要素在宁波集聚的营商环境。而高效、稳健和开放的金融生态是更好融入国家发展战略、承担国家赋予使命、提升开放型经济质量的标准配置。《方案》提出，浙江自贸片区要推动金融创新服务实体经济，如开展本外币合一银行账户体系试点、探索开展境内贸易融资资产转让业务和不良资产对外转让业务、设立民营银行；运用区块链技术，探索"沙盒"监管模式，建立全链条信用监管机制；等等。金融作为现代经济的核心，防范化解金融风险是金融工作的永恒主题，金融开放创新必须守住安全底线。"监管沙盒"是近年来国内国际为顺应科技发展、经济数字化转型带来金融新需求而产生的一种范围有限的试验方法，对于自贸区提升金融服务水平、提高监管能力具有重要的工具价值。

一、金融"监管沙盒"的含义与应用

（一）含义

沙盒又称沙箱，源于英文sandbox，早期是计算机领域中的一种安全机制，也是一种用于网络安全的虚拟技术，即将带有安全隐患的软件在一种真实、隔离的测试环境中运行，如其中含有破坏性行为，就可被及时发现、修正，防止其对"盒外"数据和程序造成影响。金融"监管沙盒"是信息技术跨界发展的产物。当信息技术与金融结合为金融科技时,它既具有两者的创新价值,又具有两者的风险特征,具有更强的隐蔽性和更快的传播能力,对传统监管体系势必造成冲击与挑战。为了平衡创新进步与政府监管、消费者保护之间的价值,监管沙盒的思路顺势而生。金融监管沙盒,就是为特定金融科技企业创设风险规模可控的"安全空间",作为企业测试创新性产品、服务、商业模式的试验环境,相应的金融产品能够暂时豁免法律规制并获得监管指导,由企业和监管者共同解决创新面临法规性难题的测试机制。自贸区实际上是放大版的"监管沙盒"。

(二) 程序

金融监管沙盒由英国FCA(金融行为监管局)首创实践,根据FCA的运用案例来看,金融监管沙盒实施一般由6大环节组成:①企业申请。金融科技企业可以向监管部门提出申请,按照预先准则和要求填报资料,阐述测试产品价值及其测试必要性。②申请批复。监管部门审核申请测试产品的内容和材料,履行尽职调查和全面审核职责,并视情给予批复。③制订方案。监管部门与企业点对点确定测试方案,确定测试业务、测试参数、测试周期、评估办法、退出条件、报告要求和保障措施。④测试与监控。试点项目在约束条件内运营,企业定期报告测试情况,监管部门跟进项目并提供相应评估、指导、调整。⑤测试结束。企业提交测试报告,监管机构将测试结果反馈给企业。⑥结果运用。对于符合测试要求的,由企业和监管机构协同决定是否将合格项目在更大范围内推广应用,对于不符合要求的,则终止项目。

(三) 原则

金融监管沙盒行动核心是为了在保护社会进步和公众利益的前提下鼓励金融创新,因此必须遵循四项原则:①创新性原则,即企业测试的项目必须提供一项传统业务无法给予的服务,或者对传统业务的效率有显著提升作用。②公益性原则,即行动的出发点是为了增进社会福祉,避免新产品对金融监管秩序造成重大冲击、对消费者权益造成侵害。③有限性原则,即沙盒监管下的企业仍然需要遵守必要的监管规则,特别是与反洗钱和消费者权益保护相关的法律,一般仍然具有刚性约束。④包容性原则,即金融监管要回应金融科技发展的需要,对初创阶段的金融科技保持谦抑性,只要测试企业遵守事先约定的承诺,监管部门不能事后追责。

(四)趋势

2016年以来,英国、澳大利亚、美国、加拿大、新加坡、韩国、中国香港等国家和地区相继推出了金融监管沙盒行动。如新加坡致力于建设创新型智慧金融中心,主动创造有利于金融科技发展的监管环境,鼓励企业和银行机构广泛采用技术提高效率、创造新机会、提高国民生活水平。为了消除金融科技创新活动全球性和各国监管之间的差异化矛盾,英国还提出了"全球监管沙盒"的构想。总之,监管沙盒行动为金融科技创新找到了一条具有高度弹性、包容性和合目的性的路径,将成为更多国家探索金融创新的优选工具。2016年5月,新加坡金融管理局、经济管理局、信息通信媒体发展管理局、国家研究基金会等多部门设立金融科技办公室,同年11月发布《金融科技"监管沙盒"指南》,2019年8月又推出沙盒快车计划,进一步加快沙盒试验进程。新加坡金管局2017—2018年的年度报告显示,有40余家金融科技公司、金融机构、资本市场业务公司等提出申请,共7家公司获得试验资格,5家完成试验,其中4家获得金管局营业许可。

二、国内"监管沙盒"的实践探索

中国的互联网技术应用走在世界前沿,并逐渐从应用驱动型创新迈向技术驱动型创新,数字技术与金融服务和监管深度渗透、融合。蚂蚁集团、陆金所、京东数科、微众银行、旷视科技、捷信集团、商汤科技、金融壹账通、度小满金融等一批代表性金融科技企业纷纷崛起。早在2015年,北京房山区设立互联网金融安全示范产业园,此后江西赣州启动区块链金融产业沙盒园项目、中国电子商务协会在深圳市设立"监管沙盒"产业园等。这些早期项目没有金融监管机构参与,距离真正意义上的沙盒行动有很大差异,但毕竟起到了尝试构建金融科技生态圈的作用。随着国家推出金融科技规划后,北京、深圳、重庆、雄安、成都、杭州等地取得金融科技试点资格,纷纷开始实质意义上的金融监管沙盒试验。

(一)政策依据

2018年12月,中国人民银行、国家发展改革委、科技部、工业和信息化部、人力资源社会保障部、卫生健康委六部委印发了《关于开展金融科技应用试点工作的通知》,决定在北京市、上海市、江苏省、浙江省、福建省、山东省、广东省、重庆市、四川省、陕西省组织开展金融科技应用试点工作。2019年8月，中国人民银行印发了《金融科技（FinTech）发展规划（2019—2021年）》，提出了金融科技发展的指导思想、基本原则、发展目标、六方面重点任务和五项细节保障措施。经过前期铺垫，中国人民银行于2019年12月正式启动金融科技创新监管试点工作，探索运用信息公开、产品公示、社会监督等柔性管理方式，打造包容审慎的中国版"监管沙盒"。此外，深圳、北京、广州、上海、重庆、成都等地还出台了地方性的金融科技创新发展指导意见和实施方案。

（二）试点情况

2020年1月以来，北京（17个）、上海（8个）、成都（6个）、广州（5个）、杭州（5个）、苏州（5个）、雄安（5个）、重庆（5个）、深圳（4个）共公示了60个试点项目。在申请主体上，共有113家机构参与，其中包括60家银行和27家科技公司，此外少数支付机构、清算组织、征信公司、保险公司也参与试点。在底层技术上，多数项目以大数据、人工智能、知识图谱、区块链、云计算为主要支撑，少数项目涉及生物识别、TEE、物联网、虚拟现实等多种技术。在场景应用上，试点项目主要应用在信贷、运营管理和支付方面，个别项目涉及身份识别、信息溯源、保险理赔。如深圳前海微众银行推出"基于区块链的境外人士收入数字化核验产品"的项目，将境外人士境内经常项目合法收入购汇及汇出所需的收入证明数据及身份信息数据加密摘要进行上链存证，实现对在深就业境外人员薪酬信息真实性验证，期冀在保护个人隐私的前提下，既提高境外人员购汇、汇出便捷程度，又提升监管能力。在机制创新上，突出产业培育和权益保护并重，一方面政府主动提供风险可控的真实市场环境，另一方面综合运用公示、自声明、用户明示等方式保障消费者知情权，采取风险拨备资金、保险计划等补偿措施保障消费者财产利益。

（三）主要启示

中共中央《关于制定国民经济和经济社会发展第十四个五年规划和二〇三五年远景目标的建议》指出，要构建金融有效支持实体经济的体制机制，提升金融科技水平，增强金融普惠性。国内先进城市紧抓金融监管沙盒行动机遇，有星星之火可以燎原之势。金融新基建是国家的核心竞争力，金融改革创新的涉及面、穿透性较一般改革更广、更强，因而金融改革创新往往也是最难啃的骨头。但要想提升城市的创新优势，必须主动拥抱金融创新，创造更具低成本优势的产业资本获取通道、更具控制力的资源配置工具。如苏州近年来强化金融科技产业培育，先后落户了全国首个小微企业数字征信实验区、金融科技创新监管、数字货币等创新试点，成为苏州城市的新品牌。中国体制外存在规模巨大的金融资本，广大的中小微企业和消费者也具有强烈的合规金融需求，同时境内外贷款利率利差较大，境内外投融资跨境流动存在天然势能。面对这些，监管层逐渐从过去的严管严控转向合规引导，成为国内各地探索金融改革创新、布局新兴产业、培育独角兽企业的新机遇。金融科技项目出盒后，一旦孵化成功，相关企业就可能占据第一赛道，后来企业很难再开拓市场。对于尚未进入"监管沙盒"试点的地方政府而言，应该树立机遇意识，从创新平台、国际化水平、科技支撑、体制机制和城市品牌等方面发力，利用沙盒思路营造守正创新、开放融合的金融生态。

三、宁波片区实施金融"监管沙盒"的建议

一是加强试点组织领导。浙江自贸区扩展区域方案，已经为宁波自贸片区开展试点提供了政策前提，《关于开展金融科技应用试点工作的通知》范围包括浙江全省，且按照央行《金融科技三年规划》政策精神，未来试点地域将会进一步扩大到前期项目储备成熟、热点技术集聚区域，改革创新经验也将复制到其他地区，宁波实施沙盒试点在政策层面没有障碍。应尽快成立专项工作领导小组，加强各单位之间协调联动、政策资源整合和信息共享，统筹推进载体布局、招商引资、企业培育、政策扶持、应用场景建设等重点工作。积极争取央行、银保监会等监管机构和省金融办进一步支持。对于不涉及法律法规暂停、变通执行的，可以提前制订区域性金融科技创新指导方案。

二是积极储备实施项目。排摸一批本土化种子项目，围绕全市大数据、云计算、区块链、物联网、工业互联网等信息技术企业，围绕智能制造、跨境电商平台、服务型制造、宁波大交所等平台企业，围绕宁波银行、东海保险、甬兴证券等金融机构，调研梳理一批潜在项目。加大招商引资力度，引进一批大数据服务商等金融科技企业区域性总部，加大研发力度，形成一批知识产权和专利，孵化一批金融科技项目。重点推进一批普惠金融项目，充分利用金融科技手段，重构企业信贷服务体系，解决三农、外贸、中小微企业面临的融资难题，实现金融服务实体经济的目的。注重差异化探索，针对当前保险科技试点项目少的空当机遇，发挥宁波保险改革创新平台作用，推进一批知识产权IP保

险、汇率保险、综合保险理财、供应链融资等创新产品。开拓国际化视野，探索一批与国际金融科技监管规则相衔接的项目，特别是可培育一批为企业出海服务、推动产经对接的跨境投融资项目和数字人民币结算项目。加强对企业参与项目试点的政策激励，如给予税收减免返还、降低准入条件、降低交易成本等。举办大型金融科技大赛，扩大项目来源。力争自贸片区建设元年储备10个左右项目，每年分别滚动储备、实施2~3个项目，3~5年内培育2~3家在长三角地区具有重要影响力的金融科技企业、独角兽企业。

三是严格把握入出条件。在准入条件方面，要突出项目的创新性，入盒项目必须是金融服务应用新技术或技术融合方面，或对现有技术进行创新性的应用项目，项目申请资料必须明确提出测试场景和预期试点效果，申请企业既可以是持牌企业，也可以是未持牌企业，支持联合申请。监管机构要根据相应标准开展尽职调查，结合具体情况逐个评估项目创新水平和试点必要性。在退出条件方面，如企业在测试中违反协议条件且不适合整改的应立即退出。一旦企业在沙盒中测试期满，监管机构应及时提出评估意见，如测试项目不具备可行性则应当退出，如项目效果良好的，应协助企业向国家部委申请有关业务许可并及时退出测试，腾出测试资源。试验到期后，如企业申请延长试验期限的，监管部门按照个案情况最终决定。

四是突出公众权益保护。在单个试点项目方案中注重风险管控，在试验的市场区域范围、消费者人数、金融产品和服务的销售额、交易频率等方面进行适当限制。如通过试点项目经纪服务销售的保险单不得超过3000份。充分保障消费者的知情权，遵循"用户授权、最小够用、全程防护"原则，通过协议授权的方式明示用户数据采集和使用目的、方式以及范围。建立覆盖全生命周期的数据管理、追溯及报送机制，有效保障个人隐私及数据安全。督促项目试点企业采取风险拨备资金、保险计划等补偿措施，承诺对非用户自身责任导致的资金损失提供全额补偿。加强金融消费纠纷多元化解机制建设，提高金融消费纠纷解决的反应速度、服务质量、处理效率。

五是贯彻审慎包容精神。真正的创新往往会犯错误、会有风险，没有风险的创新就是扼杀创新，零风险本身就是大风险。沙盒监管的理念就是在风险可控的前提下鼓励创新，要赋予试点企业试错权。金融科技的监管要从传统的规则监管转向原则监管，在保护公众利益的前提下，优化金融资源配置，促进公平竞争，适当放松业务管制，增加监管弹性。主动为试点企业提供创新应用辅导，通过数据流、资金流和合作关系分析，从创新价值、服务质量、合法合规、风险防控等方面进行综合辅导与优化。加大对试点企业专利、商业秘密的保护力度，定期梳理金融科技成果，积极促成金融科技成果转化。

六是创新监管协调机制。充分发挥地方金融科技创新或沙盒行动专项工作领导小组居间协调的主体作用，协调解决跨层级、跨部门、跨领域的业务难题，减少金融科技创新隐形壁垒。发挥科技本身在完善监管上的千里眼作用，建设地方金融大数据系统，导入政府部门、金融机构、类金融机构相关数据，为企业创新、政府部门决策、风险监测预警和化解等提供支持和服务。充分发挥试点企业现身说法的情报采集作用，设立"沙盒聊天室"，为监管部门和试点企业建立直接沟通渠道，使初创科技公司可不经银行等传统金融机构直接向监管层反馈意见，取得监管层实时指导，形成最适合自身测试的模式、路径与条件。充分发挥专业机构和行业协会的决策辅助作用，组建专家咨询委员会或组织金融科技论坛，吸收会计事务所、律师事务所、信用评级机构等各方参与政策设计和测试评估。

汪志飞

抓紧谋划设计宁波航空新城

航空城是以机场为核心，以航空运输为载体，依托机场的区位优势、交通优势和口岸优势，在机场内部或周边地区综合开发航空运输、物流、临空工业及高新技术产业、商务会展、对外贸易、居住休闲等为一体的新型多功能区。在"十四五"编制规划中，宁波需抓紧谋划设计航空新城，将其作为一项重要工作。

一、谋划设计航空新城具有重要意义

（一）顺应国内外空港发展趋势的客观需要

世界空港的发展历程大致经历了两个阶段：第一阶段是由配套航空维修服务、航空公司基地等基本业务的航空运输区向包括零售、广告、餐饮业、物流、出口加工在内的临空产业区发展；第二阶段是由临空产业区向包括大型购物中心、商务区、酒店圈、会展区、商业住宅区等综合功能的航空城发展，成长为成熟的城市功能区。

从世界范围看，美国洛杉矶机场、日本大阪和长崎机场、德国法兰克福机场、荷兰阿姆斯特丹机场、中国香港新机场等，都在从临空产业区向航空城发展。以荷兰的阿姆斯特丹机场为例，那里不仅有高档写字楼，还有会议中心、展览中心以及便捷的物流中心，航空城的写字楼租金超过阿姆斯特丹市中心租金，每天有5.2万人在此工作。

从全国范围看，近几年来，北京、上海、成都、南京、西安等城市纷纷谋划建设航空城。北京计划投资千亿元打造"航空城"，上海提出《浦东国际机场航空城总体规划纲要》，成都提出到2040年天府空港新城将建设成为常住人口约 80 万人的中型城市，南京规划包括中央商务区、会议展贸区等 7 大功能板块的空港新城核心区面积 22.7 平方公里，西安规划西咸新区空港新城面积 146 平方公里，定位为第四代国际空港城市。

顺应世界空港发展的新趋势，客观上需要宁波抓紧设计谋划航空新城。

（二）推进未来科学发展的重大举措

根据 2019 年宁波栎社国际机场总体规划，到 2030 年，宁波机场年旅客吞吐量 3000 万人次，每天约 8.2 万人次。同时，根据宁波西综合枢纽工程设计规划，旅客吞吐能力达到每年 6000 万人次，每天大约 16.4 万人次。据测算，如果宁波西站建成后并与机场联为一体，那么这一区域每天的旅客吞吐量将达到 24 万人次左右。

机场和铁路带来的巨大客流量，必然带来巨大的需求和管理服务。这就需要尊重土地市场利用规律，对宁波机场和宁波西周边土地进行高强度开发，把谋划设计航空新城作为支撑宁波未来科学发展的重大举措，除机场本身必备的维修、保养、航空油等基本的机场作业外，还规划集高新技术产业、酒店金融、商业商务、国际会展、工业园区、物流保税、国际贸易、航空食品和生态居住、购物休闲等为一体的航空新城，为这一区域的巨大客流量提供周到服务。

推进未来科学发展，需要宁波把建设航空城作为推进未来科学发展的重大举措。

（三）补齐宁波发展短板的必然要求

宁波城市建成区面积小，仅为 345 平方公里，远低于南京的 796 平方公里、杭州的 591 平方公里、西安的 661 平方公里和长春的 520 平方公里，在副省级城市中排名靠后，甚至被许多经济发展水平一般的地级市超出，成为制约宁波经济社会发展的短板。

空港作为现代高速物流体系中的重要节点之一，在推动城市发展中发挥着越来越显著的作用。依托空港资源优势，实施空港带动战略，成为世界范围内蓬勃兴起的城市发展模式之一，如荷兰阿姆斯特丹航空城、法国戴高乐航空城、德国法兰克福航空城、美国奥兰多航空城、新加坡樟宜航空城等。

扩大建成区面积、补齐宁波发展短板，亟须宁波谋划设计航空新城。

二、若干建议

一是做好航空新城的申报工作。把申报工作作为当前的一项重大任务，加快制订申报工作总体方案，及时制定"时间表"和"路线图"，指明宁波申报航空新城的背景意义、指导思想、基础优势和工作目标等，争取获得国家、省的支持。

二是抓紧制定航空新城发展规划。发挥规划引领作用，在国内外发布规划招标公告，吸引众多有实力的团队参与宁波航空新城规划，对战略定位、发展目标、规划范围、产业主题、空间布局、基础设施、时间跨度、保障措施等进行统筹规划、科学布局。在成功申报航空新城后，抓紧做好航空城的规划控制工作，避免出现因拆迁引发的群体性事件和不必要的补偿经费问题。

三是发挥政府的主导和协调作用。筹建以机场为核心的航空新城是一项系统工程，必须在市政府主导和积极推动下开展，将航空新城发展作为宁波经济发展的一个核心重头，确立指导性方向，发挥协调性作用，明确航空新城的边界范围，使航空新城成为机场和宁波密切合作的平台。

王 巍

2020宁波百强企业榜单的基本特点

由宁波市企业联合会、宁波市企业家协会、宁波市工业经济联合会共同推出的2020宁波市综合企业百强、制造业企业百强、服务业企业百强和竞争力企业百强排行榜已正式揭晓。纵观该榜单，2019年宁波百强企业在规模增速、质量效益、结构特征、可持续发展能力等方面都呈现出不断提升或趋于改善的态势，在外部经济形势日趋严峻的情况下，取得这一成绩殊为不易。但也要看到，榜单相关数据也反映了百强尾部企业发展不快、产业间发展差距拉大、新动能企业数量不多等问题。总体而言，百强榜单主要呈现以下五大特点。

一是总体规模稳步扩大，但入围门槛徘徊不前。综合企业百强、制造业企业百强、服务业企业百强营业收入总额比上年分别增长5.07%、15.20%、2.65%，在中美贸易摩擦升级的形势下，均实现了同比增长，其中营业收入百亿元以上企业增加到40个，相比2019年增加3个，比2016年增加10个。但在头部企业不断壮大的同时，入围门槛提升有限，综合百强末位营业收入26.27亿元，仅比上年度提升1.15亿元，而制造业百强、服务业百强的入围门槛还有所降低，反映出宁波居于100~300位的骨干企业还需进一步提升规模能级。

二是企业效益趋于平稳，但首尾差距有所拉大。2019年综合百强净利润总额为683.91亿元，比上年度略降0.86%，总体趋于平稳，但首尾差距巨大，榜首企业中国石化镇海炼油化工股份有限公司净利润60.20亿元，占利润总额的8.80%；净利润5亿元以上企业35家，比上年增加6家，占利润总额的83.30%；净利润1亿元以下的企业达到31家，比上年增加1家，显示企业间效益分化加剧，2/3以上的百强企业利润达不到平均值（6.84亿元）。

三是制造业企业势头良好，服务业企业亟须发力。就行业分布来看，综合百强中制造业、服务业、建筑业企业分别为55家、32家、13家，反映出制造业企业仍在宁波产业发展中起到主体作用。就发展态势来看，制造业企业也好于服务业企业，入围中国500强、浙江省百强的宁波制造业企业从2012年的12家、18家分别增加到2019年的18家、27家，而服务业企业则分别从26家、44家减少到17家、39家，宁波对第三产业发展亟待加码发力。

四是民营企业持续赶超，但发展质量仍待提升。民营企业数量庞大、发展迅速是宁波产业经济的重要特点，百强榜单中反映出这一点。综合百强中民营企业数量达到74家，营业收入占比从2012年的61.65%一路提升至2019年的78.44%，户均营业收入也以172.93亿元超过国企的143.31亿元。但在质量效益方面还有不少差距，综合百强中民营企业户均利润6.10亿元、纳税额4.76亿元，相比国企8.02亿元、14.09亿元的户均水平还有较大提升空间。

五是创新能力不断提升，但新兴领域建树不多。在舜宇集团有限公司、均胜投资集团有限公司、吉利集团等一批企业带动下，企业研发投入持续增加，2019年综合企业百强中制造业企业百强研发经费投入达199.52亿元，比上年度增加5.64%，户均研发经费从2012年的1.16亿元增加到3.63亿元，投入的增加也带动产出的提升，制造业企业百强中有高新企业78家，国家级技术中心24家，发明专利3718项，参与制定国际标准14项。但百强企业仍主要分布在传统行业，如制造业企业百强中石化、纺织服装、机械汽配、家电等行业分别入围14家、11家、19家和9家，以新能源（1家）、新材料（3家）、生物医药（1家）、高端仪器仪表（2家）等新兴行业领域为主营业务的百强企业屈指可数，在服务业企业百强中也是如此，传统产业如商贸（52家）、物流（16家）等占据多数，在咨询（2家）、设计（2家）、信息IT服务（5家）、检测（1家）等新动能领域还有待更多百强企业涌现。

习近平总书记主持召开企业家座谈会并发表重要讲话，对当前形势作出重大战略判断，对广大企业家提出了增强爱国情怀、勇于创新、诚信守法、承担社会责任、拓展国际视野等几点希望[1]。中共宁波市委召开十三届八次全会，为宁波进入疫情常态化防控阶段后提出新目标、新定位、新任务。在这一背景下，宁波应当以建设一流甬商队伍为目标，推动以百强企业为代表的一大批市场主体奋勇向前、攻克难关、茁壮成长，继而为宁波经济高质量发展挑大梁，为宁波建设"重要窗口"模范生出大力。重点应做好几件事：一是加快企业梯队培

---

[1] 《习近平在企业家座谈会上的讲话（全文）》，《人民日报》，2020年7月21日。

育，着力实施龙头领军企业培育行动，努力打造更多单项冠军，完善行业骨干企业、独角兽企业、瞪羚企业、"小巨人"企业、"小升规"企业等企业梯队，推动形成大企业顶天立地、小微企业铺天盖地、高成长企业惊天动地的发展局面。二是抓实抓好"246""225""3433"等系列产业工程，更好利用国际国内两个市场、两种资源，推进产业提质扩量与关键核心技术攻关，进一步提升产业链供应链稳定性和竞争力。三是优化创业创新环境，依法保障企业家合法权益，在政策制定前多听企业意见建议，在政策出台后及时评估企业所感所得，营造尊商亲商安商富商的浓厚氛围。四是大力弘扬"四知"精神和新时代企业家精神，引导广大企业家顾大局、创大业、干大事、行大义，在做大做强企业的同时，积极履行社会责任，主动引领社会风尚，共同擦亮"宁波帮"这块金字招牌。

陈 浩

全球疫情发展态势及对宁波影响初步分析[①]

一、全球疫情加速蔓延，短期内恐难以基本控制

从近期国外新冠肺炎疫情发展态势来看，意大利、韩国、伊朗疫情发展迅猛，欧洲、中东、北美呈现加速发展态势，总体形势较为严峻，综合判断，全球疫情不会早于2020年6月得到基本控制。

全球已经处于疫情暴发初期。如图1所示，截至2020年3月8日上午9点，境外共有95个国家报告了确诊病例25124例、死亡498例，其中97%的病例是近20天报告的、50%的病例是近5天报告的。每日新增感染人数快速攀升、范围快速蔓延并且仍在不断发展，显示全球疫情已经处于暴发初期，呈现与武汉类似的发展路径，即"发现首例病例——经过一个月左右的传播——暴发"。虽然世卫组织尚未宣布新冠肺炎疫情全球大流行，但已将全球风险等级提到最高级。德国卫生部部长3月4日称疫情已经变成全球大流行，美国国防部也在3月初预估全球"大流行"将在一月内到来。

疫情难以在短期内得到基本控制。各国防控方针和力度不一。意大利虽然在1月30日首次出现确诊病例时就宣布国家进入紧急状态，但各种集会、文体赛事都照常举行，导致在2月下旬确诊一名超级传播者后疫情快速发展，目前已经确诊6012例、死亡233例。由于欧盟国家间无相互边境检查的申根区制度，疫情已快速蔓延到欧洲43个国家。日本、美国都采取了淡化疫情严重性的做法，防控措施较宽、人员检测较少，两国实际感染人数均可能被低估。伊朗经济发展水平与医疗卫生条件相对较低，韩国疫情较为严重，均难以在短期内有效控制。根据我国疫情防控进程、大部分国家的组织动员能力和社会执行度不如我

[①] 终稿写于2020年3月8日，数据均截至该日期。

国等条件判断,全球疫情基本得到控制不会早于6月。

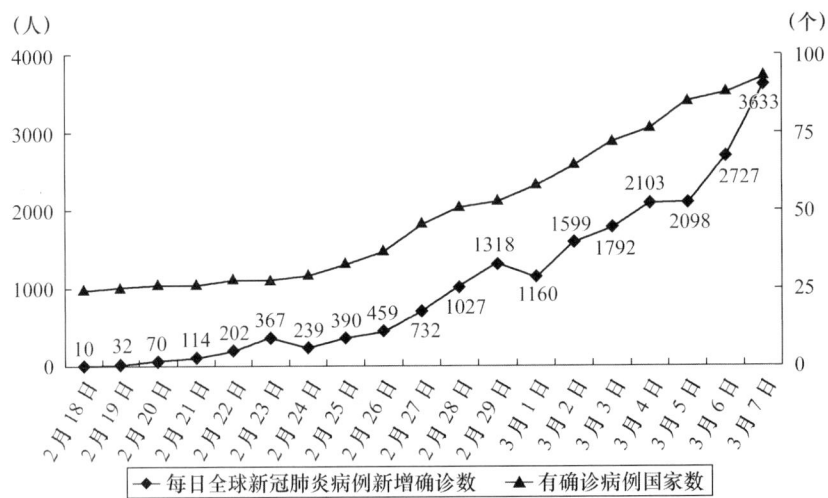

图1 2月18日—3月7日境外每日新增确诊病例数和国家数(不含邮轮数据)

资料来源:世界卫生组织网站。

二、疫情带来的挑战逐渐显现

随着疫情全球蔓延和各国采取交通、边境、人员等方面的管制举措,疫情对全球贸易和经济发展的负面影响逐渐显现并加深,也给宁波防控工作和经济发展带来了新的压力与挑战。

一是全球经济增速可能明显放缓。疫情对全球经济即期的影响主要体现在交通物流的受限、人员流动限制、消费减少、生产经营中断和外贸合同履约风险等方面。如果疫情持续较长时间,则可能对全球经济增长造成显著影响,出现外需萎缩、投资减少,部分产业链中断、调整甚至重构等。近期,经合组织、国际货币基金组织纷纷下调2020年全球经济增长预期,认为2020年有可能是金融危机以来增速最低的年份;高盛集团预测意大利、英国、日本等国家可能出现经济衰退。

二是疫情防控和经济社会发展统筹协调难度增大。宁波疫情防控形势持续向好,已经超过最长潜伏期无新增病例,现存病例仅2例,全面结束可期。但随着全球疫情发展,防止境外疫情输入的压力不断加大。截至3月8日,全国累计报告境外输入确诊病例63例。宁波对近14日内境外重点及关注地区入境来甬人员534人进行了集中或居家隔离,发现1例阳性感染者;对华侨、留学生的排摸工作还在进行中。如果全球疫情进一步蔓延，相关防控工作压力会更大，而经济社会发展目标的完成又要求尽快恢复正常秩序，相机抉择的难度增加，在疫情防控条件下发展经济的状态可能会持续较长时间。

三是外贸订单减少和履约风险加大。受疫情影响，一季度华交会、汉诺威工业博览会等100多场大型国际展会被取消、推迟或者受入境管制措施影响无法参加，极大影响了外贸企业拓展市场。宁波重要贸易伙伴韩国、日本、意大利等国家疫情严重，其外贸订单合计约占宁波进出口总额的1/8，近期已有企业反映客商出现取消、减少订单或付款困难等情况。此外，交通、物流、旅游等行业受疫情影响也较大。

三、积极把握疫情下蕴含的机遇

困难和挑战中也蕴含着机遇，我们要善于化危为机，把握机遇实现新发展。

一是我国有望成为全球疫情下最安全的区域。通过前阶段有力有效的疫情防控，我国经济社会秩序加快恢复，不仅赢得了发展先机，还展现了独特的营商环境优势，有可能成为全球疫情下最安全的区域。摩根士丹利等机构已经将中国股票评级提至最高级，视为避险资产。同时，在疫情防控过程中，我国与日、韩和其他重要经济体的良好互动为下一步加强开放合作创造了良好环境，"一带一路"建设有望迎来新发展契机。

二是引进投资的机遇。为了应对疫情，各国宏观调控政策纷纷走向宽松。美国、日本、韩国、新加坡等国家以及世界银行、国际货币基金组织等国际金融机构，纷纷采取降息、公开市场操作、出台财政政策等举措，确保市场流动性，防范下行风险。全球宽松的宏观政策将推动消费和投资的增长，给宁波扩大招商引资创造良好条件。

三是开展国际并购的机遇。在全球疫情持续期间，国际上部分企业预计会出现运转困难，很多全球化的产业分工和产业链布局短期内将不得不进行调整，并购重组成为重要实现途径。这为宁波企业开展国际并购、优化产业链布局和向价值链高端攀升提供了有利契机。

四是国内消费回流的机遇。受全球疫情影响，原先外流的高端消费将回流国内，且疫情影响时间越长回流越明显。2019年上半年，中国境外旅行支出达1275亿美元；疫情期间，这类消费的一部分将回流国内，给宁波制造业拓展国内市场带来机遇，旅游、餐饮、住宿等服务业也有望得到补偿式增长。

五是防疫物资和生活必需品等扩大出口的机遇。据世卫组织估计,为应对疫情,全球个人防护装备供应需要增加40%,每月需要8900万个医用口罩、7600万双医检手套、160万副护目镜。此外,防护服、洗手液等其他防疫物资,以及疫情严重国家的食品和日用品需求也将出现"井喷"。这给宁波口罩、防护服等防疫物资和日用品生产出口企业进一步扩大国际市场份额带来利好。近日,美国已豁免从中国进口口罩等医疗产品的关税。

四、对策与建议

一是相机抉择建立与疫情防控相适应的经济社会运行秩序。①充分认识当前疫情防控工作的长期性和复杂性,做好较长时期内开展防控工作的准备,做好群众预期引导,相机决策统筹做好疫情防控和经济社会发展工作。②适应疫情防控下半场特点,完善智控机制。在严格境外输入风险闭环管理的同时,适时调整各类场所的防控标准、举措,确保境内人财物有序流动,为保增长创造有利条件。③根据疫情不同发展阶段的实际需求,及时调整优化疫情防控和复工复产力量,适时制定复学预案、重大活动安排及其预案等。

二是积极帮助企业拓展国际市场。①加强与国际卫生机构、有关政府和供应商合作,积极协助宁波检测试剂、医疗器械等产品打开国际市场。推动口罩等防疫物资生产企业加快达产、扩产,鼓励出口。②尽快打造线上展会平台,发挥商会、协会等作用,帮助企业进一步开拓国际市场,提高市场占有率。③把握我国对外援助有望进一步扩大的机遇,对接有关部委,支持企业申请供应商资质。④指导企业及时关注有关国家疫情发展情况和最新管制措施,做好风险预判和应对。

三是支持企业更大力度拓展国内市场。①抓住高端消费回流契机,鼓励外贸企业开展内销,推进"同线同标同质",支持培育自主品牌,通过供给侧改革拓展国内市场。②抓住国内消费需求逐步恢复释放契机,推动服务业尤其是旅游、餐饮、住宿、会展等行业尽快恢复,创新经营模式,提高产品和服务品质。

四是培育壮大跨境电商等外贸新业态、新模式。把握疫情期间消费行为、消费模式改变契机,充分发挥跨境电商优势,进一步提升宁波跨境电商的规模能级。①积极推进海外仓建设,健全销售物流渠道,扩大线上出口,培育扩大境外消费群体。②充分发挥宁波跨境电商综试区优势,加快改革创新和先行先试,建设一批进口商品仓储中心、分拨中心、交易展示中心,进一步做大贸易规模，拓展口岸功能。

五是以优化产业链、价值链为导向推进双向投资。①做好项目储备，完善招商引资机制，围绕优化提升产业链、价值链，加快重点领域和金融等服务业引进外资力度。②鼓励汽车、芯片等本土企业把握机遇，通过并购重组等方式加快国际化布局，向价值链高端攀升。③推动更多上下游企业来甬投资和扩大投资，适当提高产业链本土化程度和供应链柔性化水平，放大供应链规模效应优势。

林崇建　吴红艳　卢　跃

疫情防控与复工复产的"宁波贡献"[①]

要统筹推进疫情防控和经济社会发展工作,确保打赢疫情防控人民战争、总体战、阻击战,努力实现决胜全面建成小康社会、决战脱贫攻坚目标任务。在这场"战疫"中,武汉是主战场,宁波是重要战场。新冠肺炎疫情发生以来,宁波市深入贯彻落实党中央和省委省政府的战略决策部署,统筹推进疫情防控和经济社会发展工作,以实际行动确保"两手硬、两战赢",取得了阶段性重要成效,宁波战场胜果为全国全省打赢"两战"坚守了阵地、巩固了基础;同时,牢固树立全国"一盘棋"的大局意识,坚决服从服务全局,坚定践行使命担当,保障防疫物资,畅通供应链条,奉献大爱情怀,为全国全省打赢"两战"创造了条件、贡献了力量,充分展示了中国特色社会主义制度的优越性。

一、开足"宁波制造",为全国全省打赢"两战"提供防疫物资保障

防疫物资是打赢"两战"的最大保障。宁波全力调动一切资源,加快扩产能、增产量,尽最大努力生产供给防疫物资,为全国全省打赢"两战"提供必需的物资保障。

一是千方百计提供口罩。截至2020年3月24日,全市口罩生产企业纳入省平台79家,口罩日产能近2000万个,由省里统调累计达700万个,有效保障了物资供给。市里及时成立口罩工作专班,全社会发动,不断扩大产能,快速提升口罩产量。一方面,强化驻企服务,帮助企业解决复产达产过程中遇到的各类问题,保障口罩生产稳定;另一方面,加快转产扩产,支持龙头企业、行业

[①] 终稿写于2020年4月3日,数据均截至该日期。

协会牵头组建纺织服装行业口罩生产联盟,通过统一设计、统一标准、统一原料、统一生产、统一价格、统一调配,推进纺织服装企业口罩生产协同合作。

二是千方百计提供防护服。目前产能超过10000套/天,这些防护服除保障本地防疫一线之外,大量防护服供应疫情严重地区。加快服装企业转产防护服,形成了一条由宁波服装协会组织,太平鸟集团有限公司、雪狼户外服饰有限公司、斐戈服饰有限公司、蓝装职业服饰有限公司等企业提供设计方案、物流,兄弟企业提供原料、组织产能的生产防护服供应链。

三是千方百计提供医用隔离眼罩。目前,已向武汉等疫情防控一线提供了近万副医用隔离眼罩。海曙优视佳视力保健有限公司利用公司生产"眼保健操仪"与隔离眼罩的高度相似,立即组织转产医用隔离眼罩,于2020年1月26日(正月初二)晚上恢复生产。

四是千方百计提供负压救护车。宁波凯福莱特种汽车有限公司全体员工放弃春节休假,克服生产物料短缺、车辆交付配送等诸多困难,严格按照中国卫生行业标准全力以赴进行负压救护车生产,目前该企业已为全国各地医疗单位提供59辆负压救护车,其中10辆第一时间运往武汉防疫前线。

五是千方百计提供医疗设备。宁波康达洲际医疗器械有限公司加班加点组织生产,目前发往全国各地的急需CT和移动DR等医疗设备达100多台,并向湖北省中医院、武汉大学中南医院等各大医院捐赠了9台价值2700万元的CT机。

二、发挥"宁波智慧",为全国全省打赢"两战"增强智力科技支撑

科学技术是打赢"两战"的最有力武器。宁波充分利用科技创新优势,加快攻克疫情防控的重点难点问题,为全国全省打赢"两战"贡献宁波智慧。

一是为完善全国医疗救治方案提供宁波解法。坚持中西医结合,第一时间介入中医药,辨证施治,全程参与,全市新冠肺炎确诊病例的中医药治疗参与率达96.5%。国科大华美医院、一院创新使用磷酸氯喹参与治疗,有效缩短了住院周期,降低了重症发生率,为国家卫生健康委将氯喹纳入第六版新冠肺炎诊疗方案提供了支撑。

二是在全国、全省率先推出一批医疗医药新产品。聚焦疫情防控急需的新技术、新产品,加快试剂检测、红外测温、消毒灭菌、智慧防控和防疫物资生

产等方面的科技研发,为打赢"两战"提供支撑。宁波海尔施基因科技有限公司一周内研发出可对该病毒做分型检测的新试剂盒,目前,全国40余家三甲医院运用该套检测方案排查新型肺炎。宁波美诺华药业股份有限公司2月2日与先声药业达成合作,共同研发和生产抗病毒药物阿比朵尔(第六版新冠病毒诊疗方案推荐药物之一)。中科院宁波材料所研发石墨烯防雾膜解决护目镜起雾难题,向抗疫前线输送石墨烯防雾膜5000片以上。宁波能之光科技股份有限公司,快速研发出口罩用熔喷聚丙烯材料并投放市场,缓解市场供应压力。宁波蚁蜂群智科技有限公司部署"AI+体温预警系统",可应对每分钟300人以上的大人流检测,速度比传统的手持测温设备提高了25倍,该系统已在宁波、深圳、兰州等多地应用。浙江云朵网科技股份有限公司研发数字化防疫协同平台,已在象山县、台州玉环市、嘉兴秀洲区等地投入使用。

三是在全国率先开发运用大数据技术实现精密智控。依托地理信息公共服务平台开发"宁波新冠肺炎地图",清晰标注宁波新冠肺炎确诊病例的数量、位置、疫情趋势等,以及全国和湖北武汉等地的情况,让疫情数据更透明更实时更直观,让居民主动防范风险,远离危险区域。运用大数据、云计算等技术,整合各方数据,开发上线"甬行码",精准把握个人健康状况和行动轨迹,实现精密智控。目前宁波"甬行码"已与杭州健康码、上海"随申码"、苏州"苏城通"、南京"宁归来"、安徽"安康码"等长三角城市健康码互认通用。

三、畅通"宁波链键",为全国全省打赢"两战"确保供应链条连接

畅通供应链是打赢"两战"的基本前提。宁波充分发挥海陆空铁多式联运节点优势,聚焦贸易口岸、港口运输、重点产业和跨境电商等四大供应链条,推行"畅通十法",协调打通海陆空联运"卡脖子"堵点,畅通物流快递"毛细血管",确保物资运得进来、市场供应不中断、产品卖得出去。

一是畅通港口运输供应链。宁波舟山港在共建"一带一路"、长江经济带发展、长三角一体化发展等国家战略中具有重要地位,通过率先恢复生产,对推动全国全省企业复工复产、恢复物流体系、恢复全球产业链起到了重要作用,发挥了"硬核"力量。加快发展海铁、海河、江海等多式联运业务,及时安排充足的人力物力保障社会物流需求,确保港口平稳运行。为缓解道路运能不足,服务温州外贸出口,开通宁波—温州—宁波海运每周4班支线。2月16日复航

杭甬运河，开放运输防疫物资、民生保障物资等货物及电煤、粮食、石灰石等民生保供物资船舶。截至2月21日，除武汉、重庆等个别地方外，全部恢复由宁波出发、发往外地的班列业务，并恢复省内台州、义乌到达宁波的回程班列，扩大省外班列恢复率，加大已恢复的合肥、上饶、洛阳等地班列开行密度，2月底海铁联运量恢复至高峰时期85%的水平。充分利用物联网、云计算、大数据等技术手段形成"智能布控调度法"，引导物流企业加大智能化调度平台设计和研发，对交通运输行业客货运输变化、运力变化、企业复工等动态情况进行分析、研判和预测。目前，宁波舟山港货物和集装箱吞吐量都接近正常水平。

二是畅通贸易口岸供应链。开辟"绿色通道"，全天候作业，最大限度地提高申报、查验、检测、放行等各环节作业效率，全力保障疫情防疫、民生供给和复工复产物资快速通关，确保通关"零延时"、检查"零等待"、物资"零滞留"。从1月24日至3月24日，宁波海关共快速放行防疫物资11175批次，共计口罩2691万个，防护服58万件，护目镜6.6万副，消毒剂等消毒物品62万件，其他防疫物资41万件，有效缓解了防护物资紧缺问题；共验放了进口肉类、谷物、食用油、水产品、奶制品等民生物资共3718批次，约计人民币29.6亿元，充分保障疫情期间民生物资供给；共进口复工复产物资20576批次，合计人民币532.3亿元，进口海关通关时间仅9.2小时，让生产的原材料、投产的机器设备第一时间到达企业手中。

三是畅通重点产业供应链。宁波作为我国重要的绿色石化产业基地，拥有多家防疫物资生产企业。随着疫情的发展，防疫物资需求急剧攀升，积极推动产业链上下游企业联动发展，优先安排生产聚丙烯、聚碳酸酯等紧缺的原材料，确保重点物资原料的生产以及产业链的稳定运营。万华化学（宁波）氯碱有限公司自春节假日期间至今一直保持24小时运作，该公司共为社会各界免费提供次氯酸钠消毒溶液约410吨，提供至省内外600多家单位，赠送给江苏、广东的部分县市（区），并累计为湖北地区捐助15吨消毒液。2月14日，宁波富德能源公司正式投产高熔质聚丙烯产品，直接向市场提供医用无纺布材料，为医护口罩生产提供更为有利的条件。四明化工第一时间抢通投产50吨/日过氧化氢生产线，实施24小时生产，切实保障过氧化氢持续供应。浙铁大风化工有限公司两条聚碳酸酯生产线24小时满负荷生产，已累计为浙江、山东等地医用护目镜及隔离面罩生产厂家输送原材料112.5吨。诺力昂化学品有限公司保证30吨/日聚合物和150吨/日螯合剂的生产供应，为下游口罩和洗手液等日化产品的生产提供原料供应。

四是畅通跨境电商供应链。大力支持宁波国际邮件互换局、宁波栎社国际机场开展跨境零售一般出口业务，推动开展跨境出口跨关区转关，全力打通跨境电商物流链，推动跨境出口产品"走出去"。推进"简化申报、清单核放、汇总统计"的新通关模式，允许符合条件的商品按照4位税号简化申报，降低企业申报难度，提升通关速度。截至3月底，宁波跨境电商验放进口货物2672.4万单，增长25.3%；货值54.4亿元，增长42.5%。1—2月，跨境出口货值达143亿元，恢复85%以上。

四、奉献"宁波情怀"，为全国全省打赢"两战"践行大爱使命担当

驰援湖北和对口支援是中央和省委赋予宁波的光荣使命。宁波牢固树立全国"一盘棋"意识，广泛动员社会各界，行善举，献大爱，展担当，以多种形式积极支援抗疫一线，为打赢"两战"贡献力量。

一是坚决服从大局支援战"疫"一线。克服疫情防控初期全市医务人员、医疗资源"紧平衡"的现实困难，先后派出6批次医疗队共310名医务人员驰援武汉和荆门，并通过自行携带、包机运输等方式，向湖北支援物资及医疗设备。医疗队凭借宁波经验，治愈了一批重症患者，得到了当地政府和广大患者的充分肯定。先后抽调28名警力支援武汉抗疫一线、24名具有外语专业背景警力支援上海浦东机场，承担重要交通卡口的排查工作，为全国疫情防控贡献人力资源。

二是奉献爱心捐款捐物。截至3月30日，宁波慈善总会系统共募集防疫款（物）3.16亿元，支出2.81亿元，这两项数据均位居全省前列。一大批社会组织和企业积极发挥自身优势，以捐款捐物等形式践行社会责任，助力全国全省打赢"两战"。宁波市湖北商会第一时间成立防控疫情专项小组，号召商会会员支援湖北，共捐赠物资148万元、现金84.38万元。宁波市黄冈商会动员全体会员共捐款116.9万元，捐赠一辆救护车紧急驰援大别山区域医疗中心，用于和黄冈市中心医院间的患者转运。宁波市计算机学会积极发动会员企业参与疫情防控，对火神山医院综合布线系列产品进行援助，对雷神山医院信息化建设提供相关产品。宁波市鄞州区旅游协会积极动员广大海外领队们，在工作之余不辞辛苦购买防疫物资，通过多方联系沟通，最终将20箱防护服成功运送到浦东机

场,并全部捐赠给湖北的医院。宁波小遛共享信息科技有限公司向武汉提供600辆共享电动车,供一线医务人员免费使用,保障医务人员必要的出行。浙江明峰建材集团驰援湖北省第三人民医院、武汉协和医院、湖北省中西医结合医院等3家医院共3台医疗影像设备CT,价值1250万元,用于解决急需的快速诊断问题。公牛集团支援武汉500万元、浙江省300万元用于疫情防控工作,并紧急抽调7000余个墙壁开关插座送达火神山医院施工现场,以满足取电用电需求。

三是助力对口支援帮扶地区脱贫攻坚。为决战脱贫攻坚,及早将2020年7.15亿元财政援助拨付给黔西南州和延边州,比2019年提前近2个月,并确定年度实施项目188个,目前已启动51个,剩余项目3月底前全面展开。积极开展劳务协作,通过包机、包车,以点对点方式组织对口地区贫困劳动力来甬就业,实现了"出家门、上车门、进厂门"的无缝衔接。截至3月5日,东西部扶贫协作等对口支援地区已累计来甬3038人,其中新增建档立卡人员2191人,两地来甬就业建档立卡人员总数达到2453人,再创同期历史新高。

五、探索"宁波方案",为全国全省打赢"两战"分享攻坚战术经验

宁波坚持一手抓疫情防控,一手抓复工复产,主动创新,积极作为,涌现出一系列特色鲜明的好经验、好做法,为全国全省打赢"两战"提供了攻坚战术经验,得到推广应用。

一是创新用工招工模式。在全省率先启动"十省百城千县"专项行动,主动与皖、川等10个省份100多个城市通过发送协作函或签订协议等方式建立省际市级就业协作机制,以点对点的方式,帮助农民工有序返岗。春节以来,全市累计组织包车4153辆次、专列28列次、包机11架次,接回外来务工人员11余万人。创新推出"在浙里·甬抱你"2020宁波高层次人才云端系列招聘,运用"1+4"云端招聘系统,畅通三大引才渠道,精准定位2000余个高智高薪岗位。积极探索"人才共享""员工共享"等新模式,通过本地挖潜、人才调剂等方式,满足用人单位的阶段性紧缺用工需求。

二是实施全产业链复工复产方案。全面推动产业链配套补链,在复工初期,以龙头企业为切入点,收集急需复工的配套企业名录,建立市县两级联动、跨部门作业、责任到人的绿色通道,推动龙头企业及配套企业协同复工,打通企业上下游产业链的"中梗阻",全力推动产业链协同复产。建立企业诉求快速响

应机制,在全省率先设立企业复工工作应急组,组建6个工作专班,开通6部热线电话,24小时受理问题,累计解决问题4000多个。建立9G(救急)供需撮合平台,开设"甬派"客户端9G专题,开通公益互助热线,为中小企业免费提供供需对接服务。

三是危中寻机锚定5大新兴产业。受疫情影响,不少产业链、供应链加速重构,许多新产业、新技术、新业态、新模式脱颖而出,一些新型消费、升级消费异军突起。为抢抓机遇加快重点领域新兴产业发展,宁波出台了《关于抢抓机遇加快重点领域新兴产业发展的指导意见》(以下简称《意见》),着力发展医疗健康、工业互联网、"5G+"、数字经济、智能物流业五大产业。同时,宁波也出台了一系列配套措施。搭建工作载体,目前市政府各部门内明确了责任分工,各项操作细则也在紧锣密鼓地准备。强化资金保障,宁波已经联合6家银行推出了1100亿元的信贷专项,从而发挥金融在逆周期的调节作用和投资在经济社会发展的拉动作用。

四是最大限度地发挥保险保障生产的功能。在全国率先出台涵盖减费让利、帮扶企业复工复产、稳外贸、保物资供应等内容的专项保险政策,充分发挥保险社会治理作用。在全国率先推出专门为小微企业量身定制的复工防疫保险,小微企业自愿选择投保,每家企业保费2000元,其中政府补贴50%。专门为公交、出租车、集装卡车等司机定制法定传染病专属保险,提供确诊给付、住院津贴及身故给付保险保障,保障金额累计高达38.5亿元。

五是创新干部激励机制。出台疫情防控期间容错免责细则,对疫情防控、复工复产等工作中可能出现的"遵循应急工作原则,临机决断失误,未造成严重后果且事后及时向上级报告"等9种情形,明确予以容错免责,激励广大党员干部放开手脚、担当干事。

六是创新政策落地实施机制。出台应对疫情帮扶政策申报办理指南,按照"最多跑一次"理念,全力打通政策落地的"最后一公里"。加强政策梳理集成,坚持能简则简,减少申报材料,对政策范围内的全部实行"先拨付后审核"机制,并通过"网上办""掌上办",让企业和个人少跑腿。截至3月11日,全市212项疫情防控惠企政策纳入"一网通"平台。

七是创新先拨后结专项再贷款财政贴息模式。疫情发生以来,宁波出台了《宁波市支持防控新型冠状病毒感染的肺炎疫情专项再贷款财政贴息实施细则》,通过内部挖潜、流程再造,打通财政资金使用"最后一公里",在全国率先推出

"申请办理'零次跑',资金到位'零时差'"的先拨后结专项再贷款财政贴息政策,保证宁波企业在结算贷款利息时就能同步享受贴息优惠。截至3月31日,宁波累计向全市140家国家级、省级名单内重点保障企业发放优惠贷款71.3亿元,已发放贷款的加权平均利率仅2.55%(为全省最低),在市财政按50%贴息后,企业实际负担利率仅为1.275%。初步测算,通过地方财力提前兑现预计可第一时间节省企业实际支出8000万元左右。目前,财政部向全国财政系统推广宁波专项再贷款贴息做法。

当前,我国新冠肺炎疫情防控和经济社会发展取得了阶段性重要成效,进入疫情防控"外防输入、内防反弹",常态化条件下加快恢复生产秩序的新阶段。宁波要全面贯彻落实党中央决策、省委部署和市委要求,牢牢坚守宁波战场阵地,不断巩固和扩大战果,继续保持统筹推进疫情防控和经济社会发展各项工作走在前列,进一步发挥宁波优势条件,努力为全国全省打赢"两战"作出新的更大贡献。

何介强

产业经济

培育基本生活物资保供龙头企业的对策建议

此次新冠肺炎疫情期间，宁波主要依托各类市场化主体，基本生活物资供应基本满足市民日常生活所需，如有一家贯通上下游、覆盖多领域的大型国有企业作为龙头，保供稳价工作就把握更大、底气更足。纵观兄弟城市经验，大型国有企业在疫情中发挥了应急保供的龙头和基石作用。当前和今后一个时期，国内外各类风险挑战正在不断上升，对城市应急保供体系的安全性、可靠性、稳定性提出了更高要求。为此，宁波可支持流通领域的骨干国企市商贸集团纵向打通产业链、横向扩大覆盖面，将其培育成基本生活物资保供龙头。

一、相关城市国有龙头企业在应急保供中发挥重要作用

成都益民集团、厦门夏商集团、南京新农集团、温州现代集团等均是横向覆盖粮食、蔬菜、肉类等多领域，纵向贯通生产、流通配送、冷链仓储、批发零售等各环节的大型国有企业。面对疫情中由于封闭管控、物流受阻出现的供应难题、配送难题、收储难题、人手短缺难题等，这些企业充分发挥产业环节全、终端网点多、队伍战斗力强等优势，在应急保供中发挥了巨大作用。

一是产销对接破解保供稳价难题。确保基本生活物资供应数量充足、价格稳定是应急保供的首要目标。成都益民集团将位于省内多个县市的生猪和蔬果保供基地，与属下 24 家生鲜门店直接对接，以设立基地直销点的模式让农产品从田间地头直达市民手中，有效平抑物价。厦门夏商集团拥有 3.2 万亩蔬菜直控基地、7 万头生猪自有基地、20 万头生猪订单基地，疫情期间强化所属批发市场、超市与基地的对接，并拿出数百万元补贴平价肉菜销售，让群众切实得到实惠。

二是自有物流破解配送难题。高风险地区由于封闭管控严格，生活物资如

何"运出来、送进去"成为各地亟待解决的问题。温州现代集团依托自身专业车队和冷链物流优势，一方面抽调15辆专业运输车组建应急车队，实施集中消毒、集中停放、集中接单，从基地菜农手中直购蔬菜，另一方面组建10支平价菜进社区突击队，以小区为单位，统一品种、定价打包、直送社区，有效解决全市多个全封闭小区居民的"买菜难"问题。南京新农集团在社会快递物流人手不足的情况下，启用集团自有线上配送平台，并由集团员工直送小区。

三是产业链整合破解应急收储难题。疫情期间由于餐饮企业全面停摆，且饲料运送困难，不少地区的畜禽养殖户面临大量畜禽将要饿死却无人接手的困境。温州现代集团针对这一情况，发挥运输、检疫、屠宰、冷藏"一条龙"全产业链优势，调集专用车辆将全市近20万羽待出栏畜禽运到下属公司统一检疫、统一屠宰，又紧急腾出冷库将超出市场需求的白条禽肉进行急冻收储，帮助养殖户将损失降至最低。

四是党建引领破解人手短缺难题。由于疫情暴发正值春节假期，保供链条上的不少环节都面临着人手短缺的问题。成都益民集团发动200余名党员参与生鲜直采直销、门店管理、配送供货等工作，在其他商超、农贸市场停业或缩短营业时间的情况下，延长门店营业时间。温州现代集团发动包括内勤人员在内的近200名职工共同参与生鲜的卸货、搬运、分拣、装袋、抽样等一线工作。南京新农集团成立党团员保供突击队，组织全体党员、团员开展农副产品配送公益活动。

二、国有保供龙头企业的目标功能

根据相关国企在疫情中的具体表现和应急状态下对保供体系的基本要求，要在极端情况下较为圆满地完成保供任务，保供龙头企业应当兼具以下几种目标功能。

一是稳定的生产供给能力。参照成都益民集团、厦门夏商集团等经验，通过在市内外自建或与相关龙头企业合建粮食、蔬菜、生猪等生产保供基地，抑或是与现有生产基地建立长期稳定的供货关系，确保从源头上掌握较为稳定的生产能力，并能在应急状态下快速填补市场上的供给缺口。

二是完备的流通配送能力。在粮食、蔬菜、肉禽蛋、水产、果品等生活物资的批发环节具有较高的市场份额和较强的控制能力，建有一支统一管理、快速运转、专业可靠的物流配送队伍，在全市各大区域布局有一定数量的农贸市场、生鲜超市等零售网点，形成较为完整的"批发市场+配送车队+零售网络"的流通渠道，能确保在突发状况下，安全有效实现"从田间地头到厨房餐桌"的供应。

三是相应的应急储备能力。储备容量方面，本地粮食储备能满足半年以上需求，日粮食加工能力超过日均粮食消费量，经营性、动态性和订单储备的蔬菜能够满足3天以上需求，本地蔬菜保供基地具备快速转产供应能力，生猪活体储备及冻猪肉储备可以满足15天供应。储备保障机制方面，通过强化统筹管理、完善产业链条、提升响应速度，形成较强的应急收储和快速投放储备的能力。

四是可靠的质量监管能力。通过与专业检测机构的合作，强化自身检测能力并推动检测力量全面下沉，实现生产、批发、储备、零售等各环节基本生活物资供应的监管全覆盖，并能及时发现和有效排除新增的质量安全隐患。

三、保供龙头企业培育主体的选择

综合考虑兄弟城市的发展实践、应急保供体系的客观要求、保供龙头企业的目标功能，在宁波现有市属国企中市商贸集团的经营范围最为匹配，且在当前保供体系的流通环节中业已发挥核心骨干作用，建议逐步推动其业务横向拓展、纵向贯通，将其培育成宁波的保供龙头。

从业务范围看，市商贸集团最为匹配。当前市国资委直接监管的市属国企共15家。综合考虑各企业的业务领域和经营范围，涉及蔬菜、肉禽蛋、水产、水果等基本生活物资流通供应的仅有市商贸集团一家。参考相关城市的保供任务也多是由商贸领域的国企承担，因此，建议明确将市商贸集团培育为宁波基本生活物资保供的龙头企业。

从体系现状看，市商贸集团已发挥骨干作用。市商贸集团是宁波菜篮子商品流通领域的重要企业，在当前保供体系的流通环节中已是核心骨干。2019年实现营业收入4.93亿元，蔬菜、果品、水产品三大批发市场分别实现交易额19.7亿元、19.4亿元、102亿元，批发量占全市比重均超过80%。全市肉类批发销量占比超过65%的肉禽蛋市场，于近期划入市商贸集团管理，另外还管理3家农贸市场和一支由400多辆"绿通车"组成的生鲜配送车队。此次疫情期间，市商贸集团具体承担了"菜篮子"商品的采购、运输、销售、储备工作。疫情监测期间（2月1日至4月20日），下属批发市场蔬菜、水果、水产等成交价格与 2019 年同期基本持平，极大程度地确保了宁波市场相关生活物资的稳价供应。

从发展目标看，市商贸集团还有不少短板。在生产端的供给能力尚未形成，储备能力还不能完全满足城市应急保供的需求，自有的配送队伍需要进一步加强，基层检测力量有待强化，具体业务领域中还缺少粮油板块，集团的经营管理体制、人才储备、资金实力等方面也尚未完全达到保供龙头的客观要求。因此，下阶段要着重补齐相应的短板和缺失。

四、将市商贸集团培育为保供龙头企业的工作建议

针对市商贸集团发展成为保供龙头企业中存在的短板和不足，建议市委、市政府、发展改革委以及商务、农业农村等相关行业主管部门在资本金投入、组织机制保障、基础设施建设等方面给予大力支持，指导和推动市商贸集团做好以下几项具体工作。

一是完善提升批发流通功能。充分发挥农副产品物流中心一期、新果品批发市场的集散功能和辐射能力，加快向周边县市拓展业务。结合文创港建设推进，适时谋划现有路林水产市场地块转型升级和新水产市场选址工作。加快农副产品物流中心二期建设，确保早日竣工投用，进一步强化批发环节的龙头作用。积极向下游零售环节延伸，可考虑与相关民营企业等合作共建零售渠道。

二是向上切入生产环节。推动市商贸集团积极向上游生产供应环节拓展。建设市级应急保供菜篮子基地，将市本级 3400 亩围垦土地（宁海下洋涂 2000 亩、象山道人山 1000 亩、慈溪徐家浦 400 余亩）使用权划归商贸集团，开展大规模农产品种养殖。通过协议合作等方式，与相关蔬菜种植基地建立稳固的供货关系。加快整合生猪产业资源，划转市商务局所持有的方兴食品 20% 国有股权，探索与民营农业龙头集团在市内外合建生猪养殖基地。

三是强化储备职能。强化猪肉储备统筹，将由多家民营企业承担的市级冻猪肉储备任务转交市商贸集团。加快推动农副产品物流中心二期建设较大库容冷库，预留后期冷链储备加工配送中心建设空间，补齐冻品储备和冷链物流短板。增加蔬菜的日常经营性储备和动态储备规模，扩大在地储备量。

四是健全物流配送体系。加强对现有"绿通车"车队的统一管理，完善调配机制，提高车辆使用效率。推动交警部门增加"绿通车"指标数量，出台允许"绿通车"高架夜间通行、绕城高速免费通行等通行优惠政策。增加集团下属菜篮子公司自有车辆数量，增配冷链车等专业运输车辆。

五是补齐质量安全监管网络。由市商贸集团牵头,引入宁波食品检验检测研究院、海洋渔业研究院等专业机构,建立具有专业化资质的农副产品检测中心,并全面下沉至各批发市场,进一步强化食品质量安全监管。在农副产品物流中心设立省外动物产品统一备案报检中心,形成统一备案、统一报备、统一分销的食品安全防控体系。

六是建立与国有粮储企业的全面合作机制。加强与承担政策性粮食收储任务的宁波市粮食收储有限公司(市发改委为出资人)的全面合作,打通粮食产销渠道,增强粮油保供管理的整体性、协调性。推动市相关职能部门在完善粮食产业链、拓展粮食生产基地等方面给予市商贸集团更多支持。积极探索相关体制机制改革,建立更为合理、更为可靠的粮食供应保障和储备机制。

林崇建 黄建华 陈 浩

宁波制造业单项冠军企业的成功启示[①]

在现代产业体系中,以单项冠军为代表、聚焦专精特新、扎根细分市场的制造业中小企业,扮演着产业链承上启下、产品创新重要支撑的关键角色,是区域经济创新转型的重要源动力。改革开放以来,宁波通过坚持工业立市、创新驱动,成功培育出国家级制造业单项冠军企业39家和规模庞大的创新型民营中小企业集群。这些企业已经成为该市提升制造业核心竞争力、培育壮大产业集群、开拓国内外市场的关键支撑。面对疫情严峻考验,更是表现出强大的市场竞争力和高度社会责任感,值得充分肯定,认真总结经验并加以推广。

一、宁波制造业单项冠军企业的发展特征

宁波现有国家级制造业单项冠军企业39家,居全国各城市首位,包括16家示范企业、9家培育企业和14家单项冠军产品企业。这些企业平均成立时间超过19年,最晚成立于2010年,表现出"经营稳健、主业突出、创新活跃、生存力强"的共性特征。

特点一:经营稳健。突出表现为三个"稳":一是企业舵手"稳"。当前法定代表人为企业创始人的有29家,占比3/4。二是对外投资"稳"。主要财务部门、重要研发部门和制造工厂都在宁波的有28家,占比超过7成;在国内其他城市设立制造工厂的仅有7家,不足1/5。三是经营增长"稳"。年业务收入大多保持10%~30%的稳定增速,没有独角兽型企业,迄今只有3家企业年总产值突破百亿元。

特点二:主业突出。这些企业长期专注细分领域,核心团队从事冠军产品

[①] 终稿写于2019年。

或主导产品研发的平均年限超过 21 年，甚至高于企业成立时间；冠军产品或主导产品营业收入占企业总收入的绝大部分，市场占有率仍在稳步提升。初步统计，39 家企业 2019 年冠军产品或主导产品营业收入占企业总收入的比重平均约 82%，占比超过 9 成的有 17 家；2019 年冠军产品或主导产品的市场占有率高于 2016 年的有 36 家，提升幅度超过 5 个百分点的有 12 家。如今，全球缝纫机整机厂 90% 以上使用德鹰机械公司生产的旋梭；1/8 的电池来自中银（宁波）公司。近年来，一些企业主动转型，积极拓展向产业链上下游和以冠军产品或主导产品为核心的平台经济，主业的市场竞争力得到进一步提升。

特点三：创新活跃。这些企业高度重视创新，大力投入生产优化和产品升级，深入探索产学研合作，在国际国内激烈竞争中表现出强大竞争力。初步统计，39 家企业已普遍建成省级以上企业技术（工程）中心，拥有国家级研发机构的有 15 家；2019 年研究与开发支出合计超过 44 亿元，占企业总收入的 4.3%，全年新增发明专利 367 项；冠军产品或主导产品的利润率平均约为 21%，是全市规上工业企业营业收入利润率的近 3 倍；在核心关键技术领域拥有自主知识产权的有 37 家；慈星公司自主研发的电脑横机核心部件，打破了中国台湾地区和日本的垄断，在慕尼黑国际纺机展上当场拆解引发轰动。

特点四：生存力强。这些企业多年保持较高利润率，面对金融危机、大宗商品价格大幅波动、中美贸易摩擦、疫情冲击等重大危机依然保持平稳增长，很强的风控意识成为其经营亮点。一方面积极控制融资风险，保持较低负债率且谨慎上市。调研显示，只有 5 家企业认为存在一定的融资难融资贵问题，占比不足 1/8；2017 年启动"凤凰行动"计划以来，33 家未上市企业只有 10 家完成上市、2 家谋划上市，其他依然不为所动。另一方面积极控制贸易风险，大力探索出口替代，努力降低对国外原材料和技术的依赖。目前，原材料或生产设备依赖进口的只有 8 家，冠军产品或主导产品外销比例超过 50% 的只有 10 家。此次疫情中，39 家企业在 2 月中旬便实现全面复产，并主动参与防疫防控和产业链整体复产相关工作，舜宇光电公司的红外测温镜头产量达到 2019 年同期的 7 倍。

二、宁波制造业单项冠军企业的成功关键

一家普通民营企业形成"经营稳健、主业突出、创新活跃、生存力强"的发展特质并最终成长为单项冠军企业，应主要归功于杰出的企业负责人和优秀

的管理模式、企业文化。而宁波这样的新一线城市，拥有如此多数量、高质量的单项冠军企业，则是企业、市场、政府共同努力的结果，具有较强的必然性。按照现有发展趋势，宁波还会涌现更多的单项冠军企业。

第一，诚信务实、意志坚定的企业负责人。火车跑得快，全靠车头带。回顾这些单项冠军企业的发展历程，都离不开企业负责人的坚实"舵手"作用。这些"一把手"继承并弘扬了"诚信、务实、开放、创新"的宁波精神，以实业为根基、以技术为核心，身体力行抓生产、搞研发、拓市场。企业形成规模后，"一把手"们继续聚焦主业、严控风险，不为房地产等项目"快钱效应"所心动，不为成长路上的艰难困苦所动摇，也不走资本驱动的快速扩张之路，带领企业一步一个脚印地成长为龙头企业、单项冠军。即便如此，企业战略仍坚持初心不动摇，聚焦主业稳提升。如，赛特威尔电子公司立志成为全球智能安防生态圈领导者，舜宇车载光学公司坚定不移地实施名配角战略，东睦新材料集团股份有限公司、得利时泵业公司着力打造专业领域百年品牌等。

第二，聚力创新的管理模式与精诚团结的企业文化。一个篱笆三个桩，一个好汉三个帮。优秀的管理模式和企业文化帮助企业不断强化引领力和凝聚力，持续迸发创新发展的磅礴动能。调研显示，这些企业都已完成现代化企业管理制度改革，公开选聘优秀人才和提拔贡献突出员工充实核心管理层，大手笔建设高水平研发团队，持续加大创新投入，强化激励机制，成为打造齐心协力、你追我赶创新环境的扎实基础。与此同时，这些企业高度重视软环境建设，大力倡导人人支持、人人参与、人人尽责的企业文化，协同开展业务培训和团队建设，不断强化员工的主人翁意识，支持员工主动寻找问题、解决问题，不少企业还引入了股权激励制度。海天塑机集团有限公司、方太集团等企业高管在座谈时直言，没有当前的管理模式和企业文化，公司就不可能全力以赴抓创新、抢市场，就不会有今天的成绩。

第三，宁波强大的制造业产业体系和服务业支撑。所有的单项冠军企业对宁波强大的制造业产业体系和服务业支撑表示高度认可和感谢；超过2/3的企业认为，上下游就近配套、产业工人红利、物流便捷、市场充分竞争也是其成功的关键。这些有利条件的形成，是多年来宁波各级党委政府、广大企业和社会各界坚持把制造业作为立市之本、强市之基，齐心协力、共同奋斗的成果。2019年，全市有工业企业4.7万家，规上工业企业工业增加值3991.5亿元，利润总额1298.5亿元，分别增长6.4%和4.7%；"246"万千亿级产业集群拥有规上工业企业5921家，实现工业增加值3170.7亿元，增长7.3%；完成外贸自营进出口总额9170.3亿元，增长6.9%；宁波舟山港货物吞吐量11.2亿吨，连续11年蝉联世界首位，口岸进出口整体通关时间和进出口合规成本处于国内领先地位。

第四，宁波及时精准的产业政策和企业服务。多年来，宁波各级党委政府始终坚持市场有效与政府有为相统一，通过深化改革、政策调节、"三服务"等路径，加快推进产业转型升级，关键时刻屡屡帮助企业攻坚克难。"面"上，成立百亿规模的工业和信息产业基金，出台《关于实施"246"万千亿级产业集群培育工程的意见》《制造业企业智能化技术大改造行动计划》等一系列产业政策。"点"上，围绕细分行业、具体平台和企业扎实开展"三服务"工作，切实解决实际难题，释放党委、政府始终与企业在一起的强烈信号。2019年，针对大碶高端汽配模具园区企业"走出去"难题，提供境内外债务融资政策一对一辅导71家次，帮助企业境内发债4.2亿元、借入外债4.26亿美元。此次疫情中，全市建立起纵向到底、横向到边、责任到人、企业需求响应不过夜的复产指导服务机制，加班加点帮助企业现场解决难题。如，帮助海天塑机集团突破产业链、供应链协同复工难题，顺利完成70个集装箱的特急订单；帮助广博集团抢到了数十名应急员工等。

三、相关启示与建议

单项冠军企业来之不易。应充分肯定这些企业，支持这些企业为区域经济社会发展作出更大贡献，同时引导更多企业向单项冠军企业看齐，推动浙江经济，特别是民营经济再上新台阶。

第一，宣传好单项冠军企业典型。可以在《浙江日报》等省级媒体平台开辟专栏，逐一介绍全省单项冠军企业。这既是对单项冠军企业的肯定和关爱，增强其发展自信，帮助其进一步提高市场知晓度；也是对更多民营企业的鞭策和激励，树立学习的标杆。

第二，大力培育创新型民营中小企业集群。深化"最多跑一次"改革，打造更优营商环境。充分发挥大院大所、重点项目、产业平台的作用，引领带动中小企业抱团发展、协同创新。深入实施数字经济"一号工程"，支持更多中小企业开展智能化改造、参与工业互联网建设和"上云上平台"。

第三，把握机遇，帮助单项冠军企业、隐形冠军企业和"小巨人"企业强创新、抢市场、树品牌。加快修复自身供应链，支持其开展企业和研发机构的收购并购，力争在国际供应链体系中有关键性突破。加快开拓国际国内市场，对企业建设异地工厂、海外仓和参加国际展会等给予更多支持和帮助。支持有条件的企业强化品牌建设，深化知识产权保护的政企合作。

第四，深化"三服务"工作，对难以解决的共性问题强化系统研判、顶层设计。调研显示，宁波九成单项冠军企业正在经受人力资源成本增长较快的严峻考验，六成企业遇到研发投入风险增大难题，一些问题的根源在某些法律条款、高等级创新平台特别是国家实验室和高校资源的分布不均匀等，非一省一市所能破解。一些企业还提出了全省协同支持首台（套）、促进杭甬政策一致性、加大对基础工业的支持、帮助企业破解海外专利申请难题等政策建议。

冯　路　钱　伟

单项冠军之城的来时路与新征途

制造业高质量发展是我国经济高质量发展的重中之重，是一个现代化大国必不可少的。如何在保护主义思潮不断上升的国际贸易环境中拓展市场份额？如何在风险动荡不断凸显的世界经济格局中推进制造业高质量发展？宁波诸多制造业单项冠军企业以其自身发展经历给出了一份有价值的答卷。

一、"冠军之魂"如何铸就：专注主业、持续创新

"冠军之魂"来自长期"精耕细作"的专注力。专注和深入是企业达到世界水准的不二法门。据统计，宁波308家制造业单项冠军培育库企业从事主导产品领域的时间平均达18年，主导产品销售收入占企业总收入的比重超过70%。只有几十年心无旁骛，专注细分领域，才能水滴石穿，锻造出自身的独门绝技。贝发集团从钢材研制到墨水沟槽、弹簧制造，一支小小的圆珠笔研究了20余年。天生密封件公司死磕26年，不断打破被国外公司垄断的密封件技术，进而构筑起自身的技术高地。

"冠军之魂"来自于持之以恒的创新投入。单项冠军企业无一不重视研发，只有持续投入关键核心技术创新，才能厚植人无我有、人有我优的核心竞争力，才能在本行业立于不败之地。2019年，宁波308家单项冠军培育库企业占全市规上工业企业研究与开发经费支出总额的41%，累计拥有有效专利31962项，其中39家国家级单项冠军企业研究与开发经费支出占主营业务收入比重达4.05%，比全市平均高出2.05个百分点。慈星股份以制造手摇横机起步，但500台手摇横机售价不及一台进口电脑横机，集团痛下决心转型电脑横机，大手笔投入自主研发，广揽人才，深化与高校和科研院所的协作，6年后性能优异的电脑横机问世。赛尔富电子为把一盏LED（发光二极管）灯做到业内领先，研

发团队用匠心不懈打磨十几年，从出光不匀、只能用于局部装饰的第一代 LED 灯开始，不断迭代升级，到第七代 LED 灯已能实现无频闪和智能调光调色，并被故宫采用成为"宫灯"。持续而强大的创新投入也结出累累硕果，308 家单项冠军培育库企业以占规上工业企业近 4% 的数量创造 23% 的营业收入和 34% 的利润，成为宁波制造业发展的主引擎和压舱石。

二、"冠军之路"如何行稳致远：探索高质量发展新路径

2008 年金融危机后，世界各主要国家普遍将制造业视为国际经济竞争的"底牌"和国家经济实力的"基座"，而突如其来的新冠肺炎疫情给各国服务业特别是旅游休闲、体育娱乐、交通物流、餐饮购物等线下服务业造成巨大冲击，制造业对国民经济的支撑性、稳定性和不可替代性愈加凸显，如何有效推进制造业高质量发展成为这个时代的必答题。宁波作为制造强国试点示范城市、国家自主创新示范区、单项冠军之城，理当在危机中育新机，于变局中开新局，为国家探索出更多制造业高质量发展的合理路径。而宁波的诸多单项冠军企业，在继续专注主业、加大创新力度的同时，尚需要推进制造方式转型，向智能化、融合化、绿色化发展，而这既是走稳走好"冠军之路"的必然选择，也是实现制造业高质量发展的重要路径。

推进智能化改造。智能化改造能有效强化生产工序的衔接，提高生产稳定性和产品质量、精度，同时能增强个性化、小批量订单与企业生产过程的匹配程度，实现柔性化生产。在当前劳动力成本不断攀升以及一大批低收入国家投入劳动密集型产业竞争的情况下，推动企业开展智能化改造已愈来愈凸显其价值。2017 年宁波启动规上企业智能化诊断和技术改造两个三年行动计划，经过三年时间，第一轮改造基本完成，制造业整体生产效率得到显著提升，目前新一轮制造业企业智能化技术大改造也已启动。单项冠军企业作为制造王冠上的明珠，更应先行先试，大力推进技术改造，参与数字化车间和智能工厂建设，走智能制造示范引领之路。

推进业态融合。推动制造业与维保服务、品牌营销、物流配送、管理咨询等生产性服务业相融合，将自身从单纯的制造商向综合服务商、系统方案集成商转变，从而往产业链的上下游延伸、向价值链的高端攀升，是制造业企业实现高质量发展的快捷路径。宁波单项冠军中也有企业正在探索融合发展，如传统文具制造企业广博集团将旗下文具文创产品与影视剧 IP 相融合，推出联名款

产品，受到观众和粉丝追捧；体外试剂和临床检验仪器生产企业美康生物向提供医学诊断服务延伸，在全国成立区域医学检验中心，打造"产品制造＋医学检验服务"一体化发展模式。

推进绿色制造。绿色制造从源头的产品绿色化设计和生产流程清洁化改造入手，推进能源高效利用、资源循环利用、排放物回收利用，是落实新发展理念、贯彻"两山"理论的重要手段。近年来，宁波在推动绿色发展方面进行了一系列有益探索，开展规上企业"能效倍增"三年行动，引导企业加快节能增效，编制绿色制造体系实施方案，一批产品、企业、园区入选国家绿色制造名单。单项冠军企业康赛妮集团便是其中典范，2014年开始推进绿色制造，其车间已实现绿色智能管理，集成智能控制、染料助剂自动输送、高标准污水处理和中水回用等多项功能，减少工业用水50%，热能回收率达80%，先后获评绿色工厂、绿色供应链、绿色设计产品等国家级荣誉。

无论是产品品质，还是技术工艺创新，单项冠军们秉持其一以贯之的韧劲、精益求精的态度力求达到极致。在单项冠军企业的示范引领下，未来宁波将继续发扬敢为天下先、敢争天下强的精神，政企同心、携手并进、善作善成，共同书写制造业单项冠军之城的新篇章。

陈 浩

宁波出口转内销总体情况与对策建议

2020年4月17日召开的中共中央政治局会议，和2020年5月22日召开的十三届全国人大三次会议上的国务院政府工作报告都明确提出要支持出口产品转内销。这既是做好"六稳""六保"工作的有效途径，也是提升消费品质、构建强大国内市场的战略举措。诸多城市已积极推进相关工作。为此，在继续拓展国际市场、稳住外贸基本盘的同时，宁波需要深入研究支持出口转内销的政策举措，切实解决转内销面临的突出问题，开创出口转内销工作新局面。

一、宁波出口转内销总体情况

（一）受新冠肺炎疫情影响外贸企业转内销意愿较强

一是半数以上外贸企业常态化开展内销业务。受国内强大市场吸引，近年来多数外贸企业已经开展内销业务。2020年1—4月，宁波4115家有出口实绩的规上工业企业中，87.3%的企业同时有内销业务。对431家中小外贸企业的调查显示，52.9%的企业已开展内销业务，2020年1—4月平均内销金额约2200万元，产品包括日用消费品、灯具文具、纺织服装、家电、塑料制品、汽配等。二是未开展内销业务的外贸企业出口转内销意愿强烈。尚未开展内销业务的中小外贸企业中，41.4%的企业计划开展内销业务，其中计划长期开展内销业务的企业占计划开展内销企业总数的80.9%。三是中小外贸企业出口转内销需求迫切。受新冠肺炎疫情影响，33.2%受调查的中小外贸企业存在积压库存，迫切需要通过转内销消化积压库存和闲置产能。2020年1—4月，宁波规上中、小型工业企业按照2019年同期增速测算出口减少204亿元，占规上工业企业出口减少总量的76.1%，其中，25.8亿元出口减量已实现转内销，出口转内销比例为12.6%，低于大企业（14.8%）。

（二）宁波出口转内销具有初步工作基础

为应对新冠肺炎疫情对外贸企业的冲击，助力企业解决积压库存、保外贸企业存续的即期需求，2020年以来宁波加大了出口转内销支持力度，采取了联合电商平台支持企业线上销售、举办线下各类展销会等举措，取得了初步成效。与拼多多合作上线"宁波优品馆"，截至2020年5月底已实现交易额26.5亿元。举办2020宁波商品全球网上展等展会20余场次，参加企业1600多家。宁波一些商协会、电商企业抓住机遇积极打造"宁波有好货"等本土转内销电商平台，推动企业相互采购。

（三）出口转内销主要呈现三种不同路径

出口转内销是企业发展战略转型的长期过程。从宁波外贸企业开展内销业务的经验来看，不同类型产品出口转内销的路径有所不同，大致分为三类（见图1）。

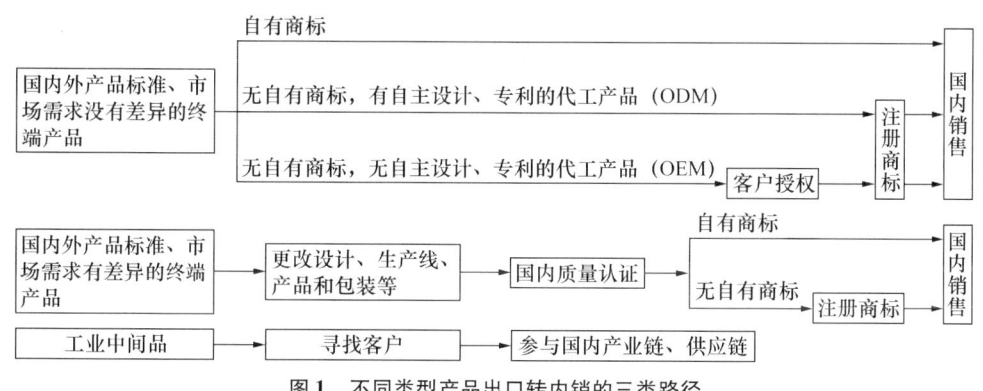

图1 不同类型产品出口转内销的三类路径

资料来源：根据相关资料绘制。

第一类，国内外产品标准、市场需求没有差异的终端产品。如果有自主品牌，则可以直接在国内销售；没有自主品牌但是自主研发的，则需在国内注册商标后进行销售；既没有自主品牌，又不是自主研发的，则要先取得国外客户授权，并在国内注册商标后才能进行销售。

第二类，国内外产品标准、市场需求有差异的终端产品。这些产品则需要对设计、功能、产品、包装乃至生产线进行适当更改调整，再经过国内产品认证、注册商标等环节，才能在国内销售。

第三类，工业中间品。与终端产品不同，工业中间品转内销并不是品牌、认证、渠道的问题,而是要通过寻找供需匹配的客户,参与到国内产业链、供应链中去。由于制造业供应链相对稳定,更换供应商或客户需要复杂的流程和较长时间,因此,工业中间品转内销相对更难。

二、当前出口转内销存在的主要问题

出口转内销并非简单的市场转换,涉及市场准入、品牌培育等一系列问题,企业反映主要存在"四难"。

(一)市场准入难

一是知识产权制约。宁波从事贴牌代工的外贸企业较多,部分代工产品内销需要获得国外客户授权,企业缺乏自主权;而以自有品牌销售与代工产品类似的产品,也可能违反同业竞争规定。如申洲织造销售自有品牌服装与代工客户形成竞争,最终不得不出售自有品牌以维护客户关系。二是产品规格、消费偏好差异。如欧美国家电压、插头不同于我国,出口欧美的家电产品国内无法直接使用,内销需要更改产品设计、调整生产线、更换包装和说明等;又如,由于体型、消费偏好不同,出口欧美的部分服装、鞋帽等难以为国内消费者接受,内销需重新设计、打样和生产。三是国内外产品标准不同。如欧盟、美国与我国的产品质量认证标准各不相同,玩具、电子产品等内销需要申请国内中国强制性产品认证(3C认证),认证过程约45天左右。

(二)品牌建设难

一是投入较大。国内市场品牌众多、竞争激烈,品牌推广、广告投放等需要投入较大资金。如堡德卫浴长期经营欧洲市场,转向国内市场后,虽有品质优势但国内知名度不高,为广告投入、建设营销渠道、延揽营销人才等已花费大量投入。二是时间较长。品牌培育和维护是长期工程,短期内难见明显成效。如宁波瑞孚以自有品牌、自主设计和专利开拓国内市场已有四年,国内年销售额攀升到6000万元左右,但仍然亏损且市场占有率不高,主要靠外贸盈利支撑国内市场开拓。

(三)营销体系建设难

一是缺乏营销渠道建设经验。部分外贸企业长期专注于生产和研发,以B端客户、展会接单为主,缺乏营销经验,尤其缺乏线上营销、开拓C端客户的经验。二是缺乏销售人才、团队。疫情期间电商发展迅猛,电商人才稀缺问题愈加突出，成为企业拓展线上销售的主要制约因素。如惠尔顿婴童安全科技公司电商运营岗位招聘持续数月只招到 1 人，目前只能通过培训老员工来解决。三是营销渠道建设成本较高。线下商超等实体店入场和运维成本高，除租金、装修费外，通常还要收取商品售价的 20%～30% 作为抽成，企业谈判地位弱。线上店铺虽然免费，但保证金、店铺服务费、软件使用费、促销活动费等项目较多，各类费用约占销售额的 20%。

（四）营商环境适应难

一是内贸账期较长。外贸账期一般不超过 3 个月，而内贸账期往往长达 6～12 个月，企业转内销后资金周转压力加大。二是国内知识产权保护不足。海天塑机集团等部分企业反映，转内销后产品在国内易被侵权、仿冒，给企业带来较大损失。三是内销信用体系相对不完善。内贸没有出口退税优惠，国内贸易信保覆盖面也不及出口信保，对企业的风险控制能力要求较高。

三、对策建议

按照做好"六稳""六保"工作和拓展国内"红海"市场的要求，以"打造新国货，补强产业链"为目标，坚持市场主导、政府推动，坚持远近结合、突出实效，坚持抓住关键、分类施策，着力实施制定一项政策、抓好"六进一补"、扶持两类平台、优化四项服务等举措，努力推动宁波出口转内销闯新路、上规模、见实效。

一是制定一项政策。围绕近期促销售、远期建体系的要求，全面排摸企业出口转内销需求、主要产品，分类梳理市场准入、品牌建设、营销体系、营商环境、扶持政策等方面具体问题，研究推出支持出口转内销的系列工作举措，适时制定出台支持出口转内销的政策意见和专项行动，明确出口转内销的总体思路、发展目标、重点任务、具体举措。

二是抓好"六进一补"。①进电商平台。实施"宁波优品网上拓市行动"，深化与拼多多、阿里巴巴、京东等头部电商的战略合作，支持企业加入阿里巴巴"春雷计划"、京东"春雨计划"等，推动开设宁波外贸产品专馆或专区，提高"宁波制造"线上知名度。对佣金、入驻审批、服务费、培训、保证金、营销创新、流量等实行平台优惠、政府补贴。②进大型商超。推动外贸企业联合或由商协会牵头，加强与大型商超对接，在大型商场、超市开设外贸产品专区、专柜，支持日用百货、服装鞋袜、文教用品、塑料制品、小家电等优质出口产品进商超。鼓励外贸企业与行业龙头企业开展专业化协作。③进特色街区。结合商业网点建设规划，支持外贸企业在天一广场、鼓楼沿、东鼓道、南塘老街等特色街区、商圈开设实体店，举办线下特卖展销活动。对于国有企业产权的楼宇商铺，给予外贸产品店铺一定期限的租金优惠。④进夜市。落实国家支持夜市发展的政策，在老外滩、东部新城、南部新城等主要夜间经济商圈开设外贸产品专区，统一准入条件，加强规范管理，帮助外贸企业消化库存积压产品。⑤进展会。支持外贸企业参加中国加工贸易产品博览会等各类展会，支持外贸企业参加"云展示""云对接""云洽谈"等线上展会。在会展中心、特色街区、商超、夜市等场所适时举办出口转内销商品节，推动"展品变商品"。在会展中心等地开设宁波外贸商品专馆。对参加国内政府类展会的外贸企业，适当减免和补贴参展费用。⑥进政府采购目录。加大政府采购扶持，对于合规合标的出口转内销产品，给予进入政府采购目录的同等机会，同等条件下优先采购本土产品。鼓励学校、医院等采购外贸产品。推动企业相互采购，鼓励大集团、大机构福利采购。⑦补强产业链。积极推动工业中间品国内市场供需对接，支持企业加入工信部重点行业产业链供需对接平台，拓展与震坤行工业超市、爱姆意云商等工业品采购平台战略合作，推动出口转内销企业加大与下游企业对接交流，嵌入国内供应链体系。排摸一批行业重点企业，组织召开供需对接会，鼓励其与外贸企业深化合作，加大本地采购力度。实施科技攻关计划，围绕"卡脖子"技术，发挥外贸企业长期与国外企业合作配套的技术优势，支持其加大攻关力度，加快关键核心技术突破，实现进口替代。更新完善《宁波市自主创新产品推广目录》，将外贸企业创新产品纳入目录体系，探索建立自主创新产品在政府或国有机构首试首用机制。

三是扶持两类平台。①培育扶持以出口转内销为特色的本土电商平台。发挥电子商务产业基金、服务业发展专项资金等引导扶持作用，积极支持垂直型、平台型、综合型、撮合型等各类电商平台建设，加大建设补贴，着力帮助解决宣传推广、政府采购、商标认证等问题。积极支持社交电商、直播电商等新业态新模式发展，引进多渠道网络服务机构和供应链企业，打造2~3个网红经济（电商直播）产业基地。筛选扶持一批外贸产品内销平台，打响"宁波有好货"城市品牌，争取培育若干个转内销特色鲜明、营业额较大、影响力较高的本土电商平台。②扶持发展供应链龙头企业。支持大型商贸企业与出口制造、金融保险和物流等企业加强战略合作，培育1~2家具有较大影响力和较高营业额的供应链龙头企业，集采购、加工、贸易、金融、信息、综合服务等功能为一体，实现内外贸一体化、产供销一条龙发展，通过龙头企业带动内销网络体系建设和拓展。

四是优化四项服务。①优化审批监管。进一步压缩商标注册受理、审查、变更、转让等事项办理时间，为企业建立自主品牌提供便利。对因新冠肺炎疫情影响临时无法变更为中文标签、标识的外贸产品，允许外贸企业加贴中文标签、标识。推动简化优化外贸产品申请3C认证流程，提高认证效率。在安全标准等方面探索内外标准转换、衔接和互认。对外贸企业建立完善知识产权体系提供指导和便利，同时加强市场监管，严厉打击销售侵权假冒商品、虚假广告等违法行为。②优化品牌培育。加大出口转内销品牌宣传推介力度。以"三服务"活动为载体，开展百名记者访百家外贸出口转内销企业活动，加强优质品牌、产品推介。组织评选出口转内销典型企业、典型案例。鼓励出口转内销企业创牌创优。对符合条件的新获中国驰名商标、省名牌产品、市名牌产品给予适当奖励。加强企业新设品牌辅导。选取一批拥有自主知识产权的转内销品牌充实到品牌培育库，由标准、质量等机构对培育企业品牌创建工作进行全程辅导，及时将出口转内销企业先进技术转化为品牌标准。全面实施"同线同标同质"工程。推动出口企业按照相同标准生产出口和内销产品，支持"同线同标同质"产品加速进入国内市场，精准对接国内消费升级需求。③优化营商环境。完善内贸信用体系。推动内外贸信贷保险等制度对接，支持保险机构为出口企业转内销创设应收款险种。鼓励企业投保国内贸易信用保险，对保费适当给予补贴。加强金融服务。灵活运用小微金融债等政策工具，积极为品牌渠道商构建内外贸融合的供应链体系提供金融支持，鼓励银行法人机构开展知识产权质押融资、应收账款融资、无还本续贷、随借随还等金融产品创新，鼓励政策性担保+金融+货物质押等金融服务方式，开发出口退税贷等无抵押信用贷金融产品。推动保险公司降低财产险等保费，增设雇主责任险等险种。加快政策落实。加快落实暂免加工贸易内销缓税利息至年底、扩大内销选择性征税试点至所有综合保税区等政策。加快出口退税速度，落实小微企业普惠性税费减免政策。优化政策信息发布渠道、机制，建立统一平台，扩大覆盖面，智能化、精准化向企业推送各类政策信息。④优化扶持服务。加大财税扶持：统筹用好外贸发展、电子商务、服务业发展等专项资金，对外贸企业拓展市场、品牌培育、应急转贷等予以补贴扶持，发放 1 亿元宁波出口转内销产品定向消费券。支持外贸企业自主研发：用好外贸扶持资金，谋划实施一批产业链协同创新项目，鼓励外贸企业与上下游企业、科研院所、高校开展应用端协同创新，加速技术产品市场化进程，推出一批适应国内市场需求的创新产品；落实研发费用加计扣除、生产线技改扶持等政策。加强培训、法律等服务：通过政府购买服务等方式，为企业提供电商专业技能培训，包括店铺装修、线上销售、物流配送等；依托市外经贸法律服务律师团资源，对外贸企业出口转内销提供专项风险评估服务，支持外贸企业与境外客户协商外贸产品内销授权。加强人才服务：以宁波与阿里巴巴战略合作为契机，支持阿里研究院、淘宝大学等与省内大中专院校、地方电商协会联合开展电商人才培养培训。

吴红艳

宁波助推外贸企业出口转内销的主要经验[①]

2020年以来，受新冠肺炎疫情影响，宁波外贸企业普遍面临在手订单取消或延期、新订单签约受阻、外贸货品积压严重等困难，出口转内销已成为外贸企业化危为机的重要手段。调查显示，出口转内销并非简单的市场转换，存在内销品牌推广较难，营销渠道建设成本较高，国内外产品规格、标准、消费偏好差异较大，内贸账期较长，企业资金周转压力大等一系列问题。对此，为帮扶外贸企业渡过难关，宁波制定出台了《关于支持外贸企业开拓国内市场的若干意见》，以"打造新国货、补强产业链"为目标，通过强化平台搭建、需求引导、服务保障等方式，支持适销对路的出口产品开拓国内市场，形成内外贸联动发展新格局，取得了明显成效。据不完全统计，2020年3月以来，宁波外贸产品"出口转内销"比例逐月上升，进出口额前40名的企业大部分搭建了相应的内销团队，目前全市已有逾两成出口商品实现转内销。

一、深化"三个联合"，加快拓展销售新渠道

一是联合知名电商平台。深化与拼多多、阿里、京东、网易等头部电商的战略合作，实施"宁波优品网上拓市""聚划算汇聚宁波"等行动，在知名电商平台开设宁波外贸产品专馆或专区。如，与拼多多达成合作，开设"宁波优品馆"，帮助超过1.5万家企业在未来1年内使用平台进行销售，预计销售额超过800亿元，实现"转内销"订单超200亿元。组建专业服务专班入驻宁波（国际）电子商务产业园，梳理排摸园区内销外销电商公司名录清单，为全市外贸转内销企业搭建对接渠道。目前，已促成34家外贸企业与6家电商达成合作意

[①] 终稿写于2020年8月20日，数据均截止该日期。

向，涵盖机械装备、汽车用品、文具礼品、婴童用品、纺织服装等多个领域，促成意向贸易额约1200万元。

二是联合线下展销平台。组织外贸企业与大型商超对接活动，建立定向采购联系。支持外贸企业进夜市、进特色街区，在天一广场、鼓楼沿、东鼓道、南塘老街、老外滩等开设专卖店和特色集市。如，江北区组织50余家企业在老外滩、达人村、星街坊、云创小镇、E商小镇、万达、中体等地开展夜间市集活动10余场，助力企业拓展内销市场。同时，组织外贸企业参加上海尚品家居展、中国食品博览会、纺织品展、生活时尚品展等各类重点出口转内销专业展会。

三是联合政府采购平台。组织外贸企业统一入驻浙江省出口转内销专属销售平台——浙江内销馆，参与承接全省政府采购业务订单，目前已组织76家外贸企业正式入驻平台。建立与市级采购机构、招标专业机构的合作，筛选品质优良的出口转内销商品进入宁波市政府购买服务指导性目录。

二、坚持"三个促进"，加快培育竞争新优势

一是促进品牌打造。提升外贸企业品牌建设能力，引导企业精准对接国内市场消费升级需求，应用大数据、工业互联网等技术，研发适销对路的内销产品，创建自有品牌。如，月立电器有限公司自创月立、朗菲、小适3个品牌，其中朗菲品牌与小米合作进入小米生态链，"小适"品牌进驻天猫、京东、抖音等多家网络平台。2020年以来，该公司内销自主品牌销售额占比从10%提升到25%，2020年仅"小适"品牌整体网上销售额即达约1.5亿元。选取一批拥有核心技术的出口转内销品牌充实到品牌培育库，由专业机构对培育企业品牌创建工作进行全程辅导。上半年，多家传统制造企业转贴牌出口为线上自主品牌内销，涉及"在线社交网络服务"商标申请量同比增长7.9%。

二是促进业态创新。鼓励外贸企业充分利用直播带货、场景体验等新业态新模式，促进线上线下融合发展。一方面，借助淘宝直播、快手、抖音等直播平台，组织开展宁波出口商品转内销电商促销、"宁波有好货""甬货中国行"等系列直播带货活动，采取"直播电商+外贸品牌"模式，邀请本地达人、人气主播全面展示宁波出口优品。引进直播专业机构和供应链企业，打造小家电、服装等产业带直播基地，建立专业营销平台。如，帅康集团建立了直播培训基地，拥有20余名自家"网红"，线上营销投入占比从30%提升至60%。另一方面，依托"百网万品"工作载体，推动有出口转内销需求的企业积极链接头部

电商平台,强化供需对接,嵌入国内市场供应链体系,打造个性化、有吸引力的内销产品。如,贝发集团联合产业链上下游500多家合作企业,立足年轻女性顾客需求,开发出具有生活美学的产品,1—5月实现内销销售额6亿元,供应链上平均每家企业销售额达48万元。

三是促进科技赋能。支持外贸企业加大关键核心技术攻关和新产品研发力度,发挥外贸企业长期与国外企业合作配套的技术优势,加快实现进口替代。更新完善宁波市重点自主创新产品目录,推广自主创新产品首购首用。实施跨境高企专项培育行动,组织开展跨境电商企业申报高新技术企业专题培训会,针对不同类型的跨境电商企业,制订个性化申报方案,全面帮助企业补齐研发活动、知识产权等短板。

三、突出"三个加强",加快营造发展新环境

一是加强营商环境建设。优化商标注册认证服务,充分发挥国家知识产权局商标局宁波商标受理窗口的作用,为外贸企业注册国内商标以及办理商标转让、许可、变更等商标业务提供便利化服务,逐步实现企业商标专用权质押登记业务办理"跑零次"。设立"流动受理窗口",在全市各地开展现场办理商标业务,并提供商标业务咨询。组织品牌专家志愿团成员,每两周开展一次政策宣讲和商标法律援助咨询活动。上半年,宁波已有3861家外贸型企业进行国内商标注册申请,共计17159件,同比增长17.3%。深入实施内外销产品"同线同标同质"工程,支持企业在同一生产线上按照相同标准、相同质量要求生产既能出口又可内销的产品。对因疫情影响临时无法变更为中文标签、标识的外贸产品,允许加贴中文标签、标识。强化知识产权保护,探索建立外贸企业开拓国内市场的知识产权纠纷多元化解决机制,严厉打击侵犯商标恶意抢注和商业标识混淆不正当竞争、专利侵权假冒、网络盗版侵权、地理标志假冒等行为。

二是加强金融服务。积极落实金融支持外贸系列政策,用足用好央行再贷款再贴现、贷款延期支持工具、信用贷款支持计划等货币政策工具,引导金融机构向外贸企业让利,进一步降低企业融资成本。大力发展中期流动资金贷款、应收账款融资、内销保险项下的保单融资等金融产品,对进出口总额1亿美元以上的企业建立金融帮扶"白名单",全市银行机构安排了1000亿元专项信贷规模,为"白名单"企业提供优惠信贷支持。疫情期间,为受疫情影响外贸企业减免利息约1.8亿元,减免金融服务手续费约0.7亿元。鼓励保险机构为外贸

企业出口转内销创设应收款险种,推广国内贸易信用保险。如,宁波高新区推出全省首创的"外贸企业转内销综合保险+品质保证检测服务",包括外贸转内销企业的产品责任保险,大型超市、商业综合体、展会销售商品的产品责任险和全国消费者对所购商品的品质保证检测服务,进一步提升了外贸企业开拓国内市场的信心。

三是加强财税支持。安排专项资金,发放宁波出口转内销产品消费券,开展特色专场活动。统筹中央外贸发展资金、市商务促进资金等相关资金,支持外贸企业进电商平台、参加国内政府类展会、投保国内贸易信用保险,支持电商直播基地购买设备和软件。严格落实小微企业普惠性税费减免政策,暂免征收加工贸易企业内销税款缓税利息,扩大内销选择性征收关税政策试点。加快涉企资金拨付进度,确保各类涉企资金及时拨付到外贸企业。1—7月,宁波已累计为15648家企业办理出口退税289亿元,有效缓解了企业资金压力。

何介强

宁波提升企业便利化水平的主要做法与启示

近年来，宁波以"最多跑一次"改革为牵引，聚焦企业经营发展过程中遇到的"难点""堵点"，不断提升纳税、科技创新、中介服务、跨境贸易、获得信贷等五大领域的便利化水平，帮助企业降成本、拓市场、增效益，不断增强经济社会发展活力和动力。2019年，宁波地区生产总值达到11985亿元，增长6.8%，总量跃居全国城市第12位，比2018年上升3位，居计划单列市第2位，仅次于深圳。民意调查结果显示，2019年宁波企业发展环境满意度达87.7分，比上年提高2.6个百分点。

一、宁波提升企业便利化水平的主要做法

（一）提升纳税便利化水平，降低企业运营成本

一是大力优化办税流程。围绕涉税事项100%"一次办"的目标，推行"套餐式"申报方式，实行增值税"一表集成"申报、消费税"一键申报"和主税附加税合并申报，减少企业办税准备、申报、缴税等各环节时间。截至2019年年底，全市企业年平均纳税次数压缩至6次，年纳税时间减少到47.8小时，位居全国同类城市前列。

二是大力推广"非接触式"办税缴费服务。按照"尽可能网上办"的原则，充分运用信息技术手段和税收大数据，加速完善电子税务局功能，进一步拓展网上办税缴费清单事项范围，让纳税人、缴费人少出门甚至足不出户即可办税缴费。目前，已实现"一照一码户登记信息确认"等166个事项全程网上办，"合并分立报告"等19个事项线上线下融合办，"纳税人放弃免（减）税权声明"等16个事项线上预约线下办。

三是大力减轻税费负担。主动为企业减负活血帮困，2019年全市规模以上工业企业税金总额下降7%，其中应交增值税下降14.9%；规模以上服务业每百元营业收入所缴纳税金及附加、增值税下降10.6%；全年为企业减负473.4亿元。新冠肺炎疫情发生以来，严格落实国家和省市一揽子税收优惠政策，细化出台36条税收措施，帮扶企业共渡难关，促进企业复工复产。为加快政策兑现，新建疫情防控惠企政策"一网通"平台，实现各项惠企政策网上可查、可办、可咨询。据不完全统计，这些惠企政策兑现后预计将为宁波企业减负134亿元。

（二）提升科技创新便利化水平，激发企业发展活力

一是优化科技项目申报材料和流程。规范科技项目申报标准，简化申报评审、管理验收、高企认定等办事程序，推进项目流程再造。加快"科技大脑"建设，建立项目全周期"信息一次填报、材料一次报送""一表多用"工作机制，实现申报过程无纸化、评审过程网络化、立项审核扁平化。一般情况下，科技计划项目从申请受理截止日到项目评审评估结束控制在25个工作日内，比规定时间节省50%以上。

二是深化科研管理体制改革。科研管理从重过程向重目标、重实效转变，实施科技项目关键节点管理，加强对项目结果及阶段性标志性成果的考核，减少项目实施周期内的各类评估、检查、抽查、审计等活动。对自由探索类基础研究项目和资助金额较低且实施周期不超过三年的一般项目，以承担单位自我管理为主，一般不开展过程检查。

三是强化财政资金激励作用。健全完善研发导向的政策扶持机制，综合运用项目支持、研发后补助、风险补偿等方式，引导全社会加大科技投入。2019年，全市财政科技支出增长58.6%，比上年提高25.5个百分点；规模以上工业企业研发费用增长13.7%，高于营业收入增速12.2个百分点。

（三）提升中介服务便利化水平，优化企业投资环境

一是精简中介服务事项。全面清理为投资项目行政审批服务的认证评估、检验检测等中介服务事项，消减中介服务事项和环节达到30%。制定中介服务办事指南，建立中介服务清单动态评估调整机制，每年对中介服务清单事项实施情况进行评估，合理调整事项清单。目前，已发布区域规划环评、节能评估、地震安全性评价等66项办事指南。

二是提高中介服务效率。将行政审批部门委托中介进行评估、检测、审核

等服务效率纳入对该部门审批效率的考评内容,中介服务效率提升30%。升级网上中介超市,制定出台"网上中介超市"管理办法,实现中介服务机构网上一表入驻、资信"一卡集成"网上查询、合同线上网签(备案)、服务计时跟踪,提升数字化中介服务能力。

三是促进中介服务市场化发展。依托网上中介超市,建设中介网上智慧比选系统,完善中介服务网上竞价采购机制,中介服务价格平均下降30%。以树强扶优、外引内培、规范管理为重点,加快中介服务产业培育,完善企业投资服务体系,打破中介服务市场垄断,引进优质中介服务机构,积极培育壮大法律、金融、咨询等中介服务。充分发挥行业协会的自我管理、自我约束作用,推动中介市场良性竞争。

(四)提升跨境贸易便利化水平,提高企业通关效率

一是压缩整体通关时间。优化通关流程和作业方式,全面推进"查验合一",率先试点实施"两步申报""两段准入""两轮驱动"和"提前申报"等改革,进一步提高通关效率。2019年年底,宁波口岸进口、出口整体通关时间分别比上年压缩53.9%和19.7%。

二是提高数字化应用水平。搭建宁波跨境电子商务服务平台,打通电商网站与海关通关数据对接和交互通道,通过商品订单、支付单、运单的实时对碰,确保商品备案、上架、销售、仓储、配送全过程监控,实现下单、报关一体化和通关全程无纸化。自新冠肺炎疫情发生以来,全面推行线上办理通关业务,应用"互联网+""单一窗口""浙里办"等开展"网上作业",实现"零跑腿办理""无接触通关"。

三是降低进出口环节合规成本。全面厘清各项涉企收费项目,明确收费底数,在宁波国际贸易"单一窗口"统一进行公示。降低口岸收费,将货物港务费、港口设施保安费、引航(移泊)费、航行国内航线船舶拖轮费的收费标准分别降低15%、20%、10%和5%。疫情发生以来,全面落实防疫物资税收新政策要求,实施进口防疫物资"零关税"、担保"零额度"、滞报滞纳金"零征收",有效缓解了企业资金压力。

(五)提升获得信贷便利化水平,破解企业融资难题

一是提高信贷支持精准度。根据企业生产经营和现金流周期特征,宁波金融机构创新个性化、差异化的信贷产品体系,精准挖掘企业需求,全面提高产

品匹配性，为制造业企业特别是民营、小微企业提供量身定制的特色金融产品。截至2019年年底，全市制造业企业贷款余额3885.2亿元，增长5%；民营企业贷款增加332.1亿元，超额完成全年目标；普惠小微贷款增长28.1%，同比提高13.1个百分点。

二是缩短信贷获得时间。整合政银企三方资源，打破部门信息壁垒，搭建线上一站式金融服务平台，为企业提供融资对接、客户发现、合同管理、信息管理等服务，大幅降低企业获得信贷的时间。调查结果显示，自2019年以来，宁波金融机构小微贷款从完整提交资料到贷款发放的平均周期为10天，较2018年减少3天，其中7天及以下获得贷款的企业占63.9%。如，余姚通过搭建网上"金融超市"，线上放款流程各环节平均可比线下缩短2~3个工作日，总体放款时间线上比线下平均缩短6个工作日以上。

三是降低企业融资成本。进一步疏通再贷款、再贴现等货币政策工具的传导渠道，健全金融机构民营和小微企业贷款利率定价机制，加大对单户授信3000万元及以下贷款的优惠力度。2019年，企业贷款加权平均利率同比下降0.15个百分点。自疫情发生以来，积极鼓励金融机构实行免息贷款、政策性低息贷款、专项贷款财政贴息等政策，采取无还本续贷、贷款展期、调整贷款期限等方式，减轻企业贷款周转和还款压力。

二、主要问题

近年来，宁波提升便利化水平取得明显成效，但对照上级要求、对准改革目标、对标先进地区，仍存在不少问题和困难，与群众期待仍有不少差距，主要表现在以下几个方面。

一是审批流程有待进一步优化。有些部门审批流程再造力度不够，对审批流程的改进缺乏系统性和整体性考虑，与相关职能部门缺乏沟通和协调，仍然存在审批前置条件过多过细，审批流程重复、阻塞；有些部门还存在重事前审批、轻事后监管的现象。同时，民营企业对精简审批事项和优化审批流程的期望较高。据"全省民营企业发展环境调查问卷"调查数据显示，71.2%的宁波民营企业期待"进一步精简审批事项"，48.5%的宁波民营企业期待"继续优化办事环节和流程"。

二是信息共享还存在壁垒。个别部门的信息系统仍然处于相互独立、垂直发展的状态，数据资源分散在不同部门、地区、层级的不同系统内，无法实现互联互通,"数据烟囱""信息孤岛"的问题较难解决,导致个别系统使用还不够便利。比如,在跨境贸易便利化方面,受限于国家在国际贸易中信息安全的考虑,全国范围内均未使用移动端进行通关业务申报作业,无法实现跨境贸易全流程掌上办;在获得信贷便利化方面,因不同金融机构之间运营管理理念、风险防范措施、服务目标群体等不同,办理信贷的办事材料及办事流程存在较大差异,获得信贷线下"一窗办理"等难度较大。

三是政务服务智能化设施建设相对滞后。截至 2020 年 6 月底,宁波已在全市 273 个网点部署 342 台"宁波办事"政务综合自助终端,实现了全市各级行政服务中心、分中心和乡镇(街道)100% 覆盖。但是只有 26 个 24 小时服务网点,还未实现所有村(社区)、开发区、园区等全覆盖,信息技术运用不足,政务服务范围、功能有限,多数仍然停留在信息查询、在线支付等阶段,部分服务事项还未实现"应上尽上"。

四是部门协同机制还不够健全。便利化改革是一个系统工程,需多方协同、合力作战。目前来看,各地各部门改革进度不均衡、部门不联动、举措不协同等情况还比较突出。比如,在推广不动产过户后水电气视网联办模式时,存在通信管理、电网公司协调难度大等问题;在推动"网上中介超市"建设中,缺乏对竞价、签约、上传成果等运作机制设计,造成网上签约率低,没有真正发挥改革成效。

三、若干启示

从宁波实践来看,提升企业便利化水平,要始终把"便利"作为改革的出发点和落脚点,加快破解程序多、时间长、成本高等突出问题,打造更加便利化的办事环境。

一要坚持"简"字当头,在"流程"上下功夫。坚持"流程能简则简、环节能少则少、办事能快则快"的原则,在法律法规框架内,做足审批要素的"减法"。以企业和群众便利办成一件事的全流程为核心,动态梳理政务服务事项清单,及时革除不合时宜的陈规旧制,打破不合理的条条框框,最大限度地简化审批环节、压缩审批时限,做到"少无可少、简无可简"。

二要围绕企业和群众需求,在"便捷"上下功夫。在供给侧不断改革突破的同时,也需要从企业和群众需求出发,深入推进"互联网+政务服务",增强政务服务的主动性、精准性、便捷性。从这次疫情来看,为防止人群集聚,政府部门全面推行"不见面"审批，建立惠企政策"一网通"平台，大大方便了企业和群众。提升便利化水平就是要坚持以人民为中心的发展思想，深入分析企业和群众需求，拓展"一网通办"平台功能，提升网上办事深度，实现政务服务事项全程网上办理，做到"应上尽上"，让企业和群众办事更加便捷。

三要加快大数据应用，在"效能"上下功夫。大数据是提升便利化水平的重要力量，是提升政务服务效能的重要支撑。比如，余姚"金融超市"，依托城市大数据平台，整合政、银、企三方数据资源，为中小微企业和金融机构打造高效便捷的线上对接平台，企业"一次都不用跑"，就可以满足个性化的融资需求。因此，要推进数据资源归集共享，促进数据资源跨部门、跨系统、跨业务、跨地域互联互通，加快大数据、人工智能、区块链等先进技术在便利化改革方面的数字化应用，探索新型服务模式，提升服务效能。

四要发扬"店小二"精神，在"意识"上下功夫。要树立"服务员"的意识，把企业和群众当作客户，善于用心倾听、换位感受需求，推动政务服务向"以客户为中心"转变。进一步完善政务服务"好差评"制度，把"好差评"评价结果作为转变政府职能、提升政务服务水平的重要参考，纳入年度考核目标，增强服务意识。

何介强

宁波通用航空产业突破性发展对策研究

通用航空产业是以通用航空飞行活动为核心，涵盖通用航空器研发制造、市场运营、综合保障以及延伸服务等全产业链的战略性新兴产业体系，具有产业链条长、服务领域广、带动作用强等特点。通用航空产业是继汽车、轨道交通产业后潜在超万亿级产业，当前低空管理体制改革加速突破、通用航空机场规划布局逐步完善，通用航空产业发展面临战略性发展机遇。宁波通用航空产业发展基础较好，但受制于机场建设滞后、核心产业链缺乏、市场培育不足等因素，通用航空产业总体发展缓慢，必须突破阶段性瓶颈问题，推动通用航空全产业链发展，打造宁波新的千亿级产业。

一、宁波通用航空产业发展进展

宁波通用航空产业以零配件配套制造为主。近年来制造业企业加快转型升级，产业配套能力逐步提升；同时地方政府积极完善政策环境、大力引进细分领域龙头企业，直升机组装销售等特色业务快速发展，成为宁波通用航空发展一大亮点。

1. 通用航空产业发展政策环境初步形成

宁波通用航空产业发展起步较早，2002年就有民营企业自主研制无人驾驶飞机，但受国家政策与市场环境限制，发展比较困难。2012年宁波被列入国家低空空域管理改革试点，低空开放开始起步，宁波初步完成了管制空域、监视空域和报告空域三大类空域的划分，同时宁波杭州湾新区等地启动筹建通用航空机场。2017年入选首批通用航空产业综合示范区后，宁波相继出台了《建设国家通用航空产业综合示范区实施方案》《促进通用航空产业发展的实施意见（暂行）》等产业政策，并建立了通用航空产业统筹推进工作机制，产业发展的政策环境初步形成。

2. 通用航空机场建设前期工作稳步推进

当前宁波区域范围内通用航空机场整体处于建设前期阶段。根据2020年1月浙江省发布的《省通用机场布局规划（2020—2035年）》（修编），明确宁波布局1个运输机场兼顾通用航空功能，4个A2级及以上通用机场及若干个A3级通用机场（含直升机起降点）。其中4个A2级及以上通用机场具体布局区域为宁波杭州湾新区、宁海、象山、余姚。目前，宁波栎社国际机场三期扩建工程配套项目公务机候机楼已建成投用；宁海通用机场已完成建设所需合法性审批程序，拟于2020年年底开工建设；宁波杭州湾新区已获军方空域批复；象山、余姚还处于规划阶段，还未实质启动建设前期工作（见表1）。

表1　宁波通用机场规划建设进展情况

所在地或机场名称	机场类型	主要功能定位	备注
宁波栎社国际机场	运输机场	为大型公务机提供保障服务	三期配套项目公务机候机楼已建成投用
宁波杭州湾新区	区域型A类	公务和私人飞行、短途运输、作业飞行、应急救援、低空旅游、航空飞行培训等	军方已批准待立项
宁海	地方型A类	交通运输、低空旅游、工农林作业飞行等业务，具备开展应急救援和医疗救援等社会公共服务功能	军方、民航已批准，地方政府已批复可行性研究报告，待开工建设
象山	地方型A类	未明确	规划阶段
余姚	地方型A类	未明确	规划阶段

注：通用机场根据其是否对公众开放分为A、B两类。A类通用机场即对公众开放的通用机场，分为三级：A1级是含有使用乘客座位数在10座以上的航空器开展商业载客飞行活动的A类通用机场；A2级是含有使用乘客座位数在5~9座的航空器开展商业载客飞行活动的A类通用机场；A3级是除A1、A2级外的A类通用机场。

资料来源：宁波民航局，除另有标注外，本文下同。

3. 通用航空制造业配套能力逐步增强

目前全市有20余家航空零部件及相关产品研发和制造企业，无人机生产企业4家，研发制造已较为成熟。电子信息、汽车及零部件、仪器仪表、传感器制造、新材料研发等通用航空制造相关行业的国内外竞争优势进一步凸显，产业配套能力大幅提升。如，宁波星箭航空机械制造有限公司生产的航空发动机软管、各类硬管、机闸和环件等，已为 C919、CJ1000 供货；宁波永灵航空科技有限公司生产的发动机衬套、阻尼环、吸能密封圈和软件金属连接件等，已成为商飞、商发的配套产品；摩林铝业（宁波）有限公司是亚洲铝制直升机平台最大供应商等（见表2）。

表2　　　　　　　　宁波主要通用航空零配件制造相关企业情况

企业名称	产品	配套能力
宁波星箭航空机械制造有限公司	航空发动机软管、各类硬管、机闸和环件等	已为 C919、CJ1000 供货
宁波永灵航空科技有限公司	发动机衬套、阻尼环、吸能密封圈和软件金属连接件等	已成为商飞、商发的配套产品供应商
摩林铝业（宁波）有限公司	铝制直升机停机坪设备	亚洲铝制直升机平台最大供应商
浙江华擎航空发动机科技有限公司	通用航空小型涡扇发动机系列产品设计研发	与国内外知名航空企业建立了战略合作关系
宁波天生密封件有限公司	高端密封垫片、密封板材、密封填料等	目前中国最大的静密封制造厂商之一

4. 通用航空特色服务业快速发展

积极利用梅山保税港区的区位优势和政策优势，引进捷德航空，率先在梅山岛建立直升机全国销售基地和人才培训基地，主营直升机组装、销售、经营性租赁、航空器维修等业务。自2014年成立以来，已累计销售200多架直升机，累计培训专业维修人才40多人次，并与东海舰队对接开展定点航空特色飞行服务。引进成立宁波东海通用航空有限公司，开发运营宁波首条空中游览线路（见表3）。积极培育直升机救援服务市场，建立直升机航空医疗救援基地，金汇通航浙江分公司专业医疗型直升机在宁波第一医院江北分院（宁波九院）长期备勤，提供直升机专项救援服务等。

表3　　　　　　　宁波主要通用航空运营服务企业基本情况

企业名称	主营	特色业务
宁波捷德航空技术有限公司	直升机组装、销售、租赁、维修，专业人员培训等业务	空客直升机销售及售后服务
宁波东海通用航空有限公司	空中游览、航空器代管、直升机驾照培训等业务	20分钟溪口全景空中游览；15分钟空中雪窦寺礼佛

二、宁波通用航空产业发展存在的问题

近年来,宁波通用航空产业发展总体稳中有进,但与先进地区相比,发展明显滞缓,主要存在以下突出问题。

1. 政策目标完成情况不够理想

2017年9月制定实施的《宁波市建设国家通用航空产业综合示范区实施方案》明确了到2020年通用航空产业发展的具体目标(见表4),但与实际发展相比,通用航空产业政策执行落实情况不够理想。在宁波基础比较扎实的配套制造方面完成相对较好,其他机场设施、核心及关联通航运营服务企业培育、科技创新、改革突破等方面实际完成情况与目标差距较大。如,机场设施建设还未实现"零的突破",筹建已久的宁波国际通用航空职业技术学院、华东地区民航科普教育基地等尚未开工建设等,空域改革综合管理协调部门、低空通航区域管制中心等部门由于区域内通用航空活动有限也尚未建立完善。

表4　宁波到2020年通用航空产业政策发展目标

细分目标	内　容
机场设施	各类通用机场3个以上
产业发展	培育3~5家核心通航运营服务企业和10家左右关联服务企业、10~15家关键配套企业
科技创新	基本建成宁波国际通用航空职业技术学院、中星中东欧新材料研究院、华东地区民航科普教育基地;成功举办一批国际通用航空博览会和主题航空展;争取设立通用航空新材料检测中心、适航审定支持中心和军转民技术应用研究中心
改革突破	成立空域改革综合管理协调部门;争取宁波全域纳入低空空域改革试点;设立600至1000米低空通航区域管制中心

2. 通用航空机场设施建设滞后

目前宁波尚无建成投运的跑道型通用机场,区域范围内零散分布几个直升机停机坪。截至2019年年底,省内其他地区已投用的A类通用机场已达11个(见表5),相比较而言,宁波通用航空机场设施建设明显滞后。一方面是由于通用机场建设审批涉及军方、民航和地方政府等多个部门(见表6),前置后置审批严格,从审批、建设到颁证要经历50多个步骤,耗时较长。另一方面是由于宁波庄桥军用机场拟搬迁至慈溪市观海卫镇,周边区域通用航空机场建设审批受到较大制约,如宁波杭州湾新区从2013年成立通用机场筹建指挥部启动机场

建设前期工作以来已历时近7年,还未完全通过民航华东局的场址审核,开工建设日期不断延后推迟。

表5　　　　　　　　浙江省民航颁证通用机场汇总表

序号	名称	建成时间	类别
1	舟山五岛（东极、嵊泗、桃花、衢山和岱山直升机场）	2003年	A1
2	建德千岛湖	2006年	A1
3	东阳横店	2017年	A1
4	安吉天子湖	2017年	A1
5	柯桥鉴湖直升机场	2017年	A1
6	德清莫干山	2018年	A1
7	新昌万丰	2018年	A1

资料来源：《浙江省通用机场布局规划（2020—2035）》（修编）。

表6　　　　　通用航空机场建设审批主要内容及总体流程

	民航局	军方	省级政府
审批内容	场址审核、验收颁证	场址审核（主要是空域、临时起降点）、验收	选址审批与立项审批
总体流程	军民航同步场址审核—省级发改项目核准—机场设计—招标采购—建设施工—军民地验收颁证		

注：军方主要包括战区空军司令部、空军司令部、联合参谋部需求局等；省级政府包括省、自治区、直辖市、计划单列市。

3. 通用航空核心产业链严重缺乏

宁波通用航空制造业主要集中在航空零部件、新材料等领域的配套制造，缺少通用航空器整机生产企业，与省内其他地区相比差距较大。如，德清已形成AG100新一代国产初级教练机设计、研发、制造、营销全产业链条，新昌万丰"ALTO100"和"钻石DA20"两款轻型飞机已实现量产。宁波通用航空运营尚处于起步阶段，受制于通航机场建设滞后，主要以零散的直升机运营为主，业务范围也仅限于空中游览、临时应急救援等，通用航空运营核心业务发展方面远远落后于省内先进地区，如建德千岛湖已建立了省级低空飞行服务中心，开通了建德—黄山、建德—舟山短途客运航线。

4. 通用航空消费市场培育不足

除去宏观层面空域管制、机场建设滞后等原因，居民对通用航空认识不到位是目前宁波通用航空消费市场乏力的重要因素。据相关调查，超过半数参与调查的人误认为"通用航空"是一个名为"通用"的航空公司。通用航空消费市场配套政策不够完善，对新兴消费类通航服务的补贴支持不足。通航应急救援、医疗救助等公益性服务的综合救援能力、快速响应能力及网络覆盖能力等方面有待提升。

5. 通用航空管理体制机制不够健全

国家层面空域管理体制对地方通用航空产业发展制约明显。空域管理由国家空管委统一管理，空管委办公室设在军方总参谋部，军方与民航按一定职责分工进行管理（见表7）。总体上军方在空域管理中处于主导地位，民航使用空域要向军方申请并接受其监督。现有体制存在多头多层级审批，环节多、时间长、协调成本大，难以满足通航机动性和时效性要求，制约通航产业的发展。此外，市级层面低空空域管理改革推进缓慢，管制空域、监视空域和报告空域三类空域划设有待优化，空域信息发布、通航计划审批、飞行动态监视等方面军地民协同管理机制尚未建立完善等。

表7 军方与民航空域管理职责分工基本情况

管理内容	职责分工
空域划分	由空军商请民航局后报联合参谋部批准
新航路和新航线开辟	由民航局商请空军后报国务院、中央军委批准或备案
低空空域使用	由空域使用者即通航企业向民航空管部门提出申请，民航空管部门进行资格审查后再向军方空管主管部门进行报批

三、先进地区经验借鉴

宁波通用航空产业突破性发展要有等不起的紧迫感，积极拓宽视野，创新思路，主动向四川、珠海、绍兴等国内先进省市学习借鉴经验。

1. 四川低空空域协同管理改革试点突破

2018年初四川省获批低空空域协同管理试点，经过两年多的改革试验，在通用航空空域划分、空域使用、飞行服务等管理体制方面取得积极成效，其具体做法如下。

一是建立三级空域管理体制。组建成立四川省低空空域协同管理委员会，下设办公室（低空办）牵头负责协同管理空域的管理与使用工作，建立由军方、地方政府、民航管理部门多方组成的四川省低空空域协同运行中心,在低空办领导下统一负责协同管理空域的运行管理和飞行服务。

二是划设低空协同管理空域。在成都平原划定了2000余平方公里的低空协同管理试点空域。协同管理空域内将通航飞行"任务申请、空域申请、飞行计划申请"3个环节简化为"飞行计划报备"1个环节,将报备时间缩短为飞行前1小时通过网络、电话、传真等方式报备。2019年年底启动第二阶段低空协同管理试点,协同管理空域扩大到6000余平方公里,基本满足区域内通航机场运营、通航产业发展和低空旅游观光等需求。

三是实施低空目视自主飞行模式。借鉴世界通航飞行主流模式,突破传统的管制飞行模式,创新实施低空目视自主飞行模式。该种模式下,航空器驾驶员根据飞行情报和气象信息,自行判断飞行条件,自主执行飞行任务,并对决策和飞行安全负责。同时加强云计算、移动5G、北斗卫星导航等新技术在飞行监管方面的运用,为通航用户提供计划报备、飞行情报和气象信息等"一站式"服务,为低空目视自主安全高效飞行提供有力支撑。

2. 珠海引进国有龙头企业培育通用航空产业集群

珠海凭借中国航展的影响力引进成立中国航空工业集团控股的中航通用飞机公司,其产业基地和总部落户珠海航空产业园,在园区建设了"一总部两中心三基地",即公司运营总部,飞机研发中心、通用飞机销售中心,飞机总装试飞基地、飞机交付和客服基地、通用航空运营服务基地。

围绕中航通用飞机产业基地核心,珠海加强园区基础设施建设,制定完善产业发展相关政策,如设立航空(航天)产业发展扶持专项资金;按照投资项目投产后增值税地方留成部分的50%比例给予投资项目技术研发补助等,吸引了国内外先进轻型飞机生产及配套企业的大量集聚,逐步形成轻型通用飞机产业集群。

3. 绍兴民企转型打造通用航空全产业链

万丰奥特控股集团(以下简称"万丰集团")是亚洲最大的铝合金轮毂生产制造企业,通过收购加拿大镁瑞丁、美国派斯林机器人、奥地利钻石飞机、捷克DF飞机制造公司等,转型进军通用航空全球产业链高端领域。同时,万丰集团规划投资100亿元建设万丰航空特色小镇,地方政府在土地、小镇周边基础设施等方面给予大力支持。已到位资金突破70亿元,整机生产车间、研究院、航空展厅、科技博物馆等各项建设基本完成。万丰集团以特色小镇为平台,以飞机制造为核心，机场管理、通航运营、航校培训、低空保障等于一体的全产业链集聚发展模式基本形成。

四、对策建议

新时期通用航空产业发展已进入快车道，宁波要抢抓战略机遇，遵循产业发展规律，结合自身优势，夯实基础，找准切入点，针对现存主要问题实现五个"突破"。

一是加快突破通用航空机场建设。机场建设是通用航空产业发展的重中之重，要按照浙江省最新通用机场规划，加速分类建设进度，完善区域机场网络布局。扎实做好宁波杭州湾新区通用机场建设项目前期工作，确保通用机场建设条件落实到位。已获批的宁海通用机场要尽快开建，同步完善机场周边道路交通网络。将象山、余姚通用航空机场规划布局纳入市"十四五"发展规划、市综合交通规划等。加强对用于自然灾害救援、城市消防、警务飞行、低空旅游、工农林作业等用途的 A3 级通用机场（含直升机起降点）的节点布局规划。

二是重点突破核心产业链引培。借鉴万丰集团经验，鼓励支持市内民营企业积极对接全球先进通用航空整机制造企业和先进机型生产线，收购和引进国外知名品牌整机、发动机以及核心零部件等生产技术，对获得自主知识产权并在国内实现产业化的，给予项目投资主体实际投资额一定比例的资金补贴。探索产业招商新模式、新路径，支持引导市属相关国有企业发起成立通用航空产业股权投资基金，通过基金注资方式引进优质通用航空企业尤其是整机制造企业。大力支持浙江华擎航空发动机科技有限公司的小型涡扇发动机尽早实现量产。积极推进梅山北汽阿古斯塔直升机组装项目，加快形成直升机组装、销售、维修、运营全产业链。

三是全面突破应急救援航空体系构建。积极贯彻落实《浙江省应急救援航空体系建设方案》，将应急救援航空组织体系纳入全市应急救援指挥体系一筹划、一体建设，并做好与"十四五"应急体系建设规划的有效衔接。适时成立通用航空应急指挥中心，建立应急救援训练基地，联合航空救援专业培训等机构，开展各类专业救援人员培训，加强救援专业力量储备。合理设置直升机简易起降点，逐步形成重点突出、分布合理的全覆盖起降点网络。探索构建宁波都市圈通用航空应急救援协同机制，加强与舟山、台州的应急救援联动，建立完善通用航空应急救援需求、救援力量、基础设施网络等信息的互联互通、信息共享、快速反应的指挥网络。

四是创新突破消费市场潜能释放。充分发挥通用航空短途运输的交通运输属性，适时开辟宁波到省内千岛湖、东阳等地的短途客运航线，通过成本补贴、收入补贴或价格补偿等多种方式支持本地通航运营企业开展短途客运业务。鼓励支持低空游览、航空运动、飞行体验等新兴消费类通航服务业发展，通过运营补贴等方式，支持宁海、奉化、象山等区域优先打造示范性低空航线。积极打造航空会展文化，举办文化科普、飞行体验、特技表演等各类通航展会，通过会展活动培育消费主体，带动关联消费，提升城市影响力。促进无人机应用服务，鼓励各级政府部门通过政府购买方式，在应急救援、防汛抗洪、环保巡查、城市消防等领域购买无人机开展公共服务飞行业务。

五是有效突破体制机制瓶颈。借鉴四川省经验，提议浙江省加快低空空域管理改革试点，建立低空空域协同管理三级机构。市级层面要积极推进低空空域改革，借鉴国家层面由军民融合办公室牵头此项工作方式，由市委军民融合办会同市级相关部门共同推进低空空域改革工作。根据新形势发展，建议市级相关部门制定新一轮通用航空产业发展规划。积极探索建设基于北斗导航、移动5G等新技术的通航监视服务体系，助力实现精细管理、精准服务。打造通用航空综合运营平台，利用新一代信息通信技术以及互联网平台，构建集生产、销售、运营、维修、保障等于一体的通用航空综合运营平台，不断提升产业的信息化水平。

费孟云　农贵新　傅叶挺　唐平原　张小兰

宁波临空产业突破性发展的对策思考

临空产业主要是指以民用机场为依托发展的相关产业集合，主要包括航空运输物流、商业零售、机场服务等航空运输相关产业；航空航天制造、电子与通信设备制造以及医药品制造等临空相关制造业，以及总部经济、旅游博览、会务会展、教育科研等临空相关服务业。在当前民航强国战略背景下，推进宁波临空产业突破发展，对宁波当好浙江建设"重要窗口"模范生具有重要作用。

一、宁波临空产业发展基本情况

宁波临空产业发展起步较早，区域条件较好，临空产业规模稳步提升。近年凭借航空货运的快速发展，成功获批国家级临空经济示范区，依托周边航空航天零部件制造龙头企业，航空航天相关制造业集聚发展态势初步形成，抓住全国首批跨境电商试点机遇，空港跨境电商特色服务业发展迅猛，形成了空港功能拓展、产业链逐步延伸的良好局面。

1. 航空运输产业规模快速提升

宁波栎社国际机场基础设施保障和辐射能力大幅提升。2019年年底T2航站楼建成投用，空港口岸拥有冰鲜水生动物及国家水果指定口岸资质，可满足海鲜、水果等特种货物进境需求。截至2019年12月，共开通航线143条，参与运营航空公司达50家，平均每日超240架次航班从机场起降。航空运输物流传统临空基础产业规模快速增长。2018年宁波机场旅客吞吐量突破1000万人次，2019年首次超过1200万人次，达到1241.4万人次，是2015年旅客吞吐量的1.8倍多（见表1）。2019年货邮吞吐量超过10.6万吨，尤其是2015—2017年货邮吞吐量增长迅猛，年平均增速处于长三角机场群前列。

表 1　　　　　　　2015—2019 年宁波机场旅客吞吐量、货邮吞吐量

	2015 年	2016 年	2017 年	2018 年	2019 年
旅客吞吐量（人次）	6855075	7792305	9390527	11718416	12414007
货邮吞吐量（吨）	77054.2	107019.7	120446.8	105673.2	106120.1

资料来源：宁波市统计局官网。

2. 航空航天制造相关产业集聚明显

积极推进航空航天研发、零部件制造等临空相关先进制造业在机场所在区域的优先布局。大力支持区域内浙江华茂航天科技股份有限公司、宁波星箭航天机械有限公司等航空航天相关龙头企业集群化、全产业链发展。宁波星箭企业和兵科院宁波分院共同组建全国首个军民融合高端制造产业孵化平台——宁波中星中东欧新材料研究院，中国航天科工集团第二研究院 207 所与华茂航天科技共建军用新型材料国家级重点实验室。2019 年海曙区规上新材料、战略性新兴产业增速分别高于全市平均水平 17.9 个百分点和 5.6 个百分点。

3. 临空跨境电商服务业发展迅猛

2015 年 8 月宁波空港获批开展跨境贸易电子商务"一般进口"业务（即直邮业务模式）试点。从 2015 年 8 月业务启动试点至 2016 年年底，宁波空港口岸累计验放跨境商品 90 余万票，货值超过 2 亿元，备案电商、物流企业近百家。2016 年宁波依托获批国家跨境电子商务综合试验区优势，在栎社国际机场内建立中国（宁波）跨境电子商务综合试验区——空港园区，进一步促进跨境电商、物流及相关配套企业集聚发展。2019 年 7 月宁波空港获批开展跨境电商出口业务试点，成为宁波地区唯一兼具跨境电商一般进口、一般出口功能的口岸。2020 年上半年宁波空港跨境电商业务实现了快速增长，累计验放进出口跨境电商 148.93 万票，价值 1.62 亿元，同比分别增长 8.93 倍和 3.16 倍。

二、宁波临空产业存在主要问题

宁波临空产业发展虽然取得一定成效，但与国内外先进地位临空产业发展的差距依然较大，临空产业发展层次还比较低，具体存在以下几方面问题。

一是思想认识有待提高。作为以发展临空产业为核心的临空经济示范区的战略地位有待进一步突显，临空经济示范区承载落实"一带一路"、长三角一体化、制造业高质量发展等国家战略任务的功能有待强化。对临空产业创新驱动

发展规律认识不够，目前宁波临空产业发展主要依靠传统产业的规模扩张，企业自主创新能力较弱、制度开放创新相对滞后、创新环境营造手段单一等，整体上宁波临空产业发展处于以航空运输物流业为主的 2.0 阶段。

二是产业布局结构有待优化。临空产业圈层结构形态不明显，目前临空经济示范区区域内与临空产业相关的主要集中在机场与物流园区内，周边区域主要以纺织服装制造、汽车销售及零配件制造业为主，与临空产业的相关性不强。产业结构方面，以传统的航空运输物流业为主，非航空性收入占比较低。金融、保险、法律、会计、研究开发等具有专业性、创新性和知识性等特点的临空服务业配套不足，航空航天制造、电子信息、生物医药等高临空指向性先进制造业发展滞后。

三是航空运输产业规模支撑不足。航空运输总量规模相对较小，对临空产业发展基础支撑不足。在全国 238 个民用机场排行榜中，宁波的旅客吞吐量居 33 位，仅为杭州的 30%；货邮吞吐量位居 29 位，仅为杭州的 15%；起降架次居第 42 位，仅为杭州的 31%，与北京、上海、广州等国内主要机场相比差距更大。机场规模、航线密度、周边立体交通等因素对航空运输总量规模的制约明显，与区域性航空枢纽建设目标还有较大差距。

四是产业政策体系不够完善。前期编制的《宁波市临空经济示范区总体方案》只是作为建设临空经济示范区的初步设想，针对性和可操作性不够强，后续的产业规划和布局、产业政策等供给滞后。临空经济示范区范围内涉及多个行政主体，主导产业政策不够明确，产业政策配套体系不够健全，土地、财税等政策标准不一，很大程度上影响了临空经济示范区的快速集聚发展。

三、宁波临空产业突破发展的对策与建议

宁波推进临空产业突破发展，必须从战略战术各层面重视临空产业发展，将空港提高到与宁波港口同等重要地位，明确临空产业发展思路，把发展临空产业为核心的临空经济示范区打造成服务国家重大战略门户窗口、区域经济发展新增长极、新经济新动能培育新引擎，着力在临空物流产业规模提升、临空高端制造业创新驱动、综合型临空都市区产城融合、临空产业集聚发展要素保障等方面实现突破。

一是临空物流产业规模提升突破。加快推进机场综合交通枢纽建设，确保宁波西站工程初步计划与机场四期扩建同时于"十四五"初期启动，加快完成

机场路南延等工程建设，全力推进轨道交通4、5号线建设，有效扩大机场周边轨道交通辐射范围。做大做强航空货运物流业，积极开拓新货运航线，尤其是要加大对"一带一路"国家航线航班货源开发力度，进一步优化航线网络。大力推进航空冷链物流业特色发展，重点发展高端海产品、果蔬、奶产品、肉禽、花卉产品等航空冷链物流业，鼓励支持冷链物流龙头企业在机场物流园区建设冷藏、冷冻仓储设施，打造集交易、分拨配送、仓储于一体的高端冷链综合平台。

二是临空高端制造业创新驱动突破。推进临空高端制造业集聚发展，加快航天航空制造小镇（军民融合产业园）规划建设，聚焦生物医药中试研制，依托海曙区生物制药企业市场优势，利用未来空铁一体化交通便利，对接上海张江生物医药产业，建设医药中试成果转化基地。着力延伸临空制造业产业链，积极引进大型航空维修战略合作商，鼓励支持"互联网+航空维修"商业模式。围绕生物医药中试基地，利用宁波医药产业传统优势与周边乡村旅游资源，前后延伸产业链，发展医药贸易及医学检验检测、医疗旅游服务等医疗服务产业。

三是临空综合型都市区产城融合突破。完善临空经济示范区内外城市基础设施和公共服务体系，高标准建设医院、公园、广场、街区等城市公共空间，实施国际化标识改造工程，对城市标识采取统一规范多语种标注。积极发展与都市经济紧密相关的服务贸易产业，在机场与物流园区周边打造特色临空商业综合体，实施临空型企业总部集聚计划，推进临空相关法律、咨询、教育、会计、健康等国内外高端服务企业区域性总部、管理机构、营销中心等在临空经济示范区的集聚。

四是临空经济示范区要素保障突破。积极学习借鉴陕西自由贸易试验区空港自贸功能区大型机场运行协调新机制等改革试点经验。强化产业规划引导，结合周边传统产业转型升级，制定临空经济示范区产业详细规划，确定临空经济示范区产业导向目录。加大政策扶持力度，将临空产业作为战略性新兴产业进行重点扶持，鼓励支持国有资本与专业产业基金合作成立临空产业发展基金，在土地指标安排上给予一定的倾斜等。

傅叶挺　农贵新

"十四五"时期加快宁波法律服务业发展的建议

　　法律服务业是现代产业体系和社会治理体系的重要组成。宁波奋力当好高质量发展排头兵、争当浙江建设"重要窗口"模范生离不开法律服务业的有力支撑，对法律服务业规模化、专业化发展的要求越来越高。与同类城市相比，宁波公共法律服务体系建设是亮点，律师及律师事务所数量、高端法律服务供给、城市法律政策环境等方面还存在比较劣势。"十四五"时期亟须奋力赶超，以此来更有力推动国际化、法治化营商环境打造，更高水平服务城市经济转型升级。建议尽快出台促进法律服务业发展的专项政策和"五年行动计划"，力争在行业规模化发展、领军型律师及律师事务所引育、支撑经济社会重点领域发展等方面取得突破。

一、宁波法律服务业发展现状

　　律师事务所量质齐升。一是整体发展呈现规模化态势。截至2020年年底，全市共有律师事务所178家，较2014年年底增加40家。规模超过百人（含实习律师）、50～100人、30～50人的律师事务所分别为5家、12家、11家，较2014年年底的1家、6家、6家有显著提升。39家律师事务所年创收超千万元，较2014年增加25家。二是龙头律师事务所更具竞争力并开始"走出去"。和义观达所、大成（宁波）所、海泰所、导司所等龙头律师事务所创收突破1亿元。其中，和义观达所在上海、杭州、北仑、慈溪、前湾设有分所，海泰所在舟山、杭州湾、北仑、奉化、慈溪设有分所，大成（宁波）所在中国境内拥有45家办公室。

　　律师队伍持续壮大。一是每万人拥有律师达到4.25人。截至2020年年底，全市共有律师4205人，其中专职律师2973人，较2014年年底分别增加121.5%

和76.5%。2019年全市律师总人数占常住人口的万人比为4.25，达到小康社会建设要求（2.5），高于浙江省（4.04）和全国（3.83）水平。二是涌现出一批优秀律师。目前，全市有一级律师18名、二级律师23名、三级律师238名，叶明、蔡祖红、周丽霞等人获评全国律师行业优秀党员律师。

公共法律服务体系更加健全。一是县级公共法律服务中心实现全覆盖。全市10个区县（市）全部建成标准化公共法律服务中心，提供"6+X"标准化服务；设立律师调解工作室39家，进驻调解员322人，覆盖各级法院、公共法律服务中心。二是基层服务工作深入开展。2020年全市四级公共法律服务平台提供法律咨询服务130711人次，"12348"宁波法网、公共法律服务热线解答咨询9.57万人次，受理法律援助10224件。律师调解工作室全年调解案件4067件，其中有2564件达成调解协议。浙江共业律师事务所与徐自立分别荣获全国公共法律服务先进集体和个人。三是律师及律师事务所参与公共法律服务的渠道更加畅通。在政策引导和自觉履行社会责任的双重驱动下，越来越多的律师及律师事务所参与到法律援助、调解、普法宣传和脱贫攻坚、服务企业、法治化营商环境建设等公益性项目中。2020年新冠肺炎疫情期间，宁波市律师协会与律师及律师事务所合作编写了《企业战"疫"用工实操50问答》《新冠肺炎疫情下对外贸易法律问题十问十答》，"百家律所千名律师进万企"活动中发现企业法律方面问题（漏洞）178个，出具法律意见书或风险提示函68份，帮助解决问题1184个。

商业化服务能力稳健提升。一是办理案件数持续增长。2020年，全市办理各类诉讼案件72741件，其中民事诉讼案件64807件、其他非诉讼法律事务5153件，同比分别增长5.3%、4.9%。二是民事诉讼案件的平均案值提高。全市民事诉讼业务收费9.67亿元，案均收费1.57万元，同比分别增长27.9%和8.2%。全市律师业务收费同比增长28.3%，人均创收65.7万元，同比增长18.2%。二是专业化服务水平有所提升。全市办理非诉讼法律事务逐年增加，且增速快于其他类型业务。担任法律顾问9843家，同比增长9.4%。部分律师事务所开始参与提供企业破产重组、IPO项目等高端服务项目。

二、宁波法律服务业存在的主要问题

尽管整体发展态势良好，但与同类城市相比，宁波在律师及律师事务所数量、高端法律服务供给、城市法律政策环境等方面还存在劣势。这使得宁波在全国法律服务体系中城市地位不高、辐射能力偏弱、对经济社会重点领域支撑力不足等问题更加突出。

其一，律师及律师事务所数量偏少。截至2019年年底，宁波律师事务所、律师万人比数据（176、4.25）在副省级城市中的排名非常靠后[①]，与深圳（909、11.8）、成都（813、9.4）、广州（770、10.4）等领军城市有较大差距。在长三角地区也处于不利地位，落后于上海（1660、10.9）、杭州（545、9.5）、南京（419、8.5）、苏州（356、4.9）、合肥（211、6.3）、无锡（185、4.4）等城市。

其二，缺少领军型的律师事务所，高端法律服务发展缓慢。宁波大多数律师事务所还处于规模扩张期，经济社会发展前沿领域的专业化水平不高。全市大多数重点项目、上市企业、企业海外经贸业务的法律服务仍严重依赖上海、杭州等地律师事务所。部分本地律师事务所虽然开始参与破产重组、境内外上市、融资并购、IPO等项目，但只是提供部分外围服务。《互联网周刊》和eNet研究院联合发布的2019年度全国百强律师事务所榜单中，北京46家、上海18家、大连6家、杭州5家，重庆、深圳和广州各4家，长沙、厦门和成都、包头、济南、沈阳、天津、海口、南京、长春、青岛等城市也有1~2家入选。宁波本地律师事务所无一入选。

其三，缺乏系统性和攻坚型的政策支持。全市法律服务业政策包括行业推动律师事务所规模化建设的"3660"工程和名优律师引育的"五十百千"工程、"泛3315"相关人才政策和各区县（市）相关产业政策，如鄞州区对新引进的符合条件的律师事务所，连续三年给予每年最高20万元的房租补助。从实施效果看，一方面市级统筹能力不强，各区县（市）间、各律师事务所间呈现出较为明显的同质化竞争趋势，相互挖角、抢业务；另一方面是对律师及律师事务所结合宁波重点发展方向提升专业化水平的激励作用不够强，更多律师选择当事人支付能力更强的建筑房地产领域和知识产权领域。

值得指出的是，2020年以来，上海、南京、苏州等地把握自贸试验区建设

[①] 律师事务所数量排名垫底。根据各地律协年度报道汇总梳理，依次是深圳（909）、成都（813）、广州（770）、武汉（616）、杭州（545）、济南（433）、青岛（427）、南京（419）、大连（296）、西安（254）、哈尔滨（239）、长春（232）、厦门（193）、宁波（176）。其中，南京、厦门为2018年年底数据，成都为2020年5月底数据，武汉、哈尔滨、长春为市场监管局登记注册数据，其余为2019年年底数据。

契机，先后出台支持法律服务业发展的专项政策[1]，在吸引机构落户、办公用房等要素保障、人才保障与激励、发展高端法律服务等方面推出了一系列大力度的创新举措。如上海提出，为临港新片区各级管理机构、企事业单位及海外企业的重大政府/商事谈判、诉讼、仲裁、调解、主导国际行业标准制定并发布、参与国际条约制定或修改等涉外法律服务事项作出突出贡献，挽回或获得重大权益，产生重大国内外影响的法律服务机构，经临港新片区管委会组织外部评议后，给予最高100万元专项奖励。

三、推进宁波法律服务业高质量发展的建议

必须高度重视法律服务业高质量发展的必要性和紧迫性，把握好"十四五"开局和自贸试验区制度创新的有利条件，由市政府牵头，市司法、服务业、财政等部门参与，联动各区县（市）和功能园区，出台支持法律服务业发展的专项政策和"五年行动计划"，共同推动宁波法律服务业站起、站上。

（一）规范全市法律服务业机构引育政策

统筹市中心城区和高新区政策，就新落户法律服务机构购置办公用房、租赁自用办公用房，开发主体建设法律服务集聚区，法律服务人才生活保障、子女就近入学求医、经济贡献奖励、出入境便利化，律师事务所被评定为国际级或省级优秀、被钱伯斯等世界著名法律评级机构评定为中国区域百强以上等级事项，实施统一的奖励/补助标准。

其他区县（市）和功能园区可根据实际情况，适当提高现金形式的奖励/补助标准，上浮比例不超过30%。

学习借鉴青岛经验，对律师行业竞争行为进行规划，或出台实施意见，特别是对同一机构、同一团队在市内迁移的，不重复奖励/补助。

（二）大力引进领军型律师事务所和律师团队

对境内外知名法律服务机构在宁波设立总部或业务机构、开展实际运营的给予更大力度的一次性专项奖励。上海、南京和苏州的最高奖励金额已达到100万元，意义特别重大的给予"一事一议"。

---

[1] 包括《中国（上海）自由贸易试验区临港新片区促进法律服务业发展若干政策》《关于促进中国（江苏）自由贸易试验区南京片区法律服务业高质量发展的若干意见（试行）》《园区管委会自贸区苏州片区管委会关于支持法律服务业高质量发展的若干意见（试行）》。

对与全市主导产业定位或经济社会发展前沿领域相匹配的专业团队，按该团队在该领域获得成果的最高荣誉，给予一次性落户奖励。各区县（市）和功能园区可根据自身主导产业定位，进行调整完善。

对实际开展经营并属地纳税的法律服务机构，年营业收入达到一定金额的，给予专项奖励。对地方经济具有重大影响力和贡献度的，给予"一事一议"。

（三）大力支持国际化、专业化发展

对本地法律服务机构积极服务"一带一路"倡议和17+1经贸合作示范区建设，发起设立境外法律服务中心、涉外法律服务点或提供重要法律服务的，给予专项奖励。对重大政府/商事谈判、诉讼、仲裁、调解、参与国际行业标准制定并发布等事项作出突出贡献的，给予重奖。

对宁波企业开展境内外上市、跨境投资并购、涉外知识产权保护、"双反双保"、国际仲裁与跨境纠纷等业务，选择本地法律服务机构提供或参与提供服务的，给予专项奖励。

每年开展以专业化为导向的律师及律师事务所评比。对每年办理涉外案件达到一定数量的法律服务机构，给予专项奖励。

大力引进国际法律人才。借鉴南京经验，对拟长期在本地法律服务机构工作的国际法律人才，一次性给予2年及以上的外国人来华工作许可，提前享受有关国际人才出入境、居留便利、子女入学保障及人才跨境金融服务等保障政策。

（四）营造互帮互助、你追我赶的良好环境

对牵头召开与法治营商环境、国际化法律服务、经济社会重点领域或前沿领域法律服务等主题相关的高能级、强影响力的会议、论坛或培训，给予专项补助。

在宁波市名优律师人才培育计划基础上，开展"结对帮带"活动，促进新律师事务所、年轻律师的快速成长。

扩大政府购买法律服务范围和规模，引导公众更多求助律师及律师事务所途径。继续大力推广和升级"公证E通"服务模式。

进一步拓展律师及律师事务所参与公共法律服务的渠道，提升公益性服务的自觉性，探索引入村（社区）法律顾问律师制度。

张 磊

打造"新能源汽车及零部件"产业 IP 的建议

产业 IP 是一个地区经济特色的集中体现，具有跨越单一品牌价值的溢价特征、超过通用质量标准的指引特征、突破单方向资源配置的多元协同特征等高能级特征。国内许多城市经过多年的发展已形成产业 IP，如谈及深圳就会联想到以华为为代表的高新技术产业集群，谈及长春就会联想到一汽集团、红旗轿车。这些产业 IP 已经成为这些城市提升优势产业辨识度、促进关联企业和资源要素加速集聚、支撑供应链、产业链补链强链的重要依托，对宁波经济发展具有很强的借鉴意义。为此建议，根据产业基础和发展需求，着力打造"新能源汽车及零部件"产业 IP，在发展氛围营造、整车龙头企业引育、产业链优势环节强化、人才培养等领域率先发力，精准施策，努力营造"龙头企业＋智力优势＋政策优势"复合型发展动力，不断提升产业 IP 能级。

一、打造"新能源汽车及零部件"产业 IP 的重要意义

汽车制造业是宁波全力培育的万亿元级产业集群。在此战略指引下，聚焦打造"新能源汽车及零部件"产业 IP，已经成为宁波因地制宜、因时制宜的必要之举、紧迫之举。

其一，宁波汽车制造业已形成规模效应和局部竞争优势，打造产业 IP 有利于快速提升产业辨识度和影响力。近年来，宁波汽车制造业快速发展，已成为全国重要的汽车生产基地，及全市第一大产业。2019 年，宁波汽车产业总产值 2516.5 亿元，列国内城市第七位，生产整车 85 万辆，有汽车相关制造企业 4400 多家，产值超过亿元的 226 家。龙头企业方面，吉利集团、大众集团等整车企业已扎根发展，柯力传感科技股份有限公司、亚德客公司、舜宇车载光学科技有限公司、旭升汽车技术股份有限公司、杉杉新材料科技有限公司等国家级单项

冠军企业帮助宁波建立起新材料、电池、智能传感设备等领域的优势。优势平台方面，前湾新区汽车制造基地、鄞州区先进汽车零部件生产基地、北仑区乘用车及配套动力总成生产基地、江北区汽车基础金属件生产基地、象山县汽车内外饰生产基地、宁海县汽车橡胶件生产基地等在国内都具有较高知名度和竞争力。因此，围绕汽车制造业打造产业 IP 的条件已较为成熟，可借此彰显宁波汽车制造业的特色、巩固在全国汽车工业的重要地位。

其二，加快发展新能源汽车及零部件制造业是宁波汽车制造业可持续高质量发展的必然选择、优先选择。一方面，从发展趋势看，传统汽车的竞争将更加激烈，广州、上海、长春等老牌强市更具规模优势，宁波仅靠传统汽车制造业恐难再现前几年的高增速。另一方面，新能源汽车有望迎来爆发式增长根据国家相关规划，到 2025 年新能源汽车新车销量占比达到 25% 左右，折合年销量约 875 万辆，是 2019 年 120.6 万辆的 7.3 倍。在这一领域，宁波较合肥（蔚来汽车）、常州（理想汽车）等新造车势力更具基础优势和创新实力。因此，在保持传统汽车工业核心竞争力的同时，加快实现新能源汽车及其零部件制造的重大突破，已成为宁波汽车制造业保持稳健增长的关键。

其三，率先提出"新能源汽车及零部件"产业 IP 打造目标有助于宁波争取战略主动。在"十四五"的开局之际提出打造"新能源汽车及零部件"产业 IP，一是有助于鼓舞宁波汽车制造业信心，明确重点发展方向，促进企业深化合作、向心发展，聚力做强龙头企业优势，加速产业链、供应链补链强链；二是有助于凝聚更广共识，争取各方面支持，将民营经济、装备制造、外贸、港口等基础优势和自贸区、单项冠军等有利政策转化为更强发展动力，营造更有利于新能源汽车及零部件制造业加速发展的外部环境；三是有助于提升宁波制造业的美誉度，吸引创新主体和关联服务业集聚发展，为"十四五"经济社会发展注入更多活力与动力。

二、产业 IP 打造的路径借鉴

从先发城市实践看，打造产业 IP 主要路径有以下四类。

一是资源优势驱动。关键是将自然、人文资源的比较优势转化为产业竞争优势，做大做强资源开采、加工的龙头企业或产业集群，不断向产业链下游和衍生领域发展。如，鄂尔多斯市把握住国内二次工业化对能源需求的爆发式增长机遇,依托煤炭工业快速崛起,2011年GDP达到3218亿元,设市十年时间实现将近15倍的增长,被誉为"黑金之城"。此外还有黄山(旅游)、赣州(稀有金属)等城市。

二是龙头企业驱动。关键是大力培育本土优势企业,支持企业不断提升竞争力和美誉度,共同打造一流龙头企业和一流产业链、供应链。如,日本丰田市大力支持丰田汽车国际化经营,通过业务外包共同促进研发设计、关键零部件制造、金融等关联领域本土企业快速发展,构建起以丰田汽车为龙头、全产业链协同发展的优势产业集群。此外还有美国雷德蒙德市(微软总部、任天堂)、中国青岛(海尔、海信)等城市。

三是智力优势驱动。关键是培育和发挥好高能级科研平台、领军人才、创新企业集群、科技服务体系等优势,配套制造、文化、政策等力量,助推知识密集型产业或企业快速成长,构筑单核或多核引领、雨林生态特征的创新型产业集群。如,深圳市从1995年开始调整优化经济结构,大力发展高新技术产业,深入打造"基础研究+技术创新+成果转化+科技金融+知识产权+创新环境"的全过程创新生态链。经过多年努力,成功培育出人工智能、智能制造、电子通信等领域的IP级企业。2019年,深圳全社会研发投入经费1328亿元,占GDP比重4.9%,市科创委拨付企业研发资助金近28亿元。此外还有武汉(光电国家实验室和高校力量)、绵阳(在核物理及其应用、空气动力学、磁性材料、光机电一体化等研究领域代表中国一流水平,国家级独立科研院所34家)等。

四是政策优势驱动。关键是对产业发展趋势和自身条件做出准确判断,全力以赴招强商引大资,打造极具吸引力的政策洼地,促进更多优质企业和资源快速集聚,在新兴产业"萌芽期"抢先形成显著优势。与之前的三条路径不同,这种产业IP往往是"无中生有"的。如,合肥市通过"1+3+5+N"政策体系和"拨款变投资、投资变基金"的创新举措,成功吸引京东方、长鑫/兆易创新、蔚来汽车等大企业大项目,快速成为国内新一代信息技术产业高地,形成对更多信息技术企业和项目的强大吸引力。此外还有苏州(融入上海组合政策)、霍尔果斯(文化领域政策)等。

对照这些路径,宁波打造"新能源汽车及零部件"产业IP,具备装备制造基础好、优势企业多、应用型产业研究院和人才多、政策专注度高等复合型优势,但也存在大型整车企业总部缺失、基础研究实力不强等突出短板,单纯依靠龙头企业驱动和智力优势驱动难以支撑必须扬长补短,通过政策领域的率先发力,充分发挥优势企业、应用研究、制造业集群等复合型优势,带动形成"龙头企业+智力优势+政策优势"的组合拳,不断提升产业 IP 能级。

三、相关政策建议

按照政策先行、多优势共同支撑的产业 IP 打造策略,当前要在发展氛围营造、整车龙头企业引育、产业链优势环节强化、人才培养等领域重点发力,精准施策。

一是抓氛围营造,旗帜鲜明地支持新能源汽车及零部件制造业加快发展。明确将新能源汽车及零部件制造业作为今后较长一段时期宁波汽车制造业的发展重点,整合各区县(市)和功能区力量,协同推进。在宁波杭州湾新区、梅山保税港区、南湾新区各布局一个新能源汽车高端产业园,统筹政策,联动发展。大力建设国内一流的电动汽车用车场景,完善全市园区(景区)、医院、学校、商业、大中型停车场、高速公路服务区等重点区域的充电基础设施,在行政执法、渣土运输、垃圾收集、绿通车等领域全面推广新能源汽车,支持电池险创新。条件成熟时,补充建设氢能汽车用车场景。

二是抓整车龙头,加快发展现有整车企业,大力引育可期待的"现象级"企业。以更优条件吸引吉利汽车更多更快推进新能源整车和电池包项目;积极争取与上汽大众开展关于共同发展新能源汽车的战略合作;支持既有新能源客车项目做大做强。学习借鉴合肥等城市先进经验,加大招商引资力度,用创新型政策吸引可期待的"现象级"企业入驻,持续高质量服务企业发展,助推企业快速做大做强。积极开展新能源汽车高峰论坛和创新大赛,助推龙头企业提升影响力,吸引更多优质企业入驻。

三是抓优势强化,精准支持关键环节龙头企业,围绕优势领域壮大产业集群。全面筛查全市新能源汽车电池、材料、BMS 等关键零部件领域的优势企业和优质产品,适当提高这些企业研发投入资助标准,在进出口、金融、人才、首台(套)应用等领域给予更多支持。大力支持科技成果转移转化,对企业发布需求、采购技术、开展企业收购并购的,加大服务支持力度,条件允许时给予一定的激励政策。

四是抓人才培养，巩固产业可持续高质量发展动能。支持宁波大学、宁波工程学院等在甬高校强化车辆工程等专业实力，支持更多本土院校建设相关专业，支持企业进校园共建产学研基地，大力培育知识型、技能型和创新型人才。进一步深化企业人才职称自主评审改革，根据实际发展需求，探索建立企业高级职称评审点。

冯　路　葛振峰

规范发展互联网租赁电动自行车产业

互联网租赁电动自行车产业以物联网技术与互联网商业模式为支撑，融合互联网、大数据、人工智能和物联网技术，是促进交通领域供给侧结构性改革的新兴力量，成为城市公共服务与社会治理的重要选项。当前，宁波经济下行压力不断加大，发展任务繁重艰巨，需充分发挥互联网租赁电动自行车产业有利防疫、保障复工的明显优势，转变思路，化危为机，因势利导，培育扶持，将其从保障复工的辅助性工具转变为一个重要产业，进而成为在全国具有较大影响力的总部企业和宁波互联网行业的一个领军行业。

一、互联网租赁电动自行车产业发展潜力巨大

自20世纪90年代开始，互联网已经越来越深地融入社会，并与传统行业进行深度融合，逐渐形成了"互联网+"的新业态。作为"互联网+"新业态之一的互联网租赁电动自行车产业融合了互联网和电动自行车的优势，发挥了填补城市"最后三公里"短驳"盲区"，消除大中城市普遍存在交通"痛点"的作用，具有鲜明的特点。

一是便捷性。用户只需随身带一部手机，保证资金充足（信用良好），即可通过手机扫描二维码后，在规定的范围内随时骑行，在规定的停车点随时还车，互联网租赁电动自行车的便捷特点使其越来越受到市民的普遍喜爱。

二是绿色性。与传统的汽油车和柴油车不同，互联网租赁电动自行车通过自身携带的电瓶作为驱动能，不存在环境污染问题，属于国家发改委等七部门鼓励发展的绿色产业目录之一。

三是高效性。据相关企业的大数据测算，每投放互联网租赁电动自行车1辆，可以减少私人电动自行车6~8辆，用户通勤效率可提高60%以上，资源配

置效率明显提高。

专家预测，互联网租赁电动自行车产业将在5G、人工智能、工业互联网、物联网为代表的"新基建"的基础上得到进一步升级和裂变式发展，未来3~5年，全国将出现一个互联网租赁电动自行车产业的千亿级市场和数家巨型企业，保持较快的发展速度，发展的潜力十分巨大。以宁波小遛共享信息科技有限公司为例，该公司2017年8月成立，2019年业务覆盖全国50个城市，营业总收入近2亿元，并计划于2022年覆盖用户2亿人、城市400个，营业总收入突破50亿元，成为宁波新兴产业的一个领军企业。

二、宁波互联网租赁电动自行车产业健康发展

早期的互联网租赁自行车市场竞争无序，技术含量不足，给城市社会治理带来许多难题。自实施"倒逼式"改革以来，宁波互联网租赁电动自行车企业遵循"既要发展、更要规范"和"疏堵结合、规范整治"的管理方向，持续进行技术创新，不但全面贴近城市交通服务和管理需求，而且积极参与社会治理，迈入了规范健康的发展轨道。

一是提高了车辆使用效率，避免车辆过量投放占用城市空间。通过共享自建系统，收集和归并各运营系统的数据，进行多元分析，为区域车辆投放提供数据支撑，同时把系统产生的海量出行数据导入云计算平台，进行业务深度分析和挖掘，保障合理有效的车辆部署。

二是不断进行技术创新，保障车辆停放整齐不影响市容市貌。开发全国首创的垂直马路90°停车技术系统，约束用户将车辆在电子围栏内按照垂直马路90°的角度停放整齐，否则将不予还车，同时建立行业独有的巡街机制，监测车辆倾倒、被非法移动等，保障车辆摆放整齐。

三是收集归并海量信息，加强信息监控和安全保护。通过收集和归并各类业务系统产生的海量信息数据，运用关联分析技术、逻辑推理技术、风险管理技术等，对海量数据事件进行统一的加工分析，实现对数据风险的统一监控和未知风险的预警处理，在为用户信息提供安全保护的同时，也为政府社会信用体系建设提供数据支持。

四是共享车辆和骑行数据，推动了城市社会治理的现代化。全线接入政府管理系统，提供车辆和骑行明细数据，方便管理部门随时了解公众的出行需求，为交通工具和交通设施投入提供科学依据，同时也为执法部门提供专门通道接

口服务,获取违规骑行人员的身份信息,以便进行后续处罚,推动了城市社会治理的现代化。

五是注重科技创新研发,推动了物联网领域的科技创新。投入巨额经费,研发出电子围栏及90°停车技术、车辆智能中控、电机和电池管理、安全巡检和集中式智能充电仓管理六大物联网技术系统,以全体系创新抢占市场,积极应对竞争挑战,形成了独特的市场竞争力。

三、规范发展宁波互联网租赁电动自行车产业的若干建议

当前的新冠肺炎疫情防控形势和未来疫情防控的常态化,对交通出行提出了更高的要求。互联网租赁电动自行车与私家车、出租车、公交车和轨道交通相比,分别呈现停车方便、价格低廉、便捷舒适的特点,同时具备公共产品和私人服务属性,完全满足疫情防控时期市民的外出消费需求,应予以大力规范发展。

1. 远期看,培育壮大本土互联网租赁电动自行车企业

相较哈啰出行、街兔、永安行等企业背后分别有强大的蚂蚁金服、小桔科技(滴滴母公司)和常州市政府支持,宁波互联网租赁电动自行车产业还缺乏相应的政策支持。当前形势下,建议把互联网租赁电动自行车产业作为推动宁波经济增长的重要新兴产业,认真执行年初出台的《浙江省鼓励和引导发展总部经济的若干意见》以及《宁波市深化改革推进总部经济高质量发展的实施方案》,在用地用房支持、创新支持、金融支持、知识产权保护、出入境便利化和"走出去"服务方面培育扶持互联网租赁电动自行车企业,鼓励其落地宁波、扎根宁波,进而发展成为在全国具有较大影响力的总部企业和宁波互联网行业的领军企业。

2. 近期看,继续加强对互联网租赁电动自行车行业的有效管理

一是做好互联网租赁电动自行车的停车点规划。在制定停车点规划时,需要综合考虑城市近期的发展规划和各类人群的不同出行需求方式、时间规律和公共交通停运时间,在居民区、商务办公区、大中型商业区、旅游景点和公共交通站点等附近区域,科学合理安排停车点。二是引导促进互联网租赁电动自行车企业规范管理。要求各企业做到保证车辆卫生,对车辆定期消毒,并将消毒情况暂时列入企业信用等级评价内容;保证车辆交通安全,定时收回超期服役车辆,并为每个运行车辆进行投保,同时配备限速装置和安全头盔,降低交

通事故伤亡率；保证规范停放，定时巡防非规范停放车辆，对随意停放的车辆加以清理，引导和规范用户有序停车，并使其成为城市一道美丽的风景线；保证信息安全，加强用户信息管理，确保用户的资料不被泄露。三是加强互联网租赁电动自行车企业的日常巡查和季度信用评价。

3. 当前看，增加盘活互联网租赁电动自行车牌照投放数量

2020年将是互联网租赁电动自行车产业的爆发元年。宁波市公共交通协会互联网租赁非机动车分会的统计数据显示，正常时期宁波互联网租赁电动自行车的投放数保持在3万辆左右时，方可保障市民的外出消费需求，但目前宁波实际可用的互联网租赁电动自行车只有1.9万辆左右，缺口达到1.1万辆，更遑论满足当前特殊时期和未来疫情防控常态化期间的市民外出消费需求。当务之急是，宁波需要转变思路，化危为机，因势利导，贯彻落实国家发展改革委员会等七部委《绿色产业指导目录（2019年版）》关于将互联网租赁电动自行车编入发展绿色产业目录、明确鼓励发展共享交通设施建设和运营的政策意见，根据宁波互联网租赁电动自行车产业发展的实际情况，增加盘活互联网租赁电动自行车产业牌照数量，缓解市场供给严重不足的矛盾，保障市民的外出消费需求。

王　巍　陈恩杰

保险创新促进新冠肺炎疫情之后经济社会发展的对策建议①

新冠肺炎疫情发生后,宁波积极发挥保险创新功能,有效应对了疫情带来的风险。新冠肺炎疫情之后随着经济社会秩序恢复、居民对疾病和意外防范意识增强,以及政府职能加快转变的需要,保险业将迎来重大发展机遇。宁波要充分发挥国家保险创新综合试验区的优势,加大创新力度,加快实现保险业的跨越式发展。

一、宁波保险创新在疫情应对中作用显著

宁波是全国首个也是目前唯一的国家保险创新综合试验区,近年来共推出保险项目172项,其中全国首创34项,有20余项创新成果已在全国复制推广。疫情发生后,宁波积极发挥保险政策功能,率先推出"保八条"等一系列创新举措,赢得社会各界一致好评。

一是有力支持疫情防控。对宁波参与疫情防控的医务人员、志愿服务者、基层干部及其他一线工作人员,在疫情防治工作期间因感染新冠肺炎或发生其他意外事故造成人身伤亡的,列入公共巨灾保险见义勇为增补抚恤,赔付金额最高20万元/人,有力支持疫情防控工作。

二是帮助企业降低损失。鼓励出口企业加保出运前保险,市本级对出运前保险保费扶持比例提高到50%。初步测算,该项举措将为企业节约成本815万元,保障金额约100亿元。针对农产品价格大幅波动风险,快速推出蔬菜价格指数保险,保障额度3000万元。

---

① 终稿写于2020年3月23日,数据均截至该日期。若无特别注明,图表资料均来源于宁波银保监局。

三是增强复工复产信心。全市 26 家保险机构创新推出复工复产专项保险，覆盖 5000 家小微企业。象山县推出规上企业复工保险全域统保项目，县政府出资 315 万元为全县 564 家规上企业统一投保，保障企业复工复产后的疫情防控支出和关联损失，如人工成本、员工隔离费用、防疫费用等。

二、新冠肺炎疫情之后保险创新将有广阔发展空间

一是新冠肺炎疫情之后居民保险需求更加强烈。疫情进一步提高了居民对疾病和意外的防范意识，借鉴"非典"案例，将激发健康险需求的快速释放。2003 年 5 月至 8 月，全国健康险保费收入同比分别增长 75.6%、72.6%、61.2%、56.7%，全年同比增长 97.6%。

二是新冠肺炎疫情之后市场主体保险需求同样强烈。疫情造成了餐饮、旅游、住宿等生活性服务业企业的巨大损失，1—2 月全国餐饮消费同比下降 43.1%。这些企业对保障经营风险的需求显著增强，经营风险险种迎来发展新机遇。

三是保险创新承接政府职能空间变大。新冠肺炎疫情之后，各级各地政府将更加重视保险在政府治理创新和社会治理创新的重要作用，在公共卫生、安全生产、环境保护、应急管理等领域主动引入保险工具，或者将部分公共事务服务交由保险公司承接，借此提高治理效率，降低政府管理成本和基层负担，预防和化解社会矛盾。

四是宁波保险创新发展短板需要补齐。近年来宁波保险业快速发展，2019 年实现保费收入 375.8 亿元，同比增长 17.2%，增速居计划单列市第 1 位、全国第 8 位。但与先进城市相比，保费收入整体规模仍有不小差距，仅列全国第 22 位，约为深圳的 1/4，不及杭州的 1/2。同时，宁波保险创新的要素支撑不足问题还比较突出，如保险精算师等专业人才紧缺；只有 2 家法人机构，且规模不大、影响力不强等。

通过保险创新提升政府治理能力方面，宁波已有一系列有益探索经验（见表 1），但也暴露出一些不足，特别是政府数据开放水平还不够高，阻碍了保险创新。如，因保险数据无法对接医保数据，造成医保账户无法线上购买商业保险。

表1 宁波已有并建议着力推广的保险创新项目

保险名称	保险内容	既有成效
小额贷款保证保险	无抵押、无担保的城乡小额贷款保证保险业务。为农业种植养殖大户、初创期小企业和城乡创业者（含个体工商户）提供高效、低廉的融资渠道	已累计帮助2.5万余家次小微企业、"三农"和城乡创业者获得贷款超过200亿元，成为全国23个省（自治区、直辖市）借鉴复制的"宁波经验"
公共巨灾保险	将居民人身伤亡抚恤和家庭财产损失救助两个领域同时纳入保险范畴。形成公共巨灾保险、巨灾基金、巨灾风险准备金和商业巨灾保险"四位一体"的多层次巨灾风险分散保障体系	截至2018年年底，巨灾保险累计向16.9万户居民家庭给付赔款超8800万元。被《人民日报》誉为巨灾保险的"宁波样本"
医疗责任保险	通过"人民调解＋保险理赔"的模式，用市场化手段解决医患矛盾	覆盖全市229家公立医疗机构和774家村级卫生室及社区卫生服务站。2018年医责险报案数772件，调解案件率达100%；全年调处成功720件，调处成功率达93.26%，有效提高了医患矛盾纠纷的化解效率
城镇居民住房综合保险	因房屋倒塌造成的人身伤亡、房屋损失及安置费用或因危房撤离发生的临时安置费用，将从此保险中获得理赔补偿	通过保险公司应用NFC芯片技术、INSAR卫星遥感技术和北斗高精度卫星定位系统，随时掌握房屋危险状况变化动态。2018年，市内承保城镇房屋29188幢，合计保险金额约1045亿元，惠及全市居民近40万户
电梯安全综合保险	通过引入保险机构对电梯维保进行第三方监督，大幅提高电梯维保工时和服务质量，降低电梯故障率	目前已累计覆盖全市电梯3000余部，实现电梯维修保养一增两降，被列为全国电梯安全监管改革创新试点城市
食品安全责任保险	政府出资为辖区学校、幼儿园食堂、农贸市场等六大重点领域投保外，还对自愿投保的食品生产经营单位进行补贴	建立了以公共性食责险为基础，商业性食责险为补充，兼顾普惠性与商业性，涵盖不同客户需求、不同风险点的保障体系。为政府部门提供食品安全日常巡访、风险评级、监管协助、危机预警、宣传教育等增值服务
司法援助保险	以法院为投保人，司法援助对象为受益人。刑事附带民事诉讼案件受害人或其近亲属申请法院执行时，因被告人赔偿能力不足致使受害方无法获得应有赔偿且法院依法裁定终结本次执行程序的，对于被保险人人身损害赔偿金未到位部分，由保险公司履约赔偿	截至2018年年底，全市已决赔款40件，给付赔款355.63万元。浙江省高院发文在全省法院全面推开司法援助保险综合改革工作

三、宁波加快推动保险创新的对策建议

(一) 加快保险创新以促进新冠肺炎疫情之后经济发展

一是发挥保险创新促消费功能。疫情应对进入下半场,如何恢复线下实体消费信心是当前宁波迫切需要解决的关键问题。建议面向宁波线下实体消费集聚区域推出"疫情综合责任保险",对重点商圈、旅游景点范围的个体商户和消费者,因疫情防控需要造成的营业中断、防疫费用、人工成本、隔离等支出和关联损失,给予保险保障。

二是加大小额贷款保证保险实施力度。通过加大保费补贴力度,大力发展小额贷款保证保险,鼓励金融机构、担保公司扩大小额贷款担保覆盖面,提高贷款额度,更好满足小微企业等市场主体融资需求。

三是加大出口信用保险支持力度。用足用好宁波出口信用保险保费补贴政策,支持出口信用保险公司为更多外贸企业提供出口信用保险。支持中国人保宁波分公司等更多商业保险公司开展短期出口信用保险业务并降低费率。应对国外疫情日趋严峻形势,支持企业投保货物航运延误保险等险种。

四是做大商业保险市场规模。抢抓新冠肺炎疫情之后企业和群众保险意识增强的机遇,鼓励商业保险公司积极创新保险项目,推出更多财产和人身保险项目。

(二) 加强保险创新以提升政府治理能力

推广好成熟的创新项目,区县(市)试点的好项目要上升到全市层面,市级财政给予适当保费补助。同时,积极引导保险机构做好新险种谋划(见表2),加大保险创新力度。

表2　　　　　　　　　建议宁波创新探索的新险种

保险名称	主要内容
疫情综合责任保险	面向重点商圈、旅游景点,对于因为疫情防控需要给消费者和个体商户带来的人员隔离、防疫费用、人工成本、营业中断损失等给予保险保障
建筑工程质量保证险	全市新建住宅项目的建设单位,其在办理施工许可手续前,投保工程质量潜在缺陷保险
道路桥梁综合险	将桥梁商业保险与专业监(检)测相结合,通过风险管理前置及经济补偿支付,满足城市道路桥梁的安全需求,构建风险管理防线

续表

保险名称	主要内容
专利质押融资贷款保证保险	在知识产权质押融资风险池中引入"专利质押融资贷款保证保险",重点满足符合宁波"246"万千亿级产业企业专利质押融资需求
高层次人才年金保险	高层次人才用人单位出资为人才建立年金保障计划。对卫健、教育等系统的编外人员或建立年金保障计划,作为人才引进创新方式
低收入群众帮扶保险	创新保险险种设计和联保机制,对低收入农户实现普惠性补充保险。由低收入农户帮扶基金平台委托公益基金会进行运作,保证每年5%左右的基金收益,作为向保险公司的投保费用,由保险公司为低收入农户进行帮扶保险
长期护理险(扩面)	将现行长期护理险范围拓展覆盖全市低收入家庭失能半失能老人,加大支付基金筹资力度

一是在完善社会治理中发挥更大作用。通过保险创新,把复杂的利益纠葛转化为清晰规范的经济契约关系,提高解决矛盾纠纷效率、降低治理风险和减少损失。继续推广城镇居民住房综合保险、司法援助保险、社区服务民生综合险等险种。创新探索"建筑工程质量保证险"等险种。

二是在服务经济发展中发挥更大作用。把部分补助为主的产业扶持资金转化为鼓励创新的保险保障资金,放大财政资金对产业发展的促进效应,降低创新风险。继续推广首台(套)重大技术装备、新材料首批次、软件新版次应用保险等险种。创新探索"专利质押融资贷款保证险""高层次人才年金保险"等险种。

三是在保障民生需求中发挥更大作用。通过保险创新,把部分民生保障项目由政府兜底转化为共保共享,加快补齐民生短板。继续推广银龄老人关爱系列保险、独生子女家庭综合保险、失独家庭养老保险、困境儿童综合救助保险等险种。创新探索"低收入群众帮扶保险"等险种,扩大"长期护理险"至全市低收入家庭失能半失能老人。

(三)加强保险创新的要素支撑

一是加大外资保险法人机构(分支机构)引进力度。抓住国家金融业扩大对外开放契机,通过加大奖励力度等方式引进外资保险法人机构,或支持其在宁波设立分支机构、代表机构。支持外资保险机构进入健康、养老、巨灾保险等业务领域,参与保险业经营的新模式。

二是重点打造全国数字健康保险交易平台。进一步推动该平台与全国各保险总部及各省市医疗健康、医保系统的互联互通，发挥保险交易、结算、风控、产品研发、服务创新等要素市场功能。打通医疗、社保与商业保险之间的"数据堵点"，简化投保理赔流程。

三是推动保险总部资金更多投向宁波。鼓励在甬保险分支机构加强与总部的日常联系与项目争取，加大养老、教育、医疗等基础设施项目引进保险资金的力度，推动更多保险总部资金投向宁波。

四是加大保险创新人才集聚力度。继续深化与武汉大学保险系的合作，发挥武汉大学宁波国家保险发展研究院作用，争取在甬高校设立保险系，引育更多保险专业人才。加快引进国际保险职业资格认证。

王明荣　廖绍云　徐　毅

加快推动宁波互联网平台企业发展的对策建议[①]

疫情为互联网平台企业发展提供了特殊场景，成为企业加快发展的"催化剂"。近期我们对总部在宁波的互联网平台企业进行了集中调研，发现不少企业善于在危机和困难中捕捉和创造机会，呈现良好发展态势；但也存在一些发展制约因素，有必要加强引导扶持，推动宁波平台经济加快发展。

一、宁波发展互联网平台企业具有重要意义

一是平台经济已成为新冠肺炎疫情之后经济重要增长点。互联网平台企业能够集成大量数据资源，利用数据资源的优化配置和有效开发，并通过与一、二、三产业深度融合，带动本地产业升级、拓展消费市场、增加有效就业。疫情让更多人接受线上消费，一季度全国实物商品网上零售额增长5.9%，占社会消费品零售总额的比重23.6%，比2019年同期提高5.4个百分点。同时，疫情催生和加速了新业态、新模式的发展，在线教育、在线办公、互联网医疗、生鲜电商等领域迅猛发展。

二是宁波迎来互联网平台企业发展良好机遇。互联网平台经济具有"一家独大、赢者通吃"的业态特征，宁波在龙头企业方面存在显著短板。疫情促成了宁波与拼多多的全面战略合作，以及与阿里巴巴的合作意向，给引育超级互联网平台企业或区域总部创造了有利条件。同时，在消费细分领域和供应链、产业链领域，宁波也表现出巨大发展空间，需注重培育一批"专而精"的互联网平台企业。

三是宁波已拥有一批有潜力有前景的互联网平台企业。近年来，宁波涌现

[①] 终稿写于2020年4月29日，数据均截至该日期。若无特别注明，图表资料均来源于宁波银保监会。

出海上鲜、小遛共享、铁大大等一批创新型互联网平台企业，深耕"互联网+"渔业、交通出行和跨境物流等领域，表现突出。面对疫情，部分企业逆势增长，表现出很好的市场前景。

二、宁波互联网平台企业典型案例

（一）"互联网+"渔业服务平台

代表企业：宁波海上鲜信息技术有限公司（海上鲜）

海上鲜是国内领先运用"北斗+互联网+渔业"的一站式渔业综合服务平台，直接对接出海渔船，提供海产品从捕捞、进港卸货、装箱、运输等全过程追溯，以及利用互联网模式开展撮合交易、仓储物流、供应链金融和海鲜溯源、海洋大数据等服务。目前平台覆盖海南、上海、吉林等40多个城市3万余艘渔船，累计交易额超200亿元，入选国家商务部首批线上线下融合发展数字商务企业。

复工复产后，海上鲜业务恢复迅速，3月深度撮合交易额、主营业务收入和净利润分别达到2.6亿元、1000万元和50万元，与2019年同期基本持平。2020年海上鲜计划推出供应链普惠金融服务和海上智慧加油新业务。

（二）"互联网+"交通出行平台

代表企业：宁波小遛共享科技有限公司（小遛共享）

小遛共享是全国唯一一家配备智能头盔的共享电单车平台型企业，主要服务城市1~3公里短途出行需求。公司现有注册用户超900万个，在全国16个省（自治区、直辖市）77个城市总计投放8.8万辆共享电单车，2019年营业收入突破2亿元、提供1000多个就业机会。

当前，小遛共享保持良好发展态势，3月每日新增注册用户9万个以上，日活跃率达8%。2020年小遛共享计划在100个城市累计投放电单车达到50万辆。

（三）"互联网+"供应链物流平台

代表企业：宁波西铁供应链管理有限公司（铁大大）

铁大大是国内最早专注中欧跨境铁运的智慧物流服务平台型企业，现已通过海铁、铁铁联运等方式连通欧洲20多个国家，提供覆盖全国以及欧洲全境的铁路拼箱、铁路整箱上门提货/配送服务。公司现有在线客户3000多家，铁路拼箱国内市场份额第一，2019年营业收入1.6亿元，进出口货值超200亿元。

2020年一季度，铁大大完成营业收入5000多万元，同比增长约30%。中欧班列作为目前重要进出口渠道，铁大大正抢抓机遇加大全国布局力度，努力成为更具影响力的跨境供应链物流平台。

（四）"互联网+"人力资源服务平台

代表企业：宁波市鄞州领跑网络科技有限公司（智囊团）

智囊团是国内领先的综合猎头电商平台，已集聚国内1万多家、国外100多家专业猎头机构入驻。2019年实现营业收入5000万元，客户遍布全国大部分省（自治区、直辖市）以及菲律宾等东南亚国家，成立了杭州、重庆等分公司和国际站。

疫情发生后，智囊团平台积极发挥自身优势，为开投集团、鄞州建工集团等龙头企业快速招募核心高管人才，并组织召开多场在线云招聘会，帮助更多企业解决人才资源短缺问题。

（五）"互联网+"城市服务平台

代表企业：宁波易到互联科技有限公司（啾啾救援）

啾啾救援是一家基于移动互联网技术开发和运营线上路救平台的国家高新技术企业。平台现已接入救援网点1万家，救援人员5万多名，服务范围覆盖全国28个省（自治区、直辖市）。2019年实现营业收入1100万元，吸纳灵活就业人员超2000人，救援业务连续3年增速超过30%。

复工复产后，啾啾救援迅速恢复城市救援服务，2月累计为1000多位车主提供服务，与2019年同期持平。

（六）"互联网+"制造业采购服务平台

代表企业：慈溪众车联网络科技有限公司（众车联）

众车联是以"汽车产业链+产业互联网+金融资本+人才资本化"为核心发展路径的产业共享经济平台。以汽车零部件供应链整合为切入点，依托五大产业子平台和六大服务中心赋能汽车产业链，为企业提供云集采、供应链金融、云物流、大数据和产业基金等创新服务，着力打造中国最具影响力的汽车产业链整合服务平台。2019年营业收入突破5000万元，带动相关企业产值超100亿元，在线会员企业700余家，帮助企业降低采购成本10%～15%。

2020年一季度，众车联实现新增注册企业200余家。当前，正积极升级交易系统，打通与银行间的支付结算功能，并根据汽配市场形势变化加强自营储备,做好全面恢复产能准备。

三、宁波互联网平台企业发展的主要制约

互联网平台企业普遍反映宁波商业模式创新氛围不浓,企业获得的相关支持力度不大,资金、市场拓展、本地产业链配套等方面的制约还较为突出。部分区域还存在重视程度不够、企业底数不清、政策支持不够精准等问题。

一是资金方面的制约。互联网平台企业前期需要客流导入和市场布局推广,资金需求较大,但企业属于轻资产,较难获得银行贷款,资金短缺问题较为普遍。智囊团网已获得天使轮和A轮投资,继续做大急需B轮投资。铁大大供应链管理有限公司表示,资金不足制约了企业的战略布局。由于保险公司延长了结算周期,啾啾救援道路救援生态云平台资金压力较大,希望获得信贷支持。

二是市场拓展方面的制约。宁波不少互联网平台企业处于创业成长阶段,需要加大市场推广,但部分企业在市场推广方面遇到一些困难。小遛共享反映,企业在进入市外省外市场时面临困难,可投放的单车数量被严格控制。海上鲜实施海上智慧加油服务计划,需要协调油库资源。众车联反映,由于没有打通银行间关联结算业务,平台客户端市场推广受到制约。

三是本地产业链配套的制约。小遛共享提出,由于本地没有合适配套企业,需要从天津雅迪公司采购80%左右的零部件,增加了物流成本。近期,小遛共享积极促成天津雅迪公司在宁波杭州湾新区设立了生产基地,推动了产业链本地化。

四、当前工作建议

一是要更加重视互联网平台企业发展。①坚持科技创新和模式创新两手抓。把模式创新放到更加重要的位置,遴选培育一批苗子型成长型互联网平台企业。对总部在宁波、具有发展前景的,加大扶持力度,争取国家、省相关资源倾斜,推动其成长为独角兽企业。②由相关部门牵头,对全市范围内的互联网平台企业进行一次全面排摸,有效掌握宁波互联网平台企业总部机构、分支机构等运营发展情况。

二是要加强互联网平台企业金融支持。①组织召开互联网平台企业融资需求的专场对接会。对有潜力的互联网平台企业,给予"一企一策"扶持措施,

积极支持铁大大、众车联等企业登陆甬交所、创业板。推动海上鲜等优质企业在主板上市。支持宁波天使投资基金投向有潜力的互联网平台企业。②支持金融机构对互联网平台企业发放信用贷款和贴息贷款，助推平台企业发挥对上下游产业链企业的扶持作用。通过互联网供应链物流平台的金融支持，可以让平台延长外贸企业付款期限，助力外贸企业降低运营成本。③协助解决互联网平台企业的支付结算问题。积极协调银行机构为宁波互联网平台企业开通网银系统，加强平台与上下游关联企业的数据导通，提供更加完善的金融业务套餐。

三是要优化互联网平台企业发展环境。①积极支持互联网平台配套企业在宁波落地。协调解决规划、用地、用电、用水等问题，积极引导互联网平台企业将下游终端产品制造、采购落在宁波，提升产业链本土化比例。②采用更加柔性化管理方式。相关部门要对互联网平台企业"共享员工"的使用规范问题，加紧研究制定明确具体规定；对共享单车、小店经济发展，给予更加宽容的执法环境。③更好满足互联网平台企业人才需求。适时组织召开互联网平台企业人才需求对接会。

四是要提升宁波互联网平台企业影响力。①组织开展一次集中报道。对疫情期间逆势发展的互联网平台企业，发动市级媒体加大宣传报道力度。②加大企业线上推广支持力度。对互联网平台企业入驻其他线上平台的推广费用给予合理补贴。③在招商引资和城市活动中，加大本土互联网平台企业的宣传推介力度。

王明荣　廖绍云　徐　毅

党建民生

加强产业功能区党建的对策建议

随着经济社会的不断发展，产业功能园已经成为城市发展的重要经济增长极；目前，宁波国家级产业功能区 9 个，省级产业功能区 14 个，产业功能区已成为宁波实现城市发展战略、筑强城市功能支撑、促进城市高质量发展的响亮名片。产业功能区党建在不断探索中加强，目前在组织建设、服务体系建立、影响力加强等方面还存在许多不足，如何加强创新和完善产业功能区党建工作模式，提高党建工作水平，是当前基层党建工作的重要内容之一，切实把党的政治优势、组织优势转化为经济社会发展优势。

一、产业功能区党建工作的发展趋势

产业功能区作为非公企业和"两新"组织的主要载体，集聚各类各式企业、集聚广泛就业人群、集聚各种资源要素，是党的建设的重要阵地；宁波各类产业功能区规上企业有 3000 家左右，全部工业企业 2.5 万家左右，与行政机关、国有企业和事业单位的基层党建相比，产业功能区党建工作难度更大。一是从分布特点看，产业功能区企业高度集中、空间聚合度高、人员较为密集，这就要求产业功能区党建工作必须有效整合各方资源，充分重视抓好区域性党建工作平台建设。二是从人员结构看，产业功能区集聚了大量的新兴产业工人，新兴产业工人更加注重在职业发展中实现个人价值，这就要求产业功能区党建工作必须突出人本导向，切实将党建工作与员工职业发展有机结合。三是从思想状况看，产业功能区是青年人汇聚的地方，也是不同文化交汇、各种思想碰撞的区域，这就要求产业功能区把加强文化建设作为推动党建工作的一个重要环节来抓。

党建工作在助推产业功能区高质量发展中亟待破解的主要问题如下。

一是党建工作统筹度不高。部分企业有误解，认为开展党建工作会占用企业人员精力、占用生产经营时间，还有部分外资企业对党建工作存在畏惧、防备心理，但又碍于国内形势，对党建工作采取既不反对，又不支持的漠然态度，使党组织开展工作举步维艰。而企业在推行党群工作中，仍有部分企业的党群组织互不统属，尤其工会组织，大多数工会负责人的行政职务高于党组织负责人，造成党组织负责人开展统筹工作较难。

二是党建工作影响力不大。党建工作带有一定的严肃性，加之党纪规定和经费不足，普通员工对党建工作和党建活动的关注度、响应度不高，有个别企业党组织甚至没有入党积极分子。开展企业党建工作，主要靠沟通协调，即便部分企业党组织工作开展不好，也无法惩戒；部分基层党员，参加党建活动不积极、不主动，但因企业认为只要完成好工作，就是合格员工，党组织不好处理。同时，人员存在不稳定性。从每年统计数据来看，党务干部、党员的流动比例分别为10%和20%，部分党务干部刚培养成熟就会被提拔，部分积极分子培养一半就离职转岗，不稳定性造成党员员工归属感不强。

三是抓党建工作精力不够。企业的党务干部一般为兼职，在党建工作上投入的时间和精力不足，同时，受企业生产的影响，长时间集中培训较为困难，能力素质和工作规范化程度很难快速提高。又缺少工作激励措施，企业党务干部均为兼职，开展党建工作需要额外投入时间和精力，且没有任何资金补贴，在一定程度上影响了党务干部工作的积极性和创造性。

二、大榭开发区实证案例分析

将党建优势转化为推动开发区高质量发展的"红色引擎"。大榭开发区就是其中一个典型案例。大榭开发区以党建引领，夯实党建基础，打造特色品牌，做实做优服务，推动开发区高质量发展。特别是近年来，大榭党工委积极探索以项目为中心的党建推进机制，创新落实支部工作条例，把支部建在项目上，通过深入开展"三服务"等活动，先后建立360余支行动党小组，对制约重大项目建设推进过程中的瓶颈性问题进行集中攻坚、一线破难，取得了良好成效。

（一）"点对点"覆盖在一线

大榭开发区坚持"党建引领项目跑"，推动红色工地应建尽建，实现"一工程一支部""一项目一支部"。同时，按照"虚拟组织、实体运作"的方法，开发区党工委注重扩大临时党支部覆盖面,将牵头单位、施工单位、监理单位及选派干部等纳入临时党支部,通过发挥党的政治领导力,将来自不同单位的不同利益群体"拧成一股绳",把临时党支部建设成为坚强的战斗堡垒。

2020年以来,依托华泰盛富70万吨/年轻烃利用项目等11个宁波市重点工程建设项目,开发区党工委建立了11个临时党组织,将勘察、施工等不同参建方的130余名党员纳入组织管理,形成指挥部、项目部、党支部"三位一体"的融合机制,使工程现场在党建和管理的投入上实现"1+1<2",在党建作用的发挥上实现"1+1>2"。

通过成立临时党支部,不断建立健全机制、明确职责任务、落实奖惩办法,并通过召开党员大会、重温入党誓词、设置党员先锋岗等多种形式,激发项目建设人员斗志,提升工作效率,形成"难题共解、经验互推"的良好氛围。

(二)"面对面"教育在一线

开发区党工委始终坚持固本培元,打造了开发区党校、工地支部活动室、结对单位活动阵地、革命教育基地以及学习强国App和大榭"党员e家"微信公众号等线上线下多元化的学习阵地。比如针对流动党员"社交空巢、工作三班倒"等特点,开设"小微套餐",利用线上平台推出"耳畔聆听"音频,推送《不忘初心学党章》《渡海第一仗》等主题教育片视频,通过错时组织生活、10分钟党课等创新开展"三会一课",确保党员学习教育"一个都不能少"。

大榭还推出"培训套餐"定制功能,为中国石油天然气第一建设有限公司第二工程分公司等精心设计集政治理论、党史国史、现场教学等于一体的全员轮训。"工地学堂"开展以来,实现工地党员教育管理全覆盖,累计培训党员、党务工作者1500余人次,有效推动项目党建资源利用最大化、党务工作规范化、主题教育见实效,为重大项目建设增添引擎和动力。

依托"党建联盟",该区积极搭桥工地与机关、社区党组织共联共建,探索建立"初心学伴"结对共学长效机制,实现知识共学、资源共享,把主题教育贯穿项目工作全过程,把工地建设成为宣传党的主张、贯彻党的决定的重要窗口。

(三)"一对一"帮扶在一线

面对突如其来的疫情,大榭开发区迅速行动,坚决落实中央、省市委"两手都要硬、两战都要赢"的重大决策部署,由机关党员干部带领3~5名相关部门党员骨干,在重大项目一线成立行动党小组,采取"四色管控N级推进"工作法精准帮扶工地复工提能。

行动党小组采取组团式服务的方式深入一线,排摸每个项目的实际产能比,并根据每个项目实际产能比实行四色管控,即将产能比达80%以上的列为绿色区块,60%以上至80%的列为蓝色区块,40%至60%的列为黄色区块,40%以下的列为红色区块。根据项目特点、业务特长,采用"1+N"推进机制,即"1名党建指导员+1名政策宣讲员+1名帮扶联系员",提供分层分级指导服务。"绿色区块"项目采取常态联系,"蓝色区块"项目采取促进指导,"黄色区块"项目采取侧重帮扶,"红色区块"项目则采取重点督导。

同时,大榭开发区还建立了"日报告""日会商"制度,对项目复工复产情况、存在问题等汇总后进行专题会商、靶向施策。目前,总投资50多亿元的东华能源丙烷资源综合利用二期、烷烃资源综合利用三期(Ⅰ)、二期配套库区3个重大化工项目产能比均达100%。

(四)"手拉手"温暖在一线

"我们开展了一系列丰富多彩的活动,努力把重大项目工地建设成为功能完善、机制健全、温馨和谐、充满活力的工友之家,提升工友'幸福感'。"宁波大榭开发区党工委相关负责人介绍道。依托党建联盟,宁波大榭开发区社发局党委等党组织定期开展法律援助等专项活动,将关心关爱落到实处。省级重点项目华泰盛富承建方中油一建的40多位工友从河南洛阳返回大榭开发区时,遇到返工难题。宁波大榭开发区城市建设管理局党组在得知情况后,通过和河南洛阳运政部门对接协调,出具接受务工人员证明,最终河南洛阳运政部门快速放行。不仅如此,该局还通过"包车直通"方式协助东华能源等企业,包车接回100余名务工人员。

据宁波大榭开发区党工委相关负责人介绍,大榭始终坚持以党建引领重大项目建设,为"实现固定资产投资增长18%、工业投资增长18%、18个重大项目全面深化推进、18个月完成穿鼻岛项目前期配套"的四个"18"工作目标凝心聚力、奋勇争先,努力把大榭建设成大项目好项目的投资避风港。

三、加强产业功能区党建的对策建议

(一)建强组织体系,增强基层组织力

坚持以组织体系建设为重点,聚焦"产城",探索建立项目党组织;聚焦

"人才",加强新型社区等党组织建设,探索建立青年人才党组织;聚焦"产业",探索建立以上下游产业链为主体的主导产业综合党委。顺应产业功能区发展规律和产业升级趋势,着眼破解组织关系复杂、党员分布散乱等难题,依托产业功能区领导机构设立综合党委,具体负责区域基层党建工作,根据产业特点、集聚程度合理设置二级综合党委,推动党的组织和工作由分散走向集约。及时产业指导功能区内具备条件的企业单独组建党组织,对不具备单独组建条件的企业,按照地域分布、行业关联组建联合党支部,不断提升"两个覆盖"质量。

(二)健全运行体系,提高资源聚合力

综合党委牵头组建党建联席会议,吸收相关部门、属地乡镇(街道)、龙头企业为成员单位,把彼此联系松散的党组织联结为紧密的党建共同体。建立"三张清单"闭环服务机制,汇集政府、企业、社区信息,形成需求、资源、项目清单,提高资源整合的针对性、有效性。按照产业关联和合作渊源分类组建党建联盟,定期组织开展共建活动,提高产业黏合力、凝聚力。聚焦产业功能区企业、项目建设方和社区居民的多元服务需求,依托村(社区)党群服务中心、龙头企业及建筑工地升级改造党群服务阵地。

(三)优化服务体系,凝聚发展向心力

围绕市民多元需求,聚焦生产生活生态服务,大力培育以社区和企业自组织为主的社会示范团队、培育本土社会组织,成立了由机关单位、企业、居民等参与的志愿者服务联盟,提升专业服务水平。建立"青年人才驿站"、人力资源服务中心等就业服务机构,开展多样化创业就业培训;加快建设人才公寓、体育中心、文化馆、图书馆、旅游集散中心等公共服务配套设施;在企业签约落地过程中及时跟进党建工作,推动党组织设置与项目审批同步提出、充实党员骨干与招收企业职工同步进行、党建阵地与厂房设施同步规划建设,以党组织搭桥整合投资方、承建方及属地资源,共同做好拆迁安置、用工就业、安全生产等工作。项目建成投产后,通过搭建政企联合主题党日活动等平台,建立"理论宣讲+政策解读""需求采集+建议收集""问题解决+指导推动"机制,为企业提供专业化、定制式服务。

(四)加强精神塑造,推动文化融合

注重产业功能区精神塑造,增强市民对功能区的情感认同、价值认同。推进文明素养、就业技能"双提升",开设"党建讲坛",举行"企业开放日""项目开放日"等企业与社区互动活动,促进失地农民、产业工人、引进人才变新市民。打造特色文化品牌,创新开展创建等活动,增强产业功能区文化软实力和市民归属感。建立党建工作信息平台,建立产业功能区及园区非公企业党建工作信息管理系统,收录企业及其党建工作基本情况和信息,并实现动态管理。同时根据企业实际情况,积极开设网络党校、网上党员之家等活动载体,组织党员在线学习、过网上组织生活。成立党务工作者协会。积极推动产业功能区成立党务工作者协会,通过定期开展主题沙龙、相互观摩、专题培训等活动,为他们提供学习交流平台,有效提高党务工作者整体水平。组织开展内容丰富、形式多样的文体活动,不断丰富青年员工的业余文化生活,增强他们对企业的认同感和归属感,提升企业的凝聚力。

(五)打破行政壁垒,打造功能平台

通过跨部门、跨行业、跨领域的人员组成,打破行政隶属的壁垒,从各自承担的重点工作推进任务中找到利益、价值、感情的共同点,进行资源重构。以党建链引领服务链上各类资源的共享,集中火力破难题,凝聚合力求突破。帮助产业功能区机关基层组织和党员进一步厘清了党建目标任务、作用发挥途径、具体操作流程、晋位升级方向,推动党建工作从"按要求做"向"按需求做"转变。推动党建品牌共创。拓宽党员党组织创先争优的示范引领渠道,推动不同领域党组织之间融合渗透、党建资源共享、组织活动同步进行、党员教育管理齐抓共管,抓党建、创品牌的积极性、主动性得到充分调动和极大激发。

周少华　鲍盛基

提升商住混合型社区党组织服务能力的建议

商住混合型社区正在成为宁波城市社区的主要类型。调研显示，目前这类社区的党建工作大多由街道党委统筹，一个社区党支部和若干个"两新"组织①党支部共同推进。以日丽社区党支部为代表，一方面，一些社区支部主动承担起"领头雁"职责，团结两新支部共同打造坚强战斗堡垒，形成了"四个一"创新举措等一批好经验好做法。但另一方面，这些社区支部普遍面临着与两新支部合作共建机制不够牢固，社区服务企业、企业服务社区的能力亟待提升等共性发展瓶颈，制约联合战斗堡垒的紧密合作、可持续发展。为此建议加强顶层设计，积极推广好经验好做法，破解工作堵点难点，加快提升商住混合型社区党组织强化组织力和执行力建设、更好服务社区治理和企业发展的综合能力。

一、日丽社区"四个一"创新举措

日丽社区地处南部商务区，辖区内有19幢高层建筑，常住人口5800余人、入驻企业1300多家，是典型的商住混合型社区。现有13个党支部，日丽社区党支部有党员22人，其中党员社工6人，其余均为退休党员；两新组织党支部12个，党员159人。近年来，日丽支部通过牵头共建一个平台、一套制度、一个家园、一个联盟的"四个一"扎实举措，将13个党支部、300多名党员和社区志愿者紧密团结在一起，齐心协力推进社区治理、企业服务、疫情抗击、文明创建等工作，并发动组织更多企业、社会组织和居民共同参与，高水平发挥了基层党组织的战斗堡垒作用。日丽支部因此被评为2019年度宁波市五星级基层党组织，日丽社区也成为市级品质社区。

---

① 指新经济组织和新社会组织。

(一) 共建一个平台：把党群服务中心打造成为有归属感和使命感的"党群之家"

调研显示，商住混合型社区的党员结构复杂，管理要求显著提高。这其中，企业在职党员、流动党员较多，对社区的归属感不强；中青年党员较多，对社区发展期望高，既有热心志愿者，也有不少口袋党员、隐性党员等。

针对这一现状，日丽支部把建设"党群之家"作为先导性任务来抓，着力打造有吸引力、有凝聚力、有创新力的党群服务中心体系和配套工作机制，引导督促全体党员强化身份意识，自觉履行党员义务和责任。一方面，带头做强社区党群服务中心，严格"三会一课"、主题教育、谈心谈话等"硬制度"，增加读书角、党建窗、志愿栏等"硬功能"，拓展"政治生日"祝福、琴棋书画课程、相亲活动等"软服务"，打造"红丽（立）方"特色形象。另一方面，积极指导参与企业党群服务中心建设，力促功能互联、优势互补，联合开展组织生活、团建活动，共同提升"党员之家"的量级和能级。

(二) 共建一套制度：《红清单工作手册》加速推动党建工作标准化、规范化

调研显示，商住混合型社区各支部党建工作水平参差不齐。社区支部的工作相对规范，但也容易出现纰漏；两新支部的工作基础薄弱，如缺少专职党务工作者、缺少专项经费支持、多企业联合党支部甚至连召集全体会议都非常困难。不少街道采取了结对帮扶措施，成效并不理想。

针对这一现状，日丽支部把党建工作的标准化、规范化作为关键任务来抓。一方面，率先制定出台《日丽党员管理制度》和《日丽党员积分管理细则》，建立党员积分管理制度，对日常表现进行量化赋分，每月一汇总、半年一公示，年底根据得分确定党员考核等级。另一方面，在成功实践上联合两新支部共同编制《红清单工作手册》，全面复制推广日丽支部的党员管理制度，共同提高党建工作水平。此外，日丽支部还按要求协助两新支部开展换届选举、培养支部委员、丰富组织生活，进一步助推东企资本管理有限公司支部等"两新"支部党建工作水平的提升。

(三) 共建一个家园：在真抓实干中增强凝聚力和战斗力，更好发挥先锋模范作用

调研显示，商住混合型社区虽有不少联合党建活动，但以规定动作为主，

缺少因地制宜的特色活动；以服务群众为主，缺少服务企业的工作抓手和要素保障；以社区支部组织为主，两新支部作用发挥不足。这与社区实际需求存在脱节，也不利于联合战斗堡垒凝聚力和执行力的提升。

针对这一现状，日丽支部联合两新支部带头践行"幸福社区共同缔造"理念，通过党员干部带头干、全体党员接力干的扎实举措，发动好组织好物业、居民、辖区企业及更多力量共同服务社区发展。各支部书记都自觉担当起领导责任和示范责任，如日丽支部王莹书记在疫情防控期间带头站第一班岗、带头给居家隔离人员送菜送药；楼宇联合第一支部应秀倩书记组织起党员义务巡查队，带头治理楼宇周边环境。在"头雁效应"的带动下，越来越多的党员自觉自愿地把智慧和力量凝聚到一起，越来越多力量的热情和责任心被有效调动，共建共享共治幸福社区。日丽支部发起的"午间公益半小时"已成为各支部的共同行动，不少企事业单位、楼宇白领主动报名参与；"爱心联盟"已有百余人加入，此次为社区疫情防控工作捐款近 10 万元，宁波渠成集团捐助贫困山区学子累计超过 80 万元；企业互助行为显著增多；陈俊国、孙霞、严俊等物业经理在新冠肺炎疫情暴发后迅速返岗，连续坚守一线 70 余天；社区居民、周边高校学生志愿者等联手建起高品质社区"共享花园"。

（四）共建一个联盟：积极探索党支部共建共享、长期合作的制度性保障

调研显示，社区支部和两新支部共建联合战斗堡垒的制度基础还不够牢固，未来发展方向还不够明确，制约了彼此间的合作深化。国内一些城市探索实施了成立联合总支、成立大支部等举措，值得学习借鉴。

在首南街道党工委的支持下，日丽支部和辖区 12 个两新支部成立了"楼宇党建联盟"，深入探索资源共享、服务共建、党员共治的制度保障。此外，日丽支部还积极与市科技局、市政府发展研究中心、南部商务区管委会、鄞州博物馆等非辖区单位的党组织结对共建，借力外脑和资源进一步提升其作为联盟龙头的领导力和战斗力。

二、相关建议

结合社区党建的新形势新阶段新挑战，突出抓好商住混合型社区党建工作创新，有力支撑联合战斗堡垒建设和服务能力提升。当前，可重点推进三方面创新。

一是支持以社区支部为龙头的联合战斗堡垒建设，加快研究更加紧密的联合战斗堡垒建设路径，或可学习借鉴其他省市社区"大党委"做法。

在全市两新支部数量迅速增长，大多数镇乡街道的党政办已难以全面管理、深入指导下辖两新支部的现状下，日丽社区的"楼宇党建联盟"探索，无疑是非常值得总结和提升的党建工作创新。

当前日丽支部在联盟中扮演着"领跑者"和"组织者"的角色，两新支部在跟随和学习中逐渐成熟。但是，这种联盟式的合作依然是松散型的，长期发展存在着许多的不确定因素，亟须从顶层设计上巩固可持续发展的制度基础。如，可学习借鉴国内一些省市探索推进的社区"大党委"创新，即由社区党组织牵头与辖区机关、企事业单位在平等基础上，以共同需要、共同利益、共同目标为纽带，建立起的社区各单位党组织相互联系，沟通信息，交流经验，研究、协调社区党建和社区工作的区域化党建组织实体。

二是在镇乡街道（园区）层面全面建立"党建帮办"制度，并下沉服务，在商住混合型社区定期驻点办公。

推广灵峰社区、海曙区等地的成熟经验，由各镇乡街道（园区）党工委牵头，整合区县（市）部门"三服务"工作等下沉力量，整合本级经济、建设、综治、工团妇等条线力量，组建"党建帮办"联合工作组，突出党建帮强、政策帮享、市场帮需、人才帮育、管理帮优等企业服务功能建设，切实解决企业、群众、基层实际困难和问题。

在此基础上，镇乡街道"党建帮办"工作组下沉力量，在所辖社区建立联络员制度，建立定期驻点办公制度，建立首问责任制。近期，可在商住混合型社区先行先试。

三是以"党群之家"为目标，强化党群服务中心建设。

党员管理是基层党建工作必须克服的难关。日丽支部把打造有归属感和使命感的社区党群服务中心作为加强党员管理的突破口，强化制度建设，丰富硬件功能，嵌入贴心服务，并联合两新支部共同打造党群服务中心体系，意义重大，成效显著。相关做法值得充分肯定，可复制推广。

同时，根据联合战斗堡垒建设和"党建帮办"制度下沉需求，可适当增加社区党群服务中心面积及商住混合型社区的社工人数。

冯　路

宁波加快推进新基建的对策研究

当前和今后一段时期，宁波加快推动 5G 网络、大数据中心、工业互联网、人工智能等新基建快速发展，有助于培育经济发展新动能，推进城市治理体系和治理能力现代化，为宁波当好浙江建设"重要窗口"模范生作好全方位支撑。

一、新基建的提出和内涵

（一）新基建的提出

新基建在 2018 年年底的中央经济工作会议上被首次提出，并列入 2019 年政府工作报告。2019 年两会期间，提出新型基建将承担更为重要的角色，7 月中央政治局会议明确提出要加快推进新型基础设施建设。2020 年 1 月，新冠肺炎疫情发生以来，中央多次会议提出要加快推动新基建，作为推动经济社会发展的重要支撑，如 2020 年 3 月，中央政治局常务会议明确强调加快 5G 网络、数据中心等新型基础设施建设进度。4 月，国家发改委首次明确了新基建范围，为新基建发展提速（见表1）。

表 1　　2018 年—2020 年 3 月"新基建"相关重要会议精神

时间	会议名称	主要内容
2018 年 12 月 19 日	中央经济工作会议	加快 5G 商用步伐，加强人工智能、工业互联网、物联网等新型基础设施建设
2019 年 3 月 5 日	全国"两会"	强化逆周期调节，除了传统基建外，以 5G、人工智能和工业互联网、物联网为代表的新型基建将承担更为重要的角色
2019 年 7 月 30 日	中共中央政治局会议	要稳定制造业投资、实施补短板工程、加快推进信息网络等新型基础设施的建设

续表

时间	会议名称	主要内容
2020年1月3日	国务院常务会议	大力发展先进制造业,出台信息网络等新型基础设施建设投资支持政策,推进智能、绿色制造
2020年2月14日	中央全面深化改革委员会会议	基础设施是经济社会发展的重要支撑,要以整体优化、协同融合为导向,统筹存量和增量、传统和新型基础设施发展,打造集约高效、经济适用、智能绿色、安全可靠的现代化基础设施体系
2020年2月21日	中共中央政治局会议	加大试剂、药品、疫苗研发支持力度,推动生物医药、医疗设备、5G网络、工业互联网等加快发展
2020年2月23日	中央统筹推进新冠肺炎防控和经济社会发展工作部署会议	智能制造、无人配送、在线消费、医疗健康等新兴产业展现出强大成长潜力。要以此为契机,改造提升传统产业,培育壮大新兴产业
2020年3月4日	中共中央政治局常务委员会会议	加大公共卫生服务、应急物资保障领域投入,加快5G网络、数据中心等新型基础设施建设速度

资料来源:根据相关部门官网资料整理,本节下同。

(二) 新基建的内涵[①]

新基建是以新发展理念为引领,以技术创新为驱动,以信息网络为基础,面向高质量发展需要,提供数字转型、智能升级、融合创新等服务的基础设施体系。与传统的基建主要指铁路、公路、桥梁、水利工程等不同,新基建具有鲜明的科技特征和科技导向,以现代科技特别是信息科技为支撑,旨在构建数字经济时代的关键基础设施,推动实现经济社会数字化转型。新基建包含信息基础设施,凸显"技术新",指基于新一代信息技术演化生成的基础设施,比如,以5G、物联网、工业互联网、卫星互联网为代表的通信网络基础设施,以人工智能、云计算、区块链等为代表的新技术基础设施,以数据中心、智能计算中心为代表的算力基础设施等;融合基础设施,重在"应用新",主要指深度应用互联网、大数据、人工智能等技术,支撑传统基础设施转型升级,进而形成的融合基础设施,比如,智能交通基础设施、智慧能源基础设施等;创新基

---

① 由于融合基础设施、创新基础设施与传统基础设施存在很大交融性,在建设模式、建设要求、建设内容和要素保障等方面很难与传统基础设施区分开。本课题研究侧重于信息基础设施,包括通信网络基础设施、新技术基础设施和算力基础设施。

础设施,强调"基础新",主要指支撑科学研究、技术开发、产品研制的具有公益属性的基础设施,比如,重大科技基础设施、科教基础设施、产业技术创新基础设施等(见表2)。

表2 "新基建"建设内容

领域	建设依据	建设内容
信息基础设施	基于新一代信息技术演化生成的基础设施	1. 通信网络基础设施:5G、物联网、工业互联网、卫星互联网等; 2. 新技术基础设施:人工智能、云计算、区块链等; 3. 算力基础设施:数据中心、智能计算中心等
融合基础设施	深度应用互联网、大数据、人工智能等技术,支撑传统基础设施转型升级	智能交通基础设施、智慧能源基础设施等
创新基础设施	支撑科学研究、技术开发、产品研制的具有公益属性的基础设施	重大科技基础设施、科教基础设施、产业技术创新基础设施等

(三)新基建的特点

1. 新基建乘数效应更大,支撑发展新支柱

与传统的基建项目相比,新基建关联度高、带动性强、就业面广,除了可以发挥投资带动效应,还具有更大的"乘数效应",较小的新基建投资,会激活大量的创新业态,创造更大的就业机会。以5G为例,工信部估算1个单位的5G建设投资可以拉动6个单位的经济增长。预计至2025年,我国5G基站建设直接投资约2.5万亿元、带动全产业链相关投资将超5万亿元,将带动多类型终端及人工智能、虚拟现实、高清视频等行业应用市场规模快速上升;再以高铁、轨道交通为例,至2025年,直接投资规模约4.5万亿元、带动相关投资将超5.7万亿元,并推动轨道、道路建设、电工电网、装备制造、轨交车辆及零部件等行业高速发展。

2. 新基建促进消费和内需,释放经济新动能

"新基建"发展对产业链上下游,对投资和消费的拉动更为显著而迅速。随着新基建深入经济社会各个方面,原有独立发展的行业开始相互交叉,带动产业结构调整和升级,加快技术创新的步伐,使原有的业态发生变化,给原有的经济增长模式带来质变,甚至可能会改变日常生活的习惯,包括人们的消费模

式等。加快新型基础设施建设，能孵化出更多创新与应用，促进产业数字化、融合化、高端化发展，有可能被培育成为引领未来发展的新增长点和新支柱。新基建的"新"主要体现在适应消费升级的需求而采取超前布局，采用新技术、新产品、新装备等超前布局建设，重点将现代技术广泛运用于基建中以提供完善的基础设施。未来发展新经济的机遇在于充分利用新布局的超前基建网络，释放经济发展新动能，同时也有助于经济提质增效。

3. 新基建强调市场作用，吸纳建设新主体

新基建的"新"还体现在投资主体、参与主体的多元化，新基建固然需要公共财政的直接投入，也依赖于各类企业和市场主体发挥能动性。新基建项目的性质决定着建设过程需要由央企或地方国企承担，但新基建项目涉及更多私人部门的参与。同时投资主体多元化、资金投入多元化，所以需要有技术特长、有资金实力、有社会发展远见的民营企业参与甚至能成为主要力量，充分提高市场的竞争程度，提高"新基建"的效率和有效性。如上海市未来三年新一轮的48项重大项目总投资大概2700亿元，其中各级政府投资600亿元左右，其余2100亿元都是社会投资。

二、宁波加快推动新基建的重要意义

（一）适应数据要素化的必然要求

《中共中央国务院关于构建更加完善的要素市场化配置体制机制的意见》将数据作为一种生产要素单独列出，提出要加快培育数据要素市场。数字经济时代，数据资源已成为最重要和活跃的生产要素，生产要素主要在网上流动，如互联网和物联网。新基建在本质上以数字化基础设施建设为核心，大数据中心、物联网、人工智能等新基建的加速发展，有助于推动传统产业实现数字化转型、支撑构建多领域数据开发利用场景，全面提升数据要素价值，对培育技术和数据要素市场，增强推动城市竞争力和经济社会高质量发展均具有重要意义。

（二）有效应对区域竞争的因应之举

新冠肺炎疫情防控进入常态化阶段，为有效应对疫情影响，发挥投资带动效应，全国各地相继落地出台针对新基建投资与建设的相关政策、规划。一是加紧落实部署。多数省（自治区、直辖市）区2020年政府工作报告均提及新型基础设施建设，部分地区还专门出台细分领域相关行动方案和计划，如3月山

东印发《关于山东省数字基础设施建设的指导意见》,提出在新型基础设施建设方面,要加快网、云、端建设。二是坚持项目引领。5月以来,上海、福州、昆明等地出台有关新基建行动方案,明确提出未来几年将实施的新基建重点项目内容和投资总额,15个副省级城市2019年年底以来陆续发布5G、数据中心等新基建细分领域项目布局(见表3)。

表3　　　　　　　　　相关城市新基建重点项目计划布局情况

城　市	新基建项目
深　圳	2020年深圳新建3万个5G基站,累计建成4.5万个,力争在8月底前率先实现5G网络全覆盖;计划培育2至3个跨行业跨领域工业互联网平台,创建1个工业互联网示范基地,成为全国工业互联网领先地区;提出推进新能源工程车产业发展行动计划,到2021年,建设一批大功率直流充电场站,优先覆盖在建工程及港口领域
广　州	计划到2021年建设6.5万座5G基站,打造全国领先的5G网络;将加快推动3个高速铁路项目、7个城际轨道交通项目。推进超级计算广州中心等高性能计算中心建设,面向人工智能和5G应用场景,建设基于GPU的人工智能、区块链算力中心
杭　州	现已建成交通指挥城市大脑,当前杭州市已建成5G基站15000余个,计划到2022年,杭州将实现全市中心镇以上城区5G全覆盖,在杭州城市核心城区、重要功能区、重要场所、交通枢纽、重点公共服务设施等重点区域形成以"5G基站+5G楼宇"为基础的新一代大容量高速移动通信网络
西　安	西银高铁有望建设成为国家西路首条5G高速铁路,西安国际互联网数据专用通道获批建设
南　京	2019年8月已建成4000座5G基站,基本覆盖全市范围。2020年南京以100个市级项目为重点,总体推进市、区县(市)两级总投资5454亿元的346个新基建及关联产业项目加快建设,2020年力争完成年度投资867亿元。全市在建的5G基站、城际高速铁路和城市轨道交通、新能源汽车充电桩、大数据中心、人工智能、工业互联网等项目共计29个,总投资2081亿元,2020年计划完成投资265亿元
武　汉	2020年,武汉5G计划投资总金额约30亿元,拟新建5G基站2万余个;武汉光谷最大数据中心项目腾龙光谷数据中心已于2019年11月正式开工;《武汉市新能源汽车推广应用和产业化工作实施方案(2017—2020年)》中提出,"2017—2020年,全市建成并投入使用的交(直)流充电桩数量分别不低于3000个、3500个、4000个、4500个,累计达到15000个,能够基本满足全市新能源汽车充电需求"
成　都	2020年成都加快实施的1000个重点项目中城市轨道交通、大数据中心、人工智能等新基建项目占比较大,总投资20亿元的简阳市互联网数据中心(IDC)推进建设。《成都市5G产业发展规划纲要》指出,到2020年,成都要在全国率先实现5G规模商用。到2022年,建成5G基站4万个以上;建成5个以上国际及省级5G产业创新平台

续表

城　市	新基建项目
青　岛	《青岛市5G产业发展行动方案（2019—2022年）》提出，到2020年，全市建成5G基站1.3万个，实现城区重点区域5G信号连续覆盖。到2022年，全市共建成5G基站3万个，实现重点城镇5G全覆盖，提升用户网络感知体验，打造针对各类业务场景的差异化定制网络与智能服务能力
大　连	2020年大连市信息通信基础设施建设投资45.1亿元，其中5G投资30.3亿元，拟建设5G基站6586个；未来5年，大连市计划再推广18万辆新能源汽车，预计存在22.5万个充电桩建设缺口
厦　门	2020年，厦门计划实现岛内区域、岛外核心城区、重要产业园区等区域，实现5G网络重点区域覆盖，全市5G基站累计达3500座；大力推进5G智慧杆（具有通信、充电、自动报警等功能）建设；加快全球首个鲲鹏超算中心建设；2020年国网福建电力公司计划投入资金2.9亿元，年内全面建成"三纵三横"高速公路充电网络
哈尔滨	2019年中国移动投资1.2亿元，在哈尔滨市中心城区建设438个基站，计划在2020年继续投资5.1亿元，在哈尔滨市主城区再建设5G基站1600个，使主城区实现5G网络全覆盖，2019年哈尔滨市建成大数据中心
济　南	积极建设"5G+工业互联网"，2020年要完成10912个5G基站配套设施建设与改造；建设济南政务云中心，由浪潮承建的济南市"政务云"自2013年建设运营至今，已有268个部门单位、1515项业务在云中心运行，市级部门上云率96.27%，市级应用上云率95.76%，各区县已有139个部门的330个业务迁移上云。预计实现2020年建设20000个充电桩，100座充电站，整体解决全市3万辆以上新能源汽车充电问题
长　春	截至2019年年底，长春市已在龙嘉机场、吉林大学以及省市医院等重点场景开通5G基站45个，已建有浪潮云大数据中心、东北生态大数据中心、华为大数据中心等。2020年，长春市电动汽车充换电设施将建成换电站11处，电池配送中心2处，充电站17处；充电桩将达到36400个。其中，公交车充电桩500个，小型车公共充电桩4900个，小型车专用充电桩31000个

（三）推动宁波高质量发展的关键一招

2020年6月，宁波出台了《加快推进新型基础设施建设行动方案（2020—2022）》，新基建进入提速建设阶段。作为助推科技创新、产业升级和城市治理现代化的新引擎，新基建有利于催生更多新技术、激发更多新需求、创造更多新业态，既可为宁波经济增长助力，又可为城市高质量发展赋能，既扩投资促消费惠民生，又调结构补短板增后劲，是新冠肺炎疫情之后宁波扎实做好"六稳"工作、落实"六保"任务的重要抓手。尤其在当前国内各大城市纷纷发力布局新基建的情势下，宁波加快推进新型基础设施建设，有助于抢占国内新基建领域发展先机,也是补齐补强产业链供应链、推动数字产业化和产业数字化的必要举措。

三、宁波推进新基建的现实基础和存在问题

(一) 宁波新基建的现实基础

1. 通信网络基础设施建设走在全国前列

在5G方面,宁波加快网络基站建设,强化5G示范应用,构建特色产业链。截至2020年5月底,宁波累计建成5G基站7000多个,超前完成年度任务,其中宁波移动现已开通5G基站4200余个,宁波电信、联通共建有5G基站3000多个,实现中心城区商业中心、港口、重点旅游区等重点区域5G网络覆盖。5G商业应用基础较好,已落地一批全省全国领先的示范案例。爱柯迪股份有限公司建成全国汽车产业规模最大的"5G+数字化工厂",宁波舟山港实现全国首个"5G+远控龙门吊"批量投用,中国石化镇海炼化公司推进全省首个"5G+智慧园区"试点,智昌集团打造全国首个5G医用口罩生产线。

在工业互联网方面,宁波将工业互联网列为5大重点领域新兴产业之一,加快推进建设。一是系统构建工业互联网平台体系。截至2019年年底,全市累计培育认定25个平台项目,其中6家平台被列入省级工业互联网平台,1家获得国家工业互联网重大专项支持。引进培育和利时、华为、中科院计算所、用友等创新载体,已在模具、汽配、家电等重点细分领域打造"智云端""一云通"等10余家有实力的行业级工业互联网平台。宁波工业互联网研究院发布全国首个具有自主知识产权的工业操作系统supOS。二是推动工业互联网平台的示范应用。宁波把拓展应用场景、促进示范应用作为平台建设发展和传统制造业赋能升级的重要抓手。近三年有7076家规上工业企业累计实现技改项目7881个,推广应用机器人5000余台,实施数字化车间/智能工厂示范项目42个,其中12个列入国家及智能制造试点示范或专项。目前全市上云企业累计超过6.5万家,2019年新增省级上云标杆企业30家,累计达78家,位居全省第一,在推进企业上云同时,引导企业深入用云。

在物联网方面,宁波已初步形成物联网生态体系。从基础网络看,宁波是全国最早开通蜂窝物联网(NB-IoT)网络的城市之一,具有物联网网络先发优势,实现全市主要工业区和城区需求场景全覆盖,为物联网在智能抄表、智慧

城市、公用事业、智能制造等领域的广泛应用打下基础。从应用平台看,全国首个城市物联网开放平台已在宁波投入使用,实现物联网应用统一接入、数据共享、服务汇聚,支持200万接入并发能力,具备全国领先水平。从产业链生态看,全市从事感知层、传输通信、应用解决、运算处理等物联网产业链企业超200家,相关研究院所、产业投资基金、众筹平台、特色园区等机构扎根宁波。

2. 新技术基础设施加快发展

在人工智能方面,宁波发布3年行动方案,提出将围绕智能石化、网联汽车等五大特色产业链条,实施技术攻关、产业培育等六大任务工程,推动人工智能助力实体经济发展。近年来宁波在自然语言处理、机器视觉、机器人、智能驾驶、智能制造等领域涌现出薄言信息技术有限公司、海视智能系统有限公司、均胜普瑞工业自动化及机器人有限公司、慈星股份有限公司、吉利汽车集团、韵升智能技术有限公司等领军企业,通过"3315计划"引进集聚一批包括潘云鹤院士团队、甘中学团队在内的人工智能高端人才,成立宁波人工智能产业研究院、上海交大宁波人工智能研究院等产业技术研发平台。

在区块链方面,宁波涌现处一批初创企业,开展核心技术研发。宁波保税区和高新区两地累计落户企业近百家,包括东华软件、众享比特、旺链等国内知名区块链企业。2018年6月,保税区建设宁波首个区块链产业园,出台了专门政策,成立了首期1亿元的金融科技专项产业基金,与宁波诺丁汉大学联合设立了区块链实验室。宁波高新区(软件园)引进了一批提供区块链行业应用解决方案、基于区块链技术的智能设备研发企业,依托浙大软件学院等高校设立了专门研究机构。

3. 算力基础设施建设稳步推进

近年来,宁波不断强化数据中心推进力度,优化空间布局。坚持规划引领,出台政府数字化转型三年行动计划,提出将推进城市大脑建设,打造一体化大数据中心。加快建设步伐,现已引进共建多个高能级数据中心平台,中国移动浙江(浙东)信息通信产业园、阿里(宁波)数据中心等相继落户,国家北斗导航位置服务浙江(宁波)数据中心、吉利数据中心等特色产业数据中心建设加快推进,市大数据中心平台、航运大数据中心等公共大数据平台建设初见成效。

(二)宁波新基建面临的主要困难

目前宁波新基建建设推进过程中,部分领域还存在"建不了""建不快"

"建不好"等困难和问题,影响了新基建的建设进度。

1. 建不了

宁波新基建推进过程中普遍存在由于群众不认同、建设相关方协同不够、能耗指标限制等原因,导致设施落地难等问题。一是群众认同度不够。目前5G基站体积较为庞大且对基站辐射影响的科学认识普及不够,民众普遍对基站辐射存在担忧心理,导致大量的投诉,社区和物业对小区内5G建站支持度也不高,给5G建站带来很大阻力,中国电信宁波分公司就表示其在海曙老城区谋划的很多5G基站由于受到抵制和信访而无法建设。二是相关主体协同度不够。5G网络需要新增大量基站站址和光纤管道资源,建设过程需要得到规划、城管、公安、电力、交通等配合与支持,但目前各部门间协同度不高,有时甚至反而设置准入门槛。如运营商反映,宁波轨道交通集团对运营商在待开通地铁站点建设5G基站,就需要收取近百万元的进场费。三是能耗指标限制。如中国联通宁波分公司大数据中心已经谋划多年,由于受到用电能耗指标限制,项目无法开工建设,近期国家对新基建利好政策实施后,才得以实质推进。

2. 建不快

宁波新基建推进过程中还存在由于政策扶持力度不够、应用需求匹配不足、市场主体积极性不高等原因导致建不快。一是政策扶持力度不够。目前宁波每个5G基站的新建费用约70万元(含50万元的设备成本),商用后每个基站耗电量提高3倍,且部分基站和机房等配套设施以转供电形式运行,电价为1.2元/度,远高于直供电0.68元/度的价格。但是宁波目前在5G基站新建和用电方面没有补贴政策,运营商筹措建设资金压力较大,向上争取支持也比较困难,导致建设进度不够快。二是应用需求匹配不足。目前影响新基建快速推进的一个最主要原因是应用需求不足,没有产生类似于4G时代那样的现象级应用程序,目前的应用程序在4G条件下基本都能满足,新基建建设主体还没有找到有效的商业模式,也导致新基建推进速度不快。三是市场主体积极性不高。如高新区和利时公司开发建设了一个工业互联网平台,但是企业参与度不高,推广情况不理想,上线企业不足100家。主要原因在于不同行业企业由于在生产工艺、生产流程等方面的差异,对工业生产线智能化改造的方案需求也各不相同,致使推广难度很大。

3. 建不强

宁波新基建推进建设中还存在由于市场化程度不足、信息集成度不高、优势领域不突出等问题导致新基建影响带动力不强。一是市场化程度不足。新基建必须以市场化、社会化投资为主导，但是宁波缺乏诸如阿里、华为、腾讯等新基建龙头企业，社会化投资力度不足。如在算力平台建设方面，目前国内商业化超算中心项目总投资额上亿元，每年运行费用在一千万元左右，单靠政府投资很难有效运作。二是信息集成度不高。目前数据资源主要掌握在政府手里，没有政府率先开放数据、拓展应用场景，将无法形成上规模的有影响力、有带动作用的应用。宁波在政务数据共享、信息标准化建设，与杭州等先发城市相比略显不足，"信息烟囱"和"信息孤岛"现象仍有存在。如新冠肺炎疫情反映出大量公共服务领域信息技术应用不足，在线直播课堂系统卡顿、企业复工申报系统反应慢等问题，都体现出5G技术在社会管理和医疗教育等民生领域中的应用深度不够、商用开放不足。三是优势领域不突出。如作为宁波最具优势5G智能港口工程，应用范围和应用深度均不足，新冠肺炎疫情中还暴露出港口作业、集卡运输公司之间存在数据交换不畅等问题。宁波开展智慧城市建设已经10余年，但是城市治理、社会服务等领域，还缺乏一批有影响力的示范应用项目。

四、宁波加快推进新基建的对策举措

宁波加快推进新基建必须立足当前基础条件和未来产业和城市发展要求，确立适度超前、合理布局的理念，坚持问题导向、需求导向，着力创造新供给、激发新需求、培育新动能，为宁波经济社会高质量发展提供强劲动力。

（一）凝聚合力，抢抓新基建加快建设"窗口期"

一要发挥好政府引导作用。高度重视加快新基建对于宁波经济社会创新发展的重要引擎作用，抢抓当前国家、省里关于专项债对新基建项目的倾斜、新基建能耗要求放宽、项目审批进度加快、用地审批权限试点下放等政策窗口期，加快推进符合宁波区域实际需求，有利于未来战略性新兴产业发展和城市治理能力提升的新基建项目。全力推进宁波版新基建项目建设方案落地见效，政府着重发挥引导和支持作用，在5G、数据中心等项目建设中要适度超前、抢抓先机，争取更多项目尽快落地见效。

二要充分发挥运营商建设主力作用。中国电信、移动、联通、广电等运营商在新基建中发挥了重要作用，在5G、数据中心项目中是建设主力。要积极推

动央企向上争取新基建建设资源向宁波倾斜。加强宁波对央企开展新基建的支持力度，如推动电力部门配合推进电力杆（塔）与5G基站的共建共享，推动市政管理部门协调开放公共设施中的绿化带。加强新基建知识科学普及，引导社区居民放心接纳5G基站进小区，并在选址、用电等方面给予支持。

三要发挥龙头企业主导作用。要进一步深化与阿里巴巴等龙头企业的合作，引导阿里宁波中心加强新基建项目建设力度，搭建更多新基建平台。继续深化与华为、腾讯等企业合作。推动蓝卓、和利时、薄言等本地工业互联网和人工智能企业积极参与新基建建设，重点发力工业互联网和家庭互联网领域，争取宁波在智能制造、工业互联网部分细分领域成为全国乃至全球数据中心，推动数据产业化发展，激发数据生产力作用。

四要吸引社会力量积极参与。着力营造最优质的数字经济创新创业营商环境，协调解决新基建项目"建不了""建不快""建不好"等问题，打造开放的数字经济基础设施生态，引导更多上下游数据信息产业链企业来宁波创业创新，形成应用需求和市场空间，从而吸引推动更多社会资本进入新基建领域。

（二）统筹谋划，强化新基建项目要素支撑力

一要加强项目用地保障。及时制定新基建所需的土地空间利用规划，预留重大项目用地空间，做好土地优先供应，对特别重大的新基建项目用地指标采取"直供"方式解决。对新基建项目用地出让底价可以按基准地价70%执行，推行先租后让、租让结合供应方式，符合划拨的以划拨方式使用土地。工业用地实施"互联网＋"等项目的，可以原用途使用土地。支持存量用地实施"新基建"项目，用好建设用地增减挂钩、工矿废弃地复垦等政策，优先满足"新基建"项目。针对"新基建"用地报批、土地供应、不动产登记、手续办理等环节，梳理办事流程，主动引导、优先办理。

二要加强项目资金保障。积极向上争取国家专项债对宁波新基建项目的倾斜。鼓励运营商合作共建新基建设施，推广联通和电信合作共建5G基站的经验，实现数据集成、成本公担、频段共享，解决建设资金问题。鼓励金融机构创新产品强化服务。打破"抵押品依赖"，银行的金融产品加强对未来收益考虑，开发以未来收益权为主的金融产品以及知识产权抵押的产品。充分抓住科创板注册制效应，积极推动宁波新基建领域比较成熟的企业加快上市，利用资本市场的各类投资者，特别是机构投资者的股权投资资金。在数据中心等项目领域引入PPP模式，合理确定新基建领域的PPP项目规模要求，引导更多科技

型企业进入。

三要加强项目能源要素保障。支持运营商加强与电力企业对接,对具备条件的5G基站和机房等配套设施加快由转供电改直供电,推动基站开关电源"削峰填谷"功能改造,夜间将谷价的电存起来,在高峰期放出,进一步降低用电成本。推动新建数据中心与算力基础设施等一体化建设,共用恒温恒湿设备空间和稳定直供电源。积极开展现有基站、数据中心等用能系统的节能降耗,加快推进供电模式、备用电源技术研发和分布式能源拓展应用。

四要加强人才队伍保障。新基建对专业型人才和技术交叉型人才的需求不断增加,要加强5G、人工智能、大数据、物联网、云计算等新技术的人才培养。支持新型基础设施领域企业引进和培育技术骨干人才,优先推荐其评选"3315"计划系列人才。落实人才服务保障相关政策,在人才落户、住房保障、子女教育、医疗保障、配偶就业等方面提供支持。

(三)应用牵引,激发新基建推进建设积极性

一要以规模化应用牵引新基建。积极拓展应用场景,形成一批规模化、有影响力、有带动作用的现象级应用。发挥市场规模化应用的牵引带动作用,特别是在互联网医疗、在线教育、数字内容、智能制造、数字商贸、智能物流、数字生活服务、社会治理、数字养老服务等行业,加快建设一批显著改善制造、服务方式或社会治理模式的示范应用工程,以规模化应用需求带动新型基础设施建设。支持各类创业创新大赛征集新基建应用项目,给予落地扶持政策。

二要以开放政府数据资源牵引新基建。很多资源和市场主要掌握在政府手里,尤其是在社会治理、智慧城市、民生领域都有大量数据,没有政府率先开放数据,新基建的技术和项目也将受到限制。宁波要在全国率先推进政务数据资源的开发开放,探索完善数据治理机制,提升社会数据资源价值。加强数据资源整合和安全保护,集聚数据应用创新企业,促进形成政务数据应用生态链。从严控制新上政府信息化项目,加强优化整合,消除信息孤岛。

三要以数字产业化牵引新基建。数字产业化实质上是将数字化的知识和信息转化为生产要素,通过信息技术创新和管理创新、商业模式创新融合,不断催生新产业新业态新模式,重点发展A(人工智能)B(区块链)C(云计算)D(大数据)为技术方向的新产业新业态。要加强政府对数字分析、数字技术和数字服务的采购力度,积极引导市场主体加大对数据资源的开发和利用。加强与上海数据交易中心开放合作,搭建各类数据交易平台,积极引入数据资源开

发公司，给予特殊支持政策，加快数据市场化运用、产业化运作。

（四）创新机制，助推新基建项目建设新提升

一是优化完善新基建规划布局。在5G建设领域，加快编制宁波5G移动通信基站布局规划导则，并衔接城市总体规划或特定地块控制性详细规划。指导各区县（市）开展5G基站布局规划，在城市新建小区和老小区改造中，为运营商5G光缆接入和基站设立预留空间。在人工智能领域，要以加快创建国家新一代人工智能创新发展试验区和人工智能创新应用先导区为目标，统筹全市人工智能基础设施建设。在物联网领域，加强新基建项目与市政基础设施建设、城市有机更新和交通路线建设的规划统筹建设，加大物联网智能终端的建设推进力度。在数据中心建设领域，要实施差异化建设布局，防止数据中心的重复建设，导致数据的过度分散。

二是实施"软硬兼重"的建设推进机制。新基建不仅要有硬的项目，也要加强新基建中"软"的部分。加强对工业互联网系统、人工智能算法、5G技术的研发推进，聚焦宁波工业数据的应用开发，打造宁波"工业大脑"。加强新基建技术层面建设的统筹协调，如整合"算力、算法、数据"的应用，积极引入三大运营商参与宁波市超算中心建设，发挥运营商的数据优势，实现宁波市超算中心的商业化运作。通过"揭榜挂帅"等机制创新，为技术创新提供赛道，加快集聚新基建应用创新技术的研发，加大政策支持力度。

三是加强新基建的标准支撑和司法保护。加强国家质量基础设施和新基建的融合，在新基建设施的计量、标准和合格评定等方面在宁波率先开展试点探索，争取在国内特定新基建领域形成一定的话语权。加强数据司法保护，数据是数字经济时代重要的资源和财产，是新基建的核心资源要素和重要牵引力。加大芯片、量子技术、人工智能、云计算、物联网、区块链等领域专利和技术秘密的司法保护力度。探索人工智能生成内容、网络直播、动漫角色、数据产品等新型智力成果的司法保护路径。

王明荣　廖绍云　徐　毅

宁波完善农村公益性基础设施管护长效机制的建议

近年来，一大批农村基础设施相继建设完成并投入使用，管好用好农村基础设施已成为进一步巩固提升美丽乡村建设成果的关键环节。调研显示，纯公益性农村基础设施的长效管护正面临较为突出的体制机制障碍和保障难题，亟待破解。为此，本文以农村公路、农田水利、农村生活污水处理等公益性基础设施管护为重点，研究提出完善管护长效机制对策建议，为宁波深化实施乡村振兴战略保驾护航。

一、农村公路养护现状

（一）基本情况

养护管理体制方面，宁波实行"县道县管，乡道、村道乡镇统管"，各区县（市）设立县级农村公路养护管理机构，并延伸覆盖到乡镇，逐级建立监督考核制度。村内道路主要由村级组织管护。

经费方面，浙江省农村公路养护（包括日常养护和养护工程）预算定额标准2017—2020年逐年提升（见表1），且每年每公里县道50791元、乡道36505元、村道19980元。宁波以县级财政为主，市级财政承担一部分，不足部分由镇村自筹（见表2）。近年来，随着全市农村公路里程数的增加，养护资金需求同步增长，各级财政投入快速增长。2020年，市级转移支付农村公路养护补助资金22139万元，较2017年增长超过50%（见表1）。

（二）主要问题

一是镇村层面养护乡道和村道的资金压力大。按浙江省标准，除掉市、县

表1　　　　宁波市级下达农村公路养护补助资金情况（2017—2020年）　　　单位：万元

	2017年	2018年	2019年	2020年
日常养护经费	7988	8183	8214	8371
养护工程经费	6655	6735	13520	13768
合计	14643	14919	21734	22139

资料来源：宁波市交通运输局官网。

表2　　　　宁波农村公路养护资金来源结构（以余姚市为例）

	宁波市级补助资金	余姚市资金投入	不足部分资金来源
县道日常养护	23000元/年·公里	29000元/年·公里	—
乡道日常养护	4500元/年·公里	4500元/年·公里	乡镇财政自行解决
村道日常养护	1500元/年·公里	2500元/年·公里	乡镇财政和村自行解决
县道养护工程	15000元/年·公里		差额部分由余姚市财政解决
乡道养护工程	8000元/年·公里		差额部分由乡镇财政自行解决
村道养护工程	1500元/年·公里		差额部分由乡镇财政和村自行解决

资料来源：余姚市政府官网相关文件。

每年补助资金，镇村层面每年需要自行解决乡道和村道养护资金约2.8万元/公里、1.6万元/公里。

二是受制于村集体经济的实力，部分村内道路未得到及时有效养护。

二、农村生活污水处理设施运行维护现状

（一）基本情况

养护管理体制方面，全市农村生活污水处理设施由各区县（市）住建局或城管局统一管理，第三方专业服务机构负责日常运维。乡镇负责具体管理工作的组织，村级组织负责设施问题上报、配合第三方专业机构开展维修保养等。

经费方面，由市、县、乡镇三级财政共同保障，市级每年安排4500万元，县市（区）因地制宜（见表3）。

（二）主要问题

一是区镇层面资金保障压力较大。新一轮农村生活污水处理设施建设完成后，运维资金需求快速上升，目前全市每年运维支出超过1亿元，奉化区2018年农村生活污水处理设施运维一项支出就达858万元。随着农村生活污水处理设

表 3　　宁波农村生活污水处理设施运行维护资金来源结构

市级财政		每年安排 4500 万元
区县（市）与乡镇财政	江北、北仑、奉化、宁海、象山	由区县（市）财政全额保障
	海曙	除由乡镇自行运维不予补助外，其余均由区财政保障
	鄞州	根据一、二、三类乡镇分别给予 40%、60%、80% 的补助
	余姚、镇海	与乡镇按 6∶4 分担
	慈溪	对集中式终端处理和分散式单家独院治理分别给予每年每户 100 元和 80 元的补助，纳管每年每户补助 20 元，不足部分由乡镇补助

资料来源：互联网上资料整理。

施的老化和标准化运维管理的推广，财政资金压力将继续增大。

二是集体经济薄弱村难以负担集中式处理的额外费用。采用集中处理方式的行政村，每年要自筹设备电费、协管员工资等费用合计约 10 万元。

三是分散式处理的效果欠佳。行政村缺少对单家独院自建设施质量和使用情况的有效监管手段，发现问题也难以及时维修和处置，影响治理效果。

三、小型农田水利设施维修养护现状

（一）基本情况

养护管理体制方面，宁波地方各级政府投资建设或者财政补助建设的小型农田水利设施，一般交由村集体经济组织、农民用水合作组织等进行维修养护；村集体组织筹资筹劳建设的农田水利工程，由村集体组织或者其委托的单位、个人负责运行维护；农民或其他社会力量投资建设的农田水利工程，由投资者或者其委托的单位、个人负责运行维护。

经费方面，主要由受益者承担，各级政府给予适当补助，不足部分由镇村自筹，或者由企业单位、社会团体和农户等受益主体筹集。宁波市级设立了农田水利维修养护专项经费（见表 4）；各区县（市）也都设立了小型农田水利维修养护配套经费，如慈溪市设立了小型农田水利维修养护专项补助资金（见表 5）。

（二）主要问题

一是部分小型农田水利设施管护人员与经费不到位。部分集体组织所有或受托管理的小型农田水利设施，由于村集体经济收入有限，后期的管理人员、

运行维护经费难以落实。

表4　　宁波市级农田水利维修养护专项经费保障范围及补助情况

	面积或座数	省核定标准	各级分担比例
市级粮功能区	80万亩	40元/亩·年	市级承担35%，县级财政按1:1配套，其余由镇村自筹
自2011年起中央、市级非粮功区内小型农田水利项目	约30万亩		
万方以上屋顶山塘	858座	3000元/座·年	市级按1000元/座·年补助，县级财政按1:1配套，其余镇村自筹

资料来源：宁波市水利局。

表5　　慈溪市级小型农田水利维修养护配套经费保障范围及补助标准

类型	慈溪市补助标准	不足部分资金来源
粮食功能区	30元/亩·年	不足部分镇村自筹，企业单位、社会团体和农户等受益主体筹集等，接受社会各界捐资赞助等
一般耕地	15元/亩·年	
节制闸	1500元/孔·年	
灌排泵站	50元/千瓦·年	
小（二）型水库	10000元/座·年	
万方以上屋顶山塘	10000元/座·年	
其他山塘	4000元/座·年	

资料来源：慈溪市政府官网相关文件。

二是管护水平有待提高。管护人员专业化水平不足，管护标准不够统一规范，维修养护不及时、不到位的问题依然突出。

四、农村文化礼堂等村内设施运行维护现状

（一）基本情况

近年来以农村文化礼堂、垃圾分类处理实施、公共厕所等为代表的村内设施覆盖率和品质感显著提升，管理体制、运维模式、资金保障等方面长效运维机制初步建立（见表6）。以农村文化礼堂为例，各区县（市）、乡镇两级建立了农村文化礼堂服务指导中心；部分区县（市）、乡镇已健全稳定的资金保障机制，如镇海区对已建成的农村文化礼堂每年每家拨付2万元经费，镇级实施文

化建设奖励补助。截至 2019 年年底，全市累计建成农村文化礼堂近 1800 家，行政村覆盖率超过 85%。

表 6　　　　　宁波市农村文化礼堂等村内设施运行维护基本情况

	管理体制	运维模式	资金来源
文化礼堂	主要由行政村自行管理，各级政府加强政策指导及配套服务	行政村自行运营维护，积极发挥志愿者队伍、热心人士在管理和服务中的作用	有条件区县（市）每年每家定额补助，有条件乡镇对管理运行经费予以一定补助，不足部分村级自筹
垃圾分类处理设施	实行"县、乡镇、村"三级联动管理体制，县级统筹管理，乡镇具体组织协调，村级落实属地管理	基本由第三方专业保洁机构为主，部分镇村采取自行清运保洁	市、县两级农村垃圾分类处理工作经费中安排一部分，不足部分镇村自筹
公共厕所	乡镇作为管理责任主体，负责监督检查；行政村作为业主负责定期巡查	主要由镇村自行运维	主要由镇村自筹，有条件区县（市）政府安排一定补助资金

资料来源：网络资料整理。

（二）主要问题

一是运维效能有待提升。部分农村文化礼堂、体育健身、垃圾分类处理等村内基础设施存在不同程度建而不用、维护不及时等问题。

二是村民参与主动性还不够高。如农村文化礼堂开展的活动相对单调，以村民需求导向的互动机制和渠道还不够健全，一定程度制约了村民参与的积极性。

五、对策与建议

一是加大政府财政资金补助力度。农村道路养护方面，适当提高市、县两级财政对乡道、村道的补助标准。农村生活污水处理设施运行维护方面，加大对农村生活污水分散式处理设施的投入改造力度，分阶段、分步骤将城镇周边生活污水分散式处理的村庄纳入城镇管网，偏远地区分散式处理的村庄逐步采用集中式处理模式；完善市级财政农村生活污水处理设施运维管理专项补助资金逐年稳定增长机制。建议各区县（市）将采用集中式治理的集体经济相对薄弱村的终端处理设施电费和协管员工资纳入财政保障范围。小型农田水利设施维修养护方面，拓宽市级维修养护补助资金保障范围，提高分担比例。

二是建立村内基础设施运维专项资金。建议市农业农村局牵头，统筹相关条线工作经费，并增拨财政资金，建立村内基础设施管护专项资金，各区县（市）按一定比例配套。资金补助主要用于村内道路、文化礼堂、体育健身、垃圾分类处理、公厕等村内基础设施管护，根据村集体经济经营性收入水平和管护绩效分档补助。

三是推行管护责任清单制度。编制农村基础设施管护责任清单，将村内道路、垃圾分类处理、公园、体育健身等村内基础设施纳入政府管护范围，明确管护对象、主体、资金来源和标准等内容，健全公示制度。

四是创新推广社会力量参与管护模式。强化"门前三包"、党员责任区、志愿活动等做法，宣传和推广好慈溪市新浦镇农业节水灌溉协会、北仑区"乡贤驻堂"等典型案例，引导村民共治共享。

五是健全高效绩效评估机制。根据农村公益性基础设施管护实际，加强监督检查，健全以激励为导向、低成本运行、高效便捷的绩效奖惩评估机制，评估结果纳入地方乡村振兴实绩考核目标责任范围。

傅叶挺　农贵新

新型高校智库建设的主要做法及对宁波的启示

中国特色新型智库是国家软实力的重要体现，也是党和政府科学民主决策的重要支撑。作为中国特色新型智库的重要组成部分，新型高校智库在国家治理体系和治理能力现代化进程中发挥着关键作用。2015年初，中办、国办印发《关于加强中国特色新型智库建设的意见》，明确提出要构建中国特色新型智库发展新格局，推动高校智库发展完善。

目前，北京、上海、广州、杭州等地新型高校智库建设进度较快，影响力较大。《2019全球智库报告》全球顶级智库综合百强榜单中，仅两家位于北京的中国高校智库（清华—卡耐基全球政策研究中心和北京大学国际战略研究院）入围。《中国大学智库发展报告（2017）》大学智库排名前30强中，北京、上海、杭州、广州等地高校智库排名前列，宁波未有高校智库上榜。

一、新型高校智库的主要特征

新型高校智库是指隶属于高校、利用大学学科与人才优势而综合开展战略研究、政策咨询、人才培养、公共外交等活动的科研组织机构，其发挥作用的方式主要有两种：一是高校专家、学者以顾问形式参与政府决策；二是各级政府为了提高决策的科学性，通常会在做出重大决定前向高校智库进行咨询。总体而言，新型高校智库有以下三个特征。

一是具有专业性。新型高校智库的专业性是高校智库最具特色的属性特征。相较于社会智库，高校拥有雄厚的基础研究实力、齐全的学科研究门类、深厚的学术底蕴和相对稳定的学科领军人物及其研究团队，能为高校智库开展政策咨询尤其是战略问题研究提供坚实保障。同时相较于官方智库，高校智库的研究更为主动和自由，能针对当前社会发展中有关经济、政治、科技、思想文化等方面的热点问题开展宏观研究。

二是具有教育性。高校智库依托高校发展，可以发挥人才培养的优势，努力培养复合型智库人才，为中国特色新型智库建设提供有力的人才保障。从短期上看，高校智库可以凭借学术优势，针对社会热点问题，积极释疑解惑，引导社会舆论。从长期上看，稳定的人才保障还能支撑高校智库着重开展事关国家长远发展的基础理论研究，为科学决策提供坚实理论支撑。

三是具有区域性。地方综合性大学智库依托其地缘优势，结合区域实际，以服务国家战略和区域决策为价值取向，以特色凝练方向，关注区域经济社会发展中的现实问题和国家周边安全等重大问题，能积极发挥政策建言、人才培养、舆论导向、公共外交等重要功能。高校智库所汇聚的专家具有与区域发展和社会进步相关的使命感及人文情怀，并拥有接地气、易于获取更多现实资料信息等得天独厚的条件与"天然"优势，能够为国家区域战略研究及地方经济社会高质量发展提供强大的精神动力与智力支撑。

二、宁波新型高校智库建设面临的问题

宁波高校数量、层级在国内不处于领先地位，从宁波整体新型高校智库建设情况来看，尚有以下不足之处。

一是新型高校智库数量较少，影响较小。在2018年浙江省哲学社会科学规划发展领导小组公布的13所重点新型智库和8所重点培育智库名单中，宁波仅有1所宁波大学东海研究院上榜；在2019年浙江省教育厅认定的13所新型高校智库名单中，也仅有宁波大学海峡两岸融合发展研究院和宁波万里学院海上丝绸之路研究院两所，与杭州的9所相差较大。

二是新型高校智库定位泛化，支持不足。宁波部分高校智库存在研究目标地位模糊，缺乏专职的工作人员和独立的经费等问题，部分智库仅仅是挂牌而已，而无法有效开展研究。

三是高校智库研究资源较少，合力不足。由于宁波本身高校资源不算特别丰富，在部分议题研究的资源比较有限，且目前各高校交流合作规模不大，针对重点特点问题研究还尚处于各自为战、重复建设阶段，没有形成研究合力，同时也没有形成各具特色、百花齐放的局面。例如在研究"一带一路"问题方面，宁波大学东海研究院、浙江万里学院海上丝绸之路研究院、浙大宁波理工

学院丝绸之路研究院都有各自特色的研究,但是三校信息共享、成果交流并不紧密。

三、相关城市和高校的主要做法

在推动建设新型高校智库过程中,北京、上海、南京、苏州、武汉、广州等地工作开展卓有成效,建设规模和影响力较大,相关做法和经验值得借鉴。

一是构建协调机制,强化制度建设。从相关城市新型高校智库建设实践来看,高校的学科人才基础固然重要,但专门的建设引导更为关键。例如,上海市教卫工作党委、市教委依托复旦大学成立"上海高校智库研究和管理中心",并通过该中心进一步完善智库网络、加强高校智库内外联动,建立政策制定者、媒体和意见领袖的良好沟通渠道,构建形成了强强联合、优势互补、深度融合、多学科交叉的上海高校智库协作机制。同时上海市教委共出台10个文件,对上海高校智库建设的目标、任务、举措、保障、考核、评估等方面进行了全方位的制度设计,从而实现对上海高校智库的绩效动态管理。

二是打破校际壁垒,加强合力研究。打破传统高校科研壁垒,加强联合研究,有利于智库资源的整合与共享,推动问题的分析和解决。例如,聚焦于国家海洋战略研究的国家领土主权与海洋权益协同创新中心,在外交部、水利部等多部委支持下,由武汉大学牵头,联合复旦大学、中国政法大学、中国社科院中国边疆史地研究中心等单位发起成立;又如作为国内首个专业反腐智库的校地廉政共建联盟,由南京市栖霞区纪委、南京经济技术开发区纪工委、南京仙林大学城纪工委,与南京大学、南京师范大学等五所高校联合创立。两者都是高校智库合作共建模式的重要创新和积极探索,为相关领域提供了有效的智力支持。

三是结合高校强项,进行专项研究。高校凭借其学科优势和业内影响力,能集聚更多相关专业人才为新型高校智库提供支持,发挥其咨询作用。例如,武汉大学国际法研究所通过课程研究以及承揽司法实务部门委托的研究课题、派遣专兼职研究人员担任司法实务工作部门顾问,培养一流的学术带头人、中青年骨干、博士和硕士,成为中国国际法的专门人才库和人才培养培训基地以及中国国际法的思想库和咨询服务基地。

四是立足区位优势,研究区域问题。不同地域有其相应地区特色关注领域可作为地方高校重点研究范围,为地方发展提供强大的智力支撑。例如中山大学粤港澳发展研究院，定位在港澳治理与粤港澳合作发展领域具有鲜明专业优势的新型高校智库，立足大湾区区位优势，更好服务党和国家在港澳治理与粤港澳合作发展问题上的重大战略需求，履行大学的国家责任，并按照高端智库相关要求予以重点建设，入选了国家首批高端智库使用单位。

五是加强对外联系，打造国际品牌。当代中国高校智库在国际顶尖智库中占比不高，加强与国际知名智库的合作和交流既有利于信息交换，获得更丰富的国际视野，也有利于增强自身国际影响力。同时围绕国际国内重大热点问题，高校与国外高水平智库开展合作研究，举办高层智库论坛，打造高端引领、集中发布、影响广泛的高校智库成果发布品牌，对发挥高校智库引导舆论、公共外交影响具有重要作用。例如，清华—卡耐基全球政策研究中心就是清华大学和卡耐基国际和平研究院开展合作，对全球挑战寻求建设性解决方案的知名高校智库，对国家战略咨询和国际研究具有重大影响力。

四、对宁波新型高校智库发展的启示

针对宁波新型高校智库建设面临的问题，结合相关地区经验做法，建议如下。

一是重视新型高校智库建设。在教师队伍建设、学科建设、资源配置等方面，提供必要的物质资金支持和政府政策扶持。最大限度地开放政府决策事项，采取购买服务等方式，获取高校智库的全面支持，确保各项决策更加科学、规范。

二是加强地区高校智库联系。建议筹建市级新型高校智库协调联盟，通过专项资金资助和定期智库联盟活动，打破院校壁垒，加强各个高校智库合作，实现资源的优化整合，统筹资源分配，扩大宁波高校智库的影响力。完善责任分担机制和利益共享制度，切实提升研究深度和广度，发挥协同优化效能，不断创新发展。例如，就"一带一路"战略研究方向，建议加强宁波大学、浙江万里学院、浙大宁波理工学院、宁波工程学院等院校研究中心的资源信息交流和人员合作，结合各自特长，共同探究相关领域。

三是深化高校智库区域研究。建议宁波本土高校重视本地化的特色研究，设立专门的研究中心，利用地方优势，建设区域问题研究基地，综合历史、政治、文化、经济等方面为地方政府提供战略咨询服务等智力支持。建议高校智库与宁波市智能制造技术研究院、宁波工业互联网研究院等产业技术研究院展开合作，加快理论研究成果应用转化，助力宁波经济社会发展。

四是推动高校智库国际化发展。建议发挥宁波诺丁汉大学、宁波（中国）供应链创新学院等中外合办大学优势，深化智库研究国际合作，推动宁波新型高校智库国际化发展，建立全球问题研究基地，增强国际影响力。

五是加强智库成果应用实践。建议党委政府相关决策咨询职能部门，持续密切联系高校智库，在确立研究项目时，可邀请多家高校智库共同讨论，明确核心任务和转化渠道。科学引导新型高校智库建设路径，坚持以问题研究为导向，提供解决困难、破解难题的思路和方法。鼓励高校智库在承接地方政府咨询项目、发挥政府智囊团作用的同时，积极探索将科研成果应用于企事业单位的生产实践，推动地方产业发展。

徐　毅

缓解义务教育优质资源供不应求问题的建议

近年来,全市义务教育优质均衡发展水平显著提升,但以"择校热"为典型表现的供不应求问题仍不同程度存在。从发展趋势看,城市义务教育水平与人才吸引力和黏性、与营商环境、与民生福祉的关系越来越密切,必须更加重视并加快提升义务教育优质均衡发展水平。对此,亟须在公民同招改革的基础上,加快推进以"扩大供给、管理需求"为目标的配套改革,努力实现更高水平上供需结构匹配和优化,更好满足广大市民"学有优教"的现实需求。

一、义务教育优质资源供不应求的原因分析

广大市民主观需求升级、横向比较劣势加剧需求紧迫感等需求侧原因,以及义务段学校发展不够平衡、政策调节不够有力等供给侧原因交织加剧义务教育优质资源供不应求问题。

(一)需求侧原因

一是广大市民从"学有所教"到"学有优教"的主观需求升级。随着科技进步和收入提高,家长们更加重视子女教育,大幅提高教育及相关领域开支,全力以赴支持子女上"名校"(教学质量口碑较高的学校,下同),市民对义务教育优质资源的需求增长速度明显加快。不仅如此,近年来大量中青年人才和周边城市居民涌入宁波,进一步加速需求增长。2020年,市三区有22所中小学(校区)"一表生爆表"(见表1),绝大部分是"名校"。

二是横向比较劣势加剧义务教育优质资源竞争。微观方面,来自人群与人群之间、人与人之间的比较劣势。许多家长认为,子女不能进"名校"就是输在了起跑线上,还有不少家长表达了对高层次人才一引进就享有子女择校权、

靠"摇号"决定孩子学校等政策的不理解。宏观方面,主要来自向大都市生活的看齐意识。与上海、杭州等城市相比,宁波在义务教育投入、"名校"数量等方面有一定差距。特别是宁波普通中小学数量已连续2年下降,杭州则提出到2035年新增小学342所、初级中学142所、九年一贯制学校67所(《杭州市基础教育专项规划(草案)》)。

表1　2020年宁波市三区"一表生爆表"的中小学(校区)

地区	爆表学校数量	爆表学校列表
鄞州区	11所	江东中心小学、鄞州第二实验中学、宋诏桥小学、堇山小学、华泰小学、惠风书院、东南小学、培德小学、鄞州实验小学、鄞州实验中学、宋诏桥中学
海曙区	8所	海曙外国语学校青林湾校区、镇明中心小学云石校区、宁波市实验小学、广济中心小学世纪苑校区、广济中心小学广济街校区、集士港镇中心小学、高桥镇中心小学、高桥镇望春小学
江北区	3所	宁波大学附属学校、江北外国语学校、惠贞书院小学部

资料来源:宁波市教育局。

(二) 供给侧原因

一是义务段学校发展不够平衡,倒逼需求升级。这种不平衡突出表现在两个方面:其一,软硬件条件的显著差距。改善软硬件条件是丰富教学方式、提升课堂实效的重要前提。调研显示,"名校"、城区其他学校、乡镇学校的软硬件条件表现出阶梯落差;市三区学校生均占地面积不足问题相对突出(见表2)。其二,师资和生源的显著差距。"名校"对优秀教师和优秀学生更具吸引力,有利于教学创新和营造积极向上的学习氛围。以升学率为例,"名校"学生考入重点高中的比例超过50%,而一些初中只有个别学生能考入普通高中,这种两极分化仍在加剧(见表3)。

表2　宁波市三区义务教育设施现状和标准对比

	小学		初中	
	宁波现状	24班规模标准	宁波现状	30班规模标准
学校数	174	—	69	—
生均占地面积(m²)	17.21	26.23	21.94	26.66
生均建筑面积(m²)	10.06	10.52	13.25	11.99

资料来源:宁波市教育局网站。

表3　　　　　　　　　　宁波部分初中考入重点高中的比例

学校名称	重点高中率	学校名称	重点高中率
宁波外国语学校	95.17%	宁波大学附属学校	32.3%
青藤书院	90%	曙光中学	27.5%
兴宁中学	64.1%	第七中学	24%
蓝青学校	56.7%	鄞州外国语学校	22.6%
江北外国语学校	53%	江北实验中学	20%

资料来源：搜狐网。

二是部分快速发展区域的教育资源投入跟不上，当地学校持续爆表，生均拥有教育资源不断下降。以高桥镇为例，中心小学、望春小学等非"名校"接连几年爆表，班级数量和人数不断增加，一些家长为保障子女入学或者教学质量被迫搬家。伴随重点工程安置接纳增多、绿地观堂等多个新楼盘交付等因素叠加，这些学校爆表问题将更加突出。

三是公民同招改革主要改变了需求结构，对"择校热"的抑制作用有限，公办"名校"爆表压力陡增。2020年是实行"公民同招"的第一年。截至7月第一轮报名结束，17所民办初中报名人数少于招生人数，蛟川双语小学报名人数从2019年的近4000人跌至718人。这些被挤出的民办"名校"需求，大多转移至公办"名校"。如宁波外国语学校，报名人数突破1200人，报名录取比高达5.8∶1。

二、"十四五"时期发展建议

（一）供给侧：持续扩大义务教育优质资源供给，强化基础教育强市建设

一是加大义务教育财政投入，谋划实施义务教育投入"五年倍增计划"。以义务教育财政投入增加，积极回应广大市民"学有优教"的迫切需求，并引领带动公益组织和社会资本的共同努力。围绕"十四五"发展，研究提出与杭州可比较的义务教育发展目标，探索实施义务段学校全面提升工程和"名校"培育计划，力争"十四五"末义务教育总投入实现翻番。

二是加大义务教育用地保障。以新一轮城市规划编制和人口普查为契机，对"十四五"乃至更长时间的教育用地进行宏观把控与空间预留，为加快推进义务教育优质均衡发展提供有力保障。重点为老校区改建、扩建、迁建和"名

校"集团化办学留好空间。

三是加大民办教育支持力度。确立民办教育作为城市教育体系重要组成的发展定位，引导支持义务教育阶段民办学校特色化、规模化、品质化发展。加快出台落实现有民办学校变更登记类型实施办法、民办学校资金监管实施办法、非营利性民办学校监管等政策意见，在教师评优评先、职称评审、培训等民办教育发展的重点领域，逐步制定完善具体的政策意见。

（二）需求侧：加快建设义务教育优质资源共享平台，引导家长科学择校

一是共建共享"甬上云校"。整合各区县（市）资源，共同建设以质量立足、特色取胜的"甬上云校"，让广大家长、学生了解云校，让更多家长、学生喜欢云校，选择云校作为课外学习的主要途径。当前以丰富义务教育阶段学科的优质课程资源为重点，聚力打造主要学科名师课程体系和精品专题课程。在此基础上，按照开放众筹的思路，完善社会教育培训机构的准入、监管与评价机制，吸引包括社会培训机构在内的社会化优质课程资源的进入，进一步丰富教育资源。

二是开创并定期举办"名校讲座"活动。教育部门牵头，组织在甬"名校"校长和"名师"履行社会责任，走上校外讲坛，与更多家长、学生交流教育心得和学习技巧，帮助学生有更多机会接触到"名校""名师"，帮助家长舒缓紧张情绪，建立更为科学的教育观和择校理念。

三是创新"名校"教育资源共享机制。支持"名校"开展"一对一"或"一对多"的教育质量帮扶活动，积极探索基于财政转移支付的服务购买机制，开拓教师访问、学生交流和课程共享、教研共商、活动共办等合作新路径，深入挖掘"名校"的教育溢出作用。

冯 路 刘 洁

宁波普惠性民办幼儿园生存困境调查及建议

2018—2019学年全市共有民办幼儿园803所，在园幼儿15.34万名，其中普惠性民办幼儿园582所，在园幼儿12.67万名。这些普惠性民办幼儿园有效缓解了当前公办幼儿园学位紧张问题，是城市教育体系不可或缺的组成，但因收费不高、规模有限，近年来经营困难问题日益突出。根据市发展研究中心调查，此次新冠肺炎疫情对本已困难的普惠性民办幼儿园无疑是"雪上加霜"，不少普惠性民办幼儿园因此陷入深度生存危机，很可能关停，成为民生问题重大隐患。

一、"没钱"是生存危机核心症结

一是没有收入，教师工资、房屋租金等"硬成本"已严重透支账面资金。受新冠肺炎疫情影响，普惠性民办幼儿园因延期开学无法收取保育费而没有收入来源，但又面临教师工资、房屋租金等支出，运营资金严重短缺。据了解，目前只有少数幼儿园获得租金减免政策，绝大部分普惠性民办幼儿园还需继续支付房租、物业、水电杂费等。根据一家经营5年以上的普惠性民办幼儿园2019年财务数据，收入有保育费、政府补助、暑期保育费收入等共计171.5万元，支出有工资福利、教学办公经费、房租等共计227.8万元，其中房租决55万元，占收入的32%。以海曙区为例，目前海曙区75家民办幼儿园中，就有47家有房租负担，其中租金最高的达到319万元/年。高额的房租负担严重影响民办幼儿园的生存和发展。

二是无法获得银行贷款，开办者不得不求助民间借贷，新冠肺炎疫情之后收支也难平衡。由于幼儿园是"民办非企业"主体，贷款途径极少，教育用房产及设施无法抵押，只能借助民间高息贷款满足其资金需求。据宁海一位拥有两家普惠性幼儿园的开办者表示，已将2套个人房产抵押400万元，2020年又以年化18%高利息借贷100万元用于幼儿园日常开支，疫情以来幼儿园除收到政府发放的约12万元补贴，无其他收入，而1—4月需要支付70多万元教职工工资及10多万元利息，资金压力非常大。

三是财政补助落实不到位，各区县（市）差异较大。从调查反馈情况看，各区县（市）针对普惠性民办幼儿园均出台了相关帮扶政策，暂时缓解了普惠性民办幼儿园的资金紧张问题，但存在区域间补助政策不平衡、预发补贴不能完全到位等问题。其一，补助额度不平衡。由于各区县（市）财政收入差异较大，导致按比例计算的民办幼儿园补助资金存在较大差异。调查发现，慈溪、北仑对民办幼儿园的各项补助资金平均到每位教师可达3500～5000元/月，而宁海、象山只有800～1200元/月，与省市相关文件规定的民办教师收入标准还有较大差距，不足部分需要由幼儿园承担。其二，预发补助到位情况不同。各地已按照省有关文件预发部分补贴经费，有预发工资补助，也有预发生均补助，但资金到位情况存在差异。如象山县财政垫付了两个月教师工资，生均补助还未发放，目前县财政已面临较大资金压力。

二、相关建议

一是加快现有奖补政策提前落实到位。①加快落实补助提前发放工作。各区县（市）一次性统一发放全年补贴，支持疫情下办园和教职工薪酬支出所需，保障幼儿园有序运转。市财政出台临时政策，扶持财政有困难的区县（市）。②加快各项资金使用审批进程。区县（市）对于不主动裁员的普惠性民办幼儿园，半年度考核奖应尽可能全额发放到位。已通过星级评审的，各项奖励补贴也应争取一次性发放到位。

二是推出一批创新性救急政策。①允许提取风险保证金。建议允许符合条件的普惠性民办幼儿园全额提取10万元风险保证金，用于教职工工资福利发放。疫情结束后可研究普惠性民办幼儿园不再缴纳该保证金，而由学费监管资金账户替代。②财政发放房租和复工补贴。对租赁集体、个人或企业房产的，或自有房产的普惠性民办幼儿园，参考市场租金情况和招生规模，由市财政给予2个月房租补贴。针对财政补贴区域间差异较大、教职工收入骤减现象，建议参考疫情期间各区县（市）实际补贴发放情况及5月复工情况，对普惠性民办幼儿园教职员工给予一次性复工补助，特别应加强宁海、象山等财政薄弱地区的补贴，以减小区域间教职工收入差异。③加快研究"民办非企业"性质的普惠性民办幼儿园享受部分小微企业扶持政策。

　　三是引导支持金融机构加大专项支持。组织有关部门和金融机构,以教职工数、学生数、办园年限等作参考,探索为普惠性民办幼儿园提供50万~100万额度免息贷款的可行性;鼓励金融机构加快研究针对普惠性民办幼儿园的、以举办者或股东个人资产作为抵押的2~5年期低息贷款;研究制订社会主体投资新建、改建、扩建普惠性幼儿园的特殊工程贷款贴息方案,减少社会主体投资办园的压力。贷款资金如用于现有借贷的偿还,需在区县(市)教育局备案核实现有借贷用途。

宋宇宇

关于筹建宁波市健康促进中心的建议

全面提升居民健康素养水平，是新时期提高市民文明素质、强化公共卫生风险防范应对能力、优化健康服务水平的基础性工作。加快筹建宁波市健康促进中心，是做好这项基础性工作的关键举措，应当列为宁波加强公共卫生体系建设的优先选项。

一、提升宁波市居民健康素养水平的任务重要而紧迫

居民健康素养水平是"健康中国"一级衡量指标"健康生活"的两大支撑性指标之一。普及健康知识，提高个人健康素养，又是2019年《国务院关于实施健康中国行动的意见》15个专项行动中的排名首位的重要行动；干预个人健康因素、维护全周期健康、防控重大疾病等其他14个专项行动的成效，也都离不开居民健康素养水平的基础性作用。

从这次抗击新冠肺炎疫情的情况看，社会各界对提高居民健康素养水平形成更强共识。健康素养水平高、具备基本的健康知识和行为技能的居民，防范意识强、防疫工作配合度高，是有效防控疫情的第一道屏障；加快提升居民健康素养水平，已经成为当前建设城市公共卫生应急体系的重要内容，是提高城市健康保障能力最基本、最经济、最有效的措施之一；特别是发展进入新时代，城市文明的内涵随之升级，良好健康的群体生活方式，已经成为未来城市文明创建的重要内容。

二、筹建市健康促进中心是进一步全面提升居民健康素养水平的当务之急

2019年宁波居民健康素养监测结果为30.03%，提前达到"健康中国2030

规划纲要"提出的2030年全国居民健康素养水平不低于30%的要求，处于全省前列。尽管还存在一些结构性问题，但与上海（32.31%）、杭州（34.90%）、深圳（31.17%）等一线城市相比，差距不大，同处全国领先水平。

但是，宁波促进居民健康素养水平提升的工作力量还十分薄弱。特别是公共卫生投入水平相对较低，工作力量相对薄弱。2019年，宁波每10万人口疾控编制数平均为6.5人，远远低于全国14.6人的平均水平；市疾控中心编制数140个，在全国15个副省级城市中排名倒数第一。健康教育普及的工作力量又是短板中的短板，至今没有独立的健康教育与促进机构，这种状况与进一步全面提升市民健康素养水平的需求极不相称。

加快筹建高水平的宁波市健康促进中心，所费不多（与医院品质提升工程、医疗卫生品牌学科建设、落实分级诊疗机制等相比）、所获甚大（普及健康知识是提高全民健康水平最根本最经济最有效的措施之一），与同类城市基本处于同一起跑线（全国独立运作的"健康促进"机构，也仅有上海健康促进中心和深圳健康教育与促进中心2家），应当成为加快提升宁波居民健康素养水平，快速增强工作力量、全面强化工作职能、有效理顺工作体系、不断创新工作机制的主要举措。

三、筹建宁波市健康促进中心的几点建议

（1）在市疾控中心挂牌成立宁波市健康促进中心，进一步增强现有"健康教育与促进指导中心"的工作力量，全面强化提升宁波居民健康素养的核心职能。主要职能应包括：负责全市居民健康素养监测、评估；制定并组织实施居民健康素养规划及年度计划；制定完善与健康相关的法规、政策、规划、标准；开展日常普及宣传工作；指导督促各行业健康教育工作；加强居民健康素养相关研究；维护运营市民健康普及教育基地；开展对外合作交流。

待时机成熟，将市健康促进中心独立运作，并升格为公益一类事业单位。

（2）市健康促进中心挂牌后，应采用"少养人、多养事"的运作方式，严格控制机构编制，不断创新运行机制，优先采用政府采购、服务外包等形式，履行相关职能。同时，制定专门政策，广泛鼓励社会力量参与居民健康素养提升工作。

（3）尽快建设宁波市健康促进中心大楼，作为机构办公场所和市民健康普及教育基地。建议与城市有机更新相结合，选择市中心公共交通便捷区块，以

旧楼功能置换改造形式设置。

（4）结合市健康促进中心的筹建工作，积极推动健康促进工作成为宁波健康城市建设的重要亮点。当前应以率先推进完成《健康中国行动（2019—2030)》的15个专项行动为主要目标，尽快开展包括但不限于以下重大工作：

一是通过国家卫健委及中国健康促进与教育协会等上级部门，首倡举办全国"居民健康素养促进行动"城市年会，并积极争取首次年会在宁波举行。

二是按照居民健康素养提升发展方向并适度超前的要求，依托相关高校，成立高水平的研究学院，为普及教育工作提供理论支撑，并培养、培训基层人才。

三是依托"全民健身日"（8月8日）和"全民健康生活方式日"（9月1日），在全国率先举办"全民健康知识普及月"活动。

周威锋

全面提升宁波大健康领域发展水平的建议[①]

没有全民健康,就没有全面小康。新冠肺炎疫情的发生再一次警示我们,忽视公共卫生将严重影响经济社会发展。新冠肺炎疫情之后大健康领域必将迎来系统性、全局性的战略机遇,它既是找痛点、补短板,迅速回应群众呼声的客观需要;也是谋项目、促投资,加快年度经济发展的重要领域;更是建体系、优体制,加快高质量发展的重要内容。为此,我们一定要加强全局谋划,努力推动宁波大健康领域发展水平的全面提升。

一、全面把握宁波大健康领域发展的重要机遇

大健康领域是一个跨界融合的系统性领域,正迅速上升为国民经济支柱产业。新冠肺炎疫情的发生,进一步使其上升到集政治性、经济性、公共性、国际性于一体的全局高度。全面提升宁波大健康领域发展水平,正迎来重要的政策机遇期。

(一)大健康是一个系统性发展领域

大健康领域是围绕国民健康维持、修复、促进等需求升级而形成的健康产品生产、健康服务供给、健康信息传播的统称,主体领域包括医疗、医药、保健、健康管理服务(检测评估咨询、调理康复促进等)、健康养老等五大方面,其概念并且延伸到健康食品、健康娱乐、健康环境、健康空间、健康文化等广泛领域。国家颁布实施《"健康中国2030"规划纲要》以来,大健康领域增长提速、领域拓展、跨界融合、业态创新,在引导国民消费升级和推动产业链整合方面的先导性作用日益显现。

[①] 终稿写于2020年3月5日,数据均截至该日期。

（二）大健康产业正迅速上升为国民经济支柱产业

从产业规模看，2017年，大健康产业是美国三大产业之一，总体量3.2万亿美元，GDP占比达到17%；我国预测2020年产业规模为10万亿元，GDP占比接近10%，就业占比超过15%。

从增长潜力看，多家研究机构预测，"十四五"期间我国大健康产业年增速可望保持14%以上，到2025年有望实现国民经济支柱产业的目标。

从结构空间看，仅医药保健品市场消费支出在日本、加拿大等发达国家就约相当于GDP的10%，我国大健康产业的结构升级空间巨大。

从政策趋势看，随着老龄化程度加深及国民收入迈入中等偏上收入水平，国家在制药、中医保健、养老服务等各个领域的支持政策将进一步趋好趋实。

（三）新冠肺炎疫情之后大健康领域将迎来政策红利期

《"健康中国2030"规划纲要》及各省市相关"规划纲要"颁布实施以来，健康领域的政策创新进一步加快。特别是一些健康制造产业基础较好的城市，已基本形成以健康产业为先导带动健康领域全面发展的政策储备，从疫情期间各地密集出台的相关政策举措就可见一斑（见表1）。在医药制造、区域医疗中心建设、公共卫生、健康教育等领域，势必形成新一轮的发展高潮。

表1　2020年新冠肺炎疫情期间各地密集出台大健康领域相关政策

地　区	大健康领域相关政策
北京中关村	出台《关于支持科技"战疫"、促进企业持续健康发展有关工作的通知》，明确支持中关村示范区创新创业主体发挥技术优势，重点支持：（1）应对疫情的检测诊断、治疗及防护等相关药品和医疗器械的研发及产业化；（2）人工智能技术产品在防控治疗相关服务、药品器械防护用品生产制造以及无人物流等领域的应用；（3）大数据、物联网、5G、高端芯片、虚拟现实等技术产品在抗击疫情一线的创新应用；（4）发挥环保节能等技术优势，参与各地应急病区建设；（5）发挥"互联网+"平台优势，开展生产生活服务保障
上海	发布《关于强化科技应急响应机制实现科技支撑疫情防控的通知》，再推快速启动应急攻关专项，实施经费包干、首功奖励制，面向全球悬赏揭榜，提供科研资源开放共享、"零接触"等服务保障，优先提名科技奖励，强化科研安全和诚信等，助力"科技抗疫"。该市将围绕病毒溯源与流行病学、致病机制与治疗靶点、检测试剂与快速筛查、新药（疫苗）研发与快速制备、临床诊疗风险防范与标准制定、大数据与公共卫生决策支撑，以及相关应急体系和能力建设等方向，开展应急科技攻关。这些方向可采取自上而下、一事一议的决策机制，通过定向择优或定向委托等方式确定项目承担单位，快速响应、快速筹备、快速启动项目

续表

地 区	大健康领域相关政策
天津	拨付首批专项资金920万元，支持天津中医药大学及5家科技型企业等单位开展新冠肺炎应急防治科技重大专项项目，加快新冠肺炎的抗病毒药物、疫苗、检测试剂研发
临港新片区	支持防疫物资生产供应企业扩大产能，支持企业开展科技攻关，设立绿色通道支持生物医药企业在治疗方法、药物研发、检测技术和医疗设备等方向开展科技攻关，给予最高总投资70%的专项资金支持。一线防控人员结合疫情临床防控开展的科技攻关研究，对取得重大突破的，给予最高300万元一次性奖励。发挥新片区产业专项基金功能，引导社会资本投向相关医疗设备、药品研发生产企业
青岛	启动筹建康复大学，努力建成具有中国特色的以研究为基础、以应用为导向的国际化高水平大学。 推动中日医养健康创新示范项目尽快完善可研报告进入实质操作。 出台支持生物医药产业高质量发展若干政策正式出台。大力鼓励产业创新是此次政策的最大亮点，对新药和医疗器械的奖补力度为全省最高水平。在药品上，对在国内开展临床试验并在本市转化的新药，按其研发进度分阶段给予资助。从新药研发到产业化，单个药品品种最高可获5000万元资助。该市还突出区域行业特色，加入了对新兽药开发的补助，取得一、二、三类注册证书的新兽药单个品种可获得最高500万元资助。在医疗器械方面，对二、三类医疗器械也分阶段给予资助，单个企业从取得临床备案凭证、进入临床试验到取得注册证书的二、三类器械产品最高可获1600万元资助
江苏省	针对疫情防控相关的精准防控、快速检测、药品、疫苗、医疗器械、防护物资等，抓紧组织省内有关企业，启动应急科研攻关项目，重点支持检测试剂、检测设备、救治设备等可迅速运用于防控一线的技术攻关和产品研发，并要求各地及时推荐针对疫情防控的新技术新产品新服务
苏州	积极打造国际最优的生物医药产业生态、创新生态，拟出台《打造生物医药产业地标实施方案》，明确以创新药物、前沿诊疗技术、高端医疗器械、公共卫生应急管理体系支撑产业等为主攻方向，加大力度打造世界一流产业集群，抢占全球技术创新高地，不断优化产业配套服务环境，力争到2030年形成规模万亿元的世界级生物医药产业高地
广东省	广东省人才办、深圳市人才办联合中国银行广东分行、深圳分行，陆续推出"战疫人才贷"专属融资服务项目。该项目为以国家、广东省、深圳市、各区重大人才工程入选者为实际控制人、股东或主要研发人员的在粤注册企业和科研机构提供的专属融资服务。对全力投入新冠肺炎疫情防控技术、产品、药物（含抗体、疫苗）的研发生产以及相关领域课题攻关的优先给予支持。贷款资金可用于购置厂房设备原材料、产品生产、技术研发、成果转化、学术交流、人才引进培养、薪酬发放等方面。贷款期限最长可达10年，单一企业或科研机构可获得最高3000万元的免抵押担保贷款额度。

续表

地 区	大健康领域相关政策
	对纳入中国人民银行专项再贷款全国性及广东省重点企业名单内企业,期限不超过一年的贷款年利率不高于一年期基础利率减100基点。对未纳入上述名单内的企业和科研机构,一年期贷款年利率3.85%。贷款期限超过一年的,深圳中行承诺年利率均不高于4.85%
广州	2月14日,广州市科技局印发《关于全力支持科技企业抗疫情渡难关稳发展的若干措施》,从支持科研攻关、大幅度降费减负、提供科技金融服务、优化办理流程等方面,帮助科技企业渡难关、稳发展。该市设置了4000万元用于支持科技企业疫情防控科研攻关,该项资金已在临床救治、院感防控、疫苗及药物研发等方面得到应用
广州市黄埔区、广州开发区、广州高新区	发挥生物医药强区、人才强区资源优势,鼓励应急攻关,对研发出新型冠状病毒感染的肺炎有效疫苗或特效治疗药物、为抗击疫情作出突出贡献的企业,给予1000万元一次性奖励。对获得上级科技部门防治新型冠状病毒感染的肺炎科技攻关项目应急立项的,采用前资助方式进行配套支持,对国家级、省级、市级科技项目,分别给予100%、70%、50%的资金配套,最高分别为500万元、300万元、100万元
合肥	2月18日,安徽省卫健委和中国科技大学签约共建公共卫生联合实验室
西安	2月22日下午,举行生物医药产业集群系列项目网络签约仪式,供签约项目30个,总投资额286亿元,涉及化学药、中成药、生物药、医疗器械等领域;同步发布了《西安高新区生物医药产业支持政策和产业集群行动方案》

二、正确认识宁波大健康领域发展的薄弱基础

"社会发展相对滞后于经济发展"是宁波区域发展长期存在的结构性矛盾。而在相对滞后的社会发展领域中,卫生健康领域又是其中相对薄弱的部分。这正是宁波大健康领域发展所必须正视的现状基础。

（一）总体性水平不高

一是卫生健康领域主要发展指标落后。在同类城市中排名靠后,且低于全省平均水平,个别指标甚至低于全国平均水平（见表2）。

表2 2018年浙江省及相关城市卫生健康发展主要指标比较

地 区	千人床位数（张）	千人执业（助理）医师数（人）	千人注册护士数（人）
浙江省	5.79	3.33	3.51
杭州	8.28	4.58	5.09
宁波	4.72	3.15	3.30

续表

地 区	千人床位数（张）	千人执业（助理）医师数（人）	千人注册护士数（人）
温州	4.59	3.07	2.96
嘉兴	5.92	2.61	3.19
湖州	5.57	2.92	3.45
绍兴	5.43	3.11	3.12
金华	5.91	3.08	3.19
衢州	6.66	3.30	3.46
舟山	5.46	3.50	3.26
台州	4.86	2.95	3.01
丽水	6.13	3.65	3.67
深圳	3.65	2.79	3.09
厦门	4.04	3.36	3.67
苏州	6.43	3.06	3.51
青岛	6.82	4.23	*
大连	7.56	3.41	4.03

注：* 为统计数据空缺。
资料来源：各城市官方网站及统计年鉴。

二是健康产业发展欠快。传统健康产业基础薄弱，省内排名落后，更低于同类城市（见表3）；新兴医疗医药产业规模较小，研发创新实力不强。

表3　　　　2015—2017年各地规模以上医药制造业工业总产值　　　　单位：亿元

地区	2017年	2016年	2015年
宁波市	77（73）	69（63）	71（66）
杭州市	504（447）	427（400）	362（340）
绍兴市	241（233）	281（253）	255（243）
金华市	104	125	117
浙江省	1343（1232）	1395（1249）	1279（1158）
深圳市	275（251）	210（190）	207（200）
青岛市	152（148）	192（184）	186（179）
大连市	224（186）	199（160）	149（140）
上海市	770（734）	686（716）	656（659）

续表

地区	2017年	2016年	2015年
苏州市	322（300）	306（282）	289（273）
全国	（30780）	（28789）	（25071）

注：括号内为主营业务收入。
资料来源：根据各地统计资料汇总。

三是缺少引领区域健康发展水平的顶尖机构。没有一家能达到区域性医疗中心水准的品牌医院，没有公共卫生临床中心，没有医药研发制造的龙头企业。

（二）结构性问题严重

一是有限的医疗资源配置分散。宁波三甲医院数仅为8家，落后于杭州（20家）、青岛（21家）、大连（17家）、厦门（10家）等同类城市；而有限的医疗力量又因为宁波市第一医院（简称一院）、中国科学院大学宁波华美医院（简称国科大华美医院）、宁波市医疗中心李惠利医院（简称李惠利医院）的同质化竞争和异地拓建而更加分散，进一步拉低了在同类医院中的排名（见表4）。这与宁波城市地位极不相称。

表4　　2018年部分市属医院（省会城市及计划单列市）排名

名次	医院	得分	所在城市
1	广州医科大学附属第一医院	915.64	广州
2	南京鼓楼医院	910.57	南京
3	青岛大学附属医院	899.07	青岛
4	广州市第一人民医院	880.78	广州
5	大连医科大学附属第一医院	874.40	大连
6	深圳市人民医院	864.92	深圳
7	厦门大学附属第一医院	858.88	厦门
8	大连医科大学附属第二医院	844.05	大连
9	广州医科大学附属第二医院	820.62	广州
10	武汉市中心医院	815.25	武汉
42	**中国科学院大学宁波华美医院**	**554.26**	**宁波**
43	南昌市第一医院	547.77	南昌
45	杭州师范大学附属医院	540.46	杭州
55	**宁波市第一医院**	**514.22**	**宁波**

续表

名次	医院	得分	所在城市
58	浙江萧山医院	511.59	杭州
59	贵阳市第一人民医院	501.41	贵阳
76	成都大学附属医院	475.95	成都
78	银川市第一人民医院	474.96	银川
79	**宁波市医疗中心李惠利医院**	**473.25**	**宁波**

资料来源：2019年3月29日广州市"2019中国医院竞争力大会"发布。

二是基层卫生医疗资源薄弱。虽然初步建立了三级诊疗体系，但二级医院力量薄弱，社区卫生中心（站）诊疗作用极其有限，且病患主要往三甲医院集中，基层医院接诊量少，医疗卫生结构性供需矛盾突出。家庭医生制度设计虽好，名义签约率也连年提升，但实际执行效果欠佳，在本次疫情中暴露无遗。基层不牢，地动山摇。

三是公共卫生力量薄弱。与有限的医疗水平相比，宁波公共卫生投入水平更低，力量更薄弱。宁波每10万人口疾控工作人员配置数7.02人，远远低于全国14.6人的平均水平；市疾控中心编制数142个，在全国15个副省级城市中排名倒数第二，尤其是镇（街道）、村（社区）更缺乏公共卫生专业人才的支撑。

（三）综合性配套不足

一是医学研究基础支撑不足。医学研究基础薄弱、力量分散，至今没有一所高水准的市级医学院；重点专科缺少研究平台的支撑，提高临床诊疗水平的内生动力不足。

二是产业发展综合环境不优。产业集聚集群发展的规模效应较差，没有一个能与同类城市相媲美的医药生产基地（园区）；技术创新力量薄弱分散，没有一个医药研发前沿水平的综合性研发创新平台；新兴领域发展力量薄弱，在生物医药、基因治疗、精准智能医疗、健身（运动）康复、健康养老、智能穿戴、健康文化等新兴健康产业领域，缺少能带动行业整体发展的引领性企业。

三是人才成长总体氛围不佳。特别是在医疗领域，高层次领军人才难以引进，更难以留住；重点学科缺少团队效应；年轻骨干人才培养力度、成长速度与同类城市相比差距明显。

三、全面提升宁波大健康领域发展水平的相关建议

综合上述分析，我们认为：一方面，"十四五"时期将是大健康产业迅速上升为国民经济支柱产业、资源要素城市布局初步形成、主流品牌与核心平台快速崛起、居民健康需求加速升级、区域性诊疗水平不断提升的重要窗口期，宁波必须抓住这个大发展的机遇期，加快大健康领域发展步伐。另一方面，宁波在大健康领域与同类先进城市和行业前沿水准存在着系统性的发展差距，自身结构性问题和矛盾也不少，在区域竞争中处于相对劣势位置，必须倍加努力、精准施策、系统改进。

基于这样的认识，"十四五"时期宁波加快大健康领域发展的基本思路是：苦练内功、夯实基础，系统改造、重点突破，集聚集群、探索亮点，力争到"十四五"时期末，在大健康领域的发展体系更加完备，发展基础更加扎实，主要发展指标接近或赶上同类城市水平。为此给出以下几点建议。

（一）大幅提升卫生健康四大指标

把大幅提升千人床位数、千人执业（助理）医师数、千人注册护士数，以及提高公民健康素养指数，作为引领性的工作目标。

一是加大卫生医疗投入。制订卫生医疗投入五年计划，加大财政基础性投入；建立卫生医疗投资项目库，向卫生健康领域倾斜安排重大基础设施项目；重点向市级医学院、公共卫生临床中心、二级医院、健康促进中心等安排新（改）建项目；进一步规范和鼓励民营卫生医疗机构发展，鼓励民营资本参与相关设施建设运营。

二是加大卫生医疗人才培养引进力度。重点向品牌学科、二级医院、社区全科医生、家庭医生、基层公共卫生点等充实医生人数。

三是全面提高护理标准。强化护士专业技能培养升级，将现有医疗、养老护理全面纳入护士工作范围，细化分类并提高护士待遇标准。

四是单独设立并实体化运行宁波市健康促进中心。将市健康促进中心从疾控中心中独立出来，作为公益一类事业单位独立运行；增加编制，形成人才梯队；建设健康促进（教育）中心大楼，并作为市民健康教育基地；鼓励社会力量参与健康促进中心共建。

（二）统筹设立宁波大健康体系五个中心

一是筹建宁波医学院。积极引进市外资源，加快推进第一医院奉化园区临

近区域建设宁波医学院；整合宁大医学院、诺丁汉大学医学院等资源力量，设置宁波医学院分部或重点学科；5年内形成3~5个浙江省内领先，可入全国综合排名前20的优势重点学科，吸引人才，带动其他学科发展。

二是组建宁波联合医疗中心。以重点医疗品牌学科建设为主要抓手，加大考核引导力度，主要依托一院、国科大华美医院、李惠利医院，并鼓励其他医院建设重点品牌学科，由联合协调机构为主体，共同组成宁波联合医疗中心；积极争取区域医疗中心省级分中心建设；5年内形成3~5个浙江省领先的医疗品牌学科。

三是设立宁波市公共卫生临床中心。依托国科大华美医院现有基础，集中重大疾病防控资源，增加床位数，扩建成500张床位规模的宁波市公共卫生临床中心；各主要医院床位及相关资源，应划出一定数量，改造成常规和应急兼容模式，需要时可集中统一配置使用。

四是设立宁波公共卫生教育中心。申请将宁波市卫生职业技术学院改建为浙江省公共卫生专科学校；调整现有专业设置，加大财政定向投入；5年内成为能向浙江省内乃至长三角培养输送公共卫生基层人才的基地。

五是加快设立宁波健康产业研发中心。适当扩大原有规划，在甬江科创大走廊先期启动区域设立宁波健康产业研发中心；引进重量级研发应用机构，加强市内现有研发力量的灵活集聚；5年内成为宁波健康制造技术研发交易、金融商务服务、兼容公共卫生研究等多功能综合平台。

（三）全面夯实公共卫生三大体系

一是成立宁波健康医疗大数据中心。整合医院、疾控中心、社区卫生中心、卫生健康管理部门、相关政府机构数据，在市疾控中心设立宁波健康医疗大数据中心；该中心集数据采集、智能预警、资源调配、居民咨询、疾控协作五大功能于一体，动态实测、主动抓取、智能分析，提供城市卫生健康管理决策支撑；该平台可同时多功能应用于宁波大健康各领域发展（见图1）。

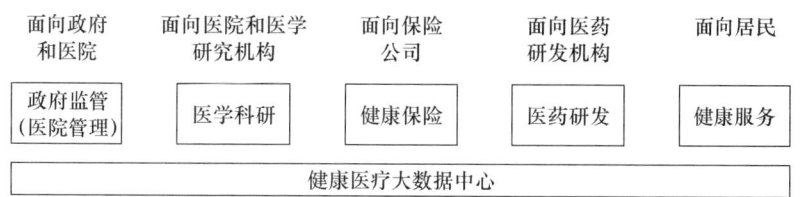

图1　健康医疗大数据中心多功能应用示意图

二是加强分级诊疗体系建设。继续完善二、三级医院和社区卫生服务中心的分级诊疗体系;5年内重点加强二级医院建设,引导鼓励其加强特色专科建设和片区基础疾病诊疗覆盖;逐步加快全科医生规范化培养,5年内达到每万人配置4名全科医生。

三是做实做强家庭医生制度建设。全面学习上海经验,逐步推广居民签约"1家市级医院、1家二级医院、1名社区全科医生"。

(四)加快启动建设宁波大健康产业创新发展基地

选址设立宁波大健康产业创新发展基地,遵循产业迭代创新规律,突破产业传统升级路径,瞄准大健康产业融合发展的新兴领域,依托中心城市人口规模及对周边地区的环境吸引力,发挥空间环境综合优势,在健康地产、康养社区、健康休闲、健身康复等环节切入,以业态创新为牵引,融合核心竞争要素,试点培育若干具有健康品牌优势的综合平台、标杆项目及运营主体,探索复制推广延伸带动的政策路径,推动宁波大健康产业跨越式发展。

5年内,依托创新发展基地,在大健康新兴服务领域率先建成若干具有核心优势的功能性标杆项目,进而融汇产业链各环节战略要素,形成若干具有品牌影响力的综合性服务平台。推进医学、诊疗、研发、制造、康复、智能、咨询管理、标准、国际合作等环节集聚,形成高水平可持续的基础性产业发展支撑体系。初步形成覆盖本地区服务对象、吸引长三角目标市场的大健康综合服务功能。

(五)积极推进大健康领域若干创新示范

一是加强市外合作。积极引进优质资源,共建宁波大健康发展领域的重要机构、重大项目;探索通过远程诊疗、国际转诊等途径,引进国内外优质医疗资源;鼓励房地产项目配套引进优质医疗康养资源;5年内形成一批大健康各领域具有示范带动效应的精品项目。

二是引导鼓励社会力量广泛参与共建。在医疗机构建设、心理健康咨询服务、市民健康素养升级等领域,探索若干具有示范推广价值的典型案例。

三是探索推进智能化精准医疗。继续加快宁波云医院建设,提高在线医疗综合服务水平;结合健康大数据平台建设,引导鼓励应用人工智能技术、5G技术,探索自助诊疗终端、普通病种在线问诊系统等新兴智能医疗手段;鼓励智能穿戴、自助健康监测等产品的居家应用。

四是培育一批"瞪羚"企业和"独角兽"企业。

(六)加强规划引领

调集跨领域跨行业智力资源,广泛征求业内意见,制定宁波大健康发展2035战略规划及"十四五"专项规划;坚持一张蓝图绘到底,加强战略规划和专项规划的权威性,逐步解决现存结构性问题,理顺发展体系;进一步督查健康宁波2030规划纲要的落实情况,整改推进相关政策的落地落实。

张 华 周威锋

积极探索促进消费升级的新方式[①]

扩大消费既要立足当前应对疫情,更要着眼于长远,积极促进消费升级。按照"依靠改革创新破除体制机制障碍,实行鼓励和引导居民消费的政策"的国家要求,我们认为,当前应当积极探索促进消费升级的政策供给新方式。在不增加或少增加财政、企业投入的前提下,可以通过优化创新现有疗养、体检、休假、培训等政策的实施方式,引导个人在消费升级热点领域增加消费支出,有效释放多样化、个性化消费需求,更好发挥个人消费的乘数效应。这将对促进当前消费起到事半功倍、立竿见影的政策效果,对改善提升消费环境水平起到积极的促进作用。

一、进一步优化工会疗养方式

各单位相对集中并限定消费标准的工会疗养方式,很难实现在一个陌生环境中放空放松的疗养本义,限制了高品质休闲的消费需求升级,也限制了旅游产品的开发升级。

建议:由市总工会牵头,市文广旅游局等部门配合,在保持工会疗养时间和待遇标准不变的前提下,将其以"工会疗养抵扣券"的形式,发放至机关事业单位个人,并由个人在本年度内使用完毕。从2021年开始,放开疗养目的地限制。

以机关事业单位为例,目前省内疗养一般安排外出3日,宁波国旅省内3日疗养线路报价为2000元/人。全市机关事业单位19.5万人(社保参保数),若以"工会疗养抵扣券+自费"形式参加省内5日疗养行程,按同一标准,多出

[①] 终稿写于2020年3月17日,数据均截至该日期。

的 2 天行程即可增加 2.6 亿元的"纯旅行社支出";若升级为国内 5 日疗养行程(报价为 5000 元/人),"纯旅行社支出"可增加 5.85 亿元。"新政"实施后,个性化的线路定制、疗养期间的其他消费支出等,实际促消费效果将远大于测算数。这既可以更好纾困本地旅行社,从长远看,还可有力促进本地旅行社工会疗养休闲产品的升级换代。

鉴于 2020 年的特殊情况,在将"工会疗养抵扣券"发放至个人的前提下,有三种方案可供选择:方案一,将工会疗养目的地限制在宁波大市范围内,由各区县(市)负责推动疗养产品升级,确保全市工会疗养质量;方案二,倡议省内城市结对,相互推广疗养产品;方案三,放开疗养目的地限制,对市内、省内、扶贫对象地,按一定比例提高工会疗养支出标准。

在机关事业单位试点完善的基础上,将这一政策推广到国有企业单位,并鼓励其他社会用人单位参照执行。

对政策的实际效果,应加强统计跟踪测算,并适时报送上级部门,争取在全省乃至全国推行。

二、进一步优化健康体检方式

现行机关及参公人员健康体检已经尽可能对人员、项目进行了细化分类,并放开到市内 7 家医院,但是不必要基础项目过多、总体额度受限、服务水平偏低等问题仍然存在。

建议:改由市卫健委牵头,在严格控制各类人员健康体检现行支出标准的前提下,将健康体检费用量化为"个人体检抵扣券",放开基础项目选择限制。支持医院增加一批"亚健康"检查项目,真正实现把预防作为医疗保障的第一道关口。今后要取消健康体检仅能选择市内医院的限制,争取将其纳入长三角医疗服务异地结算一体化项目,倒逼市内医疗机构尽快提高健康体检服务水平。

同时,尽快制定出台宁波市居民健康体检政策办法,将年度体检常态化并推广至全体市民,真正落实《"健康中国 2030"规划纲要》提出的预防为主、治未病的生命全周期健康理念。

这一政策能有效促进健康体检的消费支出,提升体检消费环境水平,并带动相应的理疗、心理咨询、中医治未病、健身、康复等领域的消费升级。

三、尽快出台"孝老护理假"制度

随着老龄化程度的不断提高,老年人群的问诊、治疗、康复、康养等问题已成为一个突出的社会问题。目前,已有16个省(市、自治区)出台"独生子女护理假",并逐步惠及非独生子女人群。南京、深圳、西安等大城市也以地方立法形式,探索实施此项政策。

建议:以宁波市人大常委会决定形式,尽快制定出台宁波市"孝老护理假"实施办法。鼓励用人单位在老年人患病住院治疗及康复期间,给予其子女以及其他依法负有赡养、扶养义务的人员一定时间的假期,支持其进行护理照料。具体假期标准可参照西安市,独生子女每年20天,非独生子女每年折半为10天。"孝老护理假"可在年度内分多次休完。全市机关事业单位可在本年度内率先试行实施这一办法。

实行"孝老护理假"制度,不仅能够有效改善老年人生病、治疗、康复期间的生活质量,还可提升老年人心理咨询、康复疗养、护理等多领域的消费层次,并且让孝老这一中华民族传统美德更好落到实处。

四、探索干部队伍专业化建设的学习培训方式

在我国由大向强发展的关键阶段,建设一支堪当重任的高素质专业化干部队伍至关重要。当前,机关事业单位人员的年度学习、脱产培训,在加强思想教育、提高政治素养等方面,毋庸置疑,具有不可替代的重要作用;但在提高干部队伍专业化水平方面,由于学习培训时间的碎片化,导致成效难以保证,亟须集中一段时间对干部队伍进行专业化强化培训。

建议:在保留上级明确规定的课堂学习培训项目外,其余学习培训项目一律以在线教育、在线自学、在线考试形式完成,加强督查评估,确保质量。在此基础上,首先在机关及参公单位,探索试行每5年每人集中学习半年的专业培训计划。专业培训以取得资质证书、执业资格、技能等级证书等为最终考评目标,并与转岗任职、内部使用相结合。培训费用在各单位行政经费中列支,未如期取得证书者,按一定比例自负培训费用。

由市组织人事部门牵头,市委党校(市行政学院)具体承担,市各高校参与,广泛开展前期调研,集成优质教学资源(课目),形成课目库。根据供需情

况发展,加强定期招标更新,充实(淘汰)课目。在机关事业单位试点实施完善的基础上,将此技能培训计划推广到全市国有企业单位。

以机关事业单位为例测算,按全市4.2万名党政机关在编人员分5年轮训完成、半年125个培训日、2019年市委党校150元/人·日的培训费用测算,每年可产生约1.6亿元在职教育直接消费。若扩大到全市机关事业单位,则培训直接消费规模达到每年7.4亿元。更为重要的是,此举将有力地示范带动全市营造终身教育氛围和建设学习型城市,提高知识能力再生产水平,为宁波走在高质量发展前列奠定更为坚实的人力资源基础。

张 华

加强宁波志愿服务工作的建议[①]

宁波是一座爱心洋溢的文明城市,"不求回报,无私奉献"的志愿服务精神飘扬在港城的角角落落,志愿服务工作在海内外具有一定的影响力。此次疫情中,志愿服务工作经受了全面锻炼和考验,一如既往交出令人满意的答卷,但在统筹协调、资源整合、专业化程度、宣传推广等方面也表现出一些问题和不足,需要加以改进和完善。

一、志愿服务工作基础良好

一是组织体系不断完善。宁波志愿服务工作现已形成市志愿者工作委员会统筹领导、文明办牵头协调、相关部门各负其责的,协会指导、社会共同参与的组织架构。市志愿者工作委员会办公室设在市文明办,负责统筹协调、指导督促、表彰奖励、教育培训和活动组织等工作。市民政局是志愿服务组织的行政主管部门,负责登记管理等工作。团市委负责青年志愿服务工作和大型志愿服务活动,并指导市志愿者服务指导中心和市志愿者协会开展工作。目前,全市共有注册志愿者213.3万人、志愿服务组织14367个,其中,18~45周岁的青年志愿者占半数以上。此外,非注册志愿服务组织和个人自发开展志愿服务的现象也较为普遍。

二是服务水平加快提升。全市志愿服务范围基本实现纵向到底、横向到边、城乡统筹、全域覆盖,市区两级建立了志愿者协会和服务指导中心,各街道(乡镇)、城乡社区、主要公共服务场所分别建立学雷锋志愿服务枢纽站、工作站和服务岗,还有遍布城乡基层的新时代文明实践中心(所、站)。同时,志愿

[①] 终稿写于2020年3月26日,数据均截至该日期。

服务社会化专业化水平不断提高。市志愿者协会建立了注册管理、诚信建设、教育培训、岗位项目推广、权益保障等5个专委会，涌现出旅游讲解、心理咨询、户外救援、禁毒康复等一批专业化志愿队伍。宁波诺丁汉大学还建立了国际志愿者基地，开展国际志愿服务交流与合作。

三是制度建设日趋规范。宁波先后出台了《宁波市志愿服务条例》《宁波市注册志愿者管理办法》《宁波市志愿服务记录管理办法》等法规，以及人身意外伤害保险、宣传表彰等制度，有力推动志愿服务工作规范发展。特别是支持建立优秀志愿者命名的工作室，鼓励创作生产赞美志愿服务的文艺作品；将服务纳入征信系统，设立积分银行，建立关爱"好人"基金，这些激励举措在全国全省都是先行。同时，建立全市统一的宁波WE志愿服务网等信息平台，并联通国家和省志愿服务平台，基本实现应用实时化、数据同步化的格局。

四是服务美誉度大幅提高。近年来，宁波志愿服务工作的市民认可度不断提升，对宁波第10次获评"最具幸福感城市"、实现全国文明城市"五连冠"、打响"爱心城市"品牌作出了重大贡献。宁波志愿服务工作也受到国内媒体的广泛好评，《人民日报》、《光明日报》、新华网、中国文明网等中央和省级媒体多次宣传报道宁波志愿服务体系建设情况。

二、疫情中的贡献和存在问题

一是参与人数多覆盖面广，但力量统筹调配有待加强。志愿者是防疫抗疫的重要力量，团市委、志愿者协会分批组织发动1.5万名志愿者，基层社区发动党员、大学生、热心群众等大批志愿者，全市机关事业（国企）单位也动员近3万名党员干部下沉一线。据不完全统计，全市有100多万人次志愿者参与抗疫服务，覆盖各个重点领域，协助一线开展医疗医护、卡口值守、物资保障、热线咨询、清扫消毒、心理疏导等工作，还有许多人员协助参与企业复工复产，有力助推全市经济社会平稳发展。但是从力量调配来看，应急状态下统筹性还不够，科学性有待提高。其一，岗位力量配备不均衡，有些岗位力量不足，有些则过剩；其二，力量调整机制不完善，适应疫情变化和一线需求的力量调整还不够及时有效；其三，物资保障不够强，特别是疫情前期许多志愿者需自备口罩等防护物资，不能降低风险也不利于提高积极性。

二是甘于奉献促进和谐，但工作融合度有待提高。此次疫情中，广大志愿者不畏风险、坚守岗位，主动承担起宣传员、信息员、劝导员、服务员、帮扶员等角色职责，充分发挥出榜样带动作用。志愿者的奉献精神促进了群众自我约束和理解配合，有效减少了基层矛盾。不仅如此，经常有群众主动关怀志愿者，送上各种形式的慰问，和谐氛围得到加强。近千名文明实践文艺志愿者创作了《逆行者》《众志成城防疫情》等186件抗击疫情文艺作品，鼓舞提升了全市防疫抗疫的斗志与合力。但从应急服务要求来看，由于时间紧急，来不及系统培训，志愿服务的工作融合度和专业性有待提高。许多志愿者对基层防控和复工复产的具体工作流程和操作规范较生疏，与其他工作人员配合不够默契；部分志愿服务权责界限不明晰，对政策执行有偏差，服务作用有所降低。

三是志愿组织作用凸显，但网络平台功能有待优化。全市志愿者组织在疫情中率先行动、冲锋在前，特别是遍布宁波城乡基层的新时代文明实践基地，因时因地制宜创新工作方法，组织汇聚各级文明村镇、文明单位、道德模范、身边好人等大量新时代文明实践志愿者，在抗击疫情中较好发挥组织功能和示范带头作用。全市2483个文明实践站成为乡村宣传的主力，全市文明实践中心（所、站）共发放宣传告知书30余万份，制作防疫宣传短视频100余个。相对而言，宁波志愿者网络平台的作用发挥还不够。由于平时功能建设不完善、宣传引导不够、应急机制不健全等原因，有些平台出现了响应不及时、对接不够顺畅等现象，许多志愿者难以从平台获取服务岗位需求、捐赠流程方式等信息。

三、完善志愿服务工作的若干建议

（一）增强志愿服务工作统筹性

志愿服务具有自愿性、无偿性、公益性和组织性等特点，是传播爱心、传递文明、促进和谐的重要力量，也是应急状态下抗疫抗灾不可或缺的力量。要高度重视全市志愿服务工作，既要重平时队伍管理建设，也要重应急能力与组织化水平的提升，建立平时与应急状态都能充分发挥作用的"平战结合"工作机制，把志愿服务工作打造成为更具美誉度和凝聚力的文明城市"新名片"。

一要进一步加强组织领导。强化市级统筹领导，强化市文明办的统筹协调职能，加快成立志愿者联合会，指导市志愿者服务指导中心开展具体工作。要加强应急状态下全市志愿者工作的统一指挥和统筹协调，更加科学合理调配全市志愿力量。

二要强化基层社区（村）的力量统筹。社区（村）要加强本地志愿者队伍建设和管理，整合雷锋志愿服务工作站和新时代文明实践基地的力量，对接主要网络平台，建立统一的社区志愿者信息库和微信群等，把全体党员干部纳入志愿队伍，动态发布服务信息，让志愿者在平时能就近服务、在应急状态下能及时响应和组织。

（二）加快完善社会化运作机制

一要加快志愿者社团工作的社会化。按照"事业化发展，社会化经营"的思路，联合会（协会）等社团专职人员实行聘任制或合同制，非专职人员按照"把志愿者的事交给志愿者办"的理念，吸收有能力的志愿者参与社团管理工作。

二要实现志愿者招募工作的社会化。招募要逐步从组织招募向社会招募过渡，吸引更多人自愿加入志愿者队伍。

三要推动项目运作的社会化。以志愿项目为载体，加强与社会组织、企业的合作，共同开展各类志愿服务活动。

四要建设一批社会化的服务基地。结合学雷锋志愿服务岗建设，以学校、医院、交通场站、大型场馆等为平台，推动经营管理主体建设一批固定的志愿队伍。

（三）提升专业领域志愿服务能力

一要加强专业培训。针对卫生、救援、安全、涉企等服务领域，与政府主管部门合作开展更有针对性的日常培训。服务网站要发布相关培训资料、课件等内容，供志愿者自主学习。

二要加强应急演练。各类志愿者组织要定期开展应急演练，尤其是抗疫、抗台、重大安全事故救援等场景的应急演练，提升快速响应及处置能力。

三要拓展专业化志愿者队伍。精选专业突出、技能高超的志愿者，组建一批细分领域的专业化志愿者队伍，建立与应急需求较多区域、单位和社区的结对联系机制。

（四）推动网络平台的整合优化

一要建立全市平台协调机制。重点完善宁波 WE 志愿、81890 两大志愿服务平台功能。其他平台和组织应纳入或主动对接这两个平台，建立健全顺畅协作机制。

二要完善平台志愿服务功能。汇总梳理志愿组织和志愿者信息，及时发布服务需求，扩展平台 App 注册、积分制和信息获取等功能。着重完善应急响应机制，确保应急状态下的高水平正常运作，最大程度发挥平台应急功能。

三要扩大平台知晓度和影响力。通过平台信息推送、微信微博宣传、志愿奖励等方式加强推广，定期举办实体宣传活动，让志愿服务平台深入人心。加大平台 App 推荐力度，让市民打开平台 App 如同打开微信一样成为习惯。

（五）加强志愿服务工作保障

一要拓展资金来源。保持各级财政支持，并增加对各级志愿者社团聘用工作人员的必要薪酬支持，以及对专业化志愿者队伍的必要设备支持。通过社会募捐、慈善拍卖、活动冠名等途径，以及利用志愿服务网络开展一定商业效应的服务活动，加大经费的社会化募集力度。针对应急需求建立捐赠企业和个人备选名录库。

二要加强宣传推广。广播、电视、报刊、网络等媒体应常态化开展志愿公益宣传。结合国际志愿日和节假日，组织开展全市性大型志愿活动，引导更多群众认同和参与志愿活动。

三要完善激励评价机制。完善以记录服务时间为主的评价机制，完善志愿服务积分制，让志愿者可以在商城兑换奖品。开展甬城志愿服务"年度之星"评选活动，表彰贡献突出的志愿服务组织和个人。

杜铁奇　卢　跃

心理健康服务助力经济社会复序的若干建议[①]

"心身同治"是宁波"战疫"的一大亮点,发挥了积极作用,得到了广泛好评。在疫情防控常态化的条件下,进一步加快恢复宁波生产生活秩序,必须保持"自尊自信、理性平和、积极向上"的良好社会心态,需要心理健康服务更好地发挥"以心安,促民安"的重要作用。就此,我们对市康宁医院、市第一医院进行了调研,了解当前重点人群心理危机、社会心理普遍风险及其发展趋势等问题,并结合第六轮文明城市创建等工作,提出相关建议。

一、"心理战疫"是宁波的一大亮点

新冠肺炎疫情发生以来,宁波心理健康服务体系始终秉持"心身同治"的理念,反应迅捷、深入一线、强化普遍服务,发挥了积极作用。

一是反应迅捷,走在全国前列。第一时间组建了宁波市新冠肺炎疫情防控心理危机干预专家队伍;2020年1月24日就开通了新冠肺炎疫情公益心理援助热线;2月9日,宁波援鄂医疗队就对患者及医护人员开展了"线上线下、前方后方"相结合的心理干预治疗。这些经验得到了全国的肯定,援鄂医疗队副领队禹海航同志在《健康报》发表了《写给初上前线的心理工作者》,分享宁波经验;市卫健委牵头编写的《新型冠状病毒感染肺炎心理危机干预实用手册》由中国科学出版社出版并下发至各地。

二是深入一线,发挥重要支撑作用。除援鄂医疗队外,组建了市、区县(市)两级心理救援及干预队伍,开展了定点医院心理会诊,对所有隔离病区患者进行心理评估及干预;对医务人员、公安民警、海关、社区等一线人员开展

[①] 终稿写于2020年4月1日,数据均截至该日期。

心理辅导 1728 人次；为全体援鄂医疗队员家属送"心灵礼包" 316 份；启动对 157 例出院患者的应激障碍随访评估。

三是强化普遍服务，稳定社会情绪。截至 3 月 23 日，发布心理科普信息阅读量超百万人次，发放心理健康宣传折页 20 余万份，服务心理健康自助测评 5000 余人次，开展线上心理援助 1000 余人次。

二、"心理复序"是生产生活复序的重要内容

疫情防控常态化及生产生活秩序加快恢复的要求下，由疫情引发的固有社会心理风险点依然较多，新的社会心理风险隐患普遍存在，突出表现如下。

一是疫情中累积的重点人群心理问题依然突出。市卫生职业技术学院的抽样调查报告显示，援鄂一线医护人员心理健康水平低于全国常模平均水平。市心理卫生协会认为，疫情直接相关心理问题的重点人群包括新冠肺炎出院患者、一线医护人员、其他疾病病情被耽搁人员、入境隔离人员等。

二是加快经济社会复序急需克服社会心理障碍。当前即将进入社会心理危机高发阶段（疫情暴发后 3～6 个月），疫情造成社会群体普遍处于心理应激状态。据市第一医院心身科反映，近 3 周心理门诊人数激增。此外，经济社会复序中一些重点领域的社会性心理障碍问题，也急需得到及时疏导干预，如学生复学准备、针对武汉赴甬人员的排斥心理等。

三是疫情防控常态化条件下新的社会心理风险隐患较多。包括普通人群因长时间处于紧张状态引发的焦虑恐惧问题；基层干部因过劳、受到处分引发的紧张焦虑等问题；部分企业主、低收入群体等因经济困难引发的心理失衡问题，这些情况已经在心理门诊中初露端倪。

基于上述情况，我们认为，应当进一步凸显宁波作为社会心理服务体系建设国家试点城市的基础优势，发挥好心理健康服务"以心安，促民安"的重要作用，在这场"心理战疫"中继续走在全国前列，积极干预引导全体市民保持"自尊自信、理性平和、积极向上"的良好社会心态，共同助力宁波经济社会复序。

三、心理健康服务助力经济社会复序的相关建议

发挥好心理健康服务助力宁波经济社会复序的重要作用，应坚持关心重点人群与关怀普通人群相结合，坚持解决眼前问题与形成常态机制相结合，坚持

心理服务体系自身发力与借力其他工作相结合，协调各方资源，解决突出问题，发挥综合效应。

（一）文明创建添亮点：实施心理辅导助力"复学"计划

中小学适时"复学"是当前推进经济社会复序的重点之一。建议与第六轮文明城市创建工作相结合，深化推进未成年人思想道德建设这一文明创建亮点，由市文明办牵头，市教育局和卫健委配合，市、区县（市）两级未成年人心理健康指导中心具体承担，实施心理辅导助力"复学"计划。

第一，加强心理辅导。将心理辅导课作为复学第一课，缓解广大学生长期"宅"家产生的心理焦虑，矫正不良习惯，尽快适应正常学习秩序。

第二，提供心理支援。向广大学生提供帮助睡眠、克制网瘾、减轻肥胖等各种心理健康服务的资源渠道。

第三，做好心理测评。有针对性地开展抑郁、焦虑、网瘾等心理测评，全面掌握未成年人心理健康状况。

第四，加强综合评估。市未成年人心理健康指导中心应加强对问卷调查的综合分析评估，发现问题，及时干预。

（二）人文关怀送温暖：启动重点人群心理援助项目

疏导、抚慰重点人群心理问题，是化解社会心理风险，恢复经济社会正常秩序的重点。建议由市卫健委牵头，总工会、工商联、民政局等部门配合，启动重点人群心理援助项目。

第一，加强一线医务人员心理援助。针对一线医务人员应对新冠肺炎心理健康水平低于全国常模平均水平的现状，对一线医务人员及其家属进行心理评估，开展心理辅导，针对性开展一对一的心理咨询或治疗。

第二，全面实施员工心理援助项目（EAP）。对街道社区基层干部、机关下沉一线人员、公安海关机场等重点单位人员，实施标准化心理援助项目，所需经费可在当年工会经费中按实列支。

第三，实施企业心理支援计划。以政府购买服务形式，由工商联、商会、协会等组织中小企业主、外贸从业者开展心理健康知识讲座和心理测评，做好释压工作。开展针对常见心理问题的心理疏导工作。

第四，实施养老机构心理援助项目。由市民政局牵头，在全市主要养老机构开展多样化的老年人心理援助项目。

第五，加强向入境隔离人员、武汉返甬人员等重点人群推送公益性心理健康服务资源。

（三）全民战疫强信心：将心理测试项目纳入全民健康体检

应对疫情防控常态化，依据2019年12月1日起施行的《浙江省精神卫生条例》中"有条件的地方可以将心理健康评估纳入居民健康体检项目范围"，建议由市医保局牵头，市卫健委、市人社局等部门配合，将心理测试项目纳入年度全民健康体检，相关经费在医保项目中支出。

第一，在常规健康体检中增加心理健康体检项目。将症状自评量表（SCL-90）和精神压力分析两个项目，作为年度健康体检常规项目纳入医保支出范围，每年费用135元/人。

第二，将焦虑自评量表和抑郁自评量表两项测试纳入体检备选项目。两项费用合计58元/人，由相关部门制定具体办法。

第三，市心理卫生健康协会加强对居民心理健康体检测试结果的综合分析。全面排摸社会心理风险隐患点，开展有针对性的心理疏导、干预，提高全民心理健康素养。

（四）全民健康增支点：推动心理健康服务工作常态化

以此次疫情防控心理健康疏导干预为契机，加快推进"社会心理服务体系建设首批国家试点城市"建设，发挥心理健康服务的"治未病"功能。建议由市卫健委牵头，相关部门配合，加强心理健康服务常态化机制探索创新。

第一，健全"普遍服务为前端，监测预警为中端，精准干预为末端"的心理健康服务体系，纳入公共卫生应急体系建设。

第二，对心理咨询持证人员、社会工作者、志愿者等社会力量，加强心理咨询专业培训和实操指导，探索将其全面纳入全市心理健康服务体系，进一步壮大宁波社会心理服务队伍。

第三，将常见心理疾病逐步纳入医保支付范围。首先探索将"认知行为心理治疗"纳入医保支付范围。"认知行为心理治疗"可以有效降低精神类疾病的复发率，减轻家庭和社会经济负担。按上海心理治疗项目收费标准（45分钟治疗项目110元/人次）和康宁医院抑郁症就诊人次预估，全年新增医保支出约800万元。

第四，探索将抑郁症及失眠障碍纳入慢性病管理。

周威锋

后　记

2020年是极不平凡的一年。在统筹推进新冠肺炎疫情防控和经济社会发展的关键时期，习近平总书记赋予浙江建设"重要窗口"的新目标新定位，为浙江以及宁波的高质量发展指明了战略方向。一年来，面对国内外形势的深刻复杂变化特别是突如其来的新冠肺炎疫情，宁波市委、市政府团结带领全市人民，坚持以习近平新时代中国特色社会主义思想为指导，认真贯彻习近平总书记考察浙江重要讲话精神，坚持"两手硬、两战赢"，扎实做好"六稳"工作，全面落实"六保"任务，深入推进争先创优和"六争攻坚"行动，推动经济社会发展取得新成绩。

宁波市政府发展研究中心紧紧围绕宁波市委、市政府的部署要求，抓住事关宁波发展战略全局以及重点、难点和热点问题，深入调查研究，集思广益，取得了一批可喜的研究成果。我们从中遴选了部分研究成果，分为"十四五"若干问题、城市发展、产业经济、党建民生四个篇章，结集为《争当"模范生"推动城市高质量发展：2020宁波发展研究报告》，供决策参考和研究交流。

宁波市政府发展研究中心研究一处承担了本书编撰的相关工作，其他编委会成员和相关处室承担了审稿工作。全书由市政府发展研究中心主任、党组书记林崇建主持审定。

本书在编辑过程中得到市有关领导及相关部门的关心和指导，还得到中国发展出版社的支持和帮助，在此特致谢忱。囿于水平，书中不足在所难免，恳望批评指正。

编　者
2021年4月